W0200059

APA GUIDES

Kreation und Leitung Hans Höfer

Pazifischer Nordwesten

Herausgegeben von Janie Freeburg
und Diana Ackland
Fotografiert von Ed Cooper u. a.

APA PUBLICATIONS

ZU DIESEM BUCH

Der *Apa Guide USA – Pazifischer Nordwesten* gehört zu der langen Reihe von Apa Guides, die seit 1980 produziert wurde, mittlerweile an die 30 Titel umfaßt und den wichtigsten Reisezielen in den USA gewidmet ist. Ein Team von fast dreißig ortsansässigen Autoren und Fotografen zeichnet in einer spannenden Folge von Textbeiträgen und mit einer Vielzahl spektakulärer Fotos das Porträt der nordwestlichen Bundesstaaten Washington und Oregon. Die landschaftliche Vielfalt, die Weite und Schönheit dieser Pazifikstaaten liefern eine Fülle von Material für einen ungewöhnlichen Reiseführer. Mit einer Darstellung von Ländern und Städten, die objektiven Journalismus mit spektakulärer Fotografie verbindet, setzte Apa Publications in den siebziger Jahren neue Maßstäbe in der Konzeption von Reiseführern.

Freeburg

Der Verleger und Gründer von Apa Publications, **Hans Höfer,** bat Janie Freeburg und Diana Ackland, die Texte und Bilder für das Buch zusammenzustellen. Die beiden versammelten nicht weniger als 30 ortskundige Autoren und Fotografen in ihrem Team.

Ackland

Janie Freeburg bringt aus ihrer publizistischen Arbeit in der Werbung sowie von ihrer Ausbildung in Vergleichender Kulturwissenschaft, Grafik und Design her die idealen Voraussetzungen für die Konzeption dieses Apa Guide mit.

Diana Ackland startete ihre Karriere als Redakteurin in New York, wechselte dann zur *Los Angeles Times* und leitet heute mit ihrem Mann in Santa Barbara den Verlag *Sequoia Communications*.

Abbott

Einer der außergewöhnlichsten Beiträge kommt von dem Fotografen **Ed Cooper.** Als geborenen New Yorker fesselte ihn die monumentale Landschaft des Nordwestens schon als Teenager. Als professioneller Fotograf hielt er Landschaft und Leben dieser Region fest.

Die redaktionellen Aufgaben vor Ort wurden von **Helen Abbott** wahrgenommen. Als Verantwortliche für Öffentlichkeitsarbeit des Kunstmuseums Seattle saß sie an der geeigneten Stelle, um die richtigen Autoren für die richtigen Beiträge zu finden.

Pierce

Pintarich

J. Kingston Pierce und **Richard M. Pintarich** arbeiteten gemeinsam an den Eingangskapiteln des Buches über Geographie, Geschichte, Wirtschaft und Gesellschaft des heutigen Nordwestens. Pierce hat als Journalist eine Vorliebe für die Geschichte dieser Region. Pintarich lehrt am Portland Community College und startete seine erste Nordwest-Tour nach eigener Aussage im zarten Alter von vier Tagen.

Elizabeth Bailey Herman schreibt Erfrischendes über Seattle und macht für unsere Leser selbst den obligaten Besuch der Space Needle zu einem originellen Erlebnis.

Irving

Leslie Johnson kennt jeden Winkel des Puget Sunds von ihren Ausflügen mit der Fähre, mit Fahrrad, Segelboot und Kajak. Ihre besondere Liebe gilt den San Juan Islands. Die Leser profitieren davon in dem Kapitel „Mit dem Kajak auf dem Meer“. Das Kapitel „Tacoma“ stammt ebenfalls aus ihrer Feder.

Nicht weniger unterwegs in der unberührten Natur des Nordwestens ist die talentierte Anglistik-Absolventin **Stephanie Irving.** Das beweist sie in den materialreichen Beiträgen über den Puget Sund und die Bergwelt Washingtons. Von ihr stammen auch die Texte zu „Fun auf der Fähre“ und „North Cascades Nationalpark“.

Marilyn McFarlane lebt und arbeitet als Publizistin in Portland und ist in zahlreichen Zeitschriften und mehreren Büchern als Reiseautorin vertreten. Sie beschrieb für uns die Küste Washingtons.

Elizabeth DeFato, Bibliothekarin des Kunstmuseums Seattle, hat als passionierte Hobby-Ornithologin die entlegensten Gegenden Washingtons erkundet – eine Leidenschaft, die uns im Kapitel über die Seen und Flüsse Zentral-Washingtons zugute kommt.

Foster

Hinter dem Titel „Ein Reich für sich“ über das östliche Washington von **Gerald Nelson** verbirgt sich eine Beschreibung der Geburtsstadt des Autors, der sich in dem Buch *Seattle: The Life and Times of an American City* mit dem Leben in einer amerikanischen Großstadt befaßt.

Warren

Der Reisejournalist **Lee Foster** schrieb die Kapitel über den Columbia River, die Küste Oregons, über Mount Rainier und Crater Lake.

Marnie McPhees Hobby ist der ökologische Anbau auf ihrer Farm. Als erfahrene Nordwest-Autorin schrieb sie das Kapitel über Portland.

Zu einer echten Vetternwirtschaft taten sich **Stuart Warren** aus Eugene und sein Cousin **Ted Long** für die Kapitel über das Tal des Willamette River, das südliche Oregon und Bend zusammen. Warren ist Direktor eines großen Reiseunternehmens; Long hat Journalismus studiert und schreibt für Zeitschriften, ist aber auch als Reiseleiter tätig.

Long

Mark Hoy schrieb den Abschnitt über Grants Pass und legte dabei beonderes Gewicht auf den Rogue River – sein Lieblingskind.

George Baetjer interessiert sich als Fotograf und Autor für die östlichen Regionen des Nordwestens. Die Beiträge über das „Land der Seen und Vulkane“ und über die „Fossilienfunde von John Day“ sowie mehrere historische Aufnahmen stammen von ihm.

Der Autor, Herausgeber und ehemalige Direktor des *Oregon Humanities Program* **Charles Ackley** schrieb über Oregons Nordosten. Er lebt im nordöstlichen Wallowa County, für ihn der schönste Teil des Staates.

Elton Welkes Interesse für Naturgeschichte brachte ihn zum Journalismus, was in zahlreichen Reisepublikationen und Büchern seinen Nic derschlag fand. Welke steuerte die Kapitel über den Mount St. Helens und die Vulkane der Cascades bei.

Der Meeresbiologe **David Gordon** verbindet seine Wissenschaft und die Lust am Schreiben in dem Artikel „Unendliche Vielfalt: Das Leben im Meer“. Gordon moderiert eine Rundfunksendung zum Thema und sammelt Meerestiere über und unter Wasser für Aquarien und Zoos.

Patricia Belmonte verbindet das Schreiben mit ihrer Arbeit im Marketingbereich, wo sie sich auf Landwirtschaft und natürliche Ressourcen spezialisiert hat. Sie bereiste die Weinbaugebiete des Nordwestens, um ihre „Weinreise“ auf den aktuellen Stand zu bringen.

Cooper

Suzanne Kotz stellte das umfangreiche Informationsangebot in den Reisetips zusammen. Sie besorgt sämtliche Publikationen des Kunstmuseums Seattle und schreibt Buchrezensionen für das *Library Journal.*

Die Fotografin **Hara** erklärt, wie man Reisefotos macht, die man noch nach Jahren anschauen wird, **Ed Cooper** schoß die meisten Bilder.

Lisa Cavanaugh und **John Wilcock** übernahmen die Aktualisierung des Buches, das für die deutsche Neuausgabe von 1996 von den Amerikanisten **Berit Böhm** und **Herbert Becker** überarbeitet wurde. Das Lektorat hatte **Jette Böckem.**

INHALT

INHALT

REISETIPS

Landeskunde

Reiseplanung

Wissenswertes

Unterwegs

Unterkunft

Essen & Trinken

Unternehmungen

Literaturhinweise

WILLKOMMEN

Amerika zeichnet sich durch eine ungeheuere Vielfalt von Landschaften und Kulturen aus. Der Pazifische Nordwesten ist innerhalb dieser Vielfalt eine ebenso abwechslungsreiche wie eigenständige Region. Auf die Frage aber, welches Element ihn am stärksten kennzeichnet, gibt es eine klare Antwort: Es ist das Wasser. In gefrorenem Zustand – als Gletscher – hat es herrliche Täler geformt. Als Schnee auf den Gipfeln der Cascades trägt es zur unvergleichlichen Schönheit dieser Region bei. Abertausende von Flüssen und Seen schaffen den Lebensraum für eine reiche Tierwelt und großartige Erholungsgebiete für den Menschen. Das Meer hat sehr abwechslungsreiche Küstenformationen hervorgebracht. Die hohen Niederschlagsmengen auf der Westseite des Gebirges lassen Regenwälder von mythischem Zauber wachsen. Wolken, Nebel und Regen bringen rasche Wechsel in den Stimmungen mit sich.

Im Kontrast zum Westen der Region zeichnet sich der Osten durch fast wüstenartige Trockenheit aus. Ein Vergleich der Kulturen der indianischen Völker verdeutlicht eindrucksvoll, welchen Einfluß das Klima auf die Lebensweise der Menschen hat. Die Kulturen, die entlang der Küsten entstanden sind, und jene der Prärien unterscheiden sich trotz räumlicher Nähe stärker voneinander als die Kulturen im äußersten Norden und im äußersten Süden Europas.

Die heutigen Bewohner Oregons und Washingtons genießen den Ruf, ein freundlicher und gelassener Menschenschlag zu sein. Die Atmosphäre, die den Besucher in den beiden großen Städten Portland und Seattle empfängt, bestätigt diesen Ruf. Und die Kleinstadtfreundlichkeit der ländlichen Gegenden ist ein Segen für jeden Touristen.

Die Strände, die Regenwälder, die unberührte Berglandschaft und die grünen Täler dieser beiden Staaten entfalten einen unwiderstehlichen Zauber. Oregon und Washington locken mit einem unvergleichlichen Bergpanorama, Bootsfahrten zwischen smaragdgrünen Inseln, der schlichten Schönheit der Wüste im Frühling, ruhigem Vergnügen beim Angeln oder beim Beobachten von Vögeln, sportlichen Herausforderungen beim Wildwasserfahren oder Skilanglauf.

Ob der Reisende die Schönheit der Natur sucht, oder ob seine Vorlieben eher bei den Metropolen liegen – im Pazifischen Nordwesten wird er beides finden.

Vorherige Seiten: Melisse in voller Blüte. Seattle mit Mt. Rainier im Hintergrund. Mit dem Boot durch die Bucht. Nebel im Wald vom Cape Lookout State Park. Das Weiß des Schnees und das Blau des Wassers bilden im Winter reizvolle Kontraste. Die Vulkane der Cascade Range. Cannon Beach, Oregon. Farmgebäude im winterlichen Kleid auf Lopez Island. Goldenes Weizenmeer nahe Pendleton, Oregon. Links: Museumsdorf mit Gebäuden aus der Pionierzeit in Cashmere, Washington.

Im Paläozoikum, vor ungefähr 200 Millionen Jahren, als die Wellen des Pazifischen Ozeans gegen ein Gebiet anbrandeten, das heute etwas westlich der Grenze zu Idaho liegt, gab es keine Möglichkeiten, diese Szenerie für die Nachwelt zu verewigen. Das Stück Erde, das wir heute den Pazifischen Nordwesten nennen, existierte damals noch nicht. Statt dessen erstreckte sich eine riesige Bucht vom Norden Kaliforniens bis nach Kanada. Aber die Kontinente waren in Bewegung. Amerika wurde von

Europa und Afrika abgetrennt und schob sich gegen die pazifische Platte. Diese wurde aufgrund ihres größeren Gewichtes unter die nach Westen driftende Kontinentalplatte gedrückt, wobei entlang ihres Randes die wuchtigen Gebirgszüge der Rocky Mountains, die sich von Alaska bis Mexico quer durch den Westen Nordamerikas erstrecken, aufgeworfen wurden. Die Wallowas und die Blauen Berge, die Klamath Mountains und die kalifornischen Sierras sind Teil dieser Gebirgskette, aber im Lauf von 100 Millionen Jahren, während derer die Klamath Mountains höchstwahrscheinlich eine Zeitlang eine riesige Insel im Pazifik bildeten, veränderte sich ihre Formation stark.

Wenn ein basaltischer Meeresgrund etwa 96 Kilometer tief ins Erdinnere dringt, wie es der Boden des Pazifiks unter dem Druck der nordamerikanischen Landmasse tat, schmilzt er und kehrt in glühender, flüssiger Form an die Oberfläche zurück. Auf diese Weise entstand während der Entwicklung des Kontinents ungefähr 160 Kilometer östlich der nördlichen Pazifikküste eine Reihe asche- und lavaspeiender Vulkane.

Bevor die pazifische Nordküste annähernd in ihrer heutigen Form existierte, vergingen weitere Millionen Jahre. Erst vor 35 Millionen Jahren brach der pazifische Meeresboden endgültig und begann, viele Kilometer vor der Küste und parallel zu ihr abzusinken. Auf dem Land bildete sich in gerader Nord-Süd-Linie eine Reihe von Vulkanen, die Vorgänger der heutigen Kaskadenkette. Sie verschlossen die Öffnung der alten Bucht, und es entstand ein Binnenmeer. Dieses Meer wurde im Lauf der näch-

Oben: Blick aus einem Bärengrasfeld auf den Mt. Rainier.

sten zehn Millionen Jahre langsam mit Ablagerungen und einer 300 Meter dicken Schicht aus geschmolzenem Gestein und Asche aufgefüllt, die durch starke vulkanische Aktivität dorthin geschleudert worden waren.

Dieses riesige Binnengewässer verlandete schließlich, als die Vulkane der Cascades-Region erloschen, sich aber weiter östlich neue Erdspalten öffneten, aus denen unvorstellbare Mengen geschmolzenen Basalts strömten, die das Meer bis zu einer Höhe von 150 Metern auffüllten. Heute erstreckt sich dieses sogenannte Columbia-Becken über 582 000 Quadratkilometer im Osten von Oregon, Washington und Idaho und gilt als zweitgrößtes Basaltgebiet der Welt.

Vor 15 Millionen Jahren, als die Basaltströme ins Tal flossen, türmte sich die nördliche Küstenkette auf. Sie entstand aus Sedimenten, die sich vor Oregon und Washington auf dem Meeresboden angesammelt hatten und nun nach oben gedrückt wurden, so daß sich die Küste formte und Fossilien an die Oberfläche gelangten.

Während dieser geologischen Veränderung gruben sich Flüsse ihr Bett. Im Osten Oregons kämpfte sich der Schlangenfluß durch das neu entstandene Land, grub sich ein und schuf dabei den Hell's Canyon, über 1600 Meter tief und damit der tiefste Canyon Nordamerikas. Für Äonen zwängte sich der mächtige Columbia River unerbittlich durch die Küstenkette und fräste dabei tiefe Schluchten in den Stein. In der Columbia Gorge bezeugen die geologischen Schichten der Basaltwände die Millionen Jahre alte Vergangenheit.

Eiszeiten haben den Lauf des Columbia Rivers mitbestimmt. Vor nur ein paar Millionen Jahren schob sich eine lange Eiszunge durch das Okanogan Valley und hielt den Fluß in der Mitte des heutigen Washington auf. Sie brachte riesige Gesteinsmassen aus Kanada mit, verteilte sie durch Gletschermoränen und hinterließ gigantische Findlinge, sogenannte „Heumieten". Mitgeführtes Gestein wurde vom Eis auf bereits vorhandenen Felsen abgesetzt, wodurch die sogenannten „balanced Rocks" entstanden.

Der nach Westen fließende Columbia River staute sich hinter dem Eisdamm, bis er sich einen neuen Weg durch das südliche Oregon bahnte. Über einem Basaltsims bildete er einen Wasserfall, vierzigmal höher als die Niagara-Fälle. Als das Eis schmolz, kehrte der Columbia River in sein westliches Bett zurück und hinterließ als Beweis seines Wütens im Süden Grand Coulee, eine gigantische Schlucht, an deren Rand in 120 Meter Höhe sich Dry Falls befindet, Überreste eines fünf Kilometer breiten versiegten Wasserfalls.

Vulkane sind ein wichtiges Charakteristikum der Geschichte dieser Region. Indianische Zeugnisse belegen einen Ausbruch des Mount Mazama vor etwa 8000 Jahren, dort wo heute Oregons pittoresker Crater Lake liegt. Im Mai 1980 stellte Mount St. Helens in Washington nicht zum ersten und wahrscheinlich auch nicht zum letzten Mal zum Leidwesen der Anwohner überdeutlich unter Beweis, welche Kräfte und Fähigkeiten in ihm stecken.

Die Unberechenbarkeit des Berges spielt eine wichtige Rolle in der Mythologie der Klickitat-Indianer. Einstmals kämpften zwei Krieger, Wyeast und Pahto, um die Liebe eines bezaubernden Indianermädchens. Die Erde erbebte, und Felsen und Feuer wurden von einem Ufer des Columbia Rivers zum anderen geschleudert. Um die Erde wieder zu befrieden, verwandelten die Götter Wyeast und Pahto zu Bergen der Kaskadenkette: Wyeast wurde zu Mount Hood, während Pahto als Mount Rainier weiterlebt. Das tugendhafte Indianermädchen, das die Herzen der beiden Krieger entflammt hatte, ist Mount St. Helens.

Die Moral der Geschichte: selbst im Inneren des tugendhaftesten Mädchens können ungeahnte Kräfte schlummern. Aber es sind nicht nur die Vulkane, die diese Region berühmt gemacht haben. Es ist vor allem der Regen.

Als im 19. Jahrhundert Präsident Thomas Jefferson die Forscher Meriwether Lewis und William Clark in diesen Teil des Landes schickte, beklagten sich diese bitter über das Wetter. „Elf Tage Regen und die ungemütlichste Zeit meines Lebens", schrieb Captain Clark lakonisch am 17. November 1805 in sein Tagebuch. „Wir breiteten unsere Matten auf dem Boden aus und verbrachten die Nacht im Regen." Die Vorräte waren ebenso durchnäßt wie Lewis und Clark und ihr indianischer Führer Sacagawea. Im Osten seufzten diejenigen, die sich mit Siedlungsgedanken trugen, über die nicht endenwollende Nässe. Die Siedler ließen sich davon nicht abhalten.

Mitte des 19. Jahrhunderts, nachdem Oregon und Washington dem Staatenbund angegliedert waren, hatte man sich an die hohe Niederschlagsmenge gewöhnt. Die Leute im Osten machten Witze über den ständig niedergehenden Regen. Zu dieser Zeit tauften die Kalifornier – zweifellos neidisch auf das Klima, so wie sie auch auf alles andere höher im Norden Liegende neidisch sind – die Menschen in Oregon „Flossenfüßler".

H.L. Davis hat in seinem Roman über das Pionierleben in Oregon *Honey in the Horn* das Wetter wohl am treffendsten beschrieben, indem er sagte, daß von November „bis ins Frühjahr der Regen nie wirklich aufhörte und es nie richtig Tag wurde".

Viele Menschen finden das Wetter deprimierend, und manche Psychologen führen die hohe Selbstmordrate dieses Landstrichs darauf zurück. Viele Leute, die auf der Suche nach dem guten Leben hierher gezogen sind, gehen wieder, weil sie soviele trübselige Tage im Jahr nicht aushalten.

Manche Menschen mögen den Regen allerdings, einerseits weil er für ein abwechslungsreiches Wetter sorgt (es gibt nichts Schlimmeres als ununterbrochenen Sonnenschein, nicht wahr?), andererseits weil er eine vielfältige Vegetation in dieser Region ermöglicht. Eine Leserumfrage, die der *Portland Oregonian* in den späten siebziger Jahren durchführte, besagt, daß doppelt soviele Menschen den Regen begrüßen als ihn fürchten.

Tatsache ist, daß man hier im Nordwesten nicht jeden Tag den Regenschirm dabeihaben oder das Wasser literweise aus den Gummistiefeln kippen muß. Ebensowenig braucht man Flossen, um die Strassen von Portland oder Seattle überqueren zu können. Es scheint als wollten Patrioten verhindern, daß ihr Land von Menschen aus Neu-England oder Amarillo überschwemmt wird.

Der Regen: Die örtliche Topographie, klimatische Besonderheiten und Wasser sind der Schlüssel zum Wetter der nördlichen Pazifikregion.

Stürme vom pazifischen Ozean erreichen den Nordwesten, gesättigt mit Feuchtigkeit, die sich als Regen über die Küste und die Bergketten ergießt. Einige Orte in diesen grünen Bergen gelten als die niederschlagreichsten der Welt. Ungefähr 400 Zentimeter Regen gehen jährlich auf die Olympic Mountains nieder.

Im Landesinneren von Washington und Oregon regnet es nicht soviel. Der Wind, der über die Gebirgsketten an der Küste weht, fällt und wird trockener. Städte am östlichen Fuß der Berge liegen zum Beispiel im riesigen, 240 Kilometer breiten Regenschattengebiet östlich der Cascades in Oregon. Im westlichen Teil von Oregon und Washington gibt es kleinere Regenschattengebiete mit einem speziellen Mikroklima. Auf Port Townsend, eine kleine Stadt im Nordwesten Washingtons, bekannt für ihre viktorianische Architektur und ihr Bemühen um die Kunst, gehen jährlich nur 50 Zentimeter Regen nieder, ebenso auf das Medford-Ashland-Gebiet in Oregon.

Ostwärts steigen die Winde wieder an, kondensieren und nehmen Feuchtigkeit auf, so daß auf Seattle 90 und das Willamette Valley in Oregon 105 Zentimeter Niederschlag im Jahr fallen. Je höher die Luft steigt, um so feuchter wird sie.

Links: Blauer Gletscher am Mt. Olympus, Olympic National Park. Oben: Captain's Rock überwacht den Columbia River nahe der Wallula-Schlucht.

Leute, die sowohl in Portland als auch in Seattle gelebt haben, staunen über das unterschiedliche Wetter in den zwei Städten. Verantwortlich dafür ist die imposante, aber windgebeutelte Columbia River Gorge. Durch die Schlucht wehen die feuchten Winde vom Pazifik Richtung Idaho und vermindern dadurch die Regenfälle im Nordosten Oregons und im Südosten Washingtons. Andererseits ermöglicht sie den Durchfluß von kalter Kontinentalluft nach Westen. Diese eisigen Winterwinde dringen durch die wärmste Kleidung und erzeugen Gänsehaut.

In Portland gibt es jeden Winter durchschnittlich 44 Frosttage, in Seattle dagegen nur 16. Da Portland für den Ostwind leichter zugänglich ist, profitiert die Stadt zum Ausgleich im Sommer stärker von warmen Luftströmungen als das größere Seattle weiter nördlich. Wenn die Winde die Kaskadenkette erreichen, haben sie wiederum Feuchtigkeit aufgenommen.

Das Kaskaden-Gebirge (die „Cascades") durchzieht den Nordwesten in südlicher Richtung von der kanadischen Grenze bis zu den hohen Bergen und tiefen Schluchten im Süden Oregons. Zwei dieser majestätischen, schneebedeckten Gipfel – der 4400 Meter hohe Mount Rainier und der 3400 Meter hohe Mount Hood – bilden den dramatischen Hintergrund für jeweils eines der zwei größten Stadtgebiete der Region: Seattle/Tacoma und Portland/Vancouver.

Die Cascades teilen den Nordwesten in eine feuchte östliche und eine trockene westliche Hälfte. In den Blauen Bergen, den Wallowa, den Ochoco und den Selkirk Mountains, findet man große Wälder mit Douglas-Fichten und Ponderosa-Kiefern und dazu ein phantastisches Gebirgspanorama. Weite Teile des Ostens von Oregon und Washington sind dagegen trocken und ockerfarben. Während es in Portland durchschnittlich an ungefähr 152 Tagen pro Jahr nicht regnet, ist das in Yakima im Süden Washingtons nur an 68 Tagen jedes Jahr der Fall.

Es ist eine rauhe, hochromantische Landschaft, in vieler Hinsicht die Quintessenz des amerikanischen Westens, so wie er von Frederick Remington gemalt, von A.B. Guthrie trefflich beschrieben und von Aaron Copland musikalisch verewigt wurde – der Wilde Westen des Kinos.

Am Anfang: Ein Land des Überflusses

Die Indianer im Nordwesten galten lange Zeit als die wohlhabendsten ganz Nordamerikas. Für ihren Wohlstand sorgte die Natur. An der Küste waren die Nahrungsvorräte schier unerschöpflich: Wild, Beeren, Wurzeln, Fisch und Schalentiere. Was der Pazifik nicht zur Verfügung stellte, fischten die Indianer aus den Küstenflüssen, in denen Lachse und Regenbogenforellen laichten. Der relativ unproblematische Nahrungserwerb ließ ihnen genug Freiraum, um eine blühende Kultur zu entwickeln.

Die Küstenindianer hatten im Gegensatz zu den meisten anderen Indianern auf dem nordamerikanischen Kontinent nur ein sehr rudimentäres Verständnis von der Bedeutung des Wortes „Stamm". Weit verzweigte Familien lebten in festen Dörfern, sie hatten keine Stammesnamen, sondern sprachen einfach von „unseren Leuten". Sie wohnten in großen Hütten aus Zedernholz, den sogenannten „Langhäusern", ein Name, der angesichts einer Länge von 35 Metern nicht verwundert. Der kanadische Künstler Paul Kane hat diese Häuser gemalt und sie beschrieben „als die größten indianischen Häuser, die man sich vorstellen kann, das Innere unterteilt in Räume, die jeweils acht oder zehn Familien aufnehmen."

Wie die Weißen, die ihnen sehr bald zahlenmäßig überlegen sein sollten, prägte die Küstenindianer ein starkes Unabhängigkeitsgefühl. Zum Häuptling eines Dorfes wurde man für gewöhnlich nicht aufgrund des materiellen Reichtums oder des Familienstatus ernannt, sondern aufgrund persönlicher Fähigkeiten.

Von einem Häuptling wurde vorbildhaftes Verhalten erwartet. Der Historiker Gordon B. Dodds erklärt hierzu: „Einem Häuptling gehorchte man nicht, sondern man folgte ihm freiwillig in den Krieg oder auf die Jagd, und wenn sich ein Mann entschloß, nach Hause zurückzukehren, wurde er deswegen nicht geächtet."

Die Indianer dieser Gegend führten nur selten Krieg. Sie waren zufriedene und friedfertige Menschen, und wenn sie auf den Kriegspfad gingen, dann überfielen sie ein anderes Dorf, um sich mit Sklaven zu versorgen. Worum sollten sie in einem überreichen Land sonst kämpfen?

Urzeitliche Felszeichnungen schmücken einen Fels im Gingko State Park, Washington.

Frühe weiße Siedler, geprägt von Geschichten über die wütenden Prärieindianer im Mittleren Westen, staunten nicht selten über diese völlig anderen Völker und waren verwirrt angesichts der vielen Sprachen und Dialekte, die entlang der Küste gesprochen wurden. „Im Nordwesten existierten viele, untereinander unverständliche Sprachen", schreibt die Historikerin Dorothy Johansen. „Im Westen Washingtons war die vorherrschende Sprache das Küsten-Salish. In Oregon, von der Mündung des Columbia River bis zur Tillamook Bay und nach Osten bis zu den Kaskaden waren Chinookan-Sprachen verbreitet. Die Tillamooks sprachen Küsten-Salish. Es gab so viele Dialekte, daß sich benachbarte Stämme nur schwer untereinander verständigen konnten."

Um trotz dieses sprachlichen Wirrwarrs miteinander zu kommunizieren, entwickelten die Indianer den Chinook-Jargon, eine seltsame Mischung vieler Sprachen. Mit dem Eindringen weißer Händler wurden viele französische, englische und russische Ausdrücke in diese Sprache aufgenommen. Als zu Beginn des 19. Jahrhunderts, lange nachdem in dieser Gegend bereits Seehandel betrieben wurde, William Clark ankam, stellte er fest, daß die Küstenindianer mit einer etwas ungewöhnlichen Auswahl von Wörtern vertraut waren wie etwa „Musketen, Schießpulver, Schuß, Messer, Feile, verdammter Gauner und Hurensohn", Wörter, die im Geschäftsleben offenbar unabdingbar waren.

Die Indianer im Nordwesten Washingtons hatten viele Bräuche mit ihren kanadischen Nachbarn, den Kwakiutl, gemein. Dank des Überflusses der Natur hatten sie genug Muße, um kunstvolle Holzschnitzer hervorzubringen, vor allem ersichtlich an Familienwappen und Totempfählen.

Riesige Zedern, die zahlreich entlang der Küste wuchsen, wurden nicht nur zu hervorragenden Kanus verarbeitet, sondern auch zu Truhen und wasserdichten Kochbehältnissen (die Wassertemperatur wurde gehalten, indem man heiße Steine aus dem Feuer nahm und in die Behälter warf).

Der Reichtum der Indianer im Nordwesten war der Ursprung des *Potlach*. Ein Häuptling auf Besuch wurde von seinem Gastgeber dazu aufgefordert, seine Überlegenheit dadurch unter Beweis zu stellen, daß er soviele seiner Sachen wie möglich verschenkte oder verbrannte. Wenn der Gast nicht ebensoviel weltliche Güter aufgab wie der Gastgeber, hatten er und sein Stamm das Gesicht verloren. Auf diese Art und Weise wurden die Kunsthandwerker und Händler nie arbeitslos.

Während die Indianer an der Küste im Überfluß lebten, herrschte östlich der Cas-

cades oft Nahrungsknappheit. Die Bevölkerung lebte verstreut an den Stellen, wo Lachse, Regenbogenforellen und Aale den Columbia River und seine Nebenflüsse hinaufschwammen. Am besten ging es wohl den Indianern in der Gegend der Celilo Falls in der Columbia Gorge. Wasserfälle waren die größten Hindernisse für laichende Fische, die hoch in die Luft springen mußten, um die tosende Barriere zu überwinden. Indianer, die sich auf schwankende Plattformen über einem Wasserfall postierten, fingen bis zu 500 Fische am Tag.

Auf den Hochebenen im Osten der jetzigen Staaten Washington und Oregon mußte die Lachsdiät ergänzt werden durch Fleisch von Säugetieren, Früchte, Wurzeln und Nüsse. Die Indianer im Südosten der Region darbten am meisten. In dieser trockenen Gegend waren zum Beispiel die Paiute häufig dazu gezwungen, auf Reptilien, Nagetiere, Heuschrecken und Insekten auszuweichen. Mark Twain sagte einmal, daß die Indianer hier alles aßen, „was sie beißen konnten“.

Die Indianer auf den östlichen Hochebenen sprachen wie die Küstenindianer unzählige Dialekte. Sie lebten jedoch in traditionellen Stammesgesellschaften mit mächtigen Häuptlingen.

Ein allen Indianern im Nordwesten gemeinsames Charakteristikum ist die reichhaltige mündliche Überlieferung. Am Lagerfeuer wurden derbe Geschichten über Tiergottheiten erzählt – über Koyote, Blauhäher, Biber, Rabe und Otter. Die Possen der mythologischen Protagonisten erscheinen auf den ersten Blick als reiner Klamauk, aber die Geschichten erklären, wie die Welt entstand und betonen die Bedeutung der Natur. Viele sind höchst moralisch und lohnen das Lesen, obwohl einige – zum Beispiel die über den mythischen Koyote – selbst dem Lüstling Zeus die Schamröte ins Gesicht getrieben hätten.

Die indianische Kultur des Nordwestens ist durch das weiße Amerika vereinnahmt worden. Viele der amerikanischen Ureinwohner verbringen ihr Leben als Alkoholiker in den Vergnügungsvierteln von Portland und Seattle. Andere sind in den Reservaten geblieben – z. B. im Quinault-Reservat im Nordwesten Washingtons und im Warm-Springs-Reservat in Zentraloregon –, wo sie tapfer versuchen, ihre alte Kultur aufrechtzuerhalten, aber von der weißen Bevölkerung der beiden Staaten so gut wie vergessen sind. Erst in den letzten Jahren beginnen einige Indianer, sich in der Welt der Weißen Gehör zu verschaffen.

Das sichtbarste Erbe der indianischen Kultur im Nordwesten sind die zungenbrecherischen Ortsnamen, die man hier überall findet – Skamokawa, Snoqualmie, Neakhanie. Auch sie tragen zum Lebensgefühl dieser Region bei.

Eingeborenen-Häuptlinge von Puget Sound: „Queen Victoria“ (links) und „Der Herzog von York“ (rechts).

Nahezu ein Jahrhundert lang betrachteten die Spanier den Pazifik als ihr Privatgewässer. Ihre Selbstgefälligkeit wurde 1579 stark erschüttert, als der Engländer Francis Drake vor der Westküste Südamerikas auftauchte. Daß er einer der berüchtigsten englischen Piraten war, war Grund genug zur Aufregung, aber noch größere Besorgnis erregte, daß er nach seinen Raubzügen, bei denen er spanisches Gold und Silber erbeutete, Richtung Norden entkam, ohne die Südspitze Südamerikas umrunden zu müssen.

Drakes Rückzug war für die Spanier ebenso geheimnisumwittert wie sein plötzliches Auftauchen im Pazifik. Hatten Drake und mit ihm die rivalisierenden Engländer die sagenumwobene Straße von Anian entdeckt, den legendären, lange gesuchten westlichen Eingang zur Nordwestpassage? Wenn ja, waren die Tage der spanischen Vorherrschaft auf See gezählt.

Natürlich hatte Drake keine Nordwestpassage entdeckt. Auf der Flucht vor den Spaniern war er einfach nach Norden gesegelt. Den Regen dort beschrieb er als „eine unnatürliche, erstarrte und gefrorene Substanz" und die Luft als „heimtückischen, dichten und übelriechenden Nebel". Schließlich machte er mit der *Golden Hind* kehrt, um in südlicher Richtung den Pazifik zu überqueren, hielt sich unterwegs in Nordkalifornien auf und taufte die Westküste den spanischen Ansprüchen zum Trotz „New Albion" – ein Name, der sich auch auf den Seekarten früher Entdecker wiederfindet.

Die Geschichten über eine Nordwestpassage lebten fort. Es sollte jedoch noch 150 Jahre dauern, bevor Geldgier und Gerüchte zu gründlichen Nachforschungen führten und den Märchen ein Ende setzten. In der Zwischenzeit trugen sie zur Erschließung des Nordwestens bei.

Die Entdecker kommen: Die Russen hatten mit der Suche nach der Nordwestpassage Jahrzehnte vor Drakes Flucht vor den Spaniern begonnen. In erster Linie hatte sie die Aussicht auf Reichtum nach Nordamerika getrieben. Sie wußten um den Wert der Felle auf den chinesischen Märkten, und die russischen Pelzjäger, die Promyschlenniks, waren auf der Suche nach Zobel- und Seeotterfellen unaufhaltsam durch die gefrorene Öde Sibiriens Richtung Osten vorgedrungen. Über Alaska gelangten sie in den pazifischen Nordwesten. Für viele Jahre hatten die Russen bei der Jagd auf Seeotter im Nordwesten freie Hand. Die Spanier betrachteten jeden russischen Beutezug als Bedrohung ihrer pazifischen Ansprüche.

Obwohl die Spanier dank dieser Reisen zu den ursprünglichen Entdeckern der pazifischen Nordwestküste wurden, haben sie sie nie wirklich erforscht.

Apostolos Valerianos behauptete, unter dem Namen Juan de Fuca unter dem Vizekönig von Mexiko Lotse gewesen zu sein, als dieser 1592 die Straße von Anian suchte. Weiter behauptete er, die Straße zwischen dem 47. und 48. Grad nördlicher Breite gefunden und sie in 20 Tagen durchsegelt zu haben, bis er auf das Nordpolarmeer stieß. Anschließend will er nach Mexiko zurückgekehrt sein.

Als erstes spann der alte Grieche sein Seemannsgarn für einen gewissen Michael Lok, einen Möchtegern-Entdecker und Glücksritter, der lange in englischen Schuldgefängnissen gesessen und seltsam verdrehte Landkarten von Nordamerika gezeichnet hatte. Die überbordende Phantasie des griechischen Seemanns in Kombination mit der krankhaften Ruhmsucht Loks zeigten zwar keine wissenschaftlichen Erkenntnisse, aber sie weckte Interesse.

Die abenteuerliche Reise des Juan de Fuca beschäftigte die Geister sehnsüchtiger Europäer. Noch 200 Jahre später erinnerten sich Forschungsreisende der geographischen Angaben des alten Griechen.

1776-79 unternahm Captain James Cook im Auftrag der Königlich Britischen Marine seine dritte Weltreise. Einer der wissenschaftlichen Gründe für die Reise war die Suche nach der Nordwestpassage – der Öffentlichkeit sollte Genüge getan werden. Die englische Regierung setzte sogar einen Preis in Höhe von 20 000 Pfund für die Entdeckung der Passage aus, obwohl Cook nicht den geringsten Beweis fand, daß eine solche Durchfahrt je existierte.

Cook kreuzte vor der Küste im Nordwesten, verpaßte aber aufgrund des schlechten Wetters die Columbia-Mündung und segelte weiter nach Norden. Er und seine Besatzung tauschten mit den Eingeborenen Metall gegen Felle, die die Seeleute zum Schlafen und als Kleidung benutzten. Nach seiner Ermordung 1779 auf Hawaii gelangte seine Besatzung nach China, wo sie, wie zuvor die Russen, entdeckten, daß mit den Fellen gutes Geld zu machen war. Obwohl Cook

Links: Die Entdecker William Clark (li.) und Meriwether Lewis (re.) reisten den Columbia River entlang; Oben: Der gewaltige Columbia River in der Zeit der Entdecker.

damals nicht mehr lebte, ist sein Name doch mit dem Beginn des Pelzhandels im Nordwesten verbunden. Auch den Legenden über die Passage verdankt er seinen Platz in der Geschichte.

Britische Pelzhändler kamen in Scharen in den Nordwesten. Einer von ihnen, Charles Barkley, landete 1787 im Westen von Vancouver Island im Nootka-Sund. Nachdem er mit den Indianern auf der Insel Handel getrieben hatte, segelte er südwärts und – gemäß dem Tagebuch seiner Frau – erreichten sie „bei klarem Wetter zu unserem großen Erstaunen eine riesige, zwölf Meilen breite Wasserstraße, die sich nach Osten erstreckte und, soweit das Auge reichte, nicht schmäler wurde. Charles erkannte sie als die lange gesuchte Straße des Juan de Fuca, benannte sie nach ihrem ursprünglichen Entdecker und verzeichnete sie auf seiner Karte".

War das wirklich der Eingang zur Nordwestpassage, wie Apostolos Valerianos behauptet hatte? Niemand wußte es, aber die Breitengrade, die Valerianos aus der Luft gegriffen hatte, stimmten in etwa. So wurde das Pseudonym eines Mannes, der sich eine Seereise ausgedacht hatte, zu einem feststehenden geographischen Begriff.

Die Schwierigkeiten beginnen: Das späte 18. Jahrhundert war der Beginn einer neuen Ära für den Nordwesten – einer Ära des Handels und der Entwicklung.

Im Frühjahr 1792 segelten zwei Schiffe vor der Küste des heutigen Oregon und Washington, beide mit dem Vorsatz, die zerklüftete Küstenlinie zu erforschen. Es war die englische Schaluppe *Discovery*, begleitet von dem bewaffneten Leichter *Chatham*. Das Kommando hatte Captain George Vancouver, der als Midshipman Captain Cook 1778 bei dessen Westküsten-Expedition begleitet hatte. Das andere Schiff war die unter amerikanischer Flagge segelnde *Columbia* unter dem Kommando des Yankee-Pelzhändlers Robert Gray. Vancouver wollte die Straße von Juan de Fuca und jede Art von Nordwestpassage, zu der sie führen könnte, erkunden, Grays Aufmerksamkeit galt den lukrativen Fellen.

Gray und Vancouver trafen sich auf See und tauschten Reiseerfahrungen aus. Vancouver freute sich zu hören, daß das Meer um die heutige Olympic-Halbinsel in Washington kaum Profit versprach und Gray sich auf der Suche nach der Mündung des großen Flusses nach Süden wenden wollte.

Vancouver erkundete weiterhin die Juan de Fuca-Straße und den Golf von Georgia und umschiffte als erster Vancouver Island, womit er Großbritannien einen nachhaltigen Anspruch auf dieses Gebiet verschaffte. Vermutlich ist noch wichtiger, daß er und sein Oberleutnant Peter Puget zwei getrennte Forschungsfahrten durch den von Vancouver so genannten Puget-Sund machten.

Gray segelte weiter nach Süden, wo die Farbe des Meeres, wie sein Kollege Vancouver berichtet hatte, „nicht mehr natürlich ist, sondern wie die eines Flusses." Er manövrierte die *Columbia* durch die Brecher ei-

ner heimtückischen Sandbank und entdeckte einen weitläufigen Hafen an der Mündung des neben dem Mississippi zweitmächtigsten Stromes in Nordamerika. Diese Wasserstraße wurde nach Grays Schiff *Columbia* benannt. Gray selbst interessierte sich nur für die Fellvorräte, die er von den Indianern dieser Gegend erhielt.

Das Land wird beansprucht: Nachdem 1819 die Ansprüche Spaniens vertraglich auf Gebiete unterhalb des 42. Breitengrades festgesetzt worden waren und sich die vagen Ansprüche der Russen seit 1828 auf die Gegend nördlich des 54. bis 40. Breitengrads beschränkten, kämpften die Vereinigten Staaten und Großbritannien um den Nordwesten. Beide Länder bekräftigten ihren Anspruch auf dieses Gebiet recht bald mit Überlandexpeditionen.

1793 wurde Alexander McKenzie von der Northwest Company, einem englischen Pelzhandelsunternehmen, beauftragt, Kanada zu durchqueren und den nördlichen Teil des pazifischen Nordwestens zu erkunden. England erneuerte dadurch seinen Anspruch auf dieses Gebiet.

Die Amerikaner lagen nicht weit zurück. 1803 sandte Präsident Jefferson Meriwether Lewis und William Clark aus, um das völlig unbekannte durch den Louisiana Purchase von Frankreich erworbene Gebiet zu erforschen, das sich über den ganzen mittleren Bereich der USA erstreckte. Er erweiterte den Auftrag 1804 und schickte Lewis und Clark an die Pazifikküste.

Jefferson glaubte nicht wirklich daran, daß der ferne pazifische Nordwesten jemals Teil der Vereinigten Staaten werden würde. Er betrachtete die Rocky Mountains als natürliche Grenze zum Westen und sorgte sich lediglich darum, daß die einzig mögliche Beziehung zwischen ihnen und dieser weit entfernten, bewaldeten Region eine koloniale sein konnte – eine Beziehung, die ihm als überzeugtem Demokraten zuwider war. Doch noch fürchterlicher muß ihm die Möglichkeit erschienen sein, daß die Engländer den Nordwesten kontrollieren könnten. Deshalb seine Entscheidung, Lewis und Clark loszuschicken.

Nach einem anstrengenden 4000-Meilen-Trek erblickten die Forschungsreisenden am 15. November 1805 den Pazifik und überwinterten nahe der Columbia-Mündung in Fort Clatsop. Da sie kein Schiff fanden, das sie auf dem Fluß zurück in die Zivilisation bringen würde, kehrten einige Expeditionsmitglieder 1806 auf dem Landweg mit genauen Landkarten und wertvollem, wissenschaftlichen Material zurück.

Entdeckungen zu machen, war nicht das erste Ziel der Engländer. Die Hudson Bay Company, über Jahre die treibende Kraft im Nordwesten, war in erster Linie an den schier unerschöpflichen Pelzvorräten interessiert und errichtete im Nordwesten einen Handelsposten nach dem anderen. Darin tat sich besonders David Thompson hervor, der 1807 nicht nur den Nordosten Washingtons und Nord-Idaho erforschte, sondern auch Handelsposten als Barriere gegen die amerikanischen Pelzhändler baute, die bald von Osten her in die Region drangen.

<u>Links</u>: Holzfäller bei ihrer Arbeit in den dichten Washington-Wäldern. <u>Oben</u>: Riesige Stämme des Urwaldes.

Thompson hatte noch größere Pläne; die englische Hegemonie bis an den unteren Columbia auszudehnen und sich so seinen Platz in der Geschichte zu sichern. Wie groß muß seine Enttäuschung gewesen sein, als er die Mündung erreichte und feststellte, daß der Yankee-Pelzhändler John Jacob Astor bereits Fort Astoria für die Pacific Fur Company errichtet hatte.

Wenn man auf den Beginn des 19. Jahrhunderts zurückblickt, erscheint einem manches im Verhältnis zwischen Amerikanern und Engländern im Nordwesten recht merkwürdig: Zum Beispiel plante während des Krieges von 1812 die Besatzung eines englischen Kriegsschiffes die Einnahme von Fort Astoria, da sie nicht wußte, daß es bereits an die British Northwest Company verkauft worden war. Beide Seiten wollten die absolute Vorherrschaft. Erst 1818 einigten sie sich auf eine gemeinsame Besetzung des Gebiets. Und selbst diesen heiklen Frieden wollten sogar einige noch torpedieren.

Dr. John McLoughlin, der sogenannte „weißköpfige Adler" und Kommissionär der Hudson Bay Company in Fort Vancouver (in der Nähe der heutigen Stadt Vancouver), wollte es den vielen ruhelosen amerikanischen Biberjägern, die in „sein" Oregon Country drängten, so schwer wie nur möglich machen. Er ging soweit, den herumziehenden Pelztierjäger Peter Skene Ogden in den Osten der Region zu schicken, wo es sehr große Bibervorkommen gab, damit er dort jedes bepelzte Nagetier tötete, bevor die verfluchten Yankee-Jäger weiter nach Westen vordrangen. Ogden und seine Gefolgsleute verbrachten sechs Jahre in der Wildnis und töteten unerbittlich jeden Biber, der ihnen in die Falle ging.

Aber das hielt den Zug nach Westen nicht auf. Seitdem Lewis und Clark aus dem Nordwesten zurückgekehrt waren und ihre Tagebücher veröffentlicht hatten, waren die (weißen) Bewohner der neuen amerikanischen Nation fest davon überzeugt, daß das Oregon Country auch dazugehörte.

Ein neuer Garten Eden: Eines Tages im Jahr 1817 nahm in Boston der Erzieher Hall Jackson Kelley *The Journals of Lewis and Clark* in die Hand, und es erging ihm wie vielen Amerikanern – der Nordwesten wurde zu seiner Obsession. Später sagte er, daß er in diesem Jahr „den Auftrag empfing, hinzugehen und mich für die Menschenliebe einzusetzen und in den dunklen und grausamen Orten an den Küsten des Pazifiks die Verbreitung des Christentums zu fördern."

Aus verschiedenen Gründen war Kelley zu beschäftigt, um sich seinem Traum zu widmen. Aber 1829 war er sowohl arbeitslos als auch Besitzer einer bankrotten Weberei. Das war die Pause, die er brauchte. Plötzlich aller Verantwortung entledigt, gründete er die *American Society for Encouraging the Settlement of the Oregon Territory*. Die Gesellschaft wurde staatlich anerkannt und Kelley zu ihrem Generalvertreter ernannt.

Er verfaßte Schriften, damit die Welt von den Reichtümern des Nordwestens erfuhr. Nachdem er selbst nie dort gewesen war, machte Kelley großzügige Anleihen bei den Tagebüchern früherer Reisender und füllte die Lücken mittels seiner Phantasie.

1831 bat Kelley den Kongreß mehrmals um Hilfe und militärischen Schutz für eine Gruppe von Siedlern, die nach Oregon wollte. Viele Leute waren bereit, dieses Abenteuer einzugehen, aber das Unternehmen scheiterte, als die Regierung ihre Unterstützung verweigerte. Nicht gewillt, seinen Traum aufzugeben, startete Kelley 1832 seine eigene kleine Expedition.

Die vorgesehene Route sollte die Siedler den Mississippi hinunter nach New Orleans führen, von wo aus sie nach Vera Cruz segeln, anschließend Mexiko durchquerten und weiter mit dem Schiff über die hawaiianischen oder Sandwich Inseln bis zum Columbia River fahren wollten. Alles klappte vorzüglich, bis sie das lasterhafte New Orleans erreichten, wo Kelley von Mitgliedern seiner Gruppe ausgeraubt wurde. Frustriert entließ er sie alle. Kelley verlor in New Orleans und auf dem Schiff nach Mexiko den Rest seiner Besitztümer an beharrliche Zollbeamte. Allein und mittellos schlug er sich von Mexiko über Kalifornien bis nach Monterey durch. Kelley dachte eingehend über eine Weiterreise nach Norden nach, als er auf eine Gruppe von Jägern und Händlern stieß, die er überredete, ihn ins Oregon Country zu begleiten. Zu ihnen gesellten sich alsbald ein paar „Räuber", die ebenfalls Interesse am Nordwesten zeigten.

Links: Fort Clatsop nahe Astoria in Oregon war einst die Raststätte für die Truppe von Meriwether Lewis und William Clark. Oben: Ein moderneres Waldarbeiterhaus im Enchanted Valley des Olympic National Park.

Während die Männer mexikanische Pferde stahlen, um sie im Norden zu verkaufen, holte sich Kelley Malaria. Als sie den Süden Oregons erreichten, konnte er nicht mehr weiter. Er fiel vom Pferd, bereit, seinem Schöpfer gegenüberzutreten. Zufällig kam ein Arzt der Hudson Bay Company in ihr Camp, der ihm helfen konnte. Einigermaßen wiederhergestellt, holte er seine Begleiter ein, indem er in einem indianischen Kanu auf halsbrecherische Weise den Umpqua River hinunterfuhr.

Falls Hall Kelley in Fort Vancouver die einem Helden angemessene Begrüßung erwartet hatte, wurde er bitter enttäuscht. Der Gouverneur von Kalifornien beschuldigte ihn und seine Begleiter, im Sacramento Valley Pferde gestohlen zu haben. Dr. John McLoughlin sperrte Kelley, weil er diese amerikanischen Eindringlinge in „englisches" Territorium geführt hatte, in einen stinkenden Schuppen, der normalerweise zum Ausweiden von Fisch und Wild benutzt wurde. Im folgenden Jahr wurde Kelley nach Hawaii gebracht, wo er ob der ungerechten Behandlung wütete und üble Gerüchte über den Kommissionär von Fort Vancouver verbreitete.

Weißen ein „Buch vom Himmel" besaßen, welches beschrieb, wie man in den besten aller Jagdgründe gelangte. Die vier reisten nach St. Louis, um die Sache mit William Clark zu besprechen. Sie waren auf der Suche nach einer Art Landkarte und gaben sich mit dem rätselhaften und enttäuschenden „Guten Buch" nicht zufrieden. Zwei der vier starben in St. Louis, so weit vom Himmel entfernt wie in jenen Pioniertagen nur möglich. Die anderen beiden kehrten zurück, um ihrem Stamm die schlechte Nachricht zu überbringen.

Ihr Unternehmen blieb nicht unbemerkt. Zu jener Zeit, als die vier Indianer in Missouri eintrafen, erlebte Amerika ein Auf-

Trotz seines persönlichen Mißgeschicks weckten seine passionierten Schriften Interesse für das Oregon Country. Einige Mitglieder der *American Society for Encouraging the Settlement of the Oregon Territory* – unter ihnen Nathaniel Wyeth und Henry Spalding – wurden später Siedler und Förderer der Region. Aber Kelleys Erfolge waren nichts im Vergleich zu der Aufmerksamkeit, die die Geschichte der „Four Wise Men from the West" auf sich zog.

Diese vier weisen Männer, die 1832 in St. Louis, Missouri eintrafen, waren Nez-Perce-Indianer, Mitglieder eines Stammes, der von Lewis und Clark erfahren hatte, daß die

wallen des evangelischen Enthusiasmus. Missionare waren bereit, überall hinzugehen, wo sie verlorene Seelen vermuteten.

Einer dieser Missionare war der Methodist Jason Lee, der von Massachussetts aus aufbrach, um die gottlosen Nez Perce einzuholen. Aber sein Eifer war so groß, daß er ihr entlegenes Territorium knapp verfehlte und sich im fruchtbaren Willamette Valley niederließ, in dem unglücklicherweise Grippe-, Windpocken- und Masernepidemien bis auf die kräftigsten alle Stammesmitglieder ausgelöscht hatten. Durch den Mangel an potentiellen Konvertiten entmutigt, begann Lee seine Predigten an die paar weißen Siedler in der Gegend zu richten. Die meisten dieser Weißen waren katholische Frankokanadier, frühere Angestellte der Hudson Bay Company, zudem ein paar Amerikaner in der Nähe von Fort Astoria. Im Bestreben, seine Gemeinde zu vergrößern, versuchte Lee durch Veröffentlichungen und Vortragsreisen im Osten, arbeitsame, moralisch einwandfreie amerikanische Familien zu überreden, sich im Oregon Country anzusiedeln.

Der Cayuse-Krieg: Lee folgten bald Marcus Whitman, der seine Mission in der Nähe von Walla Walla aufschlug, und Reverend Henry H. Spalding, der sich weiter nördlich ansiedelte, in den gottlosen Westen nach.

wheel. Once he was compelled to turn an
for eighty miles. Being nearly out of coal,

FLATHEAD INDIANS.

By the return trip of the Pacific I wen
Astoria, past the second winter-encampm
Lewis and Clark rested when half their
accomplished. In their notes, taken here,

Whitman war kaum erfolgreicher bei der Christianisierung der Indianer; er war davon überzeugt, daß ihr Heil einzig in der vollständigen Übernahme einer „höheren" (das heißt „amerikanischen") Kultur lag.

Die Cayuse-Indianer in der Gegend von Whitmans Mission nahmen diese „höhere" Kultur nie an, sie wurden vielmehr von den Krankheiten des weißen Mannes dezimiert. Während einer schweren Masernepidemie in Jahr 1847 gab Whitman, nicht nur ein Mann der Bibel, sondern auch Mediziner, den kranken Indianern Medikamente, obwohl ihn Dr. McLoughlin vor der unangenehmen Gewohnheit der Cayuse gewarnt hatte, erfolglose Medizinmänner zu töten.

Links: Indianer beim Lachs-Fischen in ihren traditionellen Kanus. Oben: Flathead-Indianer in Kampfbekleidung.

Es dauerte nicht lange, bis den Indianern auffiel, daß ihre Stammesmitglieder starben wie die Fliegen, während nur wenige Weiße der Krankheit zum Opfer fielen. Ihre Schlußfolgerung lautete dementsprechend, daß Whitman den Weißen gute Medizin gab und den Indianern schlechte.

Am 29. November 1847 stürmten die Cayuse Whitmans Mission und ermordeten nicht nur ihn, sondern auch seine Frau Narcissa und zwölf Bewohner der Mission. Andere hielten sie wochenlang gefangen.

Dieser Vorfall war der Auslöser des sogenannten Cayuse-Kriegs. Zwei Jahre lang jagte ein nicht immer der Aufgabe gewachsenes Freiwilligenheer die Cayuse den oberen Columbia entlang, bis sich endlich fünf Indianer ergaben, das Whitman-Massaker gestanden und in Oregon City öffentlich gehängt wurden.

Den Methodisten folgte Father Francis N. Blanchet, der 1838 in St. Paul, Oregon, eintraf, um sich der spirituellen Bedürfnisse der katholischen Bevölkerung anzunehmen. Zudem unternahm Blanchet jede Anstrengung, um Indianer zu „rechristianisieren", die zu Methodisten geworden waren, und löste damit eine kleinere Fehde zwischen Katholiken und den Methodisten im Willamette Valley aus.

Eine mühsame Reise: Angesichts der Missionare, die ihre Gemeinde dazu überredeten, in den Nordwesten überzusiedeln, und der Schar ehemaliger Bergleute und versprengter Pioniere, die in das Willamette Valley und in den Südwesten Washingtons strömten, war es kein Wunder, daß die Briten begannen, sich um ihre Stellung und Zukunft in der Region zu sorgen. Es kamen einfach mehr Amerikaner als Engländer.

1839 wurde eine Tochtergesellschaft der Hudson Bay Company, die Puget Sound Agricultural Company (PSAC), ins Leben gerufen mit dem Ziel, den Untertanen ihrer Majestät der Königin die Idee eines neuen Garten Eden nahezubringen und britischen Siedlungsvorhaben im Oregon Country Nachdruck zu verleihen.

Die PSAC zog zwar erfolgreich Siedler an und verstärkte somit die britische Präsenz nördlich des Columbia, aber sie konnte den Zuzug amerikanischer Siedler in keiner Weise eindämmen.

Bis 1846 hatten Siedler, die die Stadt The Dalles am Columbia River erreichten, nur eine Möglichkeit, ihre Wagen in das Willamette Valley zu verfrachten: Diese sowie alle Habseligkeiten mußten auf einem gemieteten Floß oder Boot den turbulenten Fluß hinuntergeschifft werden. Pro Wagen kostete das die exorbitante Summe von 50 und pro Person zehn Dollar. Zudem war nicht immer ein Boot verfügbar und wenn doch, kenterte es oft genug und versank in den eisigen Stromschnellen.

Der Pionier Jesse Applegate war Augenzeuge, als im Herbst 1845 kranke, erschöpfte und halbverhungerte Siedler in The Dalles auf ein Boot warteten, auf dem sie die gefährliche Flußfahrt wagen konnten. Lakonisch beschrieb er für den *Oregon City Spectator* das letzte Stück des 2000-Meilen-Treks nach Westen:„Es folgte eine Szene menschlichen Elends, die in der Geschichte ihresgleichen sucht – der Verlust an Menschenleben und Gütern war enorm..."

Ein anderer Pionier, Sam Barlow, traf 1845 in The Dalles ein und entschied, daß sein Wagen nach sechsmonatiger Rumpelei über den Kontinent die 50 Dollar Fährgebühr nicht mehr wert war. Während seines Aufenthalts in der Methodisten-Mission in The Dalles kamen ihm Gerüchte von einem Indianer-Pfad zu Ohren, der über das Kaskaden-Gebirge südlich des schneebedeckten Mount Hood ins Willamette Valley führen sollte. Er entschloß sich, eine Bergüberquerung zu wagen. „Gott hat keinen Berg erschaffen, ohne dem Menschen die Möglichkeit zu geben, ihn zu überqueren oder zu umrunden", meinte Barlow.

Obwohl es ihm in diesem Jahr nicht mehr gelang, Wagen über die Berge zu bringen, fand er einen Landweg in das Willamette Valley. Viele Menschen begrüßten seinen Erfolg, dennoch wurde die steile „Barlow Road" von den meisten Pionieren als der strapaziöseste Teil des Oregon Trail erachtet. Ochsen und Pferde stürzten entlang der Barlow Road ab, Wagen wurden stehen gelassen oder ihr Inhalt abgeladen und aufgegeben, und manchmal war der Weg so steil, daß die Wagen mit Seilen gesichert hinunterfahren mußten – einen Steinwurf entfernt vom Willamette Valley.

Sobald die Siedler das Willamette Valley erreicht hatten, wurde ihre Freude oft gedämpft. Sie hatten zwar den anstrengenden Trek hinter sich, aber vor ihnen lag ein harter Winter. Pionier E.W. Conyers beklagte, daß seiner Gruppe die Lebensmittelvorräte ausgegangen waren. „Wir leben in der Hoffnung, daß es am Ziel unserer Reise genug für alle geben wird. Oje, oje! Was für einen hungrigen Haufen werden die Leute von Oregon den Winter über durchfüttern müssen, und die meisten von uns haben kein Geld, um etwas zu kaufen."

Mit dem angepriesenen Überfluß des neuen Garten Edens schien es in jenen frühen Tagen nicht weit her zu sein.

Der Glaube ans Gold: Viele Pioniere zwischen 1845 und 1850 waren überrascht, wie verlassen das Willamette Valley war. Ernten verfaulten auf den Feldern, und ehemals blühende Farmen wurden vom Unkraut überwuchert. 1848 mußte die gesetzgebende Versammlung ihre Zusammenkunft verschieben, weil nur noch neun Volksvertreter im ganzen Gebiet aufzutreiben waren. Ein Besucher sagte 1848 über die Bevölkerung Oregon Citys, der ersten Stadt der USA westlich der Rocky Mountains, sie scheine „nur aus ein paar Frauen und Kindern" zu bestehen. 1849 lebten lediglich 8779 Menschen in dem heutigen Staat Oregon.

Schuld war Kalifornien. Dort war man auf Gold gestoßen, und viele glaubten, der plötzliche Exodus von zwei Dritteln der männlichen Bevölkerung bedeutete das Ende der Besiedelung des Willamette Valleys. Tatsächlich aber war es das Beste, was Oregon passieren konnte.

1848 lag der Handel darnieder. Die Bewohner des Gebietes verfügten über so wenig Geld, daß die gesetzgebende Versammlung Weizen zum Zahlungsmittel machte und von den Kaufleuten verlangte, ein Scheffel Weizen als einen Dollar zu berechnen. Ein Farmer, der seinem Nachbarn einen Wagen verkaufte, erhielt dafür einen Schuldschein über drei Ernten, und für seine Dienste im Wert von 49 Dollar wurde der Rechtsanwalt Peter Burnett mit einem Schein bezahlt, den er gegen braunen Zukker, das Pfund zu zwölfeinhalb Cent, eintauschen konnte. Gouverneur George Abernethy verteilte in seinem Laden Steine als Wechselgeld, die bald darauf als „Abernethy-Steine" zu einer anerkannten, wenn auch etwas unhandlichen Währung wurden. Ironischerweise legte Abernethy sein Veto ein, als die finanzschwache gesetzgebende Versammlung Weizen, Rindfleisch und nahezu alle Produkte als gesetzliches Zahlungsmittel einführen wollte, weil er solches als „unpassend" ansah.

Die Goldfunde entschärften diese Situation. Farmer aus dem Willamette Valley, die bereits vor dem großen Goldrausch von 1849 in Kalifornien schürften, hatten leichtes Spiel, wurden an der Wasseroberfläche fündig, als suchten sie Ostereier. Als das Schürfen in Arbeit ausartete, kehrten sie mit Gold im Wert von zwei Millionen Dollar nach Oregon zurück. Endlich hatte Oregon eine andere Währung als Weizen, Kartoffeln und Abernethy-Steine. Gold abzuwiegen, führte jedoch zu ungenauen Ergebnissen, und dazu, daß 1849 die Prägung standardisierter Münzen verfügt wurde. Eine Verfügung, die einem Staat oder Territorium verfassungsmäßig nicht zustand. Dieser unbequeme Verfassungsartikel hinderte den Bürger William Rector jedoch nicht daran, die Oregon Exchange Company Goldmünzen im Wert von fünf und zehn Dollar zu prägen, das sogenannte „Biber-Geld" mit dem Nager auf der Rückseite.

Gewitzte Goldschürfer brachten aus Kalifornien auch noch das Wissen mit, daß etwa 100 000 kalifornische Schürfer für Produkte aus Oregon Höchstpreise zahlen würden. Die örtlichen Farmer sorgten dafür, daß die

Links: Speer-Fischer am Fuße des Snoqualmie Wasserfalls; Oben: Segelschiffe und Gebirgsblick über Puget Sound.

Speicher bis oben angefüllt waren mit überschüssigem Weizen, dessen Wert um 400 Prozent stieg. Der Preis von anderen Erzeugnissen und von Bauholz – eine seit langem etablierte Handelsware – ging ebenfalls steil nach oben. In Kalifornien kostete ein Ei einen Dollar. Die Bevölkerung von Oregon lernte sehr schnell das lukrative Geschäft, „die Goldschürfer zu schürfen".

Nach 40 Jahren Armut erlebte das Oregon-Territorium einen Boom, und die Vision des neuen Garten Eden trug endlich Früchte. Auf der Suche nach dem edlen Metall kamen kalifornische Schürfer in das südliche Oregon, wo 1851 Nuggets gefunden wurden. Tausende von Schaufeln gruben die Erde um, Millionen von Dollar wurden ihr in Orten wie Rich Gulch oder Sailors Diggings abgerungen. Gold fand man in alten Flußbetten und auf den Kuppen der Hügel. Goldsucher wurden reich, indem sie das Meerwasser in der Gegend von Whiskey Run südlich der Coos Bay filterten.

Diese Goldfunde förderten die Besiedlung Oregons außerhalb des Willamette Valley. 1850 war der Land Donation Act verabschiedet worden, nach dem jedem Siedler in Oregon 130 Hektar Land zustanden und, falls er verheiratet war, seiner Frau ebenfalls. Da das Willamette Valley schnell vergeben war, öffnete der Goldrausch abgelegene und fruchtbare Täler im Süden Oregons einem gierigen Markt.

Innerhalb kürzester Zeit entstanden in der kargen Wildnis geschäftige Städte, Jacksonville als Zentrum und Scottsburg als Verkehrsknotenpunkt. Von Maultieren gezogene Planwagen wurden alsbald von Kutschen mit schnellen Pferden überholt, welche regelmäßig zwischen Portland und dem berüchtigten San Francisco verkehrten. Die Strecke sollte später ein Teil der Eisenbahnlinie zwischen Oregon und Kalifornien werden.

Je mehr Menschen in den Nordwesten drängten, um so offensichtlicher wurde, daß eine Art regionaler Regierung vonnöten war. Irgendeine Institution mußte die Landansprüche regeln und Steuern erheben.

Bei einem Treffen in Champoeg, 1843, wählten die Siedler ein Komitee, das Bestimmungen für eine provisorische Territorialregierung ausarbeiten und solange in Funktion bleiben sollte, „bis die Vereinigten Staaten von Amerika ihre Rechtsprechung auf uns ausdehnen". (Daß sich der englische Einfluß in Luft auflösen würde, war offenbar ausgemachte Sache.) Die Staatsstrukturen waren denen Iowas auffällig ähnlich, weil den Siedlern damals nur die Richtlinien dieses Staates verfügbar waren. Der Ruf nach einer Regierung wurde nicht zu früh laut. Immigrantenströme aus den USA drängten unablässig nach Oregon. 1839 kamen knapp 1500 Menschen, 1845 waren es bereits 2500. Die Hudson Bay Company und die Engländer standen dieser Einwanderungswelle hilflos gegenüber, die das Willamette Valley überschwemmte und, schlimmer noch, sich nördlich des Columbia River ausbreitete.

Das Gebiet des heutigen Staates Washington war damals eine größere Wildnis als die Region südlich des Columbia River. Einer, der sich aus dem Osten ins Willamette Valley aufmachte, sich dann jedoch nach Norden wandte, war George Washington Bush. Als Schwarzer hatte Bush gehofft, einen Garten Eden ohne Rassendiskriminierung vorzufinden. Ermutigt wurde er durch ein 1844 verabschiedetes Gesetz, das die Sklaverei südlich des Columbia verbot. Das Problem war nur, daß dasselbe Gesetz den Schwarzen untersagte, dort zu leben. Sklaven, die innerhalb von drei Jahren nicht aus diesem Gebiet entfernt wurden, mußten freigelassen werden. Freigelassene wiederum, die nicht innerhalb der nächsten drei Jahre die Region verließen, würden bis zu ihrem Fortgang alle sechs Monate mit bis zu 39 Peitschenhieben bestraft.

Bush, der diesem Rassismus entkommen wollte, ging nach Norden, gründete im Westen Washingtons die Stadt Centralia und war bald einer der reichsten Männer des Nordwestens.

„Fifty-Four-Forty or Fight“: Für die Engländer wurde diese Situation immer offensichtlicher: Die Amerikaner würden das Oregon Country zunehmend besiedeln. Sie forderten 1846 eine „klare Entscheidung“, was interpretiert wurde als das heilige Recht der Vereinigten Staaten, alles Land zwischen Atlantik und Pazifik in Besitz zu nehmen – möglichst auch noch Kanada. Viele Amerikaner stimmten in den Schlachtruf „Fifty-Four-Forty or Fight!“ ein, eine an England gerichtete Botschaft, daß die USA das Land bis zu 54 Grad 40 Minuten nördlicher Breite beanspruchten und dafür auch einen Krieg führen würden. Das war reine Panikmache, nicht offizielle Regierungspolitik, aber die Briten waren nicht willens, um ein weit entferntes, überwiegend von Fremden bevölkertes Gebiet zu kämpfen.

1846 trat Großbritannien alle Ansprüche und Besitztümer südlich des 49. Breitengrads einschließlich des begehrten natürli-

Links: Ein Planwagen-Troß durchquert die Prärie entlang dem Oregon Trail östlich der Cascade Mountains. Oben: Um 1875: Pferde und Planwagen drängen sich in der Hauptstraße von Olympia (Washington).

chen Hafens, den der Puget-Sund darstellte, an die amerikanische Regierung ab.

Zwei Jahre später wurde das Oregon Country offizielles Territorium der USA. Abraham Lincoln, Rechtsanwalt aus Illinois und späterer 16. Präsident der Vereinigten Staaten, wurde zum ersten Gouverneur des Territoriums gewählt. Er lehnte das Angebot ab, weil seine Frau, Mary Todd Lincoln, sich weigerte, in eine so entlegene Gegend zu ziehen. (Angeblich fühlte sie sich in Washington, D.C. sicherer.) Den Posten trat statt dessen Joseph Lane an, ein Befürworter der Sklaverei, der sich Lincoln in den Wahlen von 1860 als Vizepräsidentschaftskandidat des demokratischen Präsidenschaftskandidaten John Breckenridge entgegenstellte – und gewann.

1860 jedoch war der Nordwesten nicht mehr so wie früher. Nachdem die Engländer alle Ansprüche auf das Land aufgegeben hatten, hatte die Bevölkerung die Wahl, entweder die Region so zu belassen, wie sie war, oder die territorialen Grenzen neu zu bestimmen. Das Oregon Territory wurde in seiner ursprünglichen Größe, die das heutige Washington und fast ganz Idaho umfaßte, von südlich des Columbia River verwaltet, was Schwierigkeiten mit sich bringen konnte. Zumindest glaubten das die Siedler auf der Nordseite des Flusses, die sich für ein eigenes Territorium, das möglicherweise „Columbia" heißen sollte, einzusetzen begannen.

Im Dezember 1852 lag dem Kongreß eine Petition vor, das neue Territorium anzuerkennen. Zwei Monate später, als darüber verhandelt wurde, gab der Abgeordnete Kentuckys zu bedenken, daß der Name „Columbia" zu Verwechslungen mit dem „District of Columbia" führen könnte, und schlug vor, es „Washington" zu nennen, unter anderem zu Ehren des ersten Präsidenten George Washington. Obwohl andere Kongreßmitglieder meinten, daß dieser Name wiederum zu Verwechslungen mit der Stadt Washington Anlaß gäbe (was eingetroffen ist), und zumindest ein Abgeordneter sich für einen indianischen Namen stark machte, blieb es bei „Washington". Nachdem der Senat zugestimmt hatte (Senator Stephen Douglas schlug eine Umbenennung in „Washingtonia" vor, um Verwirrung zu vermeiden), unterschrieb Präsident Millard Fillmore am 2. März 1853 die Vorlage und schuf damit das „Territory of Washington".

Zu dieser Zeit machte man sich in Oregon Gedanken über Eigenstaatlichkeit.

1854 und noch zweimal später wiesen die Bewohner Oregons die Idee einer verfassungsgebenden Versammlung, die einen Staat im tiefsten Wald schaffen wollte, zurück. Sie waren zufrieden mit ihren eigenen Regeln und wollten sie nicht eintauschen gegen andere, die am Konferenztisch im Kapitol ausgebrütet worden waren. Warum also änderten sie schließlich doch ihre Meinung? Eine teilweise Erklärung liefert die Entscheidung des höchsten Gerichts im Fall Dred Scott gegen Sanford, die es dem Kongreß untersagte, die Sklaverei in einem Territorium zu verbieten – dieses Recht stand nur einem souveränen Bundesstaat zu.

Bei einer Minderheit hatten Pro-Sklaverei-Gefühle Hochkonjunktur, auch beim Gouverneur des Territoriums, Lane, der sich übrigens bis 1878, also lange nach Lincolns Befreiung der Sklaven, weigerte, seine Sklaven freizulassen. Die meisten Bewohner Oregons waren einfach nur Rassisten. Sie duldeten keine Chinesen, Indianer und vor allem keine Schwarzen mehr. Für sie bedeutete staatliche Souveränität die Möglichkeit, nicht nur die Sklaverei abzuschaffen, sondern auch den schwarzen Zustrom in ihr Himmelreich auf Erden zu stoppen. Als Staat, so überlegten sie, könnte Oregon gesetzgeberische Maßnahmen sowohl gegen die Sklaverei als auch gegen die Schwarzen im allgemeinen ergreifen. Deshalb stimmten sieben von acht Personen 1857 für eine verfassungsgebende Versammlung. Die Angst, daß Befürworter der Sklaverei Oregon als Sklavenstaat in die Union drängen würden, erwies sich 1858 als unbegründet, als zwei Drittel der Bevölkerung der Eingliederung Oregons als freien Staat in der Amerikanischen Union zustimmten.

Präsident James Buchanan unterschrieb die Proklamation und nahm am 14. Februar 1859 Oregon als 33. Staat auf, aber der pazifische Nordwesten erfuhr davon erst einen Monat später, als der Dampfer *Brother Jonathan* von San Francisco kommend in Portland anlegte.

Indianer bei der Hopfenernte für Washington's neue Brauindustrie.

Sobald Oregon einmal ein Bundesstaat war, wurde das Motiv, die Bevölkerung zu vermehren, ein offenkundig pekuniäres. Wie der Eisenbahn- und Schiff-Tycoon Henry Villard 1873 seinen deutschen Geldgebern erklärte:„Die Aussichten der Teilhaber lassen sich am sichersten verbessern, indem man die Bevölkerung vermehrt."

Villard gründete in Verbindung mit seinem Landverteilungsbüro ein Einwanderungsbüro in Portland und ein weiteres in Boston, um europäische Immigranten und unglückliche Farmer aus Neu-England in den Westen zu locken. Als nächstes eröffnete er Büros in England und Schottland und schickte seine Agenten nach Skandinavien, Deutschland und Rußland. Er überflutete die Welt mit bebilderten Werbebroschüren für den pazifischen Nordwesten. Und alles natürlich in seinem eigenen Interesse.

1873 wurde der Bau der Northern Pacific Railway unter der Finanzkontrolle des New Yorker Bankers Jay Cook bei Bismarck in South Dakota eingestellt; ursprünglich war geplant gewesen, die Strecke westlich von Duluth mit der Strecke vom Puget-Sund nach Osten zu verbinden. Cooks Bank wurde geschlossen, als die Wirtschaftspanik des Jahres 1873 einsetzte.

Villard sah in der Verbindung der darniederliegenden Eisenbahnlinie und seinen Columbia-Schiffahrtsinteressen ein ungeheures Entwicklungspotential.

1876 ließ Villard ausgefallene Exponate aus dem Nordwesten zur Weltausstellung nach Philadelphia bringen, um diese Region zu fördern, und weil noch immer viele Menschen Kalifornien vorzogen, verschiffte er andere werbewirksame Stücke nach Süden. Obwohl viele das Klima im Nordwesten für Landwirtschaft ungeeignet hielten, wurden sie von Villards Bemühungen überzeugt, die mit einer völligen Mißernte in Kalifornien zusammenfielen, sehr zum Ärger führender Männer in Kalifornien.

1877 kamen 18 000 Menschen nach Oregon, und Geschichten wurden erzählt, daß erfolgreiche Agenten für den Nordwesten ganze russische Dörfer entvölkerten.

Obwohl sein persönliches Imperium 1884 bröckelte, hatte Henry Villard dazu beigetragen, Oregon populär und Portland zum Knotenpunkt des Eisenbahn- und Schiffsverkehrs im Nordwesten zu machen. Der Portlander Zeitungsverleger Harvey Scott prahlte, daß Portland, weil es Endstation am Pazifik war, „die Metropole der Region werden würde". Zwei Jahrzehnte, nachdem in Oregon Gold gefunden worden war, war Portland von einer Waldlichtung namens Stumptown zu einer Stadt geworden, die die Historikerin Dorothy Johansen als „ein Geflecht aus Handel und Kultur" beschrieb und die unangefochten das San Francisco des pazifischen Nordwesten war.

Weder in Tacoma noch in Seattle am Puget-Sund war man sehr angetan von Villard. Man nahm ihm die bevorzugte Behandlung übel, die er Portland auf ihre Kosten hatte zuteil werden lassen. Villard hatte zwar versprochen, Tacoma und Seattle ans Schienennetz anzuschließen, war jedoch pleite, bevor er das bewerkstelligen konnte. Erst 1887 vollendete Northern Pacific unter einem neuen Management die Strecke über die Cascades, das Yakima Valley und den Stampede Pass bis nach Tacoma. Seattle mußte bis zur Fertigstellung von James Hills Great Northern Railroad 1892 warten. Der Eisenbahnanschluß und der Boom am Puget Sund lockten viele Einwanderer in den Nordwesten Washingtons.

Bis zum Jahr 1890 wuchs die Einwohnerzahl im pazifischen Nordwesten um eine halbe Million; davon gingen 275 000 nach Washington. Gouverneur Miles C. Moore berichtete stolz von 95 000 Neuankömmlingen zwischen 1887 und 1889, mehr als die Gesamtbevölkerung Washingtons im Jahr 1880 ausgemacht hatte.

Vom Holzfällen: Je mehr Leute sich ansiedelten, um so mehr Möglichkeiten boten sich, Geld zu machen. Sogar im Osten Oregons und Washingtons, der vor dem Goldrausch in Oregon und ein paar unergiebigen Metallfunden in Washington dünn besiedelt war, wimmelte es jetzt von Geschäftsleuten und Holzfällern.

Es lag auf der Hand, daß der Nordwesten, dicht bewaldet mit riesigen immergrünen Bäumen, zu einem Zentrum der Holzverarbeitung werden sollte.

Die holzverarbeitende Industrie expandierte sehr schnell. 1884 wurden in den Sägewerken am Puget-Sund täglich eine Million Kubikmeter Holz verarbeitet. Zu Flössen zusammengebundene Baumstämme aus der Gegend um den Hood-Kanal und den westlichen Stränden des Sundes trieben zu den Sägewerken in Port Gamble und Port Ludlow. Die Häfen von Seattle und Tacoma profitierten vom Verladen sowohl von Baumstämmen als auch von bearbeitetem Holz aus der umliegenden Gegend. Im Jahr 1880 wurden 160 Millionen Kubikmeter Holz gefällt, 1890 eine Milliarde. Dies zerstörte natürlich auch die ursprüngliche Natur. 1890 existierte im Washingtoner Thurston County nur noch die Hälfte des ursprünglichen Baumbestandes.

Dank des Schienennetzes erweiterte sich der Markt für Holz aus dem Nordwesten. Montana, Colorado, Iowa, alle wollten Holz. Oregon war gegenüber Washington im Vorteil, als es darum ging, das Holz quer durch den Kontinent zu transportieren. Es hatte die bessere Infrastruktur.

Der Großteil des Holzes wurde jedoch auf dem Wasserweg transportiert. In Kalifornien, das 1883 /84 jeweils 200 Millionen und 1889, als Washington zum Bundesstaat erklärt wurde, 323 Millionen Kubikmeter abnahm, herrschte große Nachfrage nach Holz. Auch in fremde Länder wurde es verschifft. Im Puget-Sund drängten sich Schiffe, die Holz nach Australien, Chile, Buenos Aires oder Schanghai brachten. Die Ladungen waren bis zu einer Million Kubikmeter groß und 20 000 Dollar wert.

Das Klondike-Fieber: Was die Städte anbelangt, war Seattle immer schon so etwas wie ein Emporkömmling gewesen. Die Tatsache, daß ein paar frühe Siedler ihre Stadt „New York-Alki" (was soviel heißt wie „New York der Zukunft") nannten, illustriert aufs Anschaulichste die Ambitionen, die für die Smaragdene Stadt charakteristisch sind.

Daß Seattle heute die größte Metropole des Nordwestens ist, verdankt es nicht nur dem Fleiß der Menschen, sondern auch glücklichen Umständen.

Seattle wurde im Jahre 1851 gegründet, benannt nach dem Häuptling der Salish-Indianer Sealth, der sich mit den ersten Bewohnern der Stadt angefreundet hatte, zum katholischen Glauben übertrat und schließlich mit seinem Stamm aus ihrer Heimat rund um die Elliott-Bucht in ein Reservat bei Port Madison umgesiedelt wurde. Die Bewohner Seattles hatten Gro-

Der prächtige Eingang zum Forstwirtschaftsgebäude der Universität von Washington, Seattle.

ßes mit ihrer Stadt vor, aber nie genug Geld, um ihre Träume zu verwirklichen.

Und dann fand man Gold in Alaska. Am 17. Juli 1897 verkündete ein Telegramm: *Das Dampfschiff Portland ist mit einer Tonne Gold an Bord eben in Seattle angekommen.* Männer, die in Kalifornien, Oregon und Colorado Flußsand gewaschen und Hacken geschwungen hatten, hofften, daß der Alaska-Goldrausch ihnen zu dem Reichtum verhelfen würde, der ihnen bislang versagt geblieben war.

Seattle wurde zum Ausgangspunkt für die Goldschürfer, die nach Alaska oder Yukon wollten. Schiffe aller Größenordnungen segelten den Puget-Sund hinunter in die Elliott Bay, wo immer mehr Menschen auf eine Passage nach Norden warteten, als Plätze zur Verfügung standen.

Nach Frauen herrschte im Norden große Nachfrage, und Seattle wurde zum Zentrum des weißen Sklavenhandels. Frauen wurden mit Versprechungen vom guten Leben überredet, an Bord zu gehen und die nächsten Jahre damit zu verbringen, sich gegen Geld von schlammverkrusteten Schürfern anfassen zu lassen. Eine Schiffsladung von 500 Menschen, überwiegend Witwen, segelte von New York nach Alaska. Bei der Umrundung von Kap Horn gab es Schwierigkeiten, und angeblich soll ein Kannibalenhäuptling versucht haben, sich eine der Witwen zur Frau zu nehmen. Nur eine einzige Frau erreichte Alaska.

Seattle tat sein Bestes, um vom Alaska-Boom zu profitieren. Ein gescheiterter Zeitungsverleger namens Erastus Brainerd wurde zum Werbechef der Stadt ernannt. Weltweit ließ er in Zeitschriften Anzeigen drucken, die die Tugenden Seattles und seine Verbindung zu Alaska rühmten.

1898 richtete die Regierung in Seattle schließlich ein Prüfungsamt für die Goldgräberfunde ein. Während der ersten vier Geschäftsjahre wurde dort Gold im Wert von 174 Millionen Dollar gewogen. Die kleine Stadt an der Elliott Bay wurde reich vom Geld, das die Alaska-Schürfer in den Läden und Amüsierlokalen ausgaben.

Als der Goldrausch in Alaska und Yukon zu Beginn des 20. Jahrhunderts langsam aber sicher nachließ, forderte Seattle Portland als die größte Metropole im Nordwesten heraus.

Die Zeit ist reif: Die Geschäftsleute Portlands konnten das nicht auf sich sitzen lassen. Sie wollten nicht hinnehmen, daß ihre Industrie und Frachtgeschäfte von Seattle zum Erliegen gebracht wurden. Es mußte etwas geschehen. Aber was? Da entschieden sie, daß es an der Zeit sei, im Nordwesten eine Weltausstellung abzuhalten.

Dafür gab es viele plausible und edle Gründe. Zum Beispiel, daß 1905, dem Jahr der Eröffnung, genau 100 Jahre vergangen waren, seit die Forscher Lewis und Clark den Nordwesten erkundet hatten. Aber der eigentliche Grund wurde von Henry Dosch, dem Promoter der Weltausstellung, deutlich ausgesprochen. „In erster Linie bedeutet sie Geld, viel Geld. Solche Ausstellungen rentieren sich in höchstem Maße."

Die Besucher der Lewis-und-Clark-Ausstellung waren beeindruckt. Gestaltet hatte das Gelände John Olmstead, ein Nachfahre des berühmten Stadtplaners Frederick Law Olmstead, der u. a. den Central Park in New York anlegte.

Die stattlichen Ausstellungshallen waren umgeben von rosengesäumten Wegen und sorgfältig angelegten Terrassen. Im nördlichen Teil spiegelte sich die Pracht des Regierungsgebäudes im Stil der spanischen Renaissance im Wasser des Guild's Lake, der wiederum eingerahmt wurde von den weißen Gipfeln der Cascades. Das forstwirtschafliche Gebäude, der Welt größte Holzhütte, unterstrich das historische Verhältnis der Gegend zu ihren Wäldern. Gondeln schaukelten auf dem See, dazwischen tummelten sich „tauchende Elche", die kurioseste Attraktion der Ausstellung. Nachts wurden die Gebäude und Wege um den See beleuchtet. Jeder Bezirk in Oregon, die meisten Bundesstaaten und viele Länder hatten Exponate zu der Ausstellung beigesteuert und sich an den Gesamtkosten in Höhe von 25 Millionen Dollar beteiligt.

Die Investoren machten gut 20 Prozent Gewinn, und innerhalb der nächsten fünf Jahre, bis 1910, verdoppelte sich die Einwohnerzahl Portlands auf 270 000.

Dieser Erfolg überzeugte die Stadtväter Seattles, daß sie ebenfalls eine Ausstellung brauchten. Als sie 1909 schließlich ihre Tore öffnete, stand auf dem Banner: „Alaska-Yukon-Pazifik-Ausstellung" (A-Y-P).

Während ihrer Dauer von 138 Tagen zog die A-Y-P genau 3 740 551 Besucher an und erwies sich als ebenso lukrativ wie die Lewis-und-Clark-Ausstellung. Zudem überzeugte sie Menschen aus dem ganzen Land zu bleiben. 1910 überstieg die Einwohnerzahl Seattles zum erstenmal diejenige Portlands und zwar um 30 000.

Die Ausstellungen und der dazugehörige Prunk sicherten Portland und Seattle einen Platz auf der Landkarte, und die Leute interessierten sich brennend auch für den Rest des neuen Garten Edens. Der pazifische

Links: Das Staatswappen von Oregon. Oben: Dampfschiffe kreuzen den Puget-Sund und Seattles belebten Hafen.

Nordwesten war zum bedeutenden Anziehungspunkt geworden.

Rassenhaß: Sowohl Oregon als auch Washington hatten alles darangesetzt, um die Chinesen loszuwerden. Im November 1885 marschierten in Tacoma die Chinesenhasser durch den Regen, trieben die Chinesen aus ihren Häusern und steckten sie in einen Zug nach Portland. Ein Jahr später verabschiedete das Washington Territory ein Gesetz, das Chinesen Landbesitz untersagte. Auch in Seattle war der asiatische Einfluß gefürchtet. Zu Beginn des Jahres 1886 wurden chinesische Einwohner aufgefordert, die Stadt sofort zu verlassen, sonst gäbe es Ärger. 350 Chinesen wurden an den Pazifik „begleitet", wo man sie nach San Francisco verschiffte.

Eine Verfügung der Habeas-Corpus-Akte setzte solchen Vertreibungen ein Ende, aber in der Stadt kehrte keine Ruhe ein. Überall schlossen sich anti-chinesische Gruppen zusammen, und schließlich mußte die Miliz für Ruhe sorgen.

Im Februar desselben Jahres verließen die meisten der Chinesen, auf dem Dampfer *George W. Elder,* Seattle in Richtung Kalifornien.

Oregon wurde jedoch berüchtigt aufgrund seines Rassismus' gegenüber Schwarzen. Obwohl der 13. Verfassungszusatz (Abschaffung der Sklaverei) von Oregon kurz nach dem Bürgerkrieg übernommen worden war, wurde die Ratifizierung des 14. Zusatzes, der den Schwarzen die Bürgerrechte garantierte, dort zweimal annulliert. Für den 15. Zusatzartikel (Wahlrecht der Schwarzen) erachtete es der Gouverneur nicht einmal für notwendig, eine legislative Sitzung einzuberufen. Erst 1959, 89 Jahre nachdem dieser Zusatz vom amerikanischen Innenminister ratifiziert worden war, konnte auch Oregon sich überwinden, ihn anzunehmen.

Erst gegen 1890, als die transkontinentale Eisenbahnstrecke Oregon erreichte, kamen viele Schwarze ins Land. Sie kamen als Schaffner, Kellner oder arbeiteten in anderen Stellungen bei der Eisenbahn. Auch versuchten sie ihr Glück in kriminellen Kreisen.

Zur Zeit der Jahrhundertwende lebte die Mehrheit der Schwarzen in Portland. In Liberty, Oregon, wurden1893 alle schwarzen Bewohner aus der Stadt gejagt. Der *Portland Telegram* schlug daraufhin vor, die Stadt möge ihren Namen ändern.

Der Einfluß schwarzer politischer Gruppierungen wurde nur langsam spürbar. Nicht lange nach der Gründung der National Association for the Advancement of Colored People (NAACP) wurde 1909 in Portland eine Niederlassung gegründet.

Eine der ersten Kampagnen der Oregon-NAACP richtete sich 1915 gegen die Aufführung von D.W. Griffiths Film *Birth of a Nation*. Griffiths Version der Rekonstruktionszeit nach dem Bürgerkrieg provozierte das Publikum im Süden zu lautstarken Protesten an der Stelle, wo ein freigelassener Schwarzer ein weißes Mädchen verführte, und zu heftigem Applaus, wenn Ku-Klux-Klan-Mitglieder mit weißen Kapuzen für „Gerechtigkeit" sorgten.

Kein Wunder, daß neben Plakaten für den Film die Einladung hing, dem wiedergegründeten KKK beizutreten, der sich selbst als „Orden ersten Ranges für kluge und charakterstarke Männer" anpries.

Im Jahr 1921 stand in Oregon das „Unsichtbare Reich" mit weißen Kutten, Kapuzen, Flammenkreuz und allem weiteren Zubehör, das der KKK im Kampf gegen alle einsetzte, die er als „Schwarze, Juden und Katholiken" empfand, in voller Blüte.

Es wird geschätzt, daß es 1922 in Oregon 25 000 aktive KKK-Mitglieder gab. Der politische wie auch wirtschaftliche Einfluß des Ku-Klux-Klan war so stark, daß sich die Regierung von Oregon gezwungen sah, alle katholischen Schulen zu schließen. Auch gelang es dem Klan, bei der nächsten Wahl seinen Kandidaten durchzusetzen – Walter Pierce wurde zum Gouverneur ernannt.

Allerdings ging der KKK ebenso schnell wieder unter, wie er aufgetaucht war. Die Unzufriedenheit wuchs, als einige Mitglieder Gouverneur Pierce absägen wollten, der sich, einmal im Amt, nicht mehr um die Wünsche des KKK kümmerte. Andere argumentierten, daß es einen schlechten Eindruck machen würde, einen Mann aus dem Verkehr zu ziehen, für dessen Wahl man hart gekämpft habe. Der folgende Machtkampf bedeutete das Ende des Klans in Oregon.

Und noch während er seinen Abgesang anstimmte, wurde die Arbeiterbewegung im Nordwesten nach und nach zu einer politischen Kraft.

Kommunisten und Gewerkschafter: Am 6. Februar 1919 wurde Seattle zum Schauplatz des ersten Generalstreiks der amerikanischen Nation. Über 60 000 organisierte Arbeiter legten an diesem Tag die Arbeit nieder und marschierten durch die Stadt. Viele Journalisten sprachen von einer „Revolution".

Die Gründe für den Streik waren vielfältig. Die Zeiten nach dem Ersten Weltkrieg waren unruhig, die Menschen versuchten wieder ein normales Leben zu führen. Die Grippeepidemie der Jahre 1918/19, die die Leute gezwungen hatte, Gesichtsmasken zu tragen und öffentliche Versammlungen zu meiden, hatte den Nordwesten nervös gemacht; Schätzungen zufolge waren dem Virus weltweit 20 Millionen Menschen erlegen, davon 548 000 in den USA. Man fürchtete, daß die Revolutionen in Ungarn und Rußland Auswirkungen auf die Vereinigten Staaten haben könnte. Erste Anzeichen sprachen dafür: Der Streik führte zu Auseinandersetzungen zwischen amerikanischen Unternehmern und den gewählten Arbeiterführern.

Die St. Pauls Church präsentiert eine historische Fassade.

Wachsame Augen richteten sich auf die Mitglieder der Gewerkschaft „Industrial Workers of the World", „Wobblies" genannt. Die IWW, 1905 von einem erlesenen Kreis „Radikaler" gegründet, hatte gegen die Rolle der USA im Ersten Weltkrieg, den sie als „Kapitalistischen Krieg" bezeichnete, opponiert. Die IWW war nicht nur wegen ihrer Anti-Kriegs-Haltung kritisiert, sondern auch infiltriert worden von Agenten, die das Land vor „Anarchie, Aufruhr und Sabotage" bewahren wollten. IWW-Mitglieder wurden wegen Verbreitung von Anti-Kriegs-Literatur verhaftet, einige sogar deportiert. Als 1916 in Everett, Washington, Vertreter einer Holzverarbeitungsfirma und IWW-Mitglieder aneinandergerieten, starben sieben Männer, 31 wurden verletzt.

Weitere Konfrontationen schienen unvermeidlich. Das geschah, als sich die Emergency Fleet Corporation in Washington D.C. weigerte, über einen angedrohten Werftarbeiterstreik zu verhandeln. Sie drohte ihrerseits, keinen Stahl mehr zu liefern, wenn die Arbeitgeber auf die Forderungen der Arbeiter eingingen. Daraufhin beschlossen die Gewerkschaftsführer am 21. Januar 1919 den Streik, andere Arbeiter solidarisierten sich mit den Werftarbeitern und unterstützten ihre Aktionen.

Als am 6. Februar die Sirenen von Sägewerken und Schiffen das Signal für den Streikbeginn durch Seattle gellten, schlossen die meisten nicht-öffentlichen Betriebe bis auf weiteres. In der Stadt war es plötzlich sehr still.

Drei Tage später beruhigten sich die Gemüter, und am vierten Tag wurde der Streik beendet. Am Tag nach Lincolns Geburtstag wurde die Arbeit wieder aufgenommen.

Aber das Verhältnis zwischen den Arbeitnehmern und Arbeitgebern war nicht mehr so wie vor dem Streik. Die Idee, sich gewerkschaftlich zu organisieren, wurde überaus populär, vor allem um die Stadt Seattle herum, und wurde auch während der Großen Depression in den dreißiger Jahren wachgehalten. Die Arbeiter hofften schließlich auf bessere Löhne und waren der Meinung, daß die Gewerkschaften nach der Depression für eine leistungsstarke Industrie sorgen würden. Entscheidend verändert aber wurde die Situation der Vereinigten Staaten von Amerika erst mit dem Eintritt in den Zweiten Weltkrieg, der einen wirtschaftlichen Aufschwung einleitete.

BOEING
E-526
NO SMOKING
SHOP F43
CONTROL

Moderne Zeiten: Der neue Nordwesten

Als die USA in den Zweiten Weltkrieg eintraten, ermutigten die neu geschaffenen Arbeitsmöglichkeiten und die hohen Löhne viele Menschen, in den Nordwesten zu gehen, wo ein solcher Mangel an Arbeitskräften herrschte, daß die Kaiser Company in Portland Züge aus dem Süden und Osten zur Verfügung stellte, um Werftarbeiter heranzuschaffen.

Langjährige Portlander sahen den Zustrom von 100 000 Immigranten während des Krieges nur ungern. Die einen machten sich Sorgen, daß es nicht genügend Wohnraum gab oder genug Dienstleistungsbetriebe, um die gewachsene Bevölkerung zu versorgen und zu kontrollieren. Andere waren unzufrieden, weil so viele der Neuankömmlinge Schwarze waren. „Schwarze Einwanderer beunruhigen die Stadt“, lautete eine Überschrift des *Oregonian*.

Aber im Nordwesten ging es aufwärts. Zwischen 1940 und 1946 verdoppelte sich die Zahl der Fertigungsbetriebe um Portland. Riesige Kriegsfabriken am Puget-Sund – darunter die Boeing Aircraft Company und der Puget Sound Navy Yard in Bremerton – gierten nach Arbeitskräften. Holzverarbeitungsfabriken, Minengesellschaften und landwirtschaftliche Betriebe produzierten im Akkord, um die Nachfrage zu decken. Die Bevölkerung des Nordwestens stieg in den Jahren von 1940 bis 1945 um 30 Prozent.

Für die Japaner, die sich in Oregon und Washington angesiedelt hatten, sah die Zukunft allerdings nicht so rosig aus. Wie schon die Chinesen vor ihnen sahen sich auch sie, die 1941 die größte Minderheit der Region ausmachten, vielfältiger Diskriminierung ausgesetzt. In Washington war es Fremden verboten, Land zu besitzen. Und viele Farmer in Oregon mochten die fleißigen Japaner nicht, weil sie fürchteten, diese würden sich in amerikanische Industriebelange einmischen.

Nachdem die Japaner 1941 Pearl Harbor bombardiert hatten und die USA in den Krieg eingetreten waren, gab Präsident Franklin D. Roosevelt den Militärbefehlshabern die Order, aus allen militärisch wichtigen Gebieten Personen mit japanischen Vorfahren zu entfernen. Im März 1942 wurden Washington, Oregon und Kalifornien zu Gebieten erklärt, in denen alle Japaner zu internieren waren. In The Dalles, Oregon und anderen Orten wurden Lager gebaut, die die Japaner aufnehmen sollten. Japanischer Landbesitz wurde konfisziert. Die Furcht war weit verbreitet, daß die Japaner Regierungsgeheimnisse verraten oder für die amerikanische Kriegsanstrengung wichtige Industrieanlagen ausspionieren könnten. Diese Ängste wurden noch geschürt, als im Juni 1942 ein japanisches U-Boot in der Nähe der Columbia-Mündung auftauchte und Fort Stevens, das noch aus dem Bürgerkrieg stammte, beschoß. Damit war Oregon der einzige Bundesstaat, der im Zweiten Weltkrieg angegriffen wurde.

Die Rüstungsbetriebe füllten die Kassen im Nordwesten und initiierte eine wirtschaftliche Veränderung. Nicht länger bildeten ausschließlich natürliche Ressourcen – Holz, Fisch und landwirtschaftliche Produkte – die wirtschaftliche Grundlage, sondern industrielle Fertigungsbetriebe kamen hinzu, die ökonomischen Fluktuationen gegenüber weniger anfällig waren. Die elektrochemische und die elektrometallurgische Industrie boomten zwischen 1945 und 1950 mit über 600 Anlagen in der Gegend von Portland. Die Nachkriegsbevölkerung und das industrielle Wachstum formten eine neue Gesellschaft.

Der selbstbewußte Nordwesten: Steht man am Fuß der über 200 Meter hohen Space Needle und blickt an den Spinnenbeinen entlang nach oben zu dem einer Untertasse ähnlichen Restaurant, ist man schlichtweg beeindruckt. Es ist weder das höchste Gebäude der Stadt (der Columbia Seafirst Center Tower – 76 Stockwerke – beansprucht diesen Titel) noch das architektonisch gelungenste (der 42stöckige Smith Tower, 1914 fertiggestellt und lange Zeit das höchste Gebäude westlich des Mississippi ist wesentlich attraktiver). Die Space Needle aber ist das Wahrzeichen Seattles, vielleicht des gesamten Nordwestens.

Eine Boeing 747 in einer Montagehalle in Everett, Washington.

Der Förderer Seattles, Joe Gandy, erklärte der *New York Times* die Bedeutung der Nadel, als vor nahezu 30 Jahren die Weltausstellung und ihre Umgebung geplant wurde: „Wenn man in der Schule die Aufmerksamkeit auf sich ziehen will, hebt man die Hand. Dasselbe tut die Space Needle für Seattle und die Ausstellung."

Wie die Lewis-und-Clark-Ausstellung Portland und die Alaska-Yukon-Pazifik-Ausstellung Seattle ins 20. Jahrhundert katapultierte, so begann mit der Space Needle und der Weltausstellung 1962 in Seattle die Zukunft des Nordwestens.

Die Ära, die sie ankündigten, war geprägt von dramatischen Veränderungen. Die sechziger Jahre waren überschattet von gewalttätigen Ausschreitungen wie überall im Land. Studenten demonstrierten und wandten sich gegen das amerikanische Engagement in Vietnam. Aber während dieser Zeit entwikkelte die Region auch gehörigen Stolz auf sich selbst und ein gewisses Prestige. Plötzlich sahen Neu-England und der Mittlere Westen im Nordwesten eine unverfälschte Gegend mit hoher Lebensqualität.

Ernest Callenbachs Roman *Ecotopia* beförderte 1975 den Nordwesten auf ein noch höheres Podest. Das Buch handelt von dem Ausscheiden Washingtons, Oregons und des nördlichen Kaliforniens aus der Union und davon, wie es ihnen als unabhängige, starke Nation besser geht.

Dieses Bild des Nordwestens als pragmatischer Gegend in einer heilen Umwelt war für viele desillusionierte Amerikaner ebenso anziehend wie das frühere Image eines rauhen, wilden Freiraums für Pioniere.

Aber es waren nicht nur Menschen aus Tuskaloosa und Detroit, die sich von diesem Image des pazifischen Nordwestens davontragen ließen. Auch die Leute aus dem Nordwesten selbst schwelgten in diesen romantischen Bildern und sahen die Region als einen exklusiven Ort für wenige Auserwählte. Witze wurden über den Nordwesten gemacht, vor allem über sein feuchtes Klima („Die Menschen in Oregon werden nicht braun, sie rosten"), aber die Leute mochten die Witze, weil sie den Nordwesten vom Rest der Welt abhoben. Sie wollten nicht, daß man Oregon oder Washington für irgendeinen Bundesstaat hielt. Und ihnen gefiel, daß Gouverneur Tom McCall während der siebziger Jahre verkündete, daß alle Welt „unseren bezaubernden Staat besuchen kann, aber, um Gottes willen, bleibt nicht hier", und sie warben mit diesem Spruch auf Plakaten. „Das ist Gottes Land", prahlten sie, „und unseres".

Der neue Nordwesten: Der heutige pazifische Nordwesten ist eine Mischung aus Vergangenheit und Gegenwart. Man trifft auf alte Postkutschen-Haltestellen und verlassene Minen, an Gehsteigen sind im Beton noch „hitching rings“ eingelassen, aus Zeiten, als noch kein Mensch von Henry Ford und seiner „Tin Lizzy” gehört hatte, aber jeder den Preis eines Sattels und eines guten Pferdes kannte. Seattle rühmt sich, noch indianische Totempfähle und verfallene Docks zu besitzen, in denen Segelschiffe liegen.

Traditionelle Erwerbszweige – Holz, Fisch und Landwirtschaft – erlitten in den letzten Jahren schwere Einbußen. Zu Beginn der achtziger Jahre waren die Zeitungen voller Geschichten über Sägewerke, die aufgaben und ihre Arbeiter entließen. Um 1980 entließ die Holzindustrie Oregons 20 000 Arbeiter.

Heute scheinen sich alle Blicke auf die Elektronikindustrie zu richten. Im letzten Jahrzehnt hat sie sich unauffällig, aber entschlossen in dieser Region angesiedelt, ist nach der Holzindustrie der zweitgrößte Arbeitgeber in Oregon und streckt ihre Fühler nach Washington aus. Für Mitte der neunziger Jahre wurde vorhergesagt, daß die Elektronikindustrie in Oregon umsatzmäßig die Holzprodukte überflügeln wird. Steuererleichterungen und verbesserte Ausbildungsmöglichkeiten sollen die Gegend noch attraktiver machen.

Während man zwischen 1960 und 1970 im Nordwesten den Isolationismus vorzog, strebte man in den achtziger Jahren die wirtschaftliche Kooperation an – vor allem mit dem sogenannten „Pazifischen Raum“, zu dem die gesamte Westküste, die asiatischen Pazifikanrainer sowie Australien und Neuseeland gehören. Ungefähr die Hälfte der Weltbevölkerung lebt in diesem Gebiet. Diese Märkte zu beliefern, bedeutet Geld, sehr viel Geld. Gouverneure haben den Fernen Osten bereist und mit Handelsministern gesprochen, um Geschäftskontakte zu knüpfen. Die Bedeutung dieser „Pazifischen Verbindung“ ist unbestreitbar. Ein Exportvolumen von 42 000 Dollar bedeutet einen Arbeitsplatz in Oregon, und eine von 6,5 Arbeitsstellen in der Fertigung ist vom Export abhängig. Der Hafen und Flughafen Seattles liegen dem Osten am nächsten.

Auch der Tourismus wurde schließlich als wichtiger Industriezweig erkannt, und sowohl Oregon als auch Washington haben Gelder zur Förderung des Tourismus zur Verfügung gestellt. Der Slogan: „Komm, aber bleib nicht“ ist out.

<u>Links</u>: Alt und Neu am Columbia River – eine alte Pionierhütte und der Dalles Damm. <u>Oben</u>: Moderne Hafenanlage vor der Skyline Seattles.

DIE MENSCHEN IM NORDWESTEN

Die Menschen in Oregon und Washington lassen sich schwer vergleichen – ihnen gemeinsam ist der Stolz auf ihr Land, der den Anschein erweckt, als wäre die erste Strophe von *America the Beautiful* (bernsteinfarbene Weizenfelder, weiter Horizont, fruchtbare Ebenen) auf den Nordwesten gemünzt.

Die Menschen hier glauben, sie seien anders als der Rest der Nation und ihrer Zeit voraus. 1976 schrieb *The Atlantic* in einer Titelgeschichte über den pazifischen Nordwesten: „Manche der Menschen im Nordwesten meinen sogar, sie hätten der Nation eine alternative Zukunft zu bieten, eine Zukunft offen für Veränderung. Aber sie bestehen darauf, daß alles Neue gegen altbewährte Traditionen und Werte, an denen der Nordwesten festhalten will, abgewägt wird. Der Nordwesten weiß viel besser als der Rest des Landes, wie die Zukunft aussehen soll, denn diese Zukunft sieht aus wie der heutige Nordwesten."

Aber abgesehen davon, daß sie Nachbarn sind und ihre Heimat lieben, wäre es höchst unfair, den Menschen in Oregon und Washington ihre Eigenheiten abzusprechen. In diesem Landstrich leben Individualisten, unterschiedliche Rassen verschiedenen Glaubens und philosophischer Gegensätze.

Gleichgültig, in welcher Abgeschiedenheit die Menschen hier während der letzten zwei Jahrzehnte ihre Tugenden pflegen konnten, es haben sich hier soviele Leute neu angesiedelt, daß sich das Anwachsen der Bevölkerung auf die gesellschaftlichen Strukturen auswirken muß.

Vor 20 Jahren sah man im Reed College, in der University of Washington, im Lewis and Clark College und im Whitman College überwiegend weiße Gesichter. Heute sieht man schwarze Amerikaner ebenso wie Afrikaner, Araber, Asiaten (vor allem aus Südostasien) und Studenten hispanischen Ursprungs. Die Hispanos sind die am stärksten wachsende ethnische Gruppe in den USA (derzeit über 20 Millionen). Allein in Oregon leben mehr als 100 000 Menschen hispanischen Ursprungs. Schon 1980 hatten sie die Asiaten, Indianer und Schwarzen als zahlenstärkste Minderheit überrundet. Die Verhältnisse in Washington sind ähnlich.

Seit dem Ende des militärischen Engagements der USA in Südostasien sind Tausende von Menschen aus diesem Teil der Erde nach Oregon und Washington eingewandert. In Portland und Seattle bilden sie Gemeinschaften und versuchen, ihr vom Krieg zerstörtes Leben neu einzurichten. Man sieht sie in ruhigen, kleinen Gruppen durch die Straßen gehen, oftmals festlich gekleidet, so daß sie zwischen den grauen Dreiteilern und T-Shirts herausstechen. Ihre alteingesessenen Nachbarn blicken ihnen nach und fragen sich, was diese Fremden in einem fremden Land über ihre neue Heimat denken. Die Südostasiaten sind auf der Suche nach einem neuen Garten Eden in den Nordwesten gekommen.

Vorherige Seiten: Zeitvertreib im Freien – Blumenpflücken in den Bergen Washingtons. Links: Ein Farmer aus Hood River. Rechts: Bergsteiger mit Seilsicherung.

Aber die Menschen im Nordwesten kann man nicht nur nach ethnischen Kriterien unterscheiden. Einstellungen und Lebensstil differieren gewaltig zwischen denjenigen, die westlich der Cascades leben und denen, die östlich davon beheimatet sind.

Nasse Ost- und trockene Westseite: Eigen sind sowohl die Bewohner der nassen Westseite als auch die der trockenen Ostseite. Wer im Westen lebt, glaubt, daß man im Osten Oregons und Washingtons noch wie in Pioniertagen lebt, Städte wie Forts aus alten Zeiten aussehen und die Menschen bornierte Provinzler sind, die die meiste Zeit damit verbringen, ihre Sättel zu polieren oder protzige Geweihe suchen, die sie an den Kühlergrill benzinfressender Cadillacs montieren. Der Ostler auf der trockenen Seite hat ein ebenso schiefes Bild vom Leben jenseits der Cascades. Für ihn ist der Westen ein Tummelplatz hochnäsiger, geldgieriger Yuppies, eine Gegend, die dank Mount St. Helens und des Green River Killer gefährlich und dank des Klimas höchst ungesund ist. Seattle und Portland stehen für Lärm, Verkehrsstaus und Nouvelle Cuisine, von der sich kein Mensch vernünftig ernähren kann. Der Westen gilt als politisch liberal, der Osten dagegen als erzkonservativ.

Kurz gesagt, keiner kennt den anderen wirklich, aber an den Vorurteilen wird festgehalten. Mehr als einmal hat diese Einstellung zu dem Bemühen geführt, die Grenzen zwischen den Staaten neu zu ziehen, den Westen vom Osten zu trennen. Angeblich hat Stephen A. Douglas Mitte des 19. Jahrhunderts, als Oregons Antrag auf Eigenstaatlichkeit im Kongreß verhandelt wurde, diese Schwierigkeiten vorhergesehen. Douglas, Vorsitzender des Grenzkomittees im Senat, soll vor einer großen Landkarte des zukünftigen Staates gestanden, seinen Stock erhoben haben und damit das Kaskadengebirge entlanggefahren sein. „Das ist eure natürliche Grenze", erklärte er. „Das ist die von der Natur bestimmte östliche Grenze eures Staates. Oregon sollte einzig und allein westlich der Kaskadenkette liegen."

Niemand hörte damals auf Douglas' Rat, und niemand tut es heute, obwohl es Leute

gibt, denen ein neuer Staat namens Lincoln, – bestehend aus dem Osten Oregons und Washingtons und dem Süden Idahos – als 51. Staat der Vereinigten Staaten gelegen käme.

Das Land der Individualisten: Außenseiter und Außenseiterbewegungen jeder Couleur sind im Nordwesten nichts Neues. Politiker drängen seit langem auf Reformen, selbst wenn sie unpopulär sind. Seit mehr als 20 Jahren bemüht man sich um die nationale Schrittmacherrolle, wenn es um Reformen und Umweltschutz geht. Man tut sehr viel, um die historischen Viertel der größeren Städte in Oregon und Washington zu bewahren, die Innenstädte zu beleben und die Highways zu verschönern.

Es wird erzählt, daß Mitte der dreißiger Jahre der US-Postminister James A. Farley während eines festlichen Abendessens in Seattle sein Glas erhob und einen Toast auf „die 47 Staaten und den Sowjet von Washington“ aussprach. Der Toast bezog sich auf die damalige Bedeutung der Gewerkschaften im *Emerald State*. Einige Anwesende bei diesem Essen hörten jedoch darin eine Anspielung auf Washingtons Geschichte als Brutstätte kommunistischer Experimente.

Seit dem späten 19. Jahrhundert war ungefähr ein halbes Dutzend utopischer Gemeinschaften in Washington gegründet worden, unter anderem im Lewis County, Skagit County und auf der Kitsap-County-Halbinsel. Die Puget Sound Cooperative Colony, 1887 in Port Angeles ins Leben gerufen, trug dazu bei, daß diese Kleinstadt an der Juan-de-Fuca-Straße zu einem blühenden Handelszentrum wurde. Andere Gemeinschaften wurden gegründet und lösten sich wieder auf. Diesen Experimenten brachten die benachbarten Gemeinden nur

<u>Links</u>: Oregons Küstensanddünen ermöglichen übermütige Sprünge. <u>Oben</u>: Eine Tulpenpflückerin von Mount Vernon, Washington.

Skepsis und Mißtrauen entgegen, und nicht selten riefen sie die Behörden zu Hilfe, damit sie gegen die radikalen Gemeinschaften einschritten.

Idealistische Gemeinschaften, die heute aus dem Boden sprießen, haben in der Regel mehr mit religiösen Zielen zu tun als mit Ideen über persönliche Freiheit und Politik.

Die meisten Besucher des Nordwestens haben von Bhagwan Shree Rajneesh gehört, dem bärtigen Führer einer rot gekleideten Gruppe von Anhängern, der 1981 aus Indien kommend in Oregon eintraf. Mittlerweile ist er verstorben. Er ließ sich hier nieder aufgrund des Rechts auf freie Religionsausübung. Bei der Bevölkerung Oregons sorgte die Kommune jedoch für Unruhe, weil Mitglieder angeblich Waffen gekauft und wegen Drogenschmuggels und Prostitution angeklagt worden waren. Ihr Areal sahen sie als ihren eigenen Ort der Zuflucht an und glaubten, daß der Rest der Welt einem atomaren Holocaust entgegensteuern würde.

Die sogenannten Survivalists (Überlebenskämpfer) des Nordwestens warten das Ende einer ungewissen Zukunft ab. Die meisten von ihnen haben sich an den Grants Pass, Oregon, zurückgezogen. Wie andere kleine Gruppen von Survivalists in Oklahoma, Nordkalifornien und Arkansas rechnen sie mit einem Zusammenbruch der modernen Gesellschaft entweder aufgrund eines Atomkriegs oder aufgrund einer galoppierenden Inflation, die zu unkontrollierbaren Kämpfen um Nahrungsmittel führen wird, oder aufgrund eines Versagens des Regierungssystems. Sie jedenfalls sind gerüstet.

Die meisten Menschen machen sich seit langem keine Gedanken mehr über Atombunker und tiefgefrorene Lebensmittelreserven, nicht so die Survivalists. Sie haben sich im Süden Oregons niedergelassen und ein Waffenlager angelegt, falls sie sich gegen weniger weitsichtige Nachbarn, die sich nicht adäquat auf das Ende der Zivilisation vorbereitet haben, verteidigen müssen.

Leiden diese Menschen unter Verfolgungswahn? Oder könnten sie Recht behalten? Wie auch immer, sie sind ein Beweis für die Toleranz der Menschen im Nordwesten denjenigen gegenüber, die „anders“ sind. Wenn diese Toleranz auch nicht unumstritten ist, so trägt sie doch dazu bei, den Nordwesten zu einer lebendigen, farbenfrohen Gegend zu machen.

WELC
WIN
HERB
H&J'S H
FISHING, HUNTING a
NORTH CASCADES HIWAY
PEARRYGIN LAKE STATE PARK
BARBE
SHOP

E TO
ROP
DWARE
JOHN
AMPING SUPPLIES
SNOW EQUIPM

Port Alberni
Vancouver
New Westminster
KANADA
UNITED STATES
Youbou
Port Renfrew
Victoria
Bellingham
Paget Sound S. 96 -113
5
North Cascades Nat'l. Park
Tonasket
Okanogan R.
Columbia R.
Colville
Pend Oreille R.
Rockport
Die Berge Washingtons S.132 - 135
Lake Chelan Nat'l. Rec. Area
Port Angeles
San Juan Islands
Everett
Olympic National Park
Olympic Nat'l. Park
Edmonds
Grand Coules Dam
Spokane R.
Idaho
Chelan
Seattle
Spokane
Queets
Bremerton
Seattle, die smaragdene Stadt S.72 -93
Leavenworth
Das Binnenreich von Washington S.150 - 155
90
Die Küste von Washington S. 116 - 129
Wenatchee
Puyallup
Tacoma
Aberdeen
Hoquaim
Ellensburg
Moses Lake
Columbia River
Ritzville
Olympia
Mt. Rainier Nat'l. Park
Central Washington S. 138 -147
Potholes Res.
Pazifischer
Ozean
Centralia
Mt. Rainier 4392 m
395
Pullman
Yakima
Toppenish
Richland
Pasco
Snake River
Longview
Astoria
Kennewick
Walla Walla
Mt. St. Helens 2950 m
97
Yale Lake
Die Schlucht des Columbia River S. 158 - 163
Washington
Vancouver
Oregon
80 km/ 50 miles
Pendleton
Portland
Columbia River
The Dalles

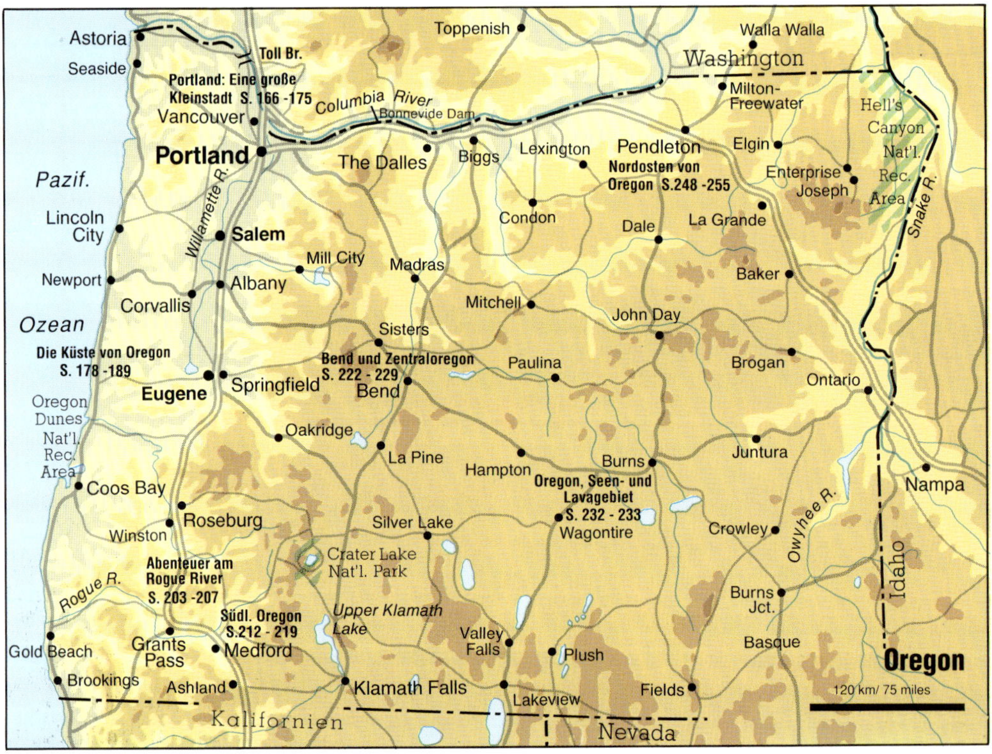
Astoria
Toppenish
Walla Walla
Toll Br.
Seaside
Portland: Eine große Kleinstadt S. 166 -175
Washington
Milton-Freewater
Columbia River
Bonnevide Dam
Hell's Canyon Nat'l. Rec. Area
Vancouver
Portland
The Dalles
Biggs
Lexington
Pendleton
Elgin
Nordosten von Oregon S.248 -255
Enterprise
Joseph
Snake R.
Pazif.
Willamette R.
Condon
Lincoln City
Dale
La Grande
Salem
Mill City
Madras
Baker
Newport
Albany
Corvallis
Mitchell
Ozean
John Day
Sisters
Die Küste von Oregon S. 178 -189
Bend und Zentraloregon S. 222 - 229
Paulina
Brogan
Bend
Ontario
Eugene
Springfield
Oregon Dunes Nat'l. Rec. Area
Oakridge
La Pine
Juntura
Hampton
Burns
Nampa
Oregon, Seen- und Lavagebiet S. 232 - 233
Coos Bay
Roseburg
Wagontire
Silver Lake
Crowley
Owyhee R.
Winston
Crater Lake Nat'l. Park
Abenteuer am Rogue River S. 203 -207
Idaho
Rogue R.
Burns Jct.
Südl. Oregon S.212 - 219
Upper Klamath Lake
Valley Falls
Basque
Gold Beach
Grants Pass
Medford
Plush
Oregon
Brookings
Ashland
Klamath Falls
Lakeview
Fields
120 km/ 75 miles
Kalifornien
Nevada

ORTE UND PLÄTZE

Der pazifische Nordwesten, das sind zwei landschaftlich beeindruckende Staaten, die von den Cascade Mountains durchzogen werden. An der Westküste liegen die zwei wichtigsten Städte; es gibt kilometerlange Strände und grüne Flußtäler. Der Osten besticht mit Seen und Flüssen, mit atemberaubenden geologischen Wundern und den eindringlichen Farben fruchtbarer Ebenen.

Der Apa Guide *USA – Pazifischer Nordwesten* entführt Sie auf eine Fahrt durch Washington und Oregon, wobei Seattle, die größte Metropole des Nordwestens, den Anfang bildet. Seattle bietet eine gut erhaltene Altstadt, ein riesiges Hafengebiet, moderne Architektur und unzählige Parkanlagen – und das alles vor dem Hintergrund des schneebedeckten Mount Rainier. Daran schließt sich ein Ausflug mit der Fähre zum Puget-Sund mit seinen charmanten Buchten und Vierteln und dem Prunkstück, der Inselgruppe San Juan, an. Die Reise führt weiter zur Staatsgrenze, nordwärts entlang Washingtons Küste, einer Kette alter Seehäfen.

Anschließend überqueren Sie das Gebirge, für das Washington berühmt ist. Nur wenige Stunden von Seattle entfernt, bieten sich die Cascades ganzjährig als Erholungsraum an. Auf ihren Höhen findet der Naturbegeisterte eine andere Welt: die Seen und Flüsse des zentralen Washington. Weiter östlich liegen die Spokane-Berge, die im Kapitel „Ein Reich für sich" beschrieben werden. Der mächtige Columbia River, der den größten Teil der Grenze Washington/Oregon darstellt, hat einen eigenen Reiz und eigene Gesetzmäßigkeiten – die in dem Kapitel „Die Schlucht des Columbia River" beschrieben werden.

Die Führung durch Oregon beginnt mit Portland, einer großen Stadt mit kleinstädtischem Flair. Folgen Sie nach dieser Begegnung dem Columbia River zum Meer, und begleiten Sie uns auf einem Streifzug die Küste Oregons entlang. Strände laden zum Auskundschaften, zum Drachenfliegen oder Bauen von Sandburgen ein. Der gewaltige Willamette River lockt südwärts zu Abenteuern. Das Kapitel „Bend und Zentral-Oregon" berichtet ausführlich über die Geschichte der Pioniere und Siedler. Der südliche Teil Oregons, von Grants Pass und dem Zufluchtsort der Flößer Rogue River bis zum geschichtsreichen Jacksonville, lädt ebenfalls zu einem Besuch ein.

Zentral-Oregon bietet neben der bemerkenswerten Stadt Bend einsame Gebiete in den Bergen und Erholungsräume. Östlich befindet sich das „Seen- und Lavagebiet", aus dem die aufregenden John-Day-Fossilienfunde stammen. Die Angebote im Nordosten Oregons reichen von unberührten Bergrouten bis zu den tiefsten Schluchten Nordamerikas: der überwältigende Hell's Canyon des Snake River.

Wir wünschen Ihnen eine gute Reise und viele schöne Aussichten im Nordwesten.

Vorherige Seiten: Blühende Pflanzen in Oregons Acres State Park. Narzissen umsäumen den Mt. Rainier. Geschäftsfront im Westernstil in Winthrop, Washington.

Grosvenor House

MERCHANTS CAFE

SEATTLE, DIE SMARAGDENE STADT

Der Staat Washington im Nordwesten des Landes wird von Leuten aus dem Osten oft als bewaldete Wildnis belächelt, in der sich nur Holzfäller, Cowboys und Indianer herumtreiben. Als kosmopolitische Stadt mit anziehender Atmosphäre hat **Seattle** dieses Bild gründlich verändert.

Die Lage am Puget-Sund, die Berge und Seen der Umgebung machen Seattle zu einer Stadt, in der man schon aufgrund ihrer geographischen Charakteristika gern lebt. Knapp 140 Jahre alt, hatte sie keine Zeit, sich Bostons Vergangenheit oder New Yorks Geschäftigkeit zuzulegen. Eine Ausdehnung der Stadt ist wegen der Hügel und Wasserstraßen, die als natürliche Grenze fungieren, nicht möglich.

Seattle lebt von Kontrasten: hohe Berge und Meer, bis auf den Spätsommer sehr niederschlagsreich. In der Oper gibt es keine Kleiderzwänge, hier treffen sich Banker und Naturfreaks, die eingefleischten Städter und die ländliche Bevölkerung.

Die Mehrheit der Seattleites ist weiß, der Bildungsgrad hoch. Entgegen anderen amerikanischen Großstädten ist die Kluft zwischen Arm und Reich relativ gering.

Mit gut 500 000 Einwohnern ist Seattle die kleinste der amerikanischen Großstädte.

Seattles Drang zur Größe wird ausgeglichen durch die anheimelnde Atmosphäre und einen ausgeprägten Stolz auf die Stadt. Alkoholiker und Obdachlose behandelt man mit Nachsicht, und an Bushaltestellen spricht man Fremde an. Bürgerinitiativen kümmern sich um eine menschenwürdige Stadtentwicklung in Gegenden wie dem Pioneer Square und dem Pike Place Market.

Akademiker arbeiten als Taxifahrer oder Kellner, und alle haben Spaß am Leben. 200 Hektar an Stadtparks stehen zur Verfügung, und das ganze Jahr über finden Stadtteilfeste statt. Die Freizeitmöglichkeiten reichen vom Skilanglauf und alpinem Skilauf über Wanderungen und Ausflüge in die nahen Cascade oder Olympic Mountains bis zum Baden, Angeln, Wasserskilaufen und Segeln auf den zahlreichen Seen und in den Buchten der Region.

Da es oft bewölkt oder neblig ist, erweckt das Klima den Anschein, feuchter zu sein, als es tatsächlich ist. Das Wetter hält niemanden von seinem Freizeitvergnügen in der frischen Luft ab, außerdem gibt es eine Reihe ausgezeichneter Buchläden (z.B. University Bookstore). Dank des Klimas hat sich auch eine international beachtete Theatergemeinde gebildet, die – auf die Einwohnerzahl bezogen – zweitgrößte nach New York. Die Lebenshaltungskosten in Seattle entsprechen dem Landesdurchschnitt, die Lebensqualität ist allerdings höher.

Downtown Seattle: Schillernde Glastürme und niedrige ältere Gebäude, die sich vom Hafen den Hügel hinaufziehen, bilden die aufregende Szenerie des Geschäftsviertels von Seattle und reizen zum Erkunden. Es gibt zwei exqui-

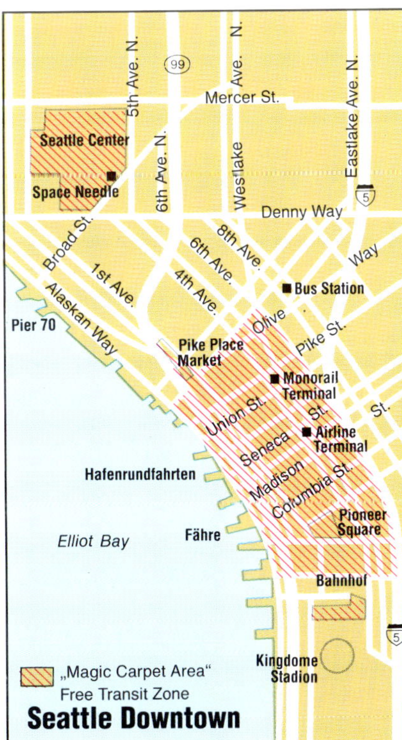

Vorherige Seiten: Skyline von Seattle. **Links**: Überdachter Gehweg im historischen Teil von Seattles Pioneer Square.

site Kaufhäuser, **Frederick and Nelson** und **The Bon.** Beide sind von allen größeren Hotels aus zu Fuß zu erreichen. **Nordstrom's** ist ein gutgehendes Bekleidungsgeschäft. Die 1989 eröffnete **Westlake Mall,** ein Büro- und Ladenkomplex in der Nähe von Nordstrom's zwischen Pine und Olive Way, ist ein Zentrum geschäftiger Aktivitäten. Etwas weiter westlich an der First Avenue gibt es hervorragende osteuropäische Restaurants, wo man bei warmer Witterung draußen sitzen kann.

Südlich der größeren Läden an der Fifth Avenue und Union Street befindet sich Minoru Ymasakis umstrittener **Rainier Tower,** der auf einer Bleistiftspitze zu balancieren scheint und auf drei Etagen um einen schönen Innenhof herum elegante Läden beherbergt. Ein mit Teppich ausgelegter, unterirdischer Gang führt zu **Eddie Bauer,** einem Sportartikelgeschäft. Weitere Läden bilden das zweite Einkaufszentrum des Geschäftsviertels, und auch das **Fifth Avenue Theater** im chinesischen Stil ist einen Besuch wert. Weitere sehr gute Restaurants liegen an der Union Street nahe der First Avenue. Am südlichen Rand des Geschäftsviertels prunkt das aufwendig renovierte **Four Seasons Olympic Hotel** aus den zwanziger Jahren.

Das Büroviertel der Stadt zwischen dem Pioneer Square und dem Geschäftszentrum besteht überwiegend aus zum Teil erstaunlichen Wolkenkratzern. Zwischen 1960 und 1980 wurden Riesen wie das **Seafirst Head Office** an der Fourth Avenue erbaut, dessen Innenhof Henry Moores Bronzeskulptur *Vertabrae* schmückt. Ecke Fifth Avenue/Columbia ragt der elegante **Columbia Seafirst Tower** des Stadtplaners Martin Selig mit 76 Büroetagen über die Stadt. Zwei Blocks weiter westlich bietet der kontrastierende niedrige **Seattle Trust Court** zwei Etagen mit Läden und Restaurants. Das 1988 fertiggestellte **Wright-Runstead Building** ist eines der schönsten Gebäude Seattles.

An der Fourth Avenue, zwischen Spring und Madison Street, lädt die

Seattle und Puget-Sund, um 1883.

Seattle Public Library zum Schmökern ein. Der nahe **Freeway Park** entstand durch die Initiative der Gruppe *Forward Thrust*. Zwischen Hubble und Spring Street ist er über der zwölfspurigen Interstate Fünf angelegt; man kann dort im Frühjahr und Sommer während der Mittagspause kostenlose Konzerte besuchen. Bäume und künstliche Wasserfälle mildern den Verkehrslärm und die Hektik.

Direkt an den Freeway Park grenzt das riesige Kongreßzentrum. In der Nähe des Hafens, zwischen der First und Second Avenue, der Universität und dem Union Square, entstand unter Planung des Architekten Robert Venturi auf 4000 Quadratmeter ein Ableger des **Seattle Art Museum.** Es wurde im Frühjahr 1990 eröffnet.

Als junge Stadt verfügt Seattle über eine beeindruckende Architektur, viele ältere Gebäude wurden liebevoll renoviert. Der **Seattle Tower** ist ein Musterbeispiel für Art Déco ebenso wie der **Washington Athletic Club** in der Sixth Avenue, Nr. 1325. Das Geschäftsviertel kann neben unübersehbaren Orientierungspunkten wie dem Smith Tower am Pioneer Square oder dem Bahnhof in der King Street eine Menge Häuser mit aufwendigen Terrakottafassaden und -verzierungen vorweisen. Am restaurierten **Arctic Building** findet man Pferdeköpfe, Wasserspeier und seltsame Walroßköpfe.

Der Hafen: Seine Einzigartigkeit bezieht Seattle auch aus dem Hafen. An den Piers lagen früher Frachtschiffe und Fischdampfer. Es gibt sie noch heute, aber der Großteil der Industrien ist an den Duwamish Waterway und an Lake Union abgewandert. Geblieben ist eine lange Hafenpromenade, deren Potential erst seit diesem Jahrzehnt voll genützt wird. Touristen und Restaurants haben die Piers übernommen.

Vom Pioneer Square aus liegt der erste Aussichtspunkt auf **Pier 48,** dem Alaskan Ferry Terminal. Periskope ermöglichen eine gute Sicht auf den Puget-Sund und die Olympic Mountains. Etwas weiter nördlich taucht ein traditionsreiches Wahrzeichen der Stadt,

Ausblick vom Queen Anne Hill auf Lake Union und Lake Washington.

Ye Olde Curiosity Shoppe, am Anfang der Spring Street auf. In den Schaufenstern werden diverse Kuriositäten feilgeboten, unter anderem bekleidete Flöhe, Mumien und eine Menge billiger Souvenirs. Die Fähren nach Bremerton und Winslow legen vom Seattle Ferry Terminal am **Pier 52** ab.

Neben den Feuerlöschbooten in Höhe der Madison Street sollte man erst einmal einkehren bei **Ivar's Acres of Clams,** dem ersten einer Reihe von Restaurants, die der verstorbene Ivar Hugland, bekannt als Seattles größter Witzbold, Förderer und Gastronom, eröffnet hat. An Souvenirläden vorbei geht es weiter zu **Pier 56,** von wo aus Hafenrundfahrten und Ausflüge zu einem Indianerdorf auf **Blake Island** unternommen werden können.

Die ungewöhnlichen Charakteristika des Hafens beginnen mit dem **Waterfront Park,** einem richtigen Stadtpark, der sich von Pier 57 bis Pier 59 erstreckt und zwar keine Wiesen, dafür aber viele Picknickplätze, einen Bronzebrunnen und eine herrliche Aussicht zu bieten hat. Am Pier 59, zu Beginn des Pike Place Hillclimb, gibt es im **Seattle Aquarium** Salz- und Süßwassertiere und -pflanzen in ihrer natürlichen Umgebung zu sehen.

Zwischen Pier 65 und 69 liegen Fischkonservenfabriken und die Büros der Hafenbehörde. Ab Pier 70 herrscht wieder normales Straßenleben mit Live-Musik, Fischrestaurants und Souvenirläden. Das Ende der Hafentour bilden im Norden der **Myrtle Edwards Park** und der **Elliott Bay Bikeway,** eine zwei Kilometer lange Promenade im Grünen, die zu einem öffentlichen Angelpier führt.

Die Besichtigung des Hafens, der Geschäftsgegend und der angrenzenden Viertel wird erleichtert durch das höchst effiziente **Metro Transit**-System der Stadt. Die Metro unterhält zwei originalgetreu renovierte australische Straßenbahnwagen aus dem Jahr 1927, die täglich durch das Hafenviertel fahren. Eine 30minütige Rundfahrt führt über fünf Haltestellen von Pier 48 zu Pier 70. Die Straßenbahn ist an das öffentliche Busnetz angeschlossen, so daß man problemlos in die Stadt zurückkommt. Abgesehen von diesem flächendeckenden Netz bietet die Metro sogar die kostenlose Fahrt auf einer Strecke im Geschäftsviertel an, zwischen der Jackson Street im Süden und der Battery Street im Norden, dem Alaskan Way im Westen und der Sixth Avenue im Osten.

Dieses einzigartige lebendige Viertel Seattles ist auch wegen des **Pike Place Farmer's Market** außergewöhnlich. Er ist auf Pfählen erbaut und überblickt die Elliott Bay zwischen Western und First Avenue. Er ist der älteste, ständig betriebene Markt in den USA. 1907 für Farmer aus der Umgebung eingerichtet, hat er sich zu einem Labyrinth von Gängen, Treppen und versteckten Läden auf mehreren Ebenen vergrößert, so daß dort heute über 200 kleine Geschäfte existieren.

Die Böden im Zwischengeschoß liegen auf unterschiedlichen Ebenen, weil der Markt aus 14 verschiedenen Gebäuden besteht, die zu verschiedenen Zeitpunkten erbaut wurden. Während

Das Rainier Bankgebäude.

der sechziger Jahre herrschten dort Chaos und Verfall, deshalb plante man eine Umwandlung in Eigentumswohnungen. Aber Seattles Umweltschützer, angeführt von dem verstorbenen Architekten Victor Steinbrueck, kämpften erfolgreich für den Erhalt des Marktes. Heute ist er inmitten eines 2,8 Hektar großen historischen Viertels ein geschäftiger Ort, wo Gourmets lebende Hummer erstehen, Rentner für wenig Geld knackigen Salat kaufen und die Kundschaft mit frischer, erstklassiger Ware versorgt wird.

Über 50 Restaurants, vom eleganten Speiselokal bis zum kleinen Bistro, servieren vor allem Meeresfrüchte und Fisch. Manche (z.B. Kells, 1916 Post Alley) gewähren einen herrlichen Blick über die Bucht und zeichnen sich durch eine große Auswahl an Gerichten und Biersorten aus: **Maximilian-in-the-Market,** ein gemütliches französisches Café; **Il Bistro** im untersten Geschoß, wo man einen Imbiß bekommt, und das **Market Cafe,** Treffpunkt der Markt-Veteranen.

Neben dem **City Fish Shop** führt eine Rampe in die unteren Bereiche des Markts, wo kuriose Läden um die Aufmerksamkeit des Besuchers werben. Unter den Arkaden haben die Kunsthandwerker ihre Läden. Straßenmusiker stehen regelmäßig an den ihnen zugewiesenen Stellen um den Markt.

Ein Park, ein Totempfahl der Quinault-Indianer und eine spektakuläre Aussicht auf die Bucht markieren die Grenze des historischen Viertels am Fuß der steil ansteigenden Virginia Street. Der **Steinbrueck Park** ist der beste Platz, um das alljährliche Seifenkistenrennen die Virginia Street hinunter zu verfolgen, den Höhepunkt des Pike Place Market-Straßenfestes.

An den Rändern des Markts wuchern elegante Läden und Eigentumswohnungen für Seattles Yuppies. Cafés, Haushaltswaren- und Designergeschäfte sowie Boutiquen gegenüber den Arkaden an der First Avenue verändern allmählich das Flair der Gegend. Stadthäuser und Studios, die sich den Pike Place Hillclimb hinunter zur

Segelboote in Shilshole Marina.

Western Avenue aneinanderreihen, kosten horrende Mieten, und teure Wohnbauten verdrängen billige Hotels und Wohnhäuser.

Belltown: Zu Beginn des 19. Jahrhunderts hatten die Stadtväter die Idee, das Geschäftsviertel nach Norden auf das Gebiet des heutigen Seattle Centers auszudehnen. Einer der ursprünglich sieben Stadthügel – Denny Hill, nach einem Stadtgründer benannt – wurde dafür vollständig abgetragen. Der westliche Teil des Hügels wurde ins Meer geschüttet, um damit die Fläche des Hafenviertels zu vergrößern. Die so entstandene Gegend **Denny Regrade** ist ein Wohn- und Kneipenviertel.

Als die Gegend um den Pioneer Square immer teurer wurde, zogen viele Künstler in den billigeren Südteil von Regrade – **Belltown.**

Der Ausgangspunkt für eine Kneipentour ist in der Regel das **Virginia Inn** an der First Avenue. Ein beliebter Ort zur Einkehr ist auch das **Crocodile Cafe** mit seiner lebendigen Bar, einer seperaten Bühne mit Live-Musik und einem Café mit gutem Essen.

Ein paar Restaurants, die alle auch als Galerien fungieren, untermauern Belltowns Ruf als Künstlerviertel. Das ungewöhnlichste ist die **Gravity Bar** in der Virginia Street. Die **Two Bells Tavern** ist eines der empfehlenswertesten Restaurants.

Nach einer 90-Sekunden-Fahrt mit der Schwebebahn über die Straßen von Denny Regrade befindet man sich im **Seattle Center.** Für die Weltausstellung von 1962 angelegt, bietet dieser knapp 30 Hektar große Stadtpark unzählige Freizeitmöglichkeiten. Zudem ist er dank der besonnenen Landschaftsplanung, den vielen Kunstobjekten, Brunnen und freien Flächen der ideale Veranstaltungsort für Sommerfestivals wie zum Beispiel den viertägigen Bumbershoot an Labor Day (der erste Montag im September) oder dem Folklife-Festival für Künstler aller Art aus dem Nordwesten am Memorial Day (der letzte Montag im Mai).

Die Aussicht auf Berge, Stadt und Wasser von Seattles berühmtestem Wahrzeichen, der **Space Needle,** ist unvergleichlich. In 150 Metern Höhe dreht sich ein Restaurant in einer Stunde um 360 Grad. Für denselben Blick von der Aussichtsplattform wird eine geringe Liftgebühr erhoben.

Als Vorläufer des Washington State Convention Centers hat das Seattle Center lange Zeit Tagungen, Kongresse und Messen beherbergt. Die 12 000 Quadratmeter große **Exhibition Hall,** die **Arena** mit 6000 Sitzplätzen und das riesige **Center House** mit 50 Läden und vielen Restaurants bieten Platz genug. Das **Coliseum** mit 15 000 Plätzen ist ebenso geeignet für Sportveranstaltungen wie für Rock-Konzerte.

Das beliebteste Ziel für Kinder jeden Alters ist das **Pacific Science Center,** der Mittelpunkt der Weltausstellung. Sechs liebevoll mit Spitzgiebeln verzierte Häuser belegen Ausstellungsstücke zum Anfassen, „wie unsere Welt wirklich funktioniert“. Naturgeschichtliche Filme, Computervorführungen, ein Planetarium, Simulationen von Vulkanausbrüchen und eine Laser-Show bilden die ständigen Attraktio-

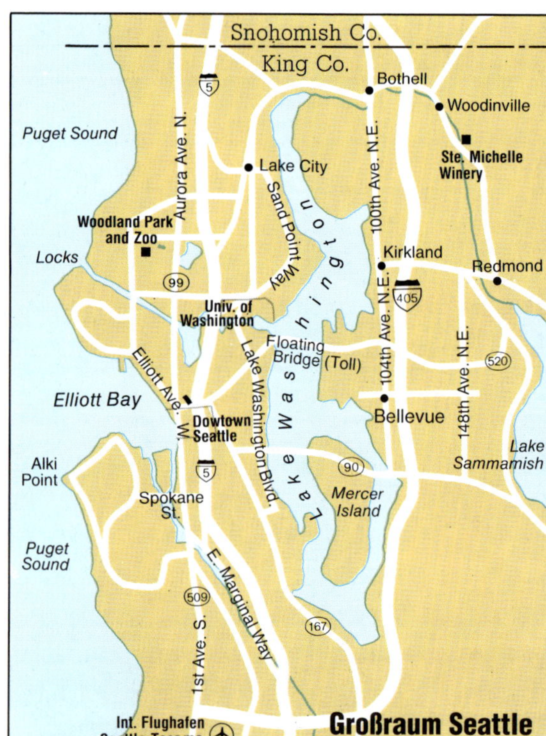

Großraum Seattle

nen, ergänzt durch interessante Wanderausstellungen.

Das Seattle Center ist vor allem aber ein Tummelplatz der Künste. Der farbenprächtige **International Fountain Court** ist eine Galerie, die Kunsthandwerk aus dem Nordwesten verkauft. Im **Opera House** im nördlichen Teil des Parks finden das ganze Jahr über kulturelle Veranstaltungen statt. Das erstklassige Jugendsymphonie-Orchester und das Seattle-Symphonie-Orchester geben regelmäßig Konzerte und organisieren Popkonzerte. Die im Jahr 1964 gegründete Opernvereinigung führt während der Saison von September bis Mai fünf Opern und zusätzlich eine Oper im Sommer auf. Das klassische Pacific Northwest Ballet, das für seine Nußknacker-Aufführungen im Dezember landesweite Anerkennung erhalten hat, tritt jährlich fünf Monate in der Oper und gelegentlich in kleinerem Rahmen in der University of Washington auf.

Am lebendigsten ist aber das Theaterleben in Seattle mit über 40 Theatergruppen und noch ein paar locker organisierten Vereinigungen. Die Spielpläne beinhalten neben klassischen und zeitgenössischen Stücken auch Komödien und Musical-Produktionen.

Im **Center Playhouse,** dem früheren Haus des Seattle Repertory Theater („The Rep"), residiert jetzt das **Intiman Theater.** Die neue Heimat des Rep ist das prunkvolle **Bagley Wright Theater** mit 860 Plätzen. Pro Spielzeit produziert das Rep sechs Stücke, mehrheitlich zeitgenössische, aber auch Klassiker. Vom Bagley Wright bis zum **Bathouse Theater** mit nur 13 Plätzen, von den etablierten, professionellen Gruppen bis zu Laien-Workshops ist diese erstaunliche Theatergemeinde eines der leuchtendsten Juwele der Smaragdenen Stadt.

Pioneer Square: Das traditionelle Stadtviertel für ein weniger formelles Nachtleben in Seattle am **Pioneer Square** ist auch einer der wichtigsten Treffpunkte für Touristen bei Tage. Seattles Zentrum kennzeichnen eine sichtbare Kunstszene, die restaurierten Gebäude des Pioneer-Square-Hauses, die stärkste Konzentration an Galerien in der Stadt wie auch stilvolle Restaurants, Geschenkläden, Buchhandlungen und viele Lokale.

Den Pioneer Square begründeten 1852 Siedler, als sie Alki-Point auf der Suche nach einem höher gelegenen Hafen an der Eliott Bay verließen. Der Steep Yesler Way war einst eine Holzrutsche, auf der Baumstämme zur ersten Sägemühle der Stadt hinunterrollten. Die verzierten Ziegelsteine und die Steingebäude repräsentieren nicht die ursprüngliche Architektur; sie entstanden planmäßig, nachdem das große Feuer von 1889 den größten Teil der First Avenue von der University bis zur King Street zerstört hatte.

Bei der Verlagerung des Geschäftszentrums von Seattle zu Beginn des 20. Jahrhunderts in den oberen Stadtteil ging es mit dem Gebiet um die Skid Road bergab. Der majestätische 42-stöckige **Smith Tower** an der Ecke der Zweiten Avenue und Yesler wurde 1914 hochgezogen. Der Turm war als höchstes Bauwerk westlich des Missis-

Chief Seattle, berühmter Indianerhäuptling der Region.

sippi der Stolz von Seattle. Ein Blick auf die Stadt von der Aussichtsplattform aus zeigt einen gefälligen Kontrast an kleinen farbenfrohen alten Gebäuden und glänzenden Hochhäusern gegen Nordosten. Nach dem Zweiten Weltkrieg war die Skid Road die verkommene Heimat billiger Hotels und von Weintrinkern. In den sechziger Jahren begannen Künstler ihre Ateliers in die preiswerten obersten Stockwerke zu verlegen, und derselbe Bürgerstolz, der später den Markt rettete, machte auch einen Stadterneuerungsplan zunichte, nach dem die alten Gebäude durch Parkplätze und Bürohochhäuser ersetzt werden sollten. Teure Eigentumswohnungen der städtischen Großstadtschickeria sind jetzt neben den Hilfsmissionen und den Studenten zu finden, die noch immer einen Bestandteil der Gegend ausmachen. Künstler und Durchreisende bestehen daneben und sind jeden Winter auf dem Stadtteilstraßenfest am Fetten Dienstag (Fat Tuesday) anzutreffen.

Der Pioneer Square läßt sich mit **„Underground Tours“** gründlich erforschen. Der schlechte Wasserablauf nach dem Brand von 1889 erforderte es, die Straßenebene höher zu legen. Die Führer von Underground Tours beschreiben das Leben im alten Seattle, während sie durch ein Labyrinth von alten Geschäftsfassaden unter den heutigen Straßen und Geschäften führen.

Der **Pioneer Place Park** ist das Herz des Pioneer Square. Eine große Pergola aus einer reich verzierten Eisenkonstruktion mit Glas schützt geschwungene Holzbänke vor Sonne und Regen. Ein 60 Fuß hoher Totempfahl der Tlingit-Indianer und eine Bronzebüste des Häuptlings Seattle, des Namenspatrons der Stadt, erinnern Seattle an seine geschichtlichen Ursprünge.

Das kunstvolle romanische **Pioneer Building** mit einem geräumigen Innenhof steht mit der Frontseite zum Platz. Zwei Restaurants in der Nähe wetteifern um den Status, älteste Speisegaststätte in Seattle zu sein: **Merchant's Cafe** und **J&M Cafe.** Beide kennzeichnet eine lange Mahagoniholz-Bar und eine Ausstattung aus den achtziger Jahren des letzten Jahrhunderts. Im Merchant's werden fast jeden Abend Life-Vorführungen dargeboten. Am Yesler Way ist die **Trattoria Mitchelli** ein beliebtes Fleckchen.

Mit ihrer baumbestandenen Mitte und den altmodischen kugelförmigen Straßenlampen ist die First Avenue eine wunderschöne Promenade mit vielen Attraktionen. Die **Sacred Circle Gallery of American Indian Art** verfügt über ein herrliches Angebot an zeitgenössischen Textilien und Drukken. Ebenfalls außergewöhnlich sind die **Northwest Gallery of Fine Woodworking** mit Möbeln von örtlichen Tischlern und das **Flying Shuttle,** eine Kunstgalerie, die Werke von Texturkünstlern aus dem Nordwesten ausstellt. In der **Elliot Bay Book Company** in der First Avenue läßt sich angenehm bei einer breiten Auswahl herumstöbern. Das gemütliche Cafe im Kellergeschoß zieht vor allem Intellektuelle an. Die **Grand Central Arcade,** einst ein Hotel, verfügt auf zwei Stockwerken über Buch- und Geschenkläden rings um einen mit Kronleuchtern ausgestatteten Hof. Dort findet sich auch eine Bäckerei, die die besten Zimtbrötchen in Seattle anbietet. In der Arcade können Besucher Elfenbeinschnitzern, Glasbläsern, Silberschmieden und anderen Kunsthandwerkern bei der Arbeit zuschauen.

Hinter der Arcade liegt der **Occidental Park,** ein schattiger Promenadenweg mit Bänken. Die **Foster/White Gallery** ist Seattles größte Kunsthandlung. Ausgestellt sind Gegenstände des berühmten Pilchuck-Glas-Zentrums und Werke angesehener zeitgenössischer Maler und Bildhauer.

Nur wenige Schritte entfernt liegen die **Waterfall Gardens,** eine Oase mit herabstürzendem Wasser und plastisch geformten Felsen.

Eine der letzten Annehmlichkeiten des Pioneer Square ist, daß er noch nicht wie Belltown von Diskotheken übersät ist. **Doc Maynard's** und die **Central Tavern** lassen vor allem einheimische Rhythm-and-Blues-Gruppen oder Rockbands auftreten, die voller Enthusiasmus spielen. **Swannies's** ist ein Kellercabaret, **The Cabaret** ein Musiktheater draußen im Freien.

Das **King County Domed Stadium (Kingdome)** wurde 1976 erbaut, um Profi-Sportmannschaften nach Seattle zu holen. Als Seattles größte Sportanlage symbolisiert es das ungeduldige Streben der Stadt nach einem Oberliga-Status. Das Stadion faßt bei einem Basketballspiel normalerweise 40 000 Zuschauer und kann bei Rockkonzerten oder anderen Bühnenveranstaltungen bis zu 70 000 Besucher aufnehmen. Hockey wird im Stadion nicht gespielt. Die Seahawks spielen NFL-Football, und die Mariners nehmen es mit anderen Baseball-Teams der American League unter dem größten selbsttragenden Dach der Welt auf.

Führungen am Kingdome vom Sportgelände unter freiem Himmel aus zu den Haupttribünen schließen einen Blick auf die Geschichte des Sports im **Royal Brougham Sports Museum** mit ein. Die Führungen starten dreimal täglich am Tor D. Ein Anruf vorher zur Bestätigung ist angeraten.

Eine Statue bewacht den Eingang zum Seattle Art Museum.

The International District: Die Veranstaltungen im Kingdome sind so zahlreich und umfangreich, daß sie auch Auswirkungen auf die Nachbarschaft haben. Sie bringen Käufer, eine hungrige Meute in die Restaurants und bedrohliche Übergriffe auf die Parkplätze am Pioneer Square als auch auf den östlich neben dem Dome gelegenen **International District.**

Seattle ist führend, was Schiffsverbindungen und kulturelle Beziehungen nach Asien betrifft. Hier lebt die viertgrößte chinesische Bevölkerungsgruppe der Staaten, und dies macht Seattles International District (ID) zur drittgrößten Chinatown Nordamerikas. Aber das Viertel wird nicht Chinatown genannt, und es ist auch nicht die glitzernde Touristenattraktion wie in San Francisco oder Vancouver, B.C. Erstaunlich ist statt dessen die beispiellose rassische Verschiedenheit im International District.

Isoliert vom West Seattle Freeway und dem Kingdome, war der ID der Ankunftspunkt für Einwanderer aus der ganzen Welt. Eine große Ansammlung von Schwarzen, einige Weiße und eine Anzahl amerikanischer Indianer teilen sich das Viertel mit den beiden Hauptbevölkerungsgruppen. Chinesen und Japaner, Filipinos, Koreaner und Thailänder leben und arbeiten hier und verbringen ihre Freizeit gemeinsam mit Hawaiianern, Samoanern, Hmong, Mien und den erst in letzter Zeit eingetroffenen Vietnamesen, Laoten und Kambodschanern.

Ursprünglich war der ID eine Zufluchtsstätte für chinesische Arbeiter, die nach Fertigstellung der transkontinentalen Eisenbahn entlassen worden waren. Der Distrikt überlebte die Auszehrung durch die antichinesischen Aufstände in den achtziger Jahren des letzten Jahrhunderts, die Internierung japanischer Amerikaner im Zweiten Weltkrieg und wurde zu einer geeinten aktiven Gemeinschaft. Fast 30 Spiel- und andere Klubs für geselliges Beisammensein sind quer über den ganzen Distrikt verstreut. Versammlungshallen wie die renovierte **Nippon Kan** im alten Japanerviertel unter der Autobahn werden auch heute noch lebhaft genutzt.

Obgleich der ID klein ist, existieren hier viele Spezialitätenrestaurants aller Nationalitäten (es sind ungefähr 40, davon gehört die Hälfte Chinesen), Gemischtwarenläden und Geschäfte. Bei einem Straßenbummel durch den ID stößt man auf sechs Kräuterhändler, verschiedene Massage- und Akupunkturpraxen, Geschäfte mit exotischen Tieren und den berüchtigten **Wah Mee Club,** der 1983 Schauplatz eines mehrfachen Mordes im Zusammenhang mit Jugendbanden und Spielerkreisen wurde und ganz Seattle für Monate in Aufregung versetzte.

Das Restaurant **Japanese Mikado** in der Jackson Street wird meist überschwenglich gelobt, das **Hong-Kong-**Restaurant in der King Street serviert ausgezeichnete „dim sum". Die King Street ist das Zentrum chinesischer Betriebsamkeit, hier werden Haifischflossen, Geflügel, beißende Kräuter und geheime Zutaten mit einem Quentchen Rat von den Ladenbesitzern unter die Leute gebracht. Früh abends bilden sich vor dem **Nikko,** einem hervorragenden Sushi-Restaurant, Schlangen. Ebenfalls in der King Street findet sich der **Uwajimaya,** der größte japanische Supermarkt im Westen.

Das asiatische Erbe von Seattle ist im kleinen, aber vorzüglichen **Wing Luke Museum** in der Seventh Avenue South festgehalten. Gewidmet ist es der ersten Person asiatischer Abstammung, die für ein öffentliches Amt in Seattle gewählt wurde, sowie allen Asiaten im Nordwesten. Zu den Ausstellungsstükken zählen historische Fotos sowie Beispiele der Kräutermedizin.

Auf der Drachenmauer des **Hing Hay Parks** sind überlebensgroß Ereignisse der lokalen asiatischen Geschichte dargestellt. Der Park ist auch der Schauplatz streitbarer Kunstausstellungen und chinesischer Volkstänze. Ein riesiger Messingdrache ziert den benachbarten **Children's Park.** Der letzte Park des ID schließlich, Kobe, nach Seattles japanischer Partnerstadt benannt, ist ein ruhiger Ort.

Links: Smith Tower am Pacific Square. **Rechts:** Das Pacific Science Center.

Seattle Hills: Sechs von Seattles ursprünglich sieben Hügeln liegen schützend um die Innenstadt und die **Eliott Bay.** Diese Gegend erhebt sich zwischen der Bay (Bucht) und dem **Lake Washington** und bietet Seattles Bewohnern atemberaubende Ausblicke auf den Stadthorizont und ein vielfältiges kulturelles Angebot.

Die Siedlungen in West Seattle sind mit dem Industriegebiet im Süden Seattles durch eine Brücke über den **Duwamish Waterway** verbunden; sie stoßen auf einer Landzunge direkt in die Eliott Bay vor. **Alki Point,** das westlichste Ende dieses Vorgebirges und Gründungsort von Seattle, ist der Standplatz eines Kraftwerks, erbaut im Jahre 1918, und zugleich eine prächtige Stelle, um die schneebedeckten Olympic Mountains über den Puget-Sund anzuschauen. Eine Fahrt auf dem Marine View Drive zeigt reizende, windgepeitschte Häuser mit Ausblick auf die Bucht. In außergewöhnlich klaren Nächten kann man vom Duwamish-Head aus die Lichter von **Magnolia** sehen, die über die Bucht hinüber funkeln.

Nur drei Straßen und eine Brücke verbinden den Flecken Magnolia mit der übrigen Stadt über Queen Anne Hill. Aus dieser Isolation heraus ist eine gesonderte Vorstadt mit gepflegten Straßen und Häusern hoch über dem Wasser, dicht beim Stadtzentrum entstanden.

Am nördlichen Ende des Boulevards liegt der 208 Hektar große **Discovery Park.** Früher ein Armeestützpunkt, kennzeichnen den Park nun Waldungen, Sanddünen, Picknickplätze, Fahrradwege, ein Museum und das **Daybreak Star Indian Center,** eine Kultur- und Bildungsstätte für die Vereinten Indianer aller Stämme.

Der Abschluß der Schleife oberhalb der **Salmon Bay** im Norden bringt Touristen zu Seattles herausragendstem Hügel und zu den abschüssigsten Straßen der Stadt. Als eines der ersten Gebiete, die besiedelt wurden, ist **Queen Anne Hill** hauptsächlich Wohngegend mit einer ganzen Reihe

Würdevolle Gebäude mit schön angelegtem Park an der Universität von Washington.

von kleinen Geschäften und dem Zentrum Seattles als Basis. Der Norden und die oberen Teile bestehen aus gemütlichen Familienbehausungen, eingefügt in enge Straßen mit Kopfsteinpflaster. Eine lange, schmale Einkaufszone zieht sich die Queen Anne Avenue Richtung Norden entlang.

Der **Capitol Hill** ist der strahlende Stern in der Hügelparade. Ihn kennzeichnet eine gelungene Zusammenstellung von jugendlichem Schwung und reifem Charme, mit dem sich kein einziges Viertel der Innenstadt messen kann. Capitol Hill hat die größte Bevölkerungsdichte und eine interessante 'Szene'. In seinen Straßen, Lokalen und Cafés trifft sich eine aufregende Mischung aus Reichen, Armen, Homosexuellen, Verheirateten, Singles, Jungen und Alten. Studenten des Seattle Central Community College am Broadway, in der Nähe der Seattle University und das Cornish College of the Arts bringen jugendlichen Schwung in die Straße, in deren Nachbarschaft sich mehr Seniorenheime als sonstwo in der Stadt befinden.

Pulsierendes Leben findet sich in diesem Viertel am **Broadway** mit seinen bezaubernden Einrichtungs-, Bekleidungs- und Geschenkläden und seinen auffälligen Cafés und Lokalen. Die Straße ist ein idealer Ort, um Modetrends zu beobachten. Dabei wird die Stimmung durch eine Reihe von lebensgroßen, genau abgezählten bronzenen Fußabdrücken bestimmt, die dem Passanten beim Bummeln Mambo, Rumba, Walzer und andere Tanzschritte beibringen.

Sieben oder acht angenehme Restaurants sind am oder ganz in der Nähe vom Broadway. Am nördlichen Ende des Hügels serviert man im **Rain City Grill** feine nordwestpazifische Cuisine; ein Stück weiter südlich ist das **Mamounia** ein echtes marokkanisches Erlebnis; griechisches Essen, berühmte Burgers und spezielle Nachspeisen machen das Fahrgeld zum Hügel wieder wett. Besonders beliebt für Kaffee und Kuchen sind das **B&O Espresso,** die beiden an entgegengesetzten Stellen liegenden Cafés der **Pacific Dessert Company** und das **Dilettante,** Seattles beliebte Schokoladenbar.

Am nördlichen Ende des Broadway, am Harvard-Ausgang, kennzeichnen Kinos alten Stils – die koloniale, mit Säulen versehene **Dar Hall** und das **Cornish South Campus** – den Übergang zum stattlichen älteren Teil des Hügels. Alte Häuser mit in Blei gefaßten Glasfenstern und gepflegtem Rasen säumen die 15th Avenue East, Standort des aus der kulturellen Umgebung herausfallenden **Cause Celebre**-Cafés. Die **St. Mark's Cathedral** in der 10th Avenue East ist ein geräumiger Zufluchtsort, der von den Klängen der berühmten Jäger-Orgel widerhallt. Direkt neben dem Cornish College of the Arts liegt das einzige College für bildende und darstellende Künste im Nordwesten.

Der **Volunteer Park** stellt auch den Kenner zufrieden. Es handelt sich dabei um einen großzügig angelegten, 16 ha großen Park auf dem nördlichen Gipfel des Capitol Hill. Gewundene Straßen führen durch gepflegte Rasen-

Ein farbenprächtiger Verkaufsstand am Seattle Center.

flächen zu einem alten Gewächshaus, einem alten Wasserturm mit einem 20 Meter hohen Aussichtspunkt und dem anmutigen Standort des **Seattle Art Museum.** Seit über 50 Jahren verfügt das Museum über eine breitgefächerte Sammlung asiatischer Kunst und bietet ein öffentliches Bildungsprogramm mit Filmen und Vortragsreihen sowie Reiseberichten an.

Die niedriger liegenden, weniger eindrucksvollen Hochhäuser des **First Hill** (öfter auch „Pill Hill" genannt) gehören zum östlichen Teil von Seattles Innenstadt. Hier, am östlichen Abhang, Central District genannt, befinden sich sechs Krankenhäuser, zahlreiche Kliniken, verschiedene Kirchen und Sozialwohnungen. Hier wohnen viele Schwarze und Indochinesen. Das eindrucksvolle **Sorrento Hotel** in der Madison-Straße ist für sein Mahagoni-Jagdzimmer sehr bekannt, und das **Frye Art Museum** beherbergt in Terry und Cherry eine Sammlung amerikanischer und europäischer Gemälde des 19. Jahrhunderts.

Am südlichen Ende der Hügelkette zwischen der Innenstadt und dem Meer liegt **Beacon Hill,** ein weiterer Bezirk, in dem Angehörige verschiedener ethnischer Gruppen leben. Nur 30 Prozent der Bewohner sind weiß, die übrigen sind Japaner, Chinesen, Koreaner, Filipinos, Chicanos, Italiener, Indianer und Schwarze. Viele Märkte sind am südlichen Hügel zu finden, dort wo bereits durch die Nähe zum Boeing Field ein hoher Lärmpegel herrscht.

Der nördliche Hügel kontrastiert durch seine ruhige Atmosphäre.

Lastwagen rumpeln durch ein Gebiet von Lagerhäusern und Fabriken an Seattles südlichem Rand, westlich der Interstate Fünf. Hier kann die **Rainier Brewery** besichtigt werden, und die **Oberto Sausage** wird hier hergestellt und abgepackt. Ganz in der Nähe ist **Boeing Field International,** ein gewaltiger Flughafen für Frachtgut und Privatflugzeuge. Das phantastische neue **Museum of Flight** am südlichen Rand zeigt die Geschichte der Luftfahrt und berichtet von den stolzen Erfolgen

Der Japanische Teegarten im Arboretum der Universität von Washington.

der Boeing Company, Seattles größtem Arbeitgeber, dessen Produkte in alle Welt exportiert werden.

Die 1916 begründete Boeing Company umfaßt fünf Werke, die sich in Nord-Süd-Richtung von Everett bis nach Renton erstrecken. Das Everett-Werk kann besichtigt werden. Hier werden die Düsenjets 747 und 767 montiert. Seattles Wirtschaft wurde im Laufe der Jahre mannigfaltiger und dadurch weniger abhängig von den Boeing-Werken. Diese sind aber immer noch der größte Industriezweig.

Der **Duwamish Waterway** zwischen Süd- und West-Seattle ist gesäumt von Fischkonservenfabriken und fließt in zwei Kanälen um die künstliche Insel in die Elliott Bay. Die Verlegung von Container- und Verladearbeiten auf diese Insel hat den Hafenbezirk der Innenstadt pittoresker werden lassen. Durch eine Reihe von Buchten, Kanälen und einen kleinen See ist die Meerenge Puget-Sund mit dem Süßwassersee Lake Washington verbunden. Vergnügungsdampfer und Lastkähne folgen diesem Lachswanderweg und lassen das Salzwasser bei dem Schleusensystem **Chittenden Locks** hinter sich.

Die Schleusen sind ein technisches Meisterstück mit einem 10 000 Hektar großen Süßwasserbinnenhafen (etwa 80 000 bis 100 000 Schiffe passieren jedes Jahr die Schleusen). Bei den Schleusen kann man den drei Hektar großen botanischen Garten durchstreifen und im Sommer dabei Lachse und Steelheads beobachten, wie sie über eine Fischleiter schwimmen.

Die Salmon Bay ist das Zentrum vieler Seefahrtsunternehmungen und Anlegestelle für Boote, die Heilbutt, Schellfisch, Lachs und Hering fischen. The **Fisherman's Terminal** am südlichen Ufer der Bucht ist die Zentrale der größten Fischereiflotte im Nordwesten. Hier befinden sich die Anlegeplätze verschiedenster Schiffstypen, angefangen beim kleinsten Schleppnetzfischer bis zu den großen Schiffen, die den Pazifik von Kalifornien bis Alaska überqueren. Frühmorgens kommt an den Kaianlagen Geschäftigkeit auf, wenn die Fischer aus ihren Häusern in **Ballard,** dem Stadtviertel in der Bucht, kommen.

Die wirtschaftliche Tätigkeit und Erholung der Ballard-Gemeinde konzentrieren sich auf die Salmon Bay und den Schiffahrtskanal. Es ist eine etwas schwerfällige, konservative Gemeinde, deren großer skandinavischer Bevölkerungsanteil sie zu einer einzigartigen ethnischen Enklave macht. Fischfang, Holzfällerei und Sägemühlen haben Ballard immer in Gang gehalten. Eine Straßenbahn, die ursprünglich die Arbeiter zu den Sägemühlen und zum Fisherman's Terminal brachte sowie ein historisches Stadtviertel wurden entlang der alten Strecke erhalten.

Die gepflasterten Straßen und der alte Getreidespeicher sind einen Bummel wert. Am besten besucht man Ballard während eines der skandinavischen Festtage und Eßgelage (food fests) im August und Oktober, wenn die Straßen, in denen sich skandinavische Delikatessenläden aneinanderreihen, zu einem neuen Leben erwachen.

Unter der orangefarbenen Zugbrükke **Fremont Drawbridge,** 1916 erbaut, gleiten hochmastige Segelschiffe durch einen malerischen Kanalabschnitt zum Lake Union. **Fremont** ist ein gut erhaltener kleiner Stadtteil mit restaurierten Geschäften und einem starken Gemeinschaftsgefühl.

Am nördlichen Ufer des Sees erfuhr ein Teil des alten werktätigen Seattle durch die Gestaltung des **Gaswork Park** eine dramatische Veränderung. Als einziger Park ist er aus der Umwandlung eines früheren Industriegeländes hervorgegangen. Von 1906 bis 1956 stießen die mächtigen Türme der Raffinerie und die Ventilsysteme viel Rauch aus und verschmutzten den Lake Union, da aus Kohle Naturgas gewonnen wurde. Der ortsansässige Architekt Richard Haag meinte, eine so ungewöhnliche Konstruktion auf einem erstklassigem Grundstück mit Blick ins Stadtzentrum sollte menschlicher gestaltet werden.

1976 waren die ehemaligen Schlakkenhalden bepflanzt, grüne Erdwälle zum Drachensteigenlassen waren entstanden, und die Fotografen kamen, um zu dokumentieren, was aus einer ehemals häßlichen Industriegegend geworden war.

Nördliche Umgebung: Seattles nördliche Bereiche kennzeichnet eine lockere, ungezwungene Atmosphäre, die rund um den Campus der University of Washington ein fröhliches Durcheinander entstehen läßt.

Der **Woodland Park Zoo** am nördlichen Ende von Fremont nahm seinen Anfang 1889 als Familienbesitz. Entschlossene Unterstützung und einfallsreiches Management machten ihn zu einem der ersten Zoos des Staates, in dem die Tiere in einem natürlichen Lebensraum umherstreifen können und sich Besucher in der Landschaft verlieren. Am hervorstechendsten sind die üppigen tropischen Regenwälder der Gorillas, die Wüste, das Nachttierhaus und die große afrikanische Savanne, in der Löwen, Nilpferde, Giraffen, Zebras und Elefanten leben.

Blick vom Queen Ann Hill auf den Universitätsbereich.

Ebenfalls auf dem Gelände sind der geometrisch angelegte Rosengarten und das **Poncho Children's Theatre** mit Schauspiel-, Musik- und Filmprogrammen. Außerhalb des Zoos befindet sich ein weit ausgedehntes bewaldetes Picknick-Gelände. An der östlichen Parkseite sind Tennisplätze, Pitch-and-Putt-Golfgelände und die Überreste einer alten Wagenstraße – ein Mekka für Sonnenhungrige und Fitnessfans.

Am östlichen Ufer vermischen sich kleine, ältere Geschäfte mit Schlittschuh- und Fahrradverleih, Sportläden, eine Turnhalle und zwei Eisdielen. Das **Saleh Al Lago** ist ein Café, das durchwegs gehobene Qualität zu hohen Preisen anbietet, auch das **Spud Fish and Chips** wird gerne besucht. Der hübsche Ravenna Boulevard, einst das Bett eines kleinen Flusses, der den Greenlake speiste, verbindet diese Umgebung mit dem **University District.**

Die **University of Washington,** mit rund 35 000 Studenten, gegründet im Jahr 1861, kann über die größten bundesstaatlichen Zuschüsse für medizinische Forschung in den USA verfügen. Der landschaftlich reizvolle Campus der Universität strahlt die Atmosphäre eines zeitlosen Refugiums des Geistes aus. Die Museen, Vorlesungsreihen, Konzerte, das Arboretum und das hervorragende Football-Team wirken auf alle Einwohner Seattles anziehend.

Das **Thomas Burke Memorial Washington State Museum** am nördlichen Eingang zum Campus verfügt über eine ausgezeichnete Sammlung an Kunstwerken und Gebrauchsgegenständen der Indianerkulturen der Nordwestküste und des Pazifikrandes. Auf dem Campus hat auch die **Henry Art Gallery** ihre Räume. Sie zeigt Gemälde aus dem 19. und 20. Jahrhundert und beherbergt Wanderausstellungen mit den Werken berühmter Künstler. In der Galerie werden auch Vorträge und Kurse abgehalten.

„Das Ave": Ein Übermaß an Pendlerstudenten hat dabei geholfen, den Universitätsbezirk zu einem blühenden, interessanten Mittelpunkt zu machen. Dabei konzentrieren sich Einkauf und geselliger Umgang auf den University Way. „Das Ave", wie es oft genannt wird, ist ein Füllhorn an Cafés, Antiquitätenläden für gebrauchte Schallplatten und Spezialitäten (besonders asiatischen), Fastfoodhäppchen, alles vollkommen auf ein kosmopolitisches Studentenleben eingestellt.

Der **University Bookstore** gilt als größte und bestsortierte amerikanische Buchhandlung. Er bietet eine riesige Auswahl an Wirtschaftsliteratur und Lehrbüchern, ebenso Geschenkartikel, Reisegepäck und Fotoapparate. Andere bevorzugte Orte sind die prangende **La Tienda Folk Arts Gallery,** das **House of Rice,** ein orientalischer Lebensmittel- und Geschenkeladen, das **Jazz Alley**-Nachtlokal und einige der zahlreichen verqualmten Espressobars, in denen zukünftige Baudelaires plaudern und ihren Gedanken nachhängen. Nicht weit vom Campus entfernt windet sich das **Washington Park Arboretum** südöstlich zum Lake Washington. Seit 1934 dient das Arboretum der Universität als botanisches Forschungszentrum und der Öffentlichkeit als erholsamer Park.

Ebenfalls nördlich liegt **Foster Island Wildlife Sanctuary,** ein Sumpfgebiet, wo sich unter den Betonsäulen der Interstate-520 Enten tummeln. Mit Paddelbooten, beim UW's **Waterfront Activity Center** geliehen, läßt sich das Gebiet gut erkunden. Ein Pfad verbindet es mit dem **Marsh Island** in der Union Bay und mit dem **Museum of History and Industry** am Montlake „Cut". Neben staatsgeschichtlichen Erinnerungsstücken und Seefahrtsgegenständen verfügt dieses kleine Museum auch über eine Abteilung für Raumfahrt. Ein **Japanese Garden** mit Teehaus und einem kleinen, erholsamen See liegt in der Nähe des südlichen Eingangs zum Park.

Das **Leshi Marina**, das beliebte **Leshi Lakecafe** und der **Mount Baker Park** wetteifern mit dem Lake Washington. Grüne Parks ziehen sich das Ufer entlang, ermöglichen den ganzen Weg über zum **Seward Park** einen guten Ausblick auf den See und Mount Rainier. Dieser Park ist eine wunderschöne Wildnis, eine Halbinsel mit

Ahorn im Woodland Park.

zahlreichen Teichen, die für die Fischzucht verwendet werden. Der vier Kilometer lange Parkweg am See entlang und hügelige, kurvenreiche Straßen bilden den Abschluß dieser bei Radfahrern beliebten Tour, die gut ausgeschildert ist.

Innerhalb eines immer weiter gezogenen Netzes an geplanten Ausflugsstrecken, die ebenso wie die Fahrradwege gekennzeichnet sind, kann man die Umgebung Seattles erkunden. Viele Besucher sind erstaunt darüber, wie beliebt Fahrradfahren in Seattle ist. Der 1300 Mitglieder zählende **Cascade Bicycle Club** organisiert das ganze Jahr über Gruppenfahrten, an denen jeder teilnehmen kann. Dabei werden die offiziellen Fahrradwege, wie diejenigen am North Lake Union oder an der Elliot Bay, mit versteckten, abgelegenen Straßen und Parks im ganzen Gebiet verbunden.

Der **Burke-Gilman Trail** ist der wichtigste Fahrradweg. Es handelt sich dabei um eine alte Eisenbahn-Trasse, die sich vom Gasworks Park entlang dem UW-Campus und dem Ufer am nördlichen Ende des über 20 Kilometer langen Sees erstreckt.

Auf diesem Weg versammeln sich die Fahrradfahrer. Er ist Ausgangspunkt für ausgedehnte Touren zum Ostufer des Sees. Die 60 Kilometer lange Fahrt zur Weinkellerei **Ste. Michelle Winery** ist dabei ein langerprobter Favorit. Das Seattle Engineering Department hat in enger Zusammenarbeit mit dem Fahrradclub detaillierte Karten mit den landschaftlich schönsten Routen entworfen.

Ostufer: Während Verkehrsstaus auf den Schwimmbrücken in den Hauptverkehrszeiten dem Ostufer bescheinigen, daß es wirklich eine Vorstadt ist, hat der Aufschwung der High-tech-Industrie und anderer Gewerbezweige **Bellevue,** Washingtons viertgrößte Stadt, entstehen lassen. Bellevue dehnt sich rasch aus, Firmen siedeln sich an, Parks werden angelegt, und man bemüht sich, auch das kulturelle Angebot zu erweitern. Es entsteht nicht eine neue Schlafstadt, sondern im Dienstlei-

Mount Rainier hinter glattrindigen Menzies-Erdbeerbäumen.

stungsbereich und im Einzelhandel werden eine Menge neuer Arbeitsplätze geschaffen. Dies belegt eindrucksvoll das Aufblühen der Stadt.

Bellevue wurde 1953 der Verwaltung von Seattle unterstellt und ist mit einer Fläche von heute 64 Quadratkilometern rasch von 5900 auf 90 000 Einwohner angewachsen. Bellevue und das benachbarte **Kirkland** waren ursprünglich rein ländliche Gemeinden mit Sommerhäusern. Die Errichtung von zwei Schwimmbrücken, die nach Seattle hinüberführen, brachte jedoch die Veränderung. Als ein Autobahnprojekt in Seattle fehlschlug, wurde die Industrieansiedlung ans Ostufer verlagert, und viele Menschen müssen jetzt nicht mehr das tägliche Pendeln zur Arbeit in Kauf nehmen.

Mit weniger Parkverbotsbereichen als in Seattle ist Bellevues Geschäftsbezirk ein sich ausdehnendes und aufstrebendes Zentrum mit über 8000 Firmen. Fünfzehn Motels sind vorhanden. Gutes Essen und den besten Ausblick in der Stadt bietet das Restaurant **Spazzo Mediterranean Grill** oben auf dem Key Bank Building. Das **Domani** mit der klassischen Speisekarte im Innenstadtbereich ist für seine zahlreichen Pasta-Variationen bekannt.

Brennpunkt ist der **Bellevue Square,** das größte Einkaufszentrum im Staat. Diese von dichten Laubbäumen gesäumte Mammut-Promenade verfügt über eine verwirrende Menge an Geschäften und Warenhäusern. Das Schaustück der Promenade und auch der Stadt ist das **Bellevue Art Museum,** geschickt über allen Aktivitäten in einem Atrium im dritten Stock plaziert. Zum Angebot des Museums gehören auch Vorträge, Filme und Kurse.

Ebenfalls im Square liegt die **PANACA Gallery** für regionales Kunsthandwerk. Jedes Jahr fördert diese Organisation das alles überbietende Kulturereignis Bellevues, die Pacific Northwest Arts and Crafts Fair – die Messe für Kunsthandwerk im pazifischen Nordwesten. Als größte ihrer Art bietet sie eine von Sachverständigen getroffene Auswahl an erstklassigen Werken regionaler Künstler. Auch das Bellevue Jazz Festival ist eine Besonderheit dieser Gegend. Es wird auf dem Campus des **Bellevue Community College** abgehalten. Auf drei Freilichtbühnen treten professionelle Jazz-Musiker aus dem Nordwesten und aus anderen Gegenden auf. Das Auditorium des Campus ist die einzige Heimstatt für die Eastside-Theater-Gesellschaft und das erfolgreiche Philharmonische Orchester, das in den neunziger Jahren vollkommen professionell werden möchte. Auch das Eastside- Jugendsymphonie-Orchester hat hier seine Basis.

Drei winzige Picknick-Plätze sowie Bäume heitern den Innenstadtbezirk auf. Bellevue ist ebenfalls mit Grüngürteln, Gemeindezentren, Bootsanlegestellen, Naturlehrparks und fünf erschlossenen Stränden bestückt, von denen der größte und beliebteste der **Chism Beach** ist. Im ländlichen **Kelsey Creek Park** gewinnt man anhand eines noch bewirtschafteten Bauernhofes und inzwischen angelegten Jogging-Wegen, die sich entlang leicht bewaldeter Abhänge winden, einen Eindruck von der friedvollen Vergangenheit Bellevues.

Die westlich des Bellevue Way gelegene **Main Street** ist eine weitere Enklave der Vergangenheit. Hier haben in gepflasterten Straßen über 90 Läden die Atmosphäre des alten Bellevue bewahrt. Blumenkörbe hängen von Straßenlampen herab, und der Spaziergänger findet Antikes, Kleidung, Einrichtungsgegenstände sowie viele Restaurants. Nordöstlich ziehen zwei Weinkellereien, **Columbia Winery** und **Paul Thomas Wines,** mit vorzüglichen originalen Obst- und Gemüse-Weinmischungen viele Besucher an.

Ein interessanter Abstecher in den Südosten von Bellevue aus entlang der Interstate 90 bringt den Besucher zur hübschen Stadt **Issaquah,** die von den sanften Hügeln der „Issaquah-Alpen" umgeben ist. Das ganze Jahr über ziehen das Stadttheater, eine Süßwaren-Fabrik (Böhm's Swiss Candy), ein Geschäftsviertel, das aus ehemaligen Wohnhäusern besteht, die untereinander durch mit Brettern belegte Gehwege verbunden sind, und eine Lachsfarm

Besucher an. Am östlichen Ufer des Lake Washington schmiegt sich ein anderer malerischer, wenn auch größerer Nachbar von Bellevue an. Die Gründer von **Kirkland** planten eine Stahlstadt, was sich aber glücklicherweise nie realisieren ließ. Statt dessen ging die Großindustrie an der Stadt vorbei, und ihre frisch renovierte Innenstadt erlebte einen eher langsamen Aufschwung mit Galerien und Geschäften in den viktorianischen Gebäuden.

Bei den acht Stränden und den natürlich gestalteten Parks entlang der Lake Street bildet der **Marina Park** im Stadtkern einen Höhepunkt. Geschäfte zum Ufer hin und ein offener, sechseckiger Pavillon, in dem den ganzen Sommer über kostenlos Konzerte gegeben werden, machen hier ein wunderschönes Bummeln möglich.

Über 80 Restaurants finden sich in Kirkland, von denen einige ihre Lage in den Buchten ausgezeichnet nutzen. Will man essen gehen, etwas trinken und gesehen werden, dann ist **Anthony's Home Port** in der Moss Bay besonders beliebt. **DaVinci's Flying Pizza** auf dem schmalen Geschäftsstreifen parallel zum Ufer ist das „In"-Restaurant für alle, die Pizza und Pasta mögen. Das kleine **Cafe Juanita,** das direkt nördlich im Bezirk Juanita liegt, hat mit seiner ausgezeichneten italienischen Speisekarte und dem auf dem Grundstück selbst hergestellten Wein die tollen Kritiken vollauf verdient.

Mehrere Galerien von Rang verbinden sich harmonisch mit den Antiquitätenläden und haben so Kirklands Charakter geprägt. Das historische **Peter Kirk Building** mit seinem auffallenden Kuppeldach beherbergt eine ausgezeichnete Galerie und das Zentrum für kreative Künste, eine Atelierschule für künstlerisches Design, Malerei und Töpferei.

Ganz in der Nähe finden sich die **Lakeshore Gallery** für Töpferei, Stoff- und Metallarbeiten, die Galerie **Uniquely Northwest,** die regionales Kunsthandwerk ausstellt, und **Wood 'N You** mit Kunsthandwerksgegenständen aus Holz.

Die Schwimmbrücke über den Lake Washington.

TACOMA

Die **Commencement Bay** mit Blick über Tacoma, einen der besten Häfen der Welt, ist das Schiffahrts-, Verteilungs- und Industriezentrum des Staates. Nach Seattle und Spokane ist Tacoma mit nahezu 160 000 Einwohnern die drittgrößte Stadt im Staat Washington, die sich rasch ausdehnt. Der Name Tacoma stammt von einer örtlichen indianischen Bezeichnung für den Mount Rainier.

Tacoma bestand 1868 aus zwei unabhängigen Gemeinschaften am südwestlichen Ufer der Bucht. Die beiden Siedlungen kämpften verbissen um den Namen „Tacoma“, bis 1883 die gesetzliche Grundlage für die Zusammenlegung geschaffen wurde. Holzverarbeitende Betriebe, der Eisenbahnbau und Kupferhütten ließen die Stadt rasch wachsen. Tacomas heutige wirtschaftliche Grundlage sind Holzverarbeitung, Schiffsindustrie und das Militär.

Tacoma erlebt gegenwärtig einen erneuten Aufschwung, was Bürgerstolz und -initiativen betrifft. Renovierungen historischer Bauwerke und auch neue Projekte sind in der Stadt in Gang. Das läßt sich am besten in der Innenstadt an der Promenade außerhalb der **Broadway Plaza**, einem sechs Block umfassenden Einkaufszentrum, erkennen. Ansehnliche ältere Gebäude, vermischt mit architektonisch hypermodernen Geschäften, säumen die Allee, machen sie historisch faszinierend sowie optisch spannend.

Das Kleinod der Plaza ist das renovierte **Pantages Centre.** 1918 vorgesehen für Wander-Varieté-Shows, zählt das Theater 1100 Plätze und ist heute Tacomas Zentrum für Darstellende Künste. In den Wohnvierteln der Stadt finden sich noch viele original erhaltene viktorianische Häuser aus der Zeit der Jahrhundertwende.

Die beiden Museen von Tacoma können von der Plaza zu Fuß erreicht werden. Das **Tacoma Art Museum** zeigt Wanderausstellungen und verfügt über

Links: Der Wikinger Leif Erikson. Rechts: Das historische Fort Nisqually in Tacoma.

eine Galerie für Kinder. Ausstellungen von indianischen Gebrauchsgegenständen, Handarbeiten, alte Fotos und amerikanisches Silber können im **State Historical Museum,** drei Blocks nördlich der Innenstadt, besichtigt werden.

Das Sportwettkampf- und Versammlungszentrum, der **Tacoma Dome** ist der Welt größter Bau mit einem hölzernen Kuppeldach und kann 30 000 Personen fassen. Berühmte Künstler ziehen das Dome den Arenen von Seattle wegen seiner hervorragenden Akustik und seines Komforts vor.

Hummerläden und Espresso-Bars: Einige der besten Restaurants von Tacoma liegen an der Buchtseitenausfahrt nach Point Defiance. Mit Blick über die Commencement Bay bietet das **Lobster Shop South** eine Seeterrasse, ausgezeichnete Meerestier-Gerichte und einen unübertroffenen Blick auf das Wasser und die Olympic Mountains. Das Original Lobster Shop liegt gegenüber der Bucht bei Dash Point und ist gleichermaßen zu empfehlen. Ebenfalls im Ruston Way liegt **Old Town**, Tacomas Geburtsstätte. **Grazie**, erst kürzlich in Old Town eröffnet, ist Espresso-Bar, Feinkostgeschäft und Restaurant in einem.

Tacoma ist bekannt für seine schönen und vielseitigen Parks, und der **Point Defiance Park** ist zweifellos der schönste. Einen Zoo, ein Aquarium, Wanderwege, Strände, Gärten, ein rekonstruiertes Fort und anderes mehr faßt seine 280 Hektar große Fläche. Stille Wälder machen den größten Teil des Parks aus. Eine acht Kilometer lange Fahrt auf gewundenen Wegen durch den Wald führt zu erregenden Aussichtspunkten an der südlichen Meerenge.

Hat man nur einen Nachmittag zur Verfügung, bieten das Aquarium und der neu gestaltete Zoo prachtvolle Exemplare der Tiere, die am Pazifik-Rand heimisch sind, in natürlicher Umgebung. Ein traditioneller japanischer Garten sowie botanische Gärten stellen den Pflanzenfreund und Hobbygärtner zufrieden. Point Defiance hat für jeden etwas und ist fraglos einer der schönsten Parks am Puget-Sund.

Die Interstate 5 und die Innenstadt von Seattle bei Nacht.

PUGET-SUND

Wer zum ersten Mal die Gegend um den Puget-Sund besucht, kann vom Deck eines Fährbootes aus innerhalb einer Stunde aus einer kosmopolitischen Atmosphäre in zeitlose ländliche Ruhe eintauchen. Mit dem Fahrrad oder dem Auto kann man von einem traditionellen Fischerdorf eines seefahrenden Volks durch grüne Farmen zu einem der üppigsten Regenwälder der Welt fahren.

Die Erforschung des Puget-Sunds beginnt in Port Townsend und führt dann weiter nach Süden. Von Olympia aus kommen Sie rasch nach Edmonds im Norden, nördlich von Seattle, und beschließen dann die Tour mit einem Abenteuerausflug zu den San Juan Islands an der kanadischen Grenze.

Port Townsend: Hoch oben in der nördlichen Ecke der Olympia-Halbinsel, wo das Wasser der Straße von Juan De Fuca und des Puget-Sunds starke, strudelnde Strömungen hervorruft, liegt das buntschillernde **Port Townsend.** Heute ist die Stadt eine Zufluchtsstätte für Künstler, Schriftsteller, Familien, die Erholung suchen, und für Touristen.

Das milde Wetter, die gezackten Olympia-Gipfel, die nach Süden hin Wache stehen, die Sicht auf die Klippen der nahegelegenen Whidbey Island und der „Große Weiße Vater" (der indianische Skagit-Name für den Mount Baker), der den Horizont überschattet, bestärkten einst die Pioniere Alfred Plummer und George Bachelder in ihrer Hoffnung auf eine gedeihliche Entwicklung der Stadt. Mitte des 19. Jahrhunderts glaubten sie, Port Townsend werde der große Hafen des Sunds. Aber als die transkontinentale Eisenbahn der Union Pacific nicht mit der südlichen Eisenbahn von Port Townsend verbunden wurde, trat Seattle als Zugangshafen zum Puget-Sund in den Vordergrund. Über Nacht wurde eine für 20 000 Bewohner entworfene Stadt mit 3500 Einwohnern zurückgelassen.

Siebzig Jahre später, im Jahre 1961, renovierten die Bewohner von Port Townsend nicht nur die viktorianischen Häuser der vergangenen Zeiten in eigener Initiative, sie frischten auch das lange schlummernde Gefühl bürgerlichen Stolzes auf.

Die malerische Stadt wurde 1976 zu einem nationalen historischen Bezirk erklärt. Die Innenstadt an der Water Street umfaßt ungefähr vier Häuserblocks mit Ziegelsteingebäuden aus der Jahrhundertwende. Hier finden sich zwischen Ausblicken auf die Straße Juan de Fucas und die nahegelegenen Inseln Kunstgalerien des Nordwestens, Kunsthandwerks- und Antiquitätenläden und eine große Auswahl an Delikatessengeschäften und Restaurants.

Tausende von Fotografien und Relikte aus alten Zeiten füllen das **Jefferson County Historical Museum,** das am Ende der Water Street liegt. Das Museum, das innerhalb des Rathauses, der City Hall (1891), liegt, ist selbst ein Relikt. Das **Jefferson County Courthouse** von 1892, ein **Bell Tower** von 1890 und das stattliche **Customs House**

Vorherige Seiten: Lummy Island (San Juan Island). **Links**: Der Lime-Kiln-Leuchtturm auf San Juan Island. **Rechts**: Die Eingangstür eines Hauses aus dem Jahr 1879 in Port Townsend heißt den Besucher herzlich willkommen.

(Zollgebäude) sind Zeugen heute noch sichtbarer Vergangenheit von Port Townsend.

Steigen Sie hinauf in die „Oberstadt" und machen Sie einen Spaziergang zwischen den restaurierten viktorianischen Häusern. Sie mögen diese historische Atmosphäre? Dann kommen Sie im September zur traditionellen Haus-Besichtigungstour und besuchen Sie das als Museum eingerichtete **Rothchild House** (1868). Es gibt jedoch in und um Port Townsend eine Anzahl von behaglichen und ruhigen Pensionen mit Übernachtung und Frühstück (Bed and Breakfast), so zum Beispiel: **Ann Starrett Mansion** (744 Clay Street), **Hastings House** (313 Walker Street), **Heritage House** (305 Pierce Street), **James House** (1238 Washington Street), Heritage House (305 Pierce Street) und **Lizzie's** (713 Pierce Street).

Ein schöner Strandweg beginnt im **Chetzemoka Park** und führt nach Norden zum **Fort Worden**. Das ursprünglich zur Küstenverteidigung gebaute Fort Worden ist eines der in einem Dreieck angelegten Forts, die den Puget-Sund schützen. (Das Fort war der Drehort des Films *Ein Offizier und ein Gentleman*. Man kann nun auch noch eine Tour durch die ehemaligen Offiziersunterkünfte machen, durch die Bunker steigen und den Leuchtturm **Point Wilson Lighthouse** besuchen.

Fort Worden organisiert populäre sommerliche Kunstveranstaltungen, wie etwa das Anfang Juli stattfindende Festival of American Fiddle Tunes, das Port Townsend Jazz Festival im Februar und Juni und das International Folk Dance Music Festival im August. Im Frühling, wenn die Rhododendron-Blüte Port Townsend eine festliche Stimmung verleiht, findet das beliebte Rhododendron-Festival statt.

Zwei Wege führen aus dieser Oase der Kultur. Entweder nehmen Sie die Fähre nach Whidbey Island oder Sie fahren nach Süden und setzen so ihren Weg um die Olympic Peninsula fort. Die Fahrt wird Sie am Chevy Chase Country Club vorbeiführen, mit einem herrlichen Blick auf die Discovery Bay

Hastings House in Port Townsend, circa 1891.

südlich von Port Townsend oder auf die Olympic Mountains gegenüber.

Auf **Indian Island** in östlicher Richtung befindet sich ein Munitionslager der U.S. Navy für die in den Puget-Sund einfahrenden Schiffe. Die Öffentlichkeit darf den nördlichen Teil der Insel aus Sicherheitsgründen nicht betreten. Aber am südlichen Ende der Insel sind entlang des Highway nach **Marrowstone Island** ertragreiche Strände zum Muschelsuchen.

Wenn man am frühen Morgen von Indian Island nach Marrowstone hinüberfährt, wird man wahrscheinlich Hirsche äsen sehen. Koyoten und Füchse sind hier ebenfalls ein vertrauter Anblick. **Fort Flagler** auf der Insel Marrowstone ist das zweite der drei Forts, die die auf drei Seiten die Verteidigung des Puget-Sunds bildeten: Dieses Fort wurde kurz nach dem Ersten Weltkrieg geschlossen.

The Resort at Port Ludlow ist eine teure Apartmentanlage zur Erholung mit Blick auf Mats Harbor am Hood Canal und die Cascades.

North Kitsap Peninsula: Die **Hood Canal Bridge,** die die Olympic Peninsula mit einem ihrer fingerähnlichen Ausläufer, der Kitsap Peninsula, verbindet, befindet sich in nördlicher Richtung. Sie ist eine der drei längsten Schwimmbrücken der Welt. (Die beiden anderen überqueren den Lake Washington von Seattle).

Die Canal Bridge bildet eine lebenswichtige Verbindung zwischen Jefferson County (der nördlichen Olympic Peninsula) und Kitsap County. Ohne sie bräuchten die Bewohner und Besucher mindestens eine Stunde, um den Hood Canal zu umfahren.

Etwas weiter hinauf erstreckt sich eine Landzunge. Hier kann man auf einem künstlich geschaffenen Spazierweg vom Festland aus zur ehemaligen Insel **Hood Head** laufen; unterwegs bietet sich ein schöner Blick auf die Hood Canal Bridge, den Mount Rainier, Foulweather Bluff und **Port Gamble.**

Port Gamble, im Regenschatten der Olympic Mountains, ist gegenwärtig Amerikas älteste kontinuierlich tätige

Yachthafen in Brownsville, Kitsap County.

Holzfäller-Gemeinde. Da sich der Gründer der Stadt, Captain William Talbot aus East Machias im Bundesstaat Maine, nach seiner Heimatstadt sehnte, holte er die Ulmen entlang der Straße, die an von Schindeln bedeckten Häusern im New-England-Stil vorbeiführt, als Setzlinge aus Maine hierher.

Die Sägemühle von Port Gamble und ein Warenhaus sind noch immer Eigentum der Pope and Talbot Lumber Company, dem größten Waldbesitzer im westlichen Washington seit Mitte des 19. Jahrhunderts. Das **General Store** verkauft ein bißchen von allem. Es ist ein Treffpunkt der Stadtbewohner. Im oberen Stockwerk des Geschäfts ist die vermutlich größte Muschelsammlung der Welt ausgestellt. Im Museum direkt hinter dem Warenhaus dokumentieren Pope und Talbot ein wichtiges Kapitel der Geschichte des pazifischen Nordwestens – die Entwicklung der Pope and Talbot Lumber Company sowie die Geschichte der Sägewerke und Hozverarbeitung im Nordwesten.

Direkt vor der Stadt liegt das **Cyrus T. Walker Nursery and Forest Research Center** (Baumschule und Waldforschungszentrum), das im Jahre 1976 eingerichtet wurde und dem Ziel dient, „Super"-Setzlinge, Bäume, die bis zu 50% schneller als normal wachsen können, aufzuziehen. Wochentags finden hier Führungen statt.

Ein kurzer Ausflug von Port Gamble aus bringt Sie nach **Kingston.** (Die Fähre nach Edmonds legt am Ende der Main Street ab.) Von Kingston nehmen Sie am besten die Miller Bay Road nach **Suquamish.**

Suquamish-Indianer: Während sich die Weißen der Siedler-Häuser der 1850er Jahre rühmen, lassen sich Spuren der Indianer in dieser Region seit mehr als 5000 Jahren nachweisen. Der Stamm der Suquamish verbrachte gewöhnlich den Sommer auf Bainbridge Island. Die Indianer lagerten an den Küsten der Insel, sammelten und trockneten Beeren, fingen und räucherten Fisch und gruben nach Muscheln. 1855 kauften Holzfäller und Siedler Bainbridge von den Suquamish. Häuptling Seattle unterzeichnete den Vertrag, sein Stamm wurde jedoch erst ein paar Jahre vor seinem Tod im Jahre 1866 ausbezahlt.

Viktorianische Häuser und Kirchen hat man in Port Townsend und Port Gamble restauriert, um die Geschichte der weißen Siedler zu dokumentieren. Im **Suquamish Museum** an der State 305 bei Agate Passage wird die Geschichte der Indianer gezeigt. Die auf Band aufgenommenen Worte des Häuptling Sealth (Seattle) in einer Ausstellung „The Eyes of Chief Seattle" (Die Augen von Häuptling Seattle) beleben die Erinnerung an die Vergangenheit des Stammes.

Am Strand gegenüber von Suquamishs Zentrum läßt sich bei einem Spaziergang gut über die Vergangenheit und Zukunft dieses leiderprobten Volkes nachdenken. In Suquamish können Sie das Grab von Häuptling Seattle, das **Old Man House** und die **Suquamish Fish Hatchery** (Fischzucht) besichtigen. Die Chief Seattle Days werden zu Ehren des Mannes, der für friedliche Beziehungen zwischen Indianern und Nicht-Indianern eintrat, in den warmen Augusttagen gefeiert.

Bainbridge Island: Direkt über die Agate Passage auf der State 305 erreichbar ist **Bainbridge Island.** Bainbridge ist in erster Linie eine Schlafstadt von Menschen, die in Seattle arbeiten. Die Fähre benötigt nur eine halbe Stunde in die Stadt. Mit ihren ruhigen Gemeinden hat die Insel ein vorwiegend ländliches Gepräge. Auf Bainbridge Island liegen verstreut gepflegte Bauernhäuser, Landhäuser mit Blick auf den Strand bis hin zu halbrenovierten Häusern. Die einzige geschlossene Gemeinschaft ist **Winslow,** wo die Geschäfte mit den Arbeiten lokaler Künstler geschmückt sind.

Wenn Ihnen ein paar Berge nichts ausmachen, dann lassen sich die vielen Ortschaften auf der Insel am besten mit dem Fahrrad erkunden. Sie können Fahrräder auf der Fähre mitbringen oder in Winslow leihen. Der Chilly Hilly Bike Ride am letzten Wochenende im Februar ist der offizielle Eröffnungstag der Radfahrsaison in Seattle. Zur Feier treiben über eintausend Radfahrer ihre wintergeschwächten Körper um die Insel. Aber es gibt kürzere und weniger anstrengende Fahrrouten auf Bainbridge. Besorgen Sie sich eine Inselkarte in der Chamber of Commerce (Handelskammer) am Winslow Way.

Der Fay Bainbridge State Park ist der einzige Inselpark mit Campingplätzen. Mit seinem Ausblick auf Seattle ist der Park ideal für ein Picknick. Am entgegengesetzten Ende der Insel liegt **Fort Ward,** das während des Ersten Weltkriegs zum Schutz des Bremerton Navy Yard errichtet wurde. Dort gibt es zwar keine Campingplätze, aber der felsige Strand offenbart den Reichtum der Insel – die herrlichen Ausblicke. Sie müssen unbedingt bei den Galerien und Schaukästen der Künstler von Bainbridge Island innehalten. Viele Ausstellungsräume liegen in Seitengassen.

Wenn Sie von Bainbridge Island über den Agate Pass auf die Halbinsel zurückkehren, werden Sie bald **Poulsbo** erreichen, das auch „Klein-Norwegen" genannt wird. An der Spitze der **Liberty Bay** gelegen, ähneln Stadt und Umgebung stark den norwegischen Fjorden. Eine evangelisch-lutherische Kirche mit einer weißen Spitze blickt über die Bucht, und ein hölzerner Wellenbrecher bietet einer Flotte von Fischerbooten Schutz.

Skandinavisches Handwerk, Edelsteine und andere Souvenirs sowie eine Vielzahl an Gerichten nach norwegischer Art werden in der Innenstadt von Poulsbo angeboten. Die beiden Uferparks – der **Liberty Bay Park** und der **American Legion Park** – tragen ebenfalls zur norwegischen Atmosphäre und zum seemännischen Charme der Stadt bei. Das Wikinger-Fest im Mai und das Skandia Sommernachtsfest im Juni sind beide sehr beliebt.

Central Kitsap: Poulsbo nicht angegliedert ist das vor allem aufgrund der nahen *Trident*-U-Boot Basis in Bangor aufstrebende **Silverdale.** Weiter geht es südlich nach **Bremerton.** Dort wird man in der First Avenue nur schwerlich jemanden treffen, der nichts mit der Navy zu tun hat. Die Werft Puget Sound Naval Shipyard ist der größte Arbeitgeber des Bezirks.

Blick auf den Lake Campbell und die Simlik Bay vom Mount Erie auf der Insel Fidalgo aus.

Reserve- und zu überholende Navy-Schiffe in allen Größen sind entlang der Küste von **Sinclair Inlet** zu sehen. Fähren nach Seattle fahren von Bremerton und dem naheliegenden Port Orchard (Southworth) aus.

Zum Park **Blake Island** bei Southworth kann man nur mit dem Boot gelangen. Über die Insel verstreute Wanderwege und Zeltplätze machen ihn zu einem beliebten Ziel für eine Segeltour am Nachmittag. Als beliebte Touristenattraktion auf der Insel bietet **Tillicum Village** die Replik eines Langhauses, eine Lachs-Grill-Station (Lachs-Barbecue) und Indianertänze.

Southernmost Sound: Vashon Island, vornehmlich eine Wohngegend, lädt zu herrlichen Strand-Spaziergängen ein. Von **Inspiration Point** aus bietet sich ein prächtiger Ausblick auf den Mount Rainier. Für Skifahrer dürfte interessant sein, daß die K-2-Skier auf Vashon Island hergestellt werden.

Direkt südlich von Bainbridge Island ist diese Insel völlig auf das Fährsystem angewiesen. Von Vashon Island aus fahren die Fähren in drei Richtungen: westlich nach Southworth; östlich nach Fauntleray; und südlich nach Tacoma. Direkt westlich von der Tacoma Bridge liegt die entzückende, doch bescheidene Fischergemeinde **Gig Harbour,** von Seattle aus bequem in fünf Stunden mit dem Segelboot zu erreichen. Die einheimischen Seeleute zählen diesen Hafen zu den schönsten der Welt.

Im Juli findet das Gig Harbor Summer Arts Festival mit Künstlern aus dem ganzen Nordwesten statt. Im gleichen Monat führt der Performance Circle Stücke im Freien auf. Gehen Sie früh hin und nehmen Sie etwas zum Picknicken mit. Für genaue Zeitangaben wenden Sie sich bitte an die örtliche Chamber of Commerce.

Muscheln, Krebse und Austern bekommt man reichlich im **Kopachuck State Park** einige Kilometer südlich von Gig Harbor. Im Sommer macht es großen Spaß, hier bei Ebbe am Strand spazierenzugehen. Zur **Raft Island** kann man sogar hinüberschwimmen; zur **Deadman's Island** ist es etwas zu weit. Die unerschlossene Insel gilt dafür bei den Bootsausflüglern als beliebter Rastplatz.

Die Hauptstadt Washingtons: Olympia liegt am Ende des Sundes. Die meisten Westamerikaner denken bei Olympia sofort an Bier. Statistisch gesehen ist tatsächlich die Pabst Brewing Company die am meisten besuchte Attraktion dieser Gegend.

Führungen durch das **Legislative Building** am Capitol Way, die u. a. während der Sitzungen des Repräsentantenhauses und des Senats stattfinden, sind nur unter der Woche möglich. An einem klaren Tag wird das Besteigen des Kuppelbaus mit seiner perfekten Akustik mit dem prächtigen Ausblick auf den Mount Rainier und den Mount St. Helens belohnt.

Musik- und Kunstdarbietungen findet organisiert das **Evergreen State College.** Das 1971 gegründete College fügt sich schön in die Landschaft mit den Bergen, Wäldern und dem Strand. Das **State Capitol Museum** erinnert daran, daß Olympia heftig kämpfen mußte, um Hauptstadt zu bleiben.

Squalicum Harbor in Bellingham.

Die **Pabst Brewery**, von der Interstate 5 über die Ausfahrt 103 erreichbar, bietet Besichtigungen an allen Tagen der Woche. Während der Arbeitszeit kann man bei der Produktion zusehen. An Wochenenden wird dies alles im Film vorgeführt. Am Ende der Besichtigung wird Freibier ausgeschenkt.

Das **Nisqually Delta,** nicht weit von Olympia, ist das einzige Delta an der Westküste, das weder erschlossen noch verschmutzt ist. Blaureiher, Steinadler und Falken sind dort häufig am Himmel zu sehen. Wanderwege führen durch Wiesen und Wälder. Die schönsten Plätze entdeckt man beim Erforschen der Buchten und Inseln mit dem Kanu oder Kajak.

Northeastern Sound: Der starke Verkehr in **Edmonds** hängt in beträchtlichem Maße vom Terminal der Fähre Edmonds-Kingston ab. Bei einer Fahrt die Sunset Avenue hinunter bieten sich herrliche Ausblicke auf die Innenstadt, den Puget-Sund und die Olympic Mountains. Nördlich von Edmonds liegt **Mukilteo;** hier legt die Fähre zur Südspitze von Whidbey Island ab. Gleich nördlich von Mukilteo an der Interstate 5 nehmen sie die Abfahrt 189 West nach **Everett,** dem Standort der Boeing Company. Zweimal täglich findet eine Betriebsbesichtigung statt, zu der man sich anmelden sollte. Durch seine Lage zwischen Whidbey Island und den schroffen Gipfeln der Cascades nimmt Everett einen günstigen Platz für die Holzverarbeitung ein.

Whidbey Island: Whidbey Island eignet sich ideal für geruhsame Wochenendausflüge: abseits gelegene Strände für gemütliche Spaziergänge, Landstraßen quer durch Äcker und Wälder und viele Gasthäuser, die Übernachtung mit Frühstück anbieten.

Drei Wege führen nach Whidbey Island, der längsten Insel der USA (ausgenommen Alaska). Die einfachste Route führt von Seattle aus mit der Mukilteo-Clinton- Fähre oder von Port Townsend mit der Fähre nach Keystone. Von Norden aus kann man an den Klippen des **Deception Pass** vorbei auf die Insel gelangen.

Friday Harbor auf San Juan Island im Winter.

Killerwale, Grauwale und Tümmler spielen in der Saratoga Passage bei Clinton und Langley; am Himmel fliegen Adler, große Blaureiher und andere Vögel. **Holmes Harbor** mit **Freeland** an seiner Spitze regt die Lust auf Segel-, Boots- und Angelfahrten an. Das 1890 errichtete **Fort Casey** zum Schutz der Meerenge ist heute ein bevorzugter Campingplatz und zum Picknicken beliebt.

Wenigstens ein Dutzend Gasthäuser liegen verstreut im Zentrum und am Südende von Whidbey Island. Man kann zwischen entzückenden alten Bauernhäusern, Landhäusern aus Glas und Zedern am Meer und restaurierten viktorianischen Gebäuden wählen. Um nur einige wenige zu nennen: **Inn at Langley** (Langley), **Home by the Sea** (Clinton), **Cliff House** (Freeland) und **The Victorian House** (Coupeville).

Coupeville (1892) ist als Nationaler Historischer Bezirk einer der größten seiner Art im Bundesstaat. Die restaurierte Stadt ist die lebendige maritime Überlieferung aus den Tagen der Meereskapitäne und Schmuggler. **The Captain Whidbey Inn** ist bei den Einwohnern Seattles ein beliebtes Wochenendausflugsziel.

Oak Harbor ist die geschäftigste Stadt auf der Insel. Direkt nördlich davon befindet sich Whidbey's größter Betrieb, die 1942 erbaute **Naval Air Station.** Gruppentouren sind nach Vereinbarung möglich. Hauptattraktionen sind ein Kampfpanzer (wie im Film *An Officer and A Gentleman*) und weitere militärische Ausstellungsstücke.

Eine wunderschöne Brücke bei den Felsen des Deception Pass verbindet Whidbey mit **Fidalgo Island** nahe **Anacortes,** der Durchfahrt zu den San-Juan-Inseln. An die Raffinierien bei Anacortes grenzt das **Padilla Bay National Estuarine Sanctuary** für Vögel, Tiere und Pflanzen an. Weißkopfseeadler, Blaureiher, Dungeness-Krabben, Otter und Seehunde sind einige der Bewohner. Große Seegrasfelder, die Nahrung der schwarzen Wildgans, bieten acht Prozent dieser Wandervögel an der Westküste Heimstatt.

Restauriertes Blockhaus im Spencer Spit State Park, Lopez Island.

Anacortes ist das Tor zu den San Juan Islands. Wer auf den Inseln campen möchte, versorgt sich am besten hier mit Lebensmitteln. Es gibt in Anacortes viele Charter-Gesellschaften. Im Buch *Gunkholing in the San Juans* beschreiben Al Cummings und Jo Bailey Cummings einige der schönsten Gewässer und Küsten, die bei Kreuzfahrten auf den San Juan Islands zu entdecken sind.

Die San Juan Islands: Diese faszinierenden smaragdgrünen Inseln liegen an der Kreuzung dreier Wasserwege: der Strait of Juan de Fuca, dem Puget-Sund und der Strait of Georgia.

Die Fähren der Washington State Ferries legen an vier der 172 Inseln an: Lopez, Shaw, Orcas und San Juan. (Die meisten der anderen Inseln – bewohnt und oft auch in Privatbesitz – können nur mit Privatbooten erreicht werden.)

Das Klima auf den im Windschatten der Olympischen Halbinsel gelegenen Inseln ist zu jeder Jahreszeit angenehmer als z. B. in Seattle und die Niederschlagsmenge geringer.

Lopez – Paradies für Radfahrer: Musiker und Schriftsteller, Bootsbauer und Fischer, Pipeline-Arbeiter und Töpfer, wohlhabende Ruheständler und Cannabis-Anbauer bilden die bunt zusammengewürfelte Einwohnerschaft der Insel Lopez.

Lopez, die erste Anlegestelle der Fähre, ist als Insel bei vielen Fahrradfahrern des Nordwestens sehr beliebt. Campen können Sie am nördlichen Ende von Lopez im **Odlin County Park** oder im **Spencer Spit State Park.** Der **Shark Reef Park** besteht aus 16 Hektar schöner, jedoch bedrohter Wälder. Auf Lopez gibt es außerdem eine Reihe interessanter Cafés und Restaurants, die Sie mit nationaler und internationaler Küche sowie einem breiten Angebot von regionalen Meeresfrüchte und Fischgerichten verwöhnen werden.

Shaw Island: Eine Franziskaner-Nonne in Ordenstracht betreibt die Anlegestelle der Fähre auf **Shaw Island.** Nonnen leiten auch „The Little Portion“, benannt nach der Kapelle des Heiligen

Das Washington State Capitol in Olympia.

Franziskus in Italien. Shaw ist vor allem eine Wohninsel und dient als Tankstop für Bootsfahrer.

Shaw Island Country Park ist der einzige öffentliche Strand mit acht Campingplätzen, Einrichtungen zum Picknicken und einer Seilschwinge.

Orcas Island: Über die frühen Morgennebel, die oft die San-Juan-Inseln bedecken, erhebt sich der höchste Berg der Inseln – der **Mount Constitution** im **Moran State Park** auf **Orcas Island.** Vom Gipfel aus (man kann ihn zu Fuß, mit dem Fahrrad, dem Pferd oder dem Auto erreichen) bietet sich ein prächtiger Rundblick auf die kanadischen Berge, die Cascades, die Halbinsel Olympia, die San Juan Islands und Vancouver Island in Kanada. Weißkopf-Seeadler schweben hier häufig durch die Lüfte.

Der Moran State Park ist ideal für ausgedehnte Wandertouren. Es gibt dort mehrere Seen und Campingplätze. Sie sollten ihre Reservierungen bereits vor Ankunft auf der Insel getätigt haben. Das **Rosario Resort** in der Nähe des Eingangs zum Moran State Park bietet hervorragende Unterkünfte, ist aber nicht ganz billig.

Orcas Island ist die größte und zugleich gebirgigste der San-Juan-Inseln. **Eastsound,** im Mittelpunkt der Insel gelegen, gilt als das Herz der Insel. Es gibt dort Galerien und Geschäfte zum Herumstöbern, mit Artikeln aus der Vielzahl der dörflichen Gewerbe wie Töpferei, Schmuck, Weberei und sogar Bootsbau. **Bilbo's Kitchen,** ein mexikanisches Restaurant, ist bei Einheimischen und Besuchern beliebt. Das **Christina's,** ebenfalls in Eastsound, hat eine elegantere Atmosphäre und eine kultiviertere Speisekarte. In der North Beach Road kann man in einer Bed-and-breakfast-Pension, dem **Kangaroo House,** übernachten.

Olga und **Deer Harbor** sind zwei Dörfer auf Orcas Island mit malerischen kleinen Häfen und ausgewählten Läden. Das **Deer Harbor Lodge and Inn** ist ein beliebtes einheimisches Restaurant, zu dem ein neugebautes Gasthaus gehört.

Das historische Hotel de Haro in Roche Harbor, San Juan Island.

San Juan Island: **Friday Harbor** auf **San Juan Island** ist das Handelszentrum des gesamten Archipels. Es lohnt sich, den Hafen und die Innenstadt zu erkunden. Die **San Juan Historical Society** mit Relikten aus der Inselvergangenheit und das **Whale Museum** sind zwei faszinierende Museen in Friday Harbor.

Orcas oder Killerwale besuchen zur Sommerzeit regelmäßig die Gewässer um San Juan. Man kann ihnen vom eigens dazu neuangelegten **Lime Kiln Park** zusehen.

Das einer Herberge ähnliche **Elite Hotel** in der First Street, Friday Harbor, ist bei Radfahrern recht beliebt. Das einfache **San Juan Inn** liegt gerade ein paar Blocks vom Fähr-Terminal entfernt. Für Unterkünfte auf der Insel – außer für das Elite Hotel – sollten Reservierungen rechtzeitig vor dem Sommer getätigt werden.

Auf den beiden gegenüberliegenden Enden der Insel befinden sich die Lager aus dem „berühmten" Schweinekrieg, der die Zugehörigkeit der San-Juan-Inseln besiegelte. Dabei ging es um folgendes: 1839 tötete Leyman Cutlar, ein Yankee, ein Schwein, das eigentlich einem Engländer gehörte. Zu jener Zeit wohnten sowohl Amerikaner als auch Engländer auf der Insel. Der Vorfall spitzte sich zu einem Konflikt zu. England wie die USA entsandten Truppen. Einen Sommer lang standen sie sich gegenüber, ohne daß ein einziger Schuß fiel. Ein Münzwurf entschied schließlich, daß die San-Juan-Inseln amerikanisch wurden.

Am nordwestlichen Ende der Insel liegt **Roche Harbor,** ein vornehmes Hafenstädtchen mit kopfsteingepflasterten Straßen und Rosenbüschen. Man kann sich im historischen **Hotel de Haro** oder dem **Duck Soup Inn** in der Roche Harbor Road einquartieren. Hier werden abwechslungsreiche und wohlschmeckende Menüs serviert.

Die flachen, von der Flut überströmten Uferauen des Skagit River sind aufgrund ihrer Fruchtbarkeit weltweit als größtes Anbaugebiet für Blumenzwiebeln bekannt. Ein bequemer Fahrrad-

Der Musikraum des Robert Moran House, Rosario Resort auf Orcas Island.

ausflug im Frühjahr ist bestens für einen Besuch der Blumenfelder geeignet. Die gelben Narzissen blühen im März, die Tulpen im April. Im Mai scheint sich der Himmel in den blauen Schwertlilien zu spiegeln. Blumenzwiebeln und Schnittblumen kann man auch in kleineren Mengen bei den drei großen Firmen Washington Bulb Company, West Shore Acres oder Skagit Gardens, aber auch bei einigen kleineren Geschäften erstehen.

Ein guter Ausgangspunkt für einen Fahrradausflug ist **Mount Vernon** mit seinen gepflasterten Straßen und klassischen Ladenfronten. Mit ein bißchen Glück erwischt man vielleicht gerade das Tulpen-Festival.

Steigen Sie von Ihrem Fahrrad, wenn Sie **La Connner** erreicht haben. Es lohnt sich. Künstler aus dem Nordwesten wie Mark Tobey, Morris Graves und Guy Anderson haben die stille und friedliche Landschaft, die das ehemalige Handelszentrum umgibt, verewigt. Das **Black Swan** an den Straßen First Street und Washington Street ist von Seattle bis Vancouver für seine guten Meeresfrüchte-Gerichte bekannt.

Von Januar bis April überwintern Tausende von Schneegänsen aus Sibirien in der **Skagit Wildlife Recreational Area.** Wenn sie sich wieder auf den Heimflug begeben, verlassen ungefähr 24 000 Gänse auf einmal, innerhalb von 24 Stunden, das Gebiet. (Dieses Ereignis findet immer zwischen dem 17. April und dem 5. Mai statt.) Auch Weißkopf-Seeadler lassen sich hier in den kalten Wintermonaten nieder. Besucher werden gebeten, auf den Straßen und Halteplätzen zu bleiben und Ferngläser zu benutzen, um die Vögel nicht zu stören.

Der bekannte Chuckanut Drive führt an der Küste entlang nach **Bellingham** und bietet unterwegs immer wieder schöne Ausblicke auf die San Juan-Inseln und die **Samish Bay.** Man sollte beim Oyster Creek Inn und an der Oyster Bar anhalten.

Bellingham ist Sitz der **Western Washington State University,** die auf dem **Sehome Hill** liegt und nicht nur über einen schönen Campus verfügt, sondern auch einen wunderbaren Blick von der Spitze des Hügels bietet. Der Stadtteil **Fairhaven** in Bellingham ist zum Teil renoviert worden. Hier sind eine Buchhandlung, eine Bäckerei, ein Kino und **Tony's** ansässig, ein Laden, in dem man frisch gerösteten Kaffee und verschiedenste Köstlichkeiten kaufen und Leute beobachten kann.

In der zweiten Juni-Woche feiern die Lummi-Indianer den Lummi Indian Stommish, ein Fest der gegenseitigen Geschenke. Gefeiert wird auf Lummi Island, in sieben Minuten mit der Fähre von **Goosebury Point** im Lummi-Indian-Reservat zu erreichen. Eine elf Kilometer lange Rundstrecke führt um die Insel und ist für einen bequemen Radausflug durch die idyllische Landschaft geeignet.

Die Strommasten auf **Cherry Point** stehen in Kontrast zu den umliegenden Äckern. Noch weiter in Richtung Norden die Küste entlang kommt man zur **Birch Bay,** die Schwärme von Touristen wegen ihrer landschaftlichen Schönheit anzieht.

Links: Ein Totempfahl von Paul N. Luvera Jr. aus Anacortes. Rechts: Eines von Bellinghams stattlichen viktorianischen Häusern.

1608

FUN AUF DER FÄHRE

Wenn die Sonne im Frühling und den Sommer hindurch die Luft erwärmt, wandern die Fährenbenutzer auf das Oberdeck. Die Sonne mildert die kühle See-Brise, und während man nach einem abgenutzten Roman greift, folgen die Augen einer dahinsegelnden Seemöve. Die spitzen Gipfel der Olympic Mountains glitzern im Kielwasser der Fähre. Die Cascades versinken hinter der näherrückenden Silhouette von Seattle. Riesige Container-Schiffe aus dem Orient werden im Hafen der Stadt be- und entladen, während die Fähre am Column Dock in der Innenstadt von Seattle anlegt. Manche Bewohner des Nordwestens machen diese Fährfahrt zweimal täglich.

Pendler, die ungekämmt frühmorgens zur Fähre eilen, sind am Fährenterminal in Bainbridge Island ein ganz gewöhnlicher Anblick. Sobald die Fähre ablegt, wird die morgendliche Hektik vom ruhigen Schaukeln auf den Wellen gedämpft.

Pendler per Fähre sind ein seltener Menschenschlag, der das Leben von seiner leichten Seite nimmt. Der Zurückgebliebene, nachdem er sich heimlich fluchend über den Kapitän geäußert hat, verschwindet auf dem Fähranlegeplatz im nächsten Café und dort hinter einer Zeitung, um auf die Rückkehr des Schiffes zu warten. Die Bedeutung, die man der verlorengegangenen Zeit kurz zuvor noch beigemessen hat, schwindet bei einer guten Tasse Kaffee gleich wieder dahin.

Das Fährsystem des Bundesstaates Washington stellt ein wesentliches Verbindungsglied für die Nordwestler und die Besucher der Olympic Peninsula und der Pazifikküste dar. Ein Blick auf eine Karte vom Puget-Sund zeigt, warum Fähren hier am Sund eine so bedeutende Fortbewegungsform darstellen. Tausende von Buchten greifen in die Küstenlinie und machen dadurch jede andere Reiseart, die nicht über das Meer erfolgt, teuer und zeitraubend.

Fähren kommen je nach Route in allen Größen. Viele kleine sind darunter. Sie fassen nur 55 bis 65 Autos und verfügen über eine begrenzte Zahl von Passagierplätzen auf dem Hauptdeck. Die Fähren von der Innenstadt von Seattle nach Bainbridge Island und Bremerton zählen jedoch 2000 Sitzplätze und fassen 206 Autos. Die Hauptkajüte verfügt über einen großen, komfortablen Gesellschaftsraum und einen Schnellimbiß, wo man Bier, Wein und Kaffee bekommt. Über der Passagier-Kajüte liegt das Sonnendeck. Es ist für diejenigen, die auch im Winter die frische Luft genießen möchten, mit einem Solarium ausgestattet. Die meisten Fähren, außer den Schiffen zu den San Juan Islands, verkehren tagsüber stündlich, nachts fahren sie weniger häufig. Aber überprüfen Sie die Fähr-Fahrpläne an einer der 20 Anlegestellen oder rufen Sie für diesbezügliche Informationen das Washington State Ferry System an.

Die Fähre zu den San Juan Islands verkehrt im Winter fünfmal täglich und zur Sommerzeit häufiger.

Das bequemste Terminal ist Colman Dock an Seattles Ufer, von wo die Fähren nach Bremerton auf der Halbinsel Olympia und nach Winslow auf Bainbridge Island ablegen. Die Route nach Bainbridge ist der direkteste Weg zum Nordende der Olympischen Halbinsel. Der State Highway 305 führt bei Agate Passage hinüber zur Halbinsel auf der westlichen Seite der Insel. An klaren warmen Tagen verbringen Fähr-Reisende oft den ganzen Tag beim Sonnenbaden auf dem Oberdeck und genießen die wunderbare und abwechslungsreiche Aussicht. Gehen Sie doch in Winslow von Bord und verbringen Sie eine Stunde im Uferpark. Oder probieren Sie einmal das *Pegasus* aus, ein wirklich gemütliches Kaffeehaus, wo man die Bohnen auf Bestellung röstet. Das *Streamliner Diner*, eine Bainbridger Einrichtung, wird von den Ortsansässigen als der ideale Ort für das Frühstück auf der Insel betrachtet.

Noch lohnender als eine kurze Fahrt über den Sund ist ein Ausflug auf der *Princess Marguerite* nach Victoria in British Columbia. Nach nur zweieinhalb Stunden Fahrt an schneebedeckten Bergen vorbei und von Schwertwalen begleitet, sind Sie im eleganten Victoria. Das Kreuzfahrtschiff befriedigt die unterschiedlichsten Reisenden. Die billigsten und gewöhnlich besten Plätze (sofern es nicht regnet) sind auf dem Sonnendeck; die teuren Privatkabinen müssen im voraus reserviert werden. Ein Picknick und Sonnenbräune erhöhen noch den Wert des Ausflugs.

Von Anacortes aus, eineinhalb Stunden nördlich von Seattle gelegen, geht die Fähre zu den San Juan Islands. Durch diese Inseln zu treiben ist so, als ließe man Smaragde durch die Hände gleiten. Bei jeder Insel glaubt man das Paradies wiedererlangt zu haben. Die Fähre windet sich durch das Labyrinth von 172 bewaldeten Inseln, vorbei an schlichten Häusern, die in Buchten verborgen liegen, vielleicht der Zivilisation zu nahe, um Paradies zu sein, aber doch genügend weit weg, um von der Hektik und Geschäftigkeit der Städte verschont zu bleiben.

Das Washington State Ferry System wächst unablässig. Es setzt inzwischen einen nur für Passagiere bestimmten Katamaran der Schiffsbaufirma Nichols Brothers auf Whidbey Island ein. Dieses Boot ist noch geschmeidiger, noch schneller und kraftstoffsparender als die Fähren. Die Suche nach besseren und schnelleren Booten ist ein Indikator für das zunehmende Wachstum auf der Westseite des Sunds und das Interesse an der ständigen Verbesserung dieses Fährsystems, das heute bereits eines der größten und vielleicht auch eines der besten der Welt ist. ■

Das Ausflugsschiff Princess Marguerite begegnet einer Fähre der Washington State Ferry im Puget-Sund.

Mit dem Kajak auf dem Meer

Meer-Kajak-Fahren eignet sich ideal, um das reichhaltige Meeresleben des Nordwestens zu beobachten, da Sie sich näher an der Wasseroberfläche befinden als in irgendeinem anderen Boot.

Abgelegene Küsten und Felsen sind zu erforschen, bevölkert von einem breiten Spektrum an wildlebenden Tieren, es ist eine Welt, die für die größeren Boote, die vorbeirauschen, unerreichbar ist. Das Gebiet am Puget-Sund und die angrenzenden Gewässer stellen ein Mekka dar, sie bieten Golfe, Buchten, Meeresstraßen und Kanäle, Durchfahrten und Passagen, Meeres- und Flußarme und Flußdeltas – kurz, es ist ein Paradies für Meer-Kajak-Fahrer.

Das Meer-Kajak-Fahren ist historisch bedeutsam, aber auch eine äußerst geeignete Fortbewegungsmethode im pazifischen Nordwesten. Die ersten Meer-Kajaks wurden von den Ureinwohnern des Nordwestens ungefähr vor 10 000 Jahren gebaut. Aleuten und Eskimos fuhren in ihren schmalen Booten nach Süden bis San Diego. Ihre Boote waren aus wasserdichten, über einen leichten Holzrahmen gespannten Tierhäuten gefertigt. Die heutigen Meer-Kajaks werden aus Glasfiber oder anderen Kunststoffen hergestellt. Eine als „vacuum bagging" bekannte Technik macht die Benutzung von Glasfiber-Kajaks als Meer-Kajaks möglich – diese Boote sind extrem leicht, sehr stabil konstruiert, umweltschonend, effizient, ökonomisch und schön.

Meer-Kajak-Fahren ist nicht nur ein Sport für kühne junge Abenteurer. Da diese Boote angenehm und leicht zu paddeln sind, können auch Personen mit einer durchschnittlichen physischen Konstitution Fahrten von einer Stunde, einem Tag oder gar einer Woche genießen. Meer-Kajak-Boote sind robust und stabil; sie sind gebaut, um bis zu zweihundert Pfund Gepäck und – je nach Modell – einen, zwei oder drei Kajakfahrer aufzunehmen. Ein Meer-Kajak kann überall dort ins Wasser gelassen oder an Land gezogen werden, wo das Wasser mindestens zehn Zentimeter tief ist. Meer-Kajak-Fahren ist verglichen mit anderen Arten von Seereisen extrem preiswert. Leicht mit der Hand zu tragen oder auf Autogepäckträgern mitzunehmen, erfordern die Boote weder einen Anhänger noch braucht man eine Lizenz.

Meer-Kajak-Touren: Am Puget-Sund bieten eine ganze Anzahl von Firmen solche Meer-Kajak-Touren an. Eine Vielzahl von erschwinglichen Fahrten sind sowohl auf unerfahrene als auch auf den erfahrenen Kajak-Fahrer zugeschnitten. Viele Ausflüge sind speziell für Anfänger konzipiert; die Reiseleiter stellen sicher, daß alle Teilnehmer die Boote bequem und leicht handhaben können. Die Exkursionen reichen von einer Tagestour um Seattles Lake Union herum bis zu dem wochenlangen Abenteuer rund um die San Juan Islands, Washingtons inländischen Wasserwegen, Kanada und dem südwestlichen Alaska. Auch die San Juan Islands sind ein beliebtes Ziel für die Kajak-Fahrer.

Traditionelles Indianerkanu, der Vorläufer der leichten, modernen Meer-Kajaks.

Das Northwest Outdoor Center am Lake Union ist der Hauptausgangspunkt für mehrtägige Exkursionen. Mieten Sie sich ein Boot, setzen Sie es vom Kai aus ins Wasser – und los geht's. Kajaks und die dazugehörige Ausrüstung wie Schwimmwesten, Paddel und Autogepäckträger sind nicht teuer, und wie lange Sie es mieten wollen, hängt von Ihnen ab.

Eine Stadt-Tagestour, die vom Center angeboten wird, stellt eine hervorragende Möglichkeit dar, die Grundlagen des Meer-Kajak-Fahrens und auch Seattle von einer ganz besonderen Warte aus kennenzulernen. Die Lake Union Tour führt rund um diesen abwechslungsreichen Stadtsee, vorbei an Hausbooten, Schiffswerften und Parks, und schließt einen Aufenthalt mit Erfrischungen und eine Geschichtsstunde mit ein. Das Center bietet auch Mondschein-Fahrten rund um den Lake Union an sowie Dinner-Touren zu Restaurants am See. Auf Trips rund um die San Juan Islands sind die folgenden drei Gesellschaften spezialisiert: Northerns Light Expeditions, Northwest Sea Ventures und Shearwater Kayak Tours.

Alle drei Gesellschaften richten ihre Ausflüge nach den jeweiligen Wetter- und Strömmungsvorhersagen sowie den saisonbedingten Möglichkeiten, Wildblumen, Vögel, Meeres-Säugetiere und andere Tiere in freier Natur zu sehen. Die Camping- und Kajakausrüstung sowie Verpflegung werden gestellt. Sie erhalten ausreichend Instruktionen, so daß Vorkenntnisse nicht nötig sind. Für Ausflüge dieser Art sollten Sie sich jedoch rechtzeitig anmelden, am besten einige Monate im voraus. ■

DIE KÜSTE VON WASHINGTON

Wie ein überdimensionaler Daumen ragt die Olympic Peninsula aus dem faustförmigen Staat Washington heraus, gerade so, als wolle sie in Richtung Westen trampen. Doch weiter westlich geht es nicht, hier ist das Land zu Ende. Von hier schaut Amerika über den Pazifischen Ozean in Richtung Asien.

Die Außenseite des Daumens ist ein wildes urwüchsiges Gebiet von Höhlen, Buchten und Stränden, auf die ungestüme Wellen niederbrechen. Ein paar Abschnitte dieses entlegenen, sturmgepeitschten Küstenstreifens sind Indianer-Land, Reisen unterliegt hier Einschränkungen. Nahezu 80 Kilometer Nationalpark sind nur zu Fuß erreichbar. Der Rest besteht aus Stränden und Buchten. Im Sommer ist dieses Küstengebiet ein wahres Paradies: Urlauber streben an die Küste und bewundern die schneegekrönten Olympic Mountains vor blauem Himmel im Osten und den im Sonnenlicht glitzernden Pazifischen Ozean im Westen. Im Winter aber strömt unablässig und unerbittlich Regen vom Himmel. Mit dem Frühling kommen Reichtum, Schönheit und Fülle der Natur wieder. In unbändigen Wasserfällen wird das Schmelzwasser von den Felsen stürzen, die waldbedeckten Berghänge nehmen langsam wieder ihre smaragdgrüne Färbung an, in den Flüssen springen die Fische, und das Meer leuchtet in mildem Blau.

Die Oberkante des Halbinsel-Daumens liegt im Schutz von Vancouver Island, ihre Küste ist daher nicht ganz so wild. Sanft spülen die Wellen an der Juan de Fuca Strait an Felsküsten und ruhige Fischplätze. Auch hier ist die Zeit zwar nicht spurlos vorübergegangen, doch vieles sieht noch genauso aus wie zu der Zeit, als die ersten Forscher kamen und das Gebiet für ihr Land beanspruchten. 200 Jahre ist es nun schon her, daß die Segelschiffe Zugang suchten zu den Reichtümern dieses Landes.

Vorherige Seiten: Leuchtturm in Point-No-Point auf der Kitsap-Halbinsel. **Unten**: Leuchtturm am Cape Disappointment.

Cape Disappointment: 1788 mußte der britische Pelzhändler John Meares nach mehreren erfolglosen Versuchen, den tückischen Columbia River zu überqueren, sein Vorhaben schließlich aufgeben. Zornig blickte er über das tosende Wasser auf das steile, düstere, regengepeitschte Nordufer hinüber und gab ihm den Namen **Cape Disappointment** (Kap der Enttäuschung). Doch auch das stürmische Wetter hat hier seinen Reiz. Von den zahlreichen Aussichtspunkten oder auch vom **Lewis-and-Clark-Besucherzentrum** hat man einen atemberaubenden Blick auf unbändige Wellen.

Das Besucherzentrum steht hoch über den Wellen auf einer Klippe im **Fort Canby State Park** und zeigt in einer Ausstellung zeitgenössische Bilder und Zeitungsartikel von der legendenumwobenen Expedition zwischen 1804 und 1806. Hier beendeten die Forscher ihre abenteuerliche Fahrt. Zum State Park gehören auch zwei Leuchttürme, der eine auf North Head, der andere auf Cape Disappointment. Der letztere wurde 1856 erbaut und ist der älteste Leuchtturm im Nordwesten der USA. Über einen kurzen Weg durch den Wald von der Lebensrettungsstation und Surf-Schule der **Küstenwache** aus erreicht man ihn. In der auf der ganzen Welt wohl einzigartigen Schule wird gezeigt, wie man mit einem Boot in der Brandung umgeht und in Not geratene Menschen rettet.

Muscheln in der Gezeitenzone an der Küste Washingtons.

Nördlich des Kaps liegt **Ilwaco,** das seine Existenz ganz auf dem Fischfang aufgebaut hat. Während der Feriensaison strömen die Besucher nur so in das sonst ruhige Ilwaco. Allerdings hat der Ort noch weit unruhigere Zeiten zu Beginn dieses Jahrhunderts erlebt, als mit Messern und Gewehren darüber entschieden wurde, wer in welchen Fischgründen fangen durfte. Der Besucher heute kann sich mit Charterbooten wie der *Coho Queen* und der *Nauti-Lady* an sonst nur schwer zugängliche Fischplätze bringen lassen.

Zwar liegen heutzutage nicht mehr ganz so viele Charterboote an den Piers vor Anker wie in vergangenen Jahren, als das Meer nur so von Lachsen wimmelte und die Fangquoten noch nicht festgelegt waren, doch Hobbyangler kommen noch immer voll auf ihre Kosten. Manche haben sogar das Glück, einen kräftigen Heilbutt, Thunfisch oder Stör zu erwischen. Nachdem dann das Photo mit Trophäe im Kasten ist, strebt der hochzufriedene Angler zum **Portside Cafe.**

Ein Besuch im **Ilwaco Heritage Museum** mit Ausstellungen über Geschichte und Entwicklung der hiesigen Fischarten, Austern und Muscheln ist empfehlenswert.

Die Halbinsel Long Beach: Von Ilwaco aus in Richtung Norden führt der State Highway 103 durch einen langen, schmalen Landstreifen, die **Halbinsel Long Beach.** Ende des 19. Jahrhunderts war die Halbinsel eine beliebte Sommerfrische für die Menschen aus Portland. Sie fuhren mit dem Dampfer den Columbia River flußabwärts und dann mit dem Bummelzug nach **Seaview** am unteren Ende der Halbinsel.

Auch heute noch ist Seaview ein beliebter Ferienort mit einem historischen Gasthaus und altmodischen kleinen Landhäusern. Bei **My Mom's Pies** werden mit die besten Muschelgerichte der ganzen Westküste serviert.

Küstenattraktionen: Die Wirtschaft der Halbinsel Long Beach basiert auf Tourismus, Preiselbeeren und Austernfang. Wie viele Küstenorte betreibt auch das gleich nördlich von Seaview gelegene **Long Beach** eine Tourismusindustrie mit leichtem Hang ins Karnevalistische. Dort gibt es Go-Carts und Autoscooter, Reiten für Kinder, Mini-Golf und ein etwas bizarres Museum mit einer außergewöhnlichen Sammlung von Muscheln, Antiquitäten und ungewöhnlichen Kreaturen. In Long Beach können die Besucher die „größte Bratpfanne der Welt" besichtigen, Mopeds mieten, am Strand entlangfahren, Golf spielen und an einem der größten Drachensteigwettbewerbe des Landes teilnehmen (jährlich im August eine Woche lang).

Doch die Hauptattraktion ist und bleibt der Strand. 45 Kilometer zieht sich der Sandstreifen an der Küste der Halbinsel entlang; er soll der „längste Strand der Welt" sein. Man verbringt die Zeit mit Bootfahren, Treibgutsuchen, Brandungsfischen (mit Muscheln als Köder), und wer einen Süßwasserfisch fangen möchte, begibt sich nach **Loomis Lake** und fängt sich eine der wohlschmeckenden Regenbogenforellen.

Blüten und Beeren: Blumenliebhaber wird es zu **Clarke's-Rhododendron-Zucht** an der Sandridge Road ziehen. Die Anlage ist mit einer Fläche von sechs Hektar eine der größten Rhododendron-Züchtereien des Landes.

In der Pioneer Road im Norden der Stadt befindet sich eine vom U.S. Landwirtschaftsministerium und der Washington State University gemeinsam betriebene Forschungsstation, die Studien über den Anbau von Preiselbeeren durchführt. 1883 kamen Einwanderer aus Massachusetts und stellten eine große Ähnlichkeit der Landschaft mit der von Cape Cod fest; seitdem wird hier kommerziell Preiselbeeranbau betrieben. Auf etwa 141,6 Hektar werden die Beeren gezüchtet. Sie bringen einen Ertrag von 5,5 Tonnen pro 4000 Quadratmeter – also eine Menge Preiselbeersauce.

Austernzucht: Das wohl bekannteste Produkt dieser Gegend ist jedoch die Auster. Die Austernzucht an der **Willapa Bay** bringt pro Jahr zwölf Millionen Dollar. Sie nahm ihren Anfang Mitte des 19. Jahrhunderts, als man auf die zarte, köstlich schmeckende *ostrea lurida* stieß. Sie wurde zu einer beliebten Delikatesse, besonders zu Zeiten des Goldrausches in San Francisco. Der Bestand an den Austernbänken war deshalb bald erschöpft. Um die Einnahmequelle zu sichern, importierte man Austernbestände aus Japan. Bis heute wird die ausgesprochen deliziöse Willapy-Bay-Auster importiert. Zuchtanlagen, Konservenfabriken und Verladestellen liegen dicht beieinander im geschützten Hafen von **Nahcotta,** sie stehen für Besichtigungen offen. Die Austernbänke im Wattenmeer von Willapa Bay sind für die Öffentlichkeit nicht zugänglich.

Vor der Bay von Nahcotta liegt die größte Insel im Mündungsgebiet an der Küste des Pazifischen Ozeans. Das **Naturschutzgebiet von Willapa** ist nur über das Wasser zu erreichen; in seinem dichten Wald sind Bären und Elche zu Hause. Auf der Insel gibt es auch Campingplätze (Information: Verwaltung des Nationalparks am U.S. Highway 101, 19 km nördlich von Ilwaco).

Ganz im äußersten Norden der Halbinsel Long Beach liegt **Oysterville,** ein verträumtes kleines Dorf im Marschland an der Bucht.

Vögel in Leadbetter Point: Jeden Samstag im Sommer geben die Geschichtenerzähler von Shoalwater in der Kirche im alten Stadtviertel ihre Erzählungen aus der bewegten Vergangenheit von Oysterville zum besten. In **Leadbetter Point** an der äußersten Nordspitze von Long Beach machen jedes Jahr Tausende von Zugvögeln Station. Von April bis August wird das Gebiet teilweise gesperrt, um den Kiebitz nicht beim Brüten zu stören. Die **Leadbetter Point State Park Natural Area** ist jedoch weiterhin für Besucher geöffnet. Fünf Kilometer nördlich von Oysterville am Ende der Stackpole Road sind viele Wanderer und Vogelbeobachter unterwegs.

Die Halbinsel von Long Beach bildet das westliche Ufer der Willapa Bay. Das Ostufer hat seinen eigenen, friedlichen Reiz mit geschützt liegenden kleinen Seen und Teichen, ideal zum Angeln in Bächen und Flüssen, die hier in das Meer fließen. Eine Reihe wohlschmeckender Fischarten bevölkern den **Naselle River,** einen ruhigen Fluß, geeignet zum Kajak- und Kanufahren.

An der Mündung des Willapa River wendet sich der Highway 101 nach Osten den Städten **South Bend** und **Raymond** zu, in denen Holz verarbeitet und verladen wird. Hauptattraktion in South Bend ist das **Pacific County Courthouse.** Das Gerichtsgebäude mit einer illuminierten Kuppel aus grünem, goldenem und lavendelfarbenem Glas wurde zur Zeit seiner Entstehung (1911) als „vergoldeter Palast von erlesener Schönheit" beschrieben. Es birgt kunstvolle Schnitzereien und Wandmalereien.

Auch ein Besuch der modernen vollautomatisierten **Coast Oyster Company** lohnt sich (Informationen beim Fremdenverkehrszentrum in der Stadtmitte). Sechs Kilometer weiter verarbeitet das Sägewerk von Raymond Baumstämme wie schon zur Zeit der Entstehung der Stadt. Doch wo einmal zwanzig Sägemühlen in einem geschäftigen Hafen am Werke waren, sind heute nur noch zwei in Betrieb.

Die Geschichte von Willie Keil: Auf den meisten Autokarten ist in der Nähe von Raymond das „Grab von Willie Keil" eingezeichnet, und schon mancher Durchreisende hat sich gefragt, wer dieser Willie Keil war. Die folgende traurige Geschichte gibt Antwort darauf: 1855 wollte der 19jährige Willie Keil auf dem Weg von Missouri in Richtung Westen aufbrechen, als er plötzlich an Malaria erkrankte und starb. Sein verzweifelter Vater, der ihm einst versprochen hatte, er dürfe einen Trek leiten, ließ für seinen Sohn einen mit Metall ausgeschlagenen Sarg anfertigen, füllte diesen mit Whisky und

Aus der Blütezeit der Holzfällerei: die Sägemühle in Port Gamble.

holte so die sterbliche Hülle seines Sohnes über die weiten Ebenen hinweg in die neue Heimat der Familie, um ihn dort zu begraben. Das Grab ist heute eine historische Sehenswürdigkeit.

Der State Highway 105 führt parallel zur Willapa Bay und dem **Indianer-Reservat von Shoalwater** Richtung Westen. Ein Stückchen Land ragt noch in die Bucht, der **Toke Point,** benannt nach einem Häuptling.

Die Shoalwater-Indianer auf Toke Point führten ein friedliches Leben und ernährten sich von Fisch und Wild. Sie wurden – wie so viele der indianischen Ureinwohner Amerikas – vernichtet, als die weißen Siedler kamen und Krankheiten wie die Pocken eingeschleppt wurden, die der Urbevölkerung zum Verhängnis wurden.

Im malerisch verträumten Städtchen **Tokeland** auf der Landspitze hat sich nur wenig seit dem 19. Jahrhundert geändert. Hier kann man in aller Ruhe Vögel beobachten, Kanu fahren und am Dock Krebse fangen. Das Museum, in dem früher indianisches Kunsthandwerk ausgestellt war, ist heute eine Bingo-Spielhalle, doch seine kunstvoll geschnitzte Fassade und der Totempfahl nahebei sind auch heute noch einen Besuch wert.

Das alte **Tokeland Hotel** wurde 1885 erbaut und wird auf der Liste historischer Sehenswürdigkeiten geführt. Es ist für Besichtigungen offen; natürlich kann man dort auch wohnen oder speisen. Zum Hotel gehört ein „kulinarisches Theater“ mit Aufführungen lokaler Theatergruppen und Schauspieler.

Die Preiselbeerküste: In diesem Teil der Welt stößt man überall auf Preiselbeeren. Über eine Strecke von 19 Kilometern den Highway 105 entlang, von Tokeland bis nach **Westport,** werden Preiselbeeren angebaut, geerntet und verarbeitet; stets ein Anlaß für Feste. Im Juni wird das Preiselbeer-Blüten-Fest gefeiert, und die Züchter wählen den König des Moores. In Ausstellungen wird über die Tradition der Preiselbeerzucht informiert, an Straßenständen werden lokale Kunstgegenstände

Das Dorf La Conner im Schatten des schneebedeckten Mount Baker.

feilgeboten und verschiedenste Wettkämpfe laden zum Mitmachen ein. Im Juli findet das große Grayland Beach und Bog Jog Rennen auf einem gewundenen Pfad bis zum Strand statt.

Ganz in der Nähe der Stadt **Grayland** gibt es eine Reihe von State Parks. (An der Nordwestküste tragen viele Orte den Namen „Gray", nach dem englischen Kapitän Robert Gray, der im späten 18. Jahrhundert hier im Zuge seiner Forschungsfahrten vorbeikam.) Im Süden liegt der **Grayland Beach State Park,** der 60 Campingplätze, einen Naturlehrpfad und eine Küste von 1219 Metern Länge aufweist. Ein paar Kilometer weiter nördlich folgt der **Twin Harbors State Park;** hier sind 332 Zeltplätze inmitten von Salalsträuchern und Farnkraut angelegt. Der **Shifting Sands Nature Trail** schlängelt sich durch dicht bewaldete Dünen bis zum Strand.

Wenn man dann in Richtung **Westport** weiterfährt, kommt man zum Ende einer Landzunge, die das Tor zu **Grays Harbor** bildet. Dort öffnet sich der Blick auf einen kleinen Hafen mit bunt angemalten Booten von Berufs- und Hobbyanglern. Dies ist das jüngste Stadtviertel; vor 50 Jahren gab es weder die Anlegestellen noch das Land, auf dem sie sich heute befinden. Westport nennt sich selbst die Lachs-Hauptstadt der Welt, ein Titel, den ihm Ilwaco und Waukegan in Illinois streitig machen. Will man Thunfisch, Heilbutt, Kabeljau, Red Snapper oder Seebarsch fangen, kann man sich hier ein Boot mieten. Von Mai bis September ist Lachssaison. Die kommerziellen Fischerboote und Krabbenkutter fahren aus der Bucht von Westport hinaus aufs offene Meer.

Lachsfang: Ende der achtziger Jahre wurde in Westport ein Pier von 305 Meter Länge gebaut; man kann spazierengehen, mit dem Boot fahren oder auch einfach nur in Ruhe sitzen und den schönen Blick genießen. Im Frühjahr ziehen die Fischer von Westport junge Lachse groß, die sie von einer staatlichen Zuchtstation bekommen und in einem großen Netz in der Bucht aussetzen. Zwei Monate lang werden die Fische gefüttert und dann ins offene Meer entlassen. Zwei Jahre später kommen die Lachse auf der Suche nach einem Laichplatz zurück.

An einem Ende der Bucht am Westhaven Drive steht ein stahlblauer Aussichtsturm. Besucher können von hier aus die Schiffe und Lastkähne auf dem Meer und die Wale bei ihren Wanderungen beobachten. Mehrere Chartergesellschaften bieten Fahrten zur Walbeobachtung an, bei denen man die 40 Tonnen schweren Säugetiere aus nächster Nähe beobachten kann. Westports Hauptattraktion ist die Fischerei, und so haben sich rund um den von Leben übersprudelnden kleinen Hafen viele Motels, Restaurants und Bootsverleihe niedergelassen. Doch auch weniger Angelbegeisterte finden hier eine Menge Zerstreuungsmöglichkeiten. Im **Westhaven State Park,** auch bekannt als **Agate Beach,** kann man Muscheln, Treibholz und Achat sammeln. Die Küstenwache arrangiert gern Ausflüge zum Leuchtturm von Westport.

Seitdem die Audubon Society in den sechziger Jahren begann, hier Führungen zu veranstalten, kommen die Besucher hierher, um die Küstenvögel zu beobachten.

Die alte **Küstenwachstation von Westport** ist heute ein Seefahrtsmuseum und bewahrt Erinnerungsstücke an Westports Geschichte.

Fröhliche Menschen: Jedes Jahr wird das große Meeresfrüchte-Fest gefeiert, außerdem das Salzwasserfest, die Segnung der Fischerflotte; es gibt eine Treibholzausstellung, Wettangeln von Lachs und anderen Fischen, den Glasball-Monat, die Fabulous Fourth Fireworks, und es findet auch ein Basar mit orthopädischen Artikeln statt.

In den Sommermonaten verkehrt zwischen Westport und **Hoquiam** am Nordostufer des Hafens eine Fähre.

Die Küste hinauf in Richtung Osten führt der Highway 105 zu den beiden Zwillingsstädten Aberdeen und Hoquiam am östlichen Ende des Grays Harbor; sie sind wichtige Verlade- und Verarbeitungshäfen.

Aberdeen ist die Heimat des Muschel-Burgers und der Chokers (der

College-Mannschaft von Grays Harbor). Durch sie fließen viele Wasserläufe, in der ehemaligen Waffenkammer ist heute ein Museum untergebracht. Gleich neben dem Flughafen von Hoquiam lassen sich im **Bowerman Basin** jedes Jahr viele Zugvögel nieder. Das **Schloß von Hoquiam** wurde 1897 von einem Holzbaron gebaut; es kann im Sommer besichtigt werden.

Auch das **Polson Museum** am Highway 101 sollte man in Hoquiam besuchen. Einst Landsitz mit 26 Räumen, beherbergt es heute Andenken aus der Geschichte von Grays Harbor.

Ein Paradies für Schnecken: Ein Seitenabstecher bei der Fahrt die Küste entlang führt in das Dörfchen **Elma,** etwa 32 Kilometer östlich des Hafens am Highway 12. In Elma findet jedes Jahr die Grays-Harbor-County-Messe statt, doch der Ort hat noch ein anderes, einzigartiges Erlebnis zu bieten: das Schnecken-Fest im Juli. Tausende Besucher strömen zu diesem Vergnügen mit Schnecken-Rennen und -Wettkämpfen.

Der Highway 115 läuft am Nordufer der Bucht entlang durch aufgeforstetes und nun dicht bewaldetes Gebiet bis zur Küste. Von hier aus dehnt sich eine große, flache Halbinsel nach Süden aus. **Ocean Shores** wurde in den sechziger Jahren als Erholungsgebiet ausgebaut, Nachtclubs und große, breite Straßen entstanden, doch inzwischen hat man es sich anders überlegt. Das Städtchen besteht nunmehr aus verstreuten Sommerhäuschen, einigen Hotels und Restaurants in den Dünen und einem 18-Loch-Golfplatz. An der Spitze der Halbinsel, auf der der Bucht zugewandten Seite, befindet sich das neue **Ocean City State Park Marine Interpretive Center** mit Ausstellungen zur hiesigen Tier- und Pflanzenwelt im und am Meer.

Nördlich von Ocean Shores, ganz in der Nähe des Highway, liegt der hübsche, 45 Hektar große **Ocean City State Park.** Der reich bewaldete Park hat viele Campingplätze und Stellplätze für Caravans, Flüsse und Bäche laden ein zum Kanu- und Kajakfahren.

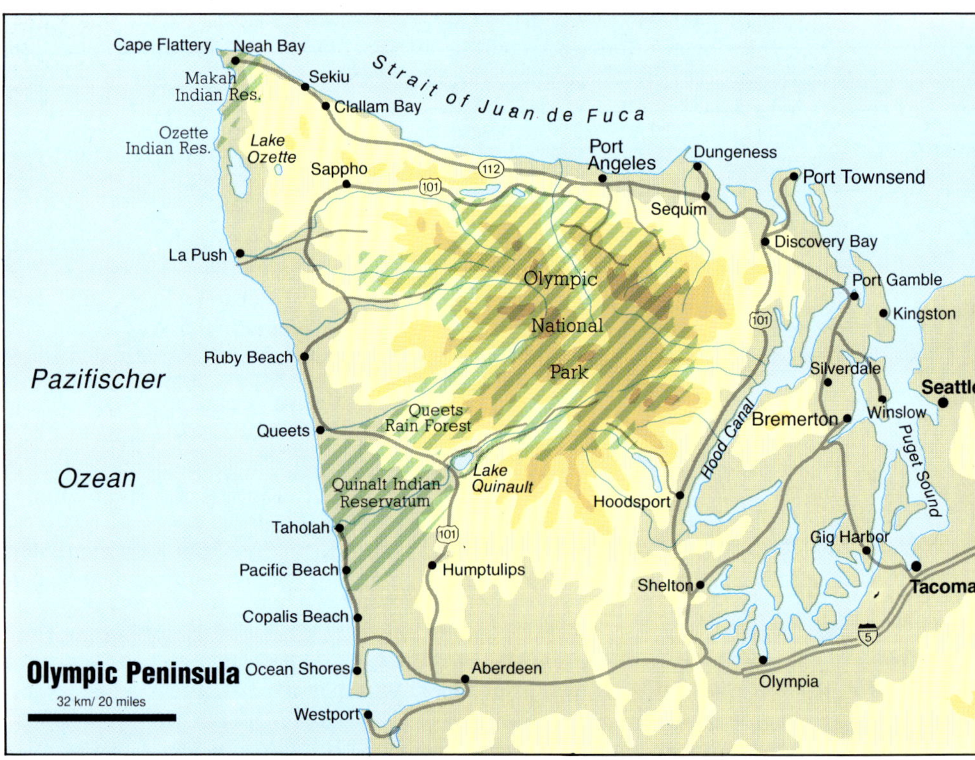

Die Wildnis im Norden: Fährt man den Highway 109 weiter in Richtung Norden, gelangt man in immer entlegenere Küstengebiete, die Landschaft wird zunehmend wilder und ursprünglicher. Der Sand an den Stränden ist fein und von dunkelgrauer Farbe.

In **Pacific Beach** kann man in einem staatlichen Park sein Zelt aufschlagen. Eigentlich ist Pacific Beach ein Zentrum der Meeresforschung mit ein paar Anker- und Liegeplätzen. Im benachbarten **Moclips** sieht es etwas komfortabler aus, von den Felsen über dem Meer schauen Wohn-, Ferienhäuser und Restaurants herunter.

18 Kilometer hinter Moclips liegt **Taholah,** ein indianisches Küstenstädtchen, der letzte mit dem Auto erreichbare Ort. Jenseits befindet sich das **Reservat der Quinault-Indianer,** zu dem nur eingeschränkter Zugang besteht. In einigen Landkarten ist ein Küstenweg quer durch das Reservat eingezeichnet, doch die Durchfahrt ist nicht erlaubt. Mit einer Sondergenehmigung des Stammes kann der Besucher im Reservat angeln oder – geführt von den Indianern – ein Stück auf dem Quinault River entlangfahren.

Zur Fortsetzung der Fahrt begibt man sich zurück nach Moclips und fährt dann auf dem teilweise gepflasterten Moclips/Olympic Highway Richtung Nordosten, oder man nimmt den zwar längeren, aber gut ausgebauten Highway 101 in Richtung Süden nach Pacific Beach. Auf dem Weg nach Norden kommt man auf dem 101 auch am **Lake Quinault** vorbei, einem lieblichen, eisblauen See, an dessen Ufer die Pension **Lake Quinault Lodge** steht.

Straßen und Küsten: Der Highway wendet sich in westlicher Richtung zur Mündung des **Queets River** und dem langen Küstenstreifen, der zum Nationalpark erklärt worden ist. Dies ist der einzige Abschnitt, an dem der Highway 101 in Washington bis an die Küste vorstößt. In **Kalaloch** (ausgesprochen: Klay-lock) steht ein beliebtes Ausflugsziel: Die **Kalaloch Lodge,** ein Hotel mit mehreren Häuschen und einem Restaurant mit Ausblick auf Kala-

Die Küste bei Long Beach.

loch Creek und das Meer. Das Hotel ist auf Monate im voraus ausgebucht durch Urlauber, die hier am Strand auf die Jagd nach Scheidenmuscheln, Strandläufern, Barschen und Bandfischen gehen wollen. In der Nähe des Strandes gibt es außerdem noch einen Campingplatz.

Im Umkreis von zehn Kilometern vom Highway befinden sich sieben Strände, bequem zu Fuß von Kalaloch zu errreichen. Es ist kein Problem, von Strand zu Strand zu wandern, doch man tut gut daran, sich zunächst in einem der Informations- und Geschäftszentren eine Gezeiten-Tabelle zu besorgen: Kann die zurückgehende Flut Schwimmern sehr gefährlich werden, so hat die ansteigende Flut schon so manchen Besucher auf einen einsamen Felsen getrieben.

Gestrandete Seeleute massakriert: Die **Destruction Island** (Insel der Zerstörung) ist der Küste vorgelagert; ihr Name geht auf ein Ereignis im 19. Jahrhundert zurück: Gestrandete Seeleute wurden hier von Indianern massakriert.

In **Ruby Beach,** berühmt für seine herrlichen Ausblicke über das Meer, wendet sich der Highway 101 wieder landeinwärts. Die nächste Gelegenheit, sich wieder in Richtung Küste zu begeben, liegt gleich hinter Forks; von hier aus führt eine 24 Kilometer lange Straße die Flüsse Soleduck und Quillayute entlang nach **LaPush.** Das Städtchen wirkt selbst im Sommer noch geruhsam, wenn es vor Touristen schier überquillt. In den Felsklippen nisten verschiedene Vogelarten: Papageientaucher, See- und Krabbentaucher.

Im August findet in LaPush alljährlich das **Quileute-Days-Festival** mit Einbaumwettrennen und einem Festzug statt. Von weit her kommen die Menschen; die Frühstückscafés im Ort sind zu dieser Zeit völlig überlastet.

Jenseits der Mündung des Quileute River liegt **Rialto Beach,** ein ideales Gebiet für Camping und Angeln.

Etwa einen Kilometer südlich von LaPush liegt einer der malerischsten Aussichtspunkte. Er kann auf einem Pfad, der an steilen und schlammigen

Rosario Straits und die Brücke Deception Pass Bridge.

Stellen mit Holzstufen überbrückt wird, erreicht werden. Eine Felsnadel und der zerklüftete **Teawhit Head** sind Wahrzeichen, die die Küste bei Fotografen besonders beliebt machen.

Lake Ozette: Der nächste erreichbare Teil der Küste (allerdings nicht zu Fuß) ist der **Lake Ozette.** Von LaPush fährt man zunächst auf dem Highway 101 in nördliche Richtung nach **Sappho** und dann weiter zum 16 km entfernten Highway 112. Von **Sekiu** führt der Weg in südlicher Richtung nach Ozette. Der See, einer der größten in Washington, gehört zu einem Dreieck, das von drei Wegen gebildet wird. Beide zur Küste führenden Wege sind jeweils fünf Kilometer lang und bestehen aus Zedernholzplanken. Die Bretter können sehr glitschig sein. Der dritte Weg verläuft parallel zur Küste zwischen Cape Alava und Sand Point. **Cape Alava** ist der westlichste Punkt der Vereinigten Staaten; hier wurden bedeutende Funde gemacht. Ein 500 Jahre altes Dorf der Makah-Indianer wurde überschwemmt und von einer Schlammschicht vor dem Verfall bewahrt. Unter Leitung der Washington State University wurde das Dorf teilweise wieder ausgegraben. Im Neah Bay Museum sind einige der dort gefundenen Gegenstände ausgestellt.

Sand Point liegt am Ende eines der anderen Wege, die das Dreieck bilden. An der wunderschönen Küste tummeln sich alle möglichen Lebewesen in den Flutbecken. Wenn man die Wanderung als einen Rundweg macht, dann wird sie ein Unternehmen von 14 Kilometern, ein ziemlich anstrengendes Unterfangen. Informationen erhalten Sie bei der Ranger Station in Ozette. Die Fahrt zurück zum Highway 112 dauert eine halbe Stunde; von hier aus sind es dann noch 20 Kilometer in Richtung Westen nach **Neah Bay,** der Heimat des Stammes der Makah-Indianer. Am Ostrand der Stadt befindet sich eines der besten Museen des Nordwestens: das **Makah Research and Culture Centre** (Forschungs- und Kulturzentrum der Makah). Es besitzt einige gut erhaltene Gegenstände aus den Ausgrabungen

Felsklippen im Meer, natürliche Architektur an der Küste in der Nähe von Rialto Beach.

am Ozette-See und einige Repliken von ansässigen Handwerkern. Unter anderem findet man ein Kanu mit Harpunen, das zum Walfang benutzt wurde, und eine Beschreibung der Jagdmethoden der Makahs.

Neah Bay selbst ist ein bekanntes Fischfang-Zentrum und verfügt über Motels, Bootsanlegestellen, Angel-Charter-Gesellschaften. Die Stadt gehört zum Reservat der Makah-Indianer; jedes Jahr wird das letzte Augustwochenende den Makah-Traditionen gewidmet. Lachskuchen, Tänze in alten Stammestrachten, Kanurennen und Umzüge halten eine Kultur in Ehren, die sich gewandelt hat, aber noch immer lebendig ist.

Der nordwestlichste Punkt: Folgt der entschlossene Reisende den Hinweisschildern bis nach **Cape Flattery,** so gelangt er zum nordwestlichsten Punkt der Vereinigten Staaten. Es ist zwar ein etwas mühsamer, matschiger Weg bis zur Spitze des Kaps, doch der Ausblick ist Belohnung genug: Gewaltige Wellen brechen tief in Felshöhlen hinein, entstanden durch jahrhundertelange Brandung. 1778 gab der berühmte Forscher James Cook dem Kap seinen heutigen Namen, er glaubte, „eine schmale Öffnung (zu sehen), die uns mit Hoffnungen schmeichelte, einen Hafen zu finden. Deshalb nannte ich die Landspitze nördlich davon Cape Flattery.“

Auf **Tatoosh Island** direkt vor dem Kap wird man einen malerischen Leuchtturm erblicken. Die Insel wird gegenwärtig von einer Geologischen Vermessungsgesellschaft in Beschlag genommen, die verschiedene ozeanographische Untersuchungen durchführt. In früheren Zeiten lebten hier die Makah-Indianer; sie hatten die Insel auch als letzte Ruhestätte für ihre Toten ausgewählt.

Südlich von Cape Flattery stößt man am Rande eines Nationalparks wiederum auf ein besonders schönes Stück Natur. Der fünf Kilometer lange Sandstrand von **Shi-Shi** (ausgesprochen: shai-shai), zwischen **Portage Head** und **Point of Arches,** gilt als der wildeste und ursprünglichste Strand an der

Ein Schiffswrack an einer Ödland-Küste südlich von Cape Flattery.

Küste von Washington. Zwar ist der fünf Kilometer lange Weg durch rauhes Gelände anstrengend, doch der Wanderer wird mit einem großartigen Schauspiel belohnt. Große zerklüftete Felsen vor der Küste und ein sanfter Strand mit unzähligen Meeresbecken sind ein Erlebnis für jeden, der auf der Suche nach unberührter Schönheit ist.

Das obere Ufer der Halbinsel: Auf der Rückfahrt von Neah Bay in östlicher Richtung auf dem Highway 112 kommt man am ruhigen Wasser der Juan de Fuca Strait vorbei. Die große Landmasse von Vancouver Island schützt das Küstengebiet, das Meer bricht nicht in gewaltigen Wellen an die Felsen wie auf der westlichen Seite, sondern strebt sanft ans Ufer. Kleine Bauernhöfe und weidendes Vieh prägen die friedliche Landschaft, durch einen Dunstschleier schimmert grün und oben frostig weiß die schon zu Kanada gehörende Insel auf der anderen Seite der Meeresstraße.

In **Sekiu** am Abhang gegenüber dem Hafen sind Scuba Divers auf der Jagd nach Abalonen und Tintenfischen. In diesem Städtchen gibt es mehr Boote als Wohnhäuser, alles kreist hier um den Fischfang, jedes Jahr kommen die Angelbesessenen hierher zurück.

Während der Fahrt auf der Küstenstraße wird man viele Gelegenheiten zum Angeln, Camping, Picknicken oder die schöne Landschaft zu bewundern finden. Die Namen der Orte sagen schon einiges über sie aus: **Pysht** (ein Wort aus der Sprache der Clallam-Indianer, das bedeutet „Wind aus allen Richtungen"), **Pillar Point, Jimmy-Come-Lately.** Der County Park in **Salt Creek** mit seinem etwas prosaischeren Namen ist eines der Haupterholungsgebiete an diesem Ufer der Halbinsel. Der 79 Hektar große Park diente während des Zweiten Weltkrieges zur Verteidigung des Hafens. Der Militärstützpunkt namens **Fort Hayden** verbarg gut getarnte, bombensichere Geschütze. Die Kanonen wurden allerdings nur einmal zu Testzwecken abgefeuert.

Nach Kriegsende montierte man die gewaltigen Kanonen, Landungsbrükken und Kasernen, in denen 150 Soldaten untergebracht waren, ab und verkaufte sie zu Schleuderpreisen. Clallam County erwarb das ehemalige militärische Gebiet und ließ dort ein Erholungsgebiet mit Campingplätzen, Picknick-Tischen, kleinen Hütten, einem Wasserschutzgebiet, Wanderpfaden, Sportplätzen für das Hufeisenspiel und einem Kinderspielplatz entstehen.

Über einen steilen, ungepflasterten Pfad voller Schlaglöcher kommt man nach **Striped Peak.** Das einzige Anzeichen menschlicher Besiedlung ist hier ein Picknick-Tisch. Die Fahrt lohnt sich dennoch, denn es eröffnen sich atemberaubende Ausblicke auf die Olympic Mountains im Süden, Vancouver Island auf der anderen Seite der Meeresstraße im Norden, und nach Westen und Osten – Küste, so weit das Auge reicht.

Das Tor nach Kanada: Fährt man auf dem Highway 22 Kilometer weiter in Richtung Osten, gelangt man nach **Port Angeles,** der größten Stadt in diesem Teil des Landes. Lebhafter Fährverkehr verbindet es mit Victoria, B.C.

Der Leuchtturm North Head Lighthouse in der Nähe von Ilwaco.

Vom Aussichtsturm am City Pier blickt man auf Fähren, Frachter und Ausflugsschiffe auf der Meeresstraße. Auch das **Arthur D. Feiro Marine Laboratorium** befindet sich auf den attraktiven blau-weißen Landungsbrücken; hier kann man Seesterne, Seeigel und -anemonen und anderes Meeresgetier aus nächster Nähe betrachten und anfassen.

Port Angeles wurde 1791 von dem spanischen Seefahrer und Forscher Francisco Eliza entdeckt. Er verlieh ihm auch seinen Namen; als Stadt wurde Port Angeles allerdings erst im Jahre 1862 gegründet. Damals unterzeichnete Präsident Abraham Lincoln ein Abkommen, das die Schaffung eines Stadtgebietes von fünf Quadratmeilen und eines militärischen Stützpunktes vorsah (Vorbild war der Stadtplan von Cincinnati). Von 1865 bis 1935 war Port Angeles im Sommer Stützpunkt der pazifischen Flotte der USA.

Nur einen kurzen Spaziergang entfernt vom City Pier steht das **Clallam County Museum,** untergebracht im County-Justizgebäude. Historische Ausstellungen werden hier gezeigt.

Port Angeles bildet jedoch nicht nur das Tor nach Kanada; von hier ist es auch nicht weit zum Gebiet des Hurricane Ridge im **Olympic National Park.** Im Besucherzentrum sind Landkarten und Broschüren über dieses Gebiet erhältlich.

Merkwürdiges in Sequim und Dungeness: 27 Kilometer östlich von Port Angeles liegt die Stadt **Sequim** (ausgesprochen: Skwim), mit einigen für diese Gegend unüblichen Eigenschaften. Sequim liegt im Regenschatten der Olympic Mountains, jährlich fallen hier weniger als 43 Zentimeter Regen. Das Tal besteht aus fruchtbarem Weideland mit weidenden Kühen am Fuße der zerklüfteten, schneebedeckten Olympic Mountains und bietet ein friedliches Bild.

Eine weitere Merkwürdigkeit der Natur ist das **Dungeness Spit,** sieben Kilometer nordwestlich von Sequim. Durch Wind, Wellen und Erosion ist hier eine elf Kilometer lange ge-

Die Küste bei Rialto Beach, Olympic National Park.

krümmte Landspitze entstanden, am felsigen Strand stapelt sich das Treibholz. Heute ist es Naturschutzgebiet, hier machen Tausende von Zugvögeln Station; Besucher beobachten hier das Leben und Treiben von Robben und Seelöwen.

Ein gemütlicher Spaziergang von zehn Minuten führt Sie auf einem von Salalsträuchern gesäumten Pfad durch einen Wald auf der Landzunge hinunter an den Strand. Der Weg bis zum Aussichtspunkt ist auch für Rollstuhlfahrer zugänglich. Der Park auf der Klippe, das Erholungsgebiet von **Dungeness County Park,** verfügt über Camping- und Picknickplätze.

Weinkeller und Kräuterfarmen: Auch in diesem Gebiet werden Austern gezüchtet, und auf der Austernfarm darf man bei Ebbe seine Austern selber suchen. Die zwei Weinkellereien **Neuharth** und **Lost Mountain** in Sequim sind zu besichtigen; Weine können dort probiert und gekauft werden.

Die **Cedarbrook Herb Farm** ist außer im Winter und an Sonn- und Feiertagen immer geöffnet; in einem alten weißen Bauernhaus werden verschiedene Düfte, Kräuter und Geschenkartikel angeboten. Cedarbrook liegt an der Sequim Avenue, zwei Kilometer südlich vom Stadtzentrum.

Unmittelbar südlich von Sequim fördern Archäologen an der **Manis-Mastodon-Ausgrabung** Mammut-Knochen zutage. Besucher können im Sommer die Urwelt-Funde besichtigen und sie sich in einem Diavortrag erklären lassen.

Schließlich gibt es im Norden der Stadt noch ein Tiergehege. Die Lieblinge aus Tierfilmen und einige gefährdete Tierarten sind hier untergebracht. Wer möchte, kann die **Olympic Game Farm** besichtigen und allein durch das Gelände fahren oder an einer Führung teilnehmen. Wenn das Auto hält, kommen Zebras und Guanakos und pressen sich an den Wagenfenstern die Nasen platt, um ein Stück Brot zu ergattern, auch die großen Bären setzen sich auf die Hinterbeine und betteln.

Nach John Wayne ist die Bootsanlegestelle in der Bucht von Sequim benannt: **John Wayne Marine.** Der Schauspieler hat hier auf seinem Stück Land oft die Ferien verbracht.

Steaks und Meeresfrüchte: Wie überall an der Küste von Washington gehört das Fangen von Fischen, Krebsen und Muscheln zu den wichtigsten Aktivitäten auch in Sequim und Dungeness. In manchen Restaurants können Sie sich Ihren Fisch oder Krebs selbst im Bekken aussuchen.

Der **Sequim Bay State Park** im Ostteil der Stadt ist ein typischer Campingplatz des Nordwestens, mit rustikalen Holzbänken und Moospolstern in einer saftig grünen Umgebung, mit Zedern und Farngewächsen. Schmale Pfade führen hinunter zum Kiesstrand und zur Bootsanlegestelle.

Der Highway 112 wendet sich landeinwärts und erreicht schließlich die etwas größere Bucht von **Discovery.** 1792 wurde sie von George Vancouver so benannt, obwohl sie schon zwei Jahre zuvor von spanischen Forschungsreisenden kartographisch erfaßt und auf seinen Namen getauft worden war. Vancouver war von der natürlichen Schönheit der Bucht begeistert und verbrachte hier zwei Wochen, ließ die Schiffe wieder instandsetzen und eine Art Bier aus Tannen brauen, das angeblich wie Champagner schmeckte. In dem kleinen Städtchen Discovery Bay, am tiefsten Punkt der sichelförmigen Bucht, findet im Februar ein großer Angelwettbewerb statt.

Hier wendet sich der Highway 101 Richtung Süden über **Hood Canal** nach **Olympia.** Will man einen Blick auf die Küste von Washington werfen, fährt man am besten auf dem Highway 20 Richtung Osten und erreicht hinter der Halbinsel **Port Townsend,** eine historische Stadt, die tief in ihrer viktorianischen Vergangenheit verwurzelt ist (siehe auch S.97ff).

Die Stadt läßt erkennen, wie man in den neunziger Jahren des letzten Jahrhunderts gelebt hat. Die Häuser ehemals bedeutender Bürger sind heute Bed-and-Breakfast-Pensionen, Antiquitätengeschäfte reihen sich aneinander, und große alte Herrenhäuser sind zur Besichtigung geöffnet.

DIE BERGE WASHINGTONS

Washington ist, ähnlich anderen Staaten in der Nordwestecke der USA, relativ dünn besiedelt und bietet weite Räume, die intensiv zu Erholungszwecken genutzt werden. Die vielen Sport-, Angel- und Campingmöglichkeiten machen es zu einem ausgesprochenen Ferienparadies, das Urlauber und Wochenendausflügler frequentieren. Ein besonderer Vorteil für die Kurzurlauber: Die herrlichen Erholungsgebiete liegen alle unweit der großen Städte Seattle, Tacoma, Olympia, Spokane etc.

Ein bis zwei Stunden von Seattle entfernt sind – in allen Himmelsrichtungen – steile Berge zu bezwingen, Flüsse zu durchfahren, ist Leben in der Wildnis zu beobachten, und es gibt sogar natürliche heiße Quellen.

Die beiden größten Bergketten des Landes sind die **Olympic Mountains** und die **Cascade Range.** Unmittelbar am Fuße der hochalpinen Olympic Mountains liegen zwei Landschaften bzw. Vegetationszonen ganz anderer Art: die faszinierende Küstenlandschaft der **Olympic Peninsula,** an der man Robben und zu bestimmen Zeiten auch Wale beobachten kann, und der Hoh Rain Forest, ein ausgedehntes Regenwaldgebiet, auf dem selbstverständlich kein tropischer, sondern ein sogenannter nördlicher Regenwald wächst. Für die Existenz dieses seltenen Biotops sind hohe Niederschlagsmengen, hohe Luftfeuchtigkeit und relativ warme Temperaturen die unabdingbare Voraussetzung. Das nahe Meer stellt genau diese Gegebenheiten her: Die Temperaturen sind das ganze Jahr über relativ konstant, gleichzeitig entladen sich – ebenfalls das ganze Jahr über – am Kaskadengebirge die schweren Regenwolken, die vom Pazifischen Ozean landeinwärts ziehen. Während der Besucher also auf der Westseite dieser Bergkette stets Regenkleidung bei sich haben sollte, kommt von der Feuchtigkeit, die die Wolken mit sich führen, östlich der Cascades kaum mehr etwas an. Das

Vorherige Seiten: Die schroffen Gipfel des Mount Index. Unten: Mount Adams.

macht diese Regionen für die Landwirtschaft paktisch wertlos – für Wanderer und Skifahrer dagegen sehr attraktiv.

Abwechslung an den Hängen: Auf der Spitze des **Snoqualmie Pass,** 75 Kilometer östlich von Seattle, am Highway 90, liegen vier Skigebiete: **Snoqualmie, Ski Acres, Alpental** und **Hyak/Pacific West.** Sie haben nicht immer die besten Schneeverhältnisse, aber die bequeme Anfahrt und der Skilauf bei Nacht sichern ihre Beliebtheit. Das garantiert an den Wochenenden aber auch Gedränge. Drei dieser Gebiete – Snoqualmie, Ski Acres und Alpental – gehören demselben Besitzer, für sie braucht man nur einen Skipaß. Da man meist mit einer harten, festgefahrenen Schneedecke rechnen muß, redet man nicht selten vom „Seattle-Zement" auf den Pisten.

Snoqualmie, wohl keine Herausforderung für fortgeschrittene Skifahrer, ist ausgezeichnet geeignet für Anfänger. Die **Snoqualmie Ski School** ist eine der größten im Land; ihr Unterricht ist wirklich vorzüglich.

Direkt über der Landstraße liegt Alpental, wo die Goldmedaillengwinnerin Debbie Armstrong ihre Karriere begann. Alpental ist vielleicht eines der herausfordernsten Skigebiete im Staat.

Ski Acres stößt an Snoqualmie. Zwischen Snoqualmie und Alpental liegend, bietet das Gebiet für jeden etwas, vom Anfänger bis zum Spezialisten.

Hyak/Pacific West, einen Kilometer östlich der drei erstgenannten Gebiete, bietet zu einem niedrigeren Preis einen einwandfreien Hügel.

Drei Stunden entfernt liegen auf beiden Seiten von Seattle Washingtons bekannteste Hänge: **Crystal Mountain** im Süden und **Mount Baker** im Norden. Sie bieten in größerer Höhe bedeutend mehr und zudem lockeren Schnee. Wenn die Wolken vom Gipfel des Crystal Mountain verschwunden sind, steht man dem **Mount Rainier** direkt gegenüber und hat einen großartigen, weiten Ausblick auf die vielen anderen vulkanischen Bergkegel der Cascades: **Mount Hood, Mount St. Helens** und **Mount Baker.** Hotel- und Appartementunterkünfte bietet Crystal's Village am Fuß des Skigebietes, dazu Restaurants, Bars, Schwimmbäder und Sauna.

Mount Baker, der Start des Wettrennens Sea to Ski Race am Memorial Day (Heldengedenktag), hat nur an Wochenenden geöffnet. Aber hier ist gewöhnlich bis Mitte Mai alles verfügbar, während die meisten Skigebiete im Staat Washington im April den Liftbetrieb einstellen. Die nächstliegende Unterbringungsmöglichkeit beim Mount Baker gibt es in **Glacier,** 27 Kilometer bergabwärts.

Zwischen Mount Baker und Snoqualmie gelegen, anderthalb Stunden nördlich von Seattle am Highway 2, verborgen zwischen den Gipfeln der North Cascades, liegt **Stevens Pass.** 1936 angelegt, ist dieses Gebiet wie eine gute Flasche Wein gereift. Neue Ferienhotels und Lifte schmälern die anheimelnde Atmosphäre nicht. Man hat für jeden Geschmack etwas: von einem Dreier-Ski-Sitz auf dem Abhang für Anfänger bis hin zu einer der besten Abfahrten im Land. Viele Hänge sind bis 22.00 Uhr für Nachtskifahrten beleuchtet.

Skihütte im Mount Baker National Forest.

Mit Zinksalbe bedeckte Nasen und Sonnenbrillen sind auf der Ostseite der Berge kein seltener Anblick. Hier sind die Tickets günstiger, und der Schnee türmt sich eher wie Puderzucker.

Mission Ridge in **Wenatchee** (östlich von Seattle an der I-90) ist das vielseitigste dieser Gebiete, mit gepflegten mittelschweren Strecken und unberührtem Pulverschnee. Zu den kleineren Ski-Gebieten, die sowohl dem Abfahrtsläufer als auch dem Langläufer Spaß machen, gehören **White Pass,** südlich von Mount Rainier (an der U.S.12), **Loup Loup** zwischen Twisp und Okanogan (östlich an der State 20; die Straße ist im Winter gesperrt) und **Latitude 49 N,** versteckt in der nordöstlichen Ecke des Staates. Alle bieten in nahegelegenen Städten Unterkünfte an.

Langlauf: Langlauf ist ein Sport, bei dem man nicht durch Grenzen eingeengt ist. In der Vergangenheit bedeutete dies auch, daß die Langläufer unternehmungslustig genug sein mußten, um sich ihre eigenen Wege zu bahnen. Erst seit kurzem gibt es in den Cascades organisierte Versuche, die Loipen für Langläufer aller Niveaustufen leichter zugänglich zu machen. In den meisten Skigebieten können Sie die Ausrüstung mieten und Unterricht erhalten. Auf der Ostseite des Snoqualmie-Parkgeländes befindet sich das **Ski Acres Cross Country Center** mit ungefähr sechs Kilometer langen Loipen.

Für den etwas Unternehmungslustigeren hat das Washington State Parks and Recreation Committee viele Sno-Park-Gebiete am Ausgangspunkt der Wanderwege ausersehen. Eine Erlaubnis für einen Sno-Park ist beim Parks and Recreation Committee in Olympia oder bei den Dienststellen der National-Forests oder Nationalparks erhältlich. Bevor man aufs Hinterland lossteuert, sollte man den Lawinenwarndienst anrufen (206) 976-ROAD (Avalanche Warning Hotline). Falls das Risiko groß ist, sollte man auf ein anderes Gebiet ausweichen. Einige der neuen Sno-Park-Gebiete liegen unterhalb der normalen 910 Meter- Schneegrenze, und so kann der Schnee spärlich sein. Um die Schnee- und Wetterbedingungen zu erfahren, sollten Sie ebenfalls (206) 976-ROAD anrufen.

Leavenworth, direkt östlich von Stevens Pass und gute drei Stunden von Seattle entfernt, gleicht einem bayerischen Dorf. Die Umgebung ist großartig zum Skilaufen, Eisklettern und im Sommer zum Wandern und Bergsteigen. **The Bavarian Nordic Club** unterhält drei große Langlauf-Loipen direkt außerhalb des Ortes beim **Golf Course, Fish Hatchery** und **Ski Hill.** Das Forstamt (Forest Service) hat die Wege und Pfade, die für Skiläufer offen sind, markiert. Erkundigen Sie sich im Büro in Leavenworth. Das **Edel Haus** (Übernachtung mit Frühstück – bed and breakfast) und das **Haus Rohrbach** sind vornehm ländlich, beide bieten Ski-Package-Programme an.

Nach Süden ist Mount Rainier ein Magnet für passionierte Langläufer und erfahrene Bergsteiger. Er zieht aber auch Wanderer und Amateur-Skiläufer an. Sie können den Pfad an seiner Basis auskundschaften. (Für weitere Informationen über Mount Rainier siehe den Anhang Nationalpark).

Im bezaubernden Methow Valley im **Okanogan County,** fünf Stunden nordöstlich von Seattle gelegen, kann man ebenfalls vorzüglich Skifahren. **The Methow Valley Ski Touring Association** trägt Sorge für über hundert Kilometer angelegte Routen entlang den Flüssen und Bergkämmen.

Mit **Liberty Bell Alpine Tours** fliegt man per Hubschrauber in die Berge, wird auf einem Gipfel abgesetzt und hat einen Tag voller Wonne vor sich. Heli-Skiing (nichts für Anfänger) geht vom **Mazama Country Inn** (Mazama Junction und North Cascades Highway) aus. Neben den WVSTA-Routen unterhält das Hotel 30 Kilometer Bahnen, die vor seiner Haustür beginnen. Skier stehen zum Verleih bereit.

Ein weiteres Skigebiet für Abfahrten mittlerer Schwierigkeit wurde auf dem **Sandy Butte** am nördlichen Talende eingerichtet.

Die Gipfel erklimmen: 1883 schrieb I.C. Russell über die vorhandenen Gletscher, „daß sich die Berge des Nordwestens weltweit einen Namen machen werden, sowohl aufgrund ihrer Schönheit und der Bedeutung ihrer Gletscher als auch wegen ihrer herrlichen Landschaft."

Die schroffen Gipfel, die Kette massiver Vulkane und die glatt gerundeten Vorläufer der Cascades tragen alle zu der überwältigenden Vielfalt der zu erklimmenden Hänge bei. Im großen und ganzen bestehen die North Cascades aus festerem Granit und metamorphischen Gesteinsarten. Die weniger schroffen Berge südlich von Snoqualmie sind dagegen mehr bröckeliges Sediment- und Vulkangestein, was das Bergsteigen riskanter macht. Leavenworth und Wenatchee, beide östlich der Berge, sind bei den Bergsteigern recht beliebt. Die zahlreichen Gipfel und Felswände in der Nähe bieten eine Vielzahl von aufregenden Routen.

Nervenkitzel schäumendes Wasser: Kajakfahren in den Gewässern Washingtons ist nichts für Anfänger. Die Flüsse in den Cascades sind einen Teil des Jahres gefährliche reißende Gewässer, während sie zu einer anderen Zeit des Jahres so wenig Wasser führen, daß man mit den Booten auf Grund stößt. *Washington Whitewater* von Douglas und Lynn Conant ist ein gründlich recherchiertes Buch, das viele Wasserverläufe des Gebietes verzeichnet. Die Autoren kommen rasch von den mittelschweren Flüssen wie etwa **Cowlitz** und **Skagit** zu den Flüssen mit Schwierigkeitsstufe III (Class III expert rivers) wie **Wenatchee, Green River Gorge** und **Skykomish.**

The National Oceanic and Atmospheric Administration (NOAA) registriert die aktuellen Wasserstände und bringt sie während der Hauptsaison, die von April bis November dauert, zweimal in der Woche auf den neuesten Stand. Wer sich im Gletscherschmelzwasser des westlichen Washington bewegt, braucht wetterfeste Kleidung.

Wer nicht selbst paddelt, aber gerne mal erleben möchte, was ein Fluß-Rennen bedeutet, für den bieten verschiedene Gesellschaften Floßfahrten an, z.B. **Bluesky Outfitters, Downstream River Runners** und **Northern Wilderness River Riders.**

Üppiger Regenwald auf der Westseite, Nördliche Cascades.

Central Washington

Der Staat Washington wird sowohl von der Coast Range als auch von der Cascade Range in Nord-Süd-Richtung durchzogen. In der Senke zwischen den beiden Gebirgszügen liegen die am dichtesten besiedelten Gebiete des Staates, u.a. die Städte Seattle, Tacoma und Olympia. Das Tal östlich des niedrigeren Küstengebirges und westlich des höheren Kaskadengebirges stellt einen angenehmen Lebensraum dar. Es ist relativ niederschlagsreich, da die vom Pazifischen Ozean kommenden Wolken am Küstengebirge nur zum Teil, an der Barriere des Kaskadengebirges aber fast ganz abregnen. Die Folge davon ist ein üppiger Gürtel aus Pinien-, Fichten- und Tannenwäldern an den Westhängen und eine von großer Trockenheit gekennzeichnete Vegetation an der Ostseite der Cascade Range.

Wer Seattle auf der Interstate 82 und Highway 97 nach Süden fährt, durchquert eine abwechslungsreiche Landschaft. Vorherrschend sind sanfte, bewaldete Hügel, zu denen die Gipfel des Mount Rainier und des Mount St. Helens einen majestätischen Hintergrund bilden. Die Gegend ist mit einem erstaunlichen Wildreichtum gesegnet: Sie ist von Rotwild und Elchen, Schwarzbären, Wölfen, Bibern und einer Vielzahl anderer Tiere bevölkert.

Der erste Blick auf den Columbia River ist ein eindrucksvolles Erlebnis. Reisende aus Europa fühlen sich von dem mächtigen Strom an den Rhein erinnert. Tatsächlich haben sich hier viele Deutsche niedergelassn, den Weinbau eingeführt und ihren Siedlungen sogar Namen wie Bingen gegeben.

Lebenszeichen aus alten Zeiten: Bevor die Cascade Mountains vor Millionen von Jahre entstanden, war das Klima des östlichen Washington von dem heutigen ganz verschieden. Feuchte Luft vom Pazifischen Ozean traf auf Wälder und Sümpfe, die eine erstaunliche Vielfalt an pflanzlichem Leben unterhielten. Versteinerte Fossilien von mehr als zweihundert Baumarten wurden allein in einem Gebiet festgestellt, dem **Gingko Petrified Forest State Park,** in der Nähe von Vantage. Riesige Lavaströme begruben während mehrerer Millionen Jahre die Landschaft unter sich und bedeckten den größten Teil von Washington und Teile von Idaho und Oregon mit schwarzem Basalt.

Aus dünnflüssiger Lava, die vor ca. 60 Millionen Jahren durch Erdspalten an die Oberfläche gedrückt wurde, entstanden herrlich ebenmäßige Basaltsäulen. „Prismatische Absonderung“ nennen Mineralogen diese Erscheinung, bei der Lava, die in einer bestimmten Geschwindigkeit abkühlt, senkrecht zur Abkühlungsfläche zerspringt und in der Regel Sechsecke, gelegentlich auch vier-, fünf-, sieben- und achteckige Säulen bildet. Solche Formationen gibt es in vielen Weltgegenden, in denen Vulkane tätig waren; die schönsten Basaltsäulen Europas sind in Island und Nordirland zu sehen. Zentral- und Ost-Washington besitzen mehrere Stellen mit großartigen Exemplaren. Einige finden sich entlang der Südseite von **Frenchman Coulee,** einige Kilometer östlich von Vantage. Weiter nach unten, am Grund des erstarrten Lavastroms, führt die Straße durch Beifuß-Gesträuch zu den Ufern des Columbia River, wo sie endet.

In einigen Teilen von Zentral-Washington verwarfen sich Basaltschichten und formten Bergketten, Plateaus, sanfte Täler und breite, flache Becken. Die Umtanum- und Menashtash- Bergketten und die Saddle Mountains südlich von Ellensburg entstanden auf diese Art. Die Häufung verschiedener Sedimente in den Böden des Beckens am Fuß dieser Erhebungen haben geholfen, diese Gegenden zu fruchtbaren Anbaugebieten zu machen.

Während der Eiszeit bedeckten Gletscher weite Teile des nunmehrigen Zentral-Washington. Riesige Basaltbrokken wurden aus der Erde gerissen und über große Entfernungen bewegt. Sie blieben als Endmoräne liegen, nachdem der Gletscher sich zurückgezogen hatte. Lava-Plateau-Landschaften, charakteristisch für das Gebiet um **Columbia Wildlife Refuge** in der Nähe des

Moses Lake sind kahle Flächen, gezeichnet durch Felsbecken, erstarrte Lavaströme und Restberge. Versickerndes Wasser und der **O'Sullivan Dam** in der Nähe haben viele kleine Teiche in der Lava-Plateaulandschaft geschaffen, die nun Enten beheimaten.

Der Columbia River: Der **Columbia River** legt von seiner Quelle in British Columbia bis zu seiner Mündung in den Pazifischen Ozean eine Strecke von mehr als 2000 Kilometern zurück. Nachdem er die Grenze von Kanada in die USA überquert hat, weitet er sich zu dem 240 Kilometer langen **Franklin D. Roosevelt Lake** aus, einem künstlichen See, der durch den Grand Coulee Dam aufgestaut wird. Dieser ist mit 168 Metern Höhe, 1272 Metern Länge und 152 Metern Basisstärke einer der größten Staudämme der Welt. Das United States Bureau of Reclamation unterhält ein Besucherzentrum, das geführte Touren zu den verschiedenen Teilen des Baus anbietet. Sogenannte „self-guided tours" sind auch möglich. Jeden Abend während der Sommermonate halten Angestellte des Amtes in der Nähe des Parkplatzes Vorträge über den Staudamm. Bei dem Projekt, das 1933 auf Anordnung des Präsidenten Roosevelt begonnen wurde, handelte es sich um eine Arbeitsbeschaffungsmaßnahme, die bis zur Fertigstellung 1942 Tausenden Beschäftigung bot.

Vorherige Seiten: Farm inmitten herbstlich gefärbter Bäume, östliche Cascades. Unten: Blick auf den Lake Chelan von Stehekin.

Der Damm dient einerseits der Elektrizitätsgewinnung, andererseits der Bewässerung. Der erste Großabnehmer des erzeugten Stroms war die im südlichen Washington angesiedelte Rüstungsindustrie, die zu dieser Zeit eine herausragende Stellung einnahm. Ab 1951 wurde das Wasser des Columbia River dann auch zu Bewässerungszwekken genutzt. In der Folgezeit nahm die Landwirtschaft einen beträchtlichen Aufschwung. Insbesondere die Produktion von Obst, Kartoffeln und Weizen konnte erheblich gesteigert werden; in jüngerer Zeit wird auch auf großen Flächen Wein angebaut. Ebenso wie viele andere Staudämme dieser Welt ist der Grand Coulee Dam jedoch umstritten. Zum einen zeitigt er nachteilige ökologische Auswirkungen, zum anderen bringen die ständig nötigen Reparaturen und Erweiterungen unvorgesehen hohe Ausgaben mit sich. Statt wie ursprünglich geplant 43 000 Hektar wird nur knapp halb so viel Land bewässert; gesunken ist die Bedeutung des Grand Coulee Dam auch deshalb, weil inzwischen alternative Wasserquellen erschlossen wurden.

Auch ein Seitenarm des Columbia River ist durch einen Damm zu einem See, dem **Banks Lake,** geworden. Dieser Arm – eine fast 80 Kilometer lange, bis zu sechs Kilometer breite und 270 Meter tiefe Schlucht – ist das voreiszeitliche Bett des Columbia, das austrocknete, als ein riesiger Gletscher den Flußlauf blockierte und das Wasser sich einen neuen Weg bahnen mußte. Heute wird das Flußwasser mit riesigen Pumpen in den See geleitet und von dort über ein weitverzweigtes Kanalnetz auf Felder und Äcker geleitet.

Das Okanogan River Valley: Eines der malerischsten Gebiete in Washington ist das **Okanogan River Valley** im nördlichen Central Washington. Mitten im **Okanogan National Forest** gelegen, dehnt sich das Tal von der kanadischen Grenze nach Süden bis **Brewster** aus, wo der Okanogan River in den Columbia fließt. Trockene, mit Pinien bewaldete Hügel steigen fast bis zu 1500 Meter in den oberen Flußabschnitten dieses Gebietes an, bekannt als **Okanogan Highlands.** Abgeschiedene Täler führen schließlich zu dem größeren Tal des Okanogan River.

Der Goldrausch Ende des 19. Jahrhunderts brachte in diese abgelegene Gegend Bergleute und Siedler. In **Molson,** nahe der kanadischen Grenze, sind noch Gebäude aus diesem Zeitabschnitt zu sehen. Auch ein Pionier-Museum mit Goldgräber-Ausrüstung und anderem Werkzeug befindet sich dort. Abstecher auf schmalen, manchmal ungeteerten Landstraßen vom Highway 97 bei **Ellisford** führen zu kleinen Seen, wo man ausgezeichnet Forellen und Barsche angeln kann: **Whitestone, Spectacle, Wannacut Lakes** im Westen und **Palmer Lake** nördlich von **Loomis** sind nur einige von ihnen. Südlich von Loomis windet sich die teilweise unbefestigte Straße nach **Conconully** und dem **Conconully State Park** mit 81 Stellplätzen, die Bootsfahrer und Angler anziehen. In der Umgebung unterhält das Department of Game einfache Standplätze mit Latrinen ohne Wasser. Im Frühling und im Frühsommer blühen die Wiesen bunt. Der geduldige Vogelbeobachter sichtet den Roten Kreuzschnabel und die Pygmäen-Eule. Höhere Erhebungen beheimaten die Bergdrossel, den Hühnerhabicht und andere Arten. Das Tal zwischen Conconully, **Blue Lake** und dem **Sinlahekin Wildlife Refuge** ist das Verbreitungsgebiet von wilden Truthähnen und Dickhornschafen; auch Großohrhirsche, Biber, Kojoten und kleinere Säugetiere leben hier.

Viehwirtschaft und Obsterzeugung sind die hauptsächlichen Gewerbe im Okanogan Valley. Am Highway 97 sind **Oroville, Omak** und **Okanogan** die größten Orte. Omak lockt mit dem jährlich stattfindenden Omak Stampede and Suicide Race zahlreiche Besucher an. Dabei rasen Pferde und Reiter einen abschüssigen Hügel hinab, überqueren den Okanogan River und stürmen zur Rodeo-Arena.

Ein Museum am Fluß: Das **Okanogan Country Historical Museum** liegt am Ufer des Okanogan River in der Stadt Okanogan. Ein weiteres Museum, das **Fort Okanogan Interpretive Center** in Brewster, bietet einen breiten historischen Überblick über das Gebiet und Informationen über den Pelzhandel und Flußschiffe. Nördlich von Brewster liegt die COMSAT-Bodenstation für Satellitenübertragung. Im Besucherzentrum der Station wird faszinierend erklärt, wie die Satellitenübertragung funktioniert. **Chief Joseph Dam** bei **Bridgeport** ist Teil der Dammkette, die den Columbia River vom Grand Coulee Dam bis zur Columbia Gorge (Columbia-Schlucht) nutzbar macht. Ober- und unterhalb des Damms befinden sich Schiffsrampen, und im **Bridgeport State Park** läßt sich angenehm ein Pick-nick-Lunch einnehmen.

Westlich des Highway 97 liegt **Methow Valley,** sehr beliebt bei Wande-

Blumenfelder kontrastieren mit den Bergen im Hintergrund.

rern und Langläufern. Man kann auch im Frühling und im Sommer eine malerische Floßfahrt auf dem **Methow River** mit erfahrenen Rafting-Gesellschaften machen. In der Stadt **Winthrop** legen viele Reisende einen Zwischenaufenthalt ein. Sie können der Gelegenheit nicht widerstehen, auf dem Plankenweg an Schaufenstern vorbeizuspazieren, die an einen Szenenaufbau eines Wildwestfilms erinnern. Winthrop ist während der Sommermonate auch Hauptsitz von Lasttier-Führern und Besuchern, die kommen, um zu angeln, zu jagen und zu campen. Übernachten kann man auf den Campingplätzen des National Forest Service oder in der **Sun Mountain Lodge** auf dem Sun Mountain, 16 km vom Highway 20 entfernt, mit Rundblick auf die nördlichen Cascades sowie Wander- und Reitwegen.

Von **Tonasket** aus entlang dem Highway 20, der sich in einem Teil des **Colville National Forest** durch Täler windet, sind weitere Erkundungen möglich. Unbefestigte Seitenstraßen führen zu kleinen Seen wie dem **Bonaparte Lake,** dem **Beaver Lake** und dem **Lake Bath.** Weiter südlich, bei Omak, schlängelt sich der Highway 155 südöstlich an einer Hauptstraße vorbei, die zum Omak Lake führt, nach Nespelem ins Colville-Indianer-Reservat. In der Nähe ist das Grab des großen Häuptlings des Nez-Perce-Stammes Chief Joseph. Von **Nespelem** aus führt die Straße nach Süden und kommt dann am Grand Coulee Dam wieder heraus.

Östlich des Dammes liegt die **Coulee Dam National Recreation Area,** die auch den Franklin D. Roosevelt Lake umfaßt. Mit über 210 km bis zur kanadischen Grenze ist es eines der größten Erholungsgebiete im Staat Washington. Mit Sommertemperaturen von 24°-38° ist es für Bootsfahrer und Angler ideal. Zahlreiche Campingplätze bieten Stellplätze an; manche sind das ganze Jahr geöffnet, die meisten verfügen über Bootsanlegestellen. Viele Arten von Wasservögeln zieht das Gebiet an, und eine große Anzahl von Vögeln und Säugetieren macht es zu einem lohnenden Aufenthalt für Naturliebhaber.

Eine Dorfkirche inmitten von Weizenfeldern in der Nähe von Douglas, Washington.

Lake Chelan: Ähnlich einem Fjord liegt im entlegenen nordwestlichen Ende der nördlichen Cascades der 90 Kilometer lange und bis zu 450 Meter tiefe **Lake Chelan,** einer der tiefsten Seen – nicht nur in Nordamerika. Seine Breite erstreckt sich von 1500 Meter bis zu drei Kilometern. An seinem nördlichen Ende steigen die Berge bis auf 2400 Meter.

Besucher können den Ort **Chelan** am südlichen Ende des Sees über den Highway 97 erreichen. Chelan bietet Übernachtungsmöglichkeiten und fast jede Art von Wassersport an. Der **Lakeside Park** am westlichen Ende des Ortes und der **Lake-Shore Park** im Ortszentrum sind beliebte Ausflugsziele. In **Slidewaters** am südlichen Ufer des Sees gibt es eine Anlage mit Wasserrutschbahnen, Picknickplätzen, einem Einkaufszentrum und einem Thermalbad, das 60 Personen faßt.

Will man in Chelan während der Hauptsaison übernachten, sollte man vorbestellen. Die sehr beliebte **Campbell's Lodge** ist das größte von vielen Motels am Ort. Es ist zu Recht für sein gutes Essen und seinen freundlichen Service bekannt. **Wapato Point** in **Manson,** 21 Kilometer von Chelan entfernt am Highway 150, ist ein Appartement-Komplex, der das ganze Jahr über an Besucher vermietet wird. Skilanglaufen nahe Chelan ist ein beliebter Wintersport.

Zwei bundesstaatliche Parks am südlichen Ufer des Sees außerhalb von Chelan stellen über 200 Standplätze zum Übernachten zur Verfügung. Bei dem größeren der beiden, **Lake Chelan State Park,** muß man vorbestellen und die Campinggebühr für die erste Nacht im voraus entrichten. Der Park ist aber auch für Tagesbesucher, die hier schwimmen oder ein Picknick machen möchten, frei zugänglich.

Beim **Twenty-five Mile Creek State Park** wird, wer zuerst kommt, auch zuerst bedient. Die Besucher können jedoch am Abend vor ihrer Ankunft zwischen 20.00 und 21.00 Uhr anrufen und telefonisch einen Platz reservieren. Jenseits des Twenty-Five Mile Creek ist das Seeufer für Autos nicht mehr befahrbar.

Segeln auf dem See: Will man ein oder zwei Nächte bleiben, dann sollte man es bei einem Besuch von Chelan keinesfalls versäumen, auch eine Fahrt nach **Stehekin** am nördlichen Ufer des Sees zu unternehmen. Fahren Sie mit dem Ausflugsschiff *Lady of the Lake II*, das während der Sommermonate täglich um 8.30 Uhr vom Lake Chelan Boat Company Dock ablegt.

Die Landschaft geht allmählich in lichten Wald über, und auf beiden Seiten des Sees werden hohe Bergspitzen sichtbar. Bären und Bergziegen zeigen sich gelegentlich, wenn das Schiff außerplanmäßig für Wanderer stoppt oder aber in **Lucerne,** dem Anlegeplatz von **Holden Village,** 20 Kilometer vom Ufer entfernt im Landesinnern, anlegt. In dem ehemaligen Goldgräberzentrum leben heute Lutheraner; für Wanderer ist es Ausgangspunkt zur **Glacier Peak Wilderness.**

Am oberen Ende des Sees dient Stehekin Campern und Wanderern im **North Cascades National Park** als Basis. Zur **North Cascades Lodge** gehören auch zwei Restaurants und eine Park-Ranger-Station. Kurze geführte Naturwanderungen veranstaltet das Team der Ranger. Ein Bus im Pendelverkehr (shuttle bus) nimmt Besucher zum Sightseeing ins **Stehekin Valley** mit. Ein weiterer Bus fährt täglich tief ins Tal hinein zu verschiedenen Camps und bekannten Erholungs- und Freizeitgebieten. Reiten, Ausflüge mit Packpferden ins Hinterland, Floßfahrten auf dem Fluß, Radfahren und Kanufahren sind einige der Aktivitäten. Tagesbesucher können auf der *Lady of the Lake* nach einem gemächlichen Lunch zurückkehren. Als Alternative kann man auch mit dem Wasserflugzeug nach Chelan zurückfliegen.

Die Fahrt entlang dem Highway 155, zwischen **Coulee City** und dem Grand Coulee Dam, ist ein Ausflug von außergewöhnlicher Schönheit. Durch zahllose Wildwestfilme bekannt – weiter blauer Himmel, unzugängliche, aufregende Basaltfelsen und stille Wasser, eingefaßt von Teichbinsen-Sümpfen. Den größten Teil der Fahrt hält sich der zweispurige Highway dicht am östlichen Ufer des **Banks Lake;** hier herrscht gewöhnlich wenig Verkehr. Der 43 Kilometer lange See ist ein Ausgleichsreservoir für den Grand Coulee Dam. Es bestehen nur beschränkte Zugangsmöglichkeiten. Eine Ausnahme ist der **Steamboat Rock State Park** in der Mitte des Sees. Steamboat Rock ragt eindrucksvolle 300 Meter über dem See auf und war früher für Indianer und Pelzhändler ein wichtiger Orientierungspunkt. Eine Seitenstraße des Highway führt zum 360 Hektar großen Park mit Picknickplätzen auf grünem Rasen, einer Bootsanlegestelle sowie Liegeplätzen für Boote und 100 Zeltplätzen. Ein Wanderweg führt zur Spitzkuppe, wo die Blumen streng geschützt sind.

Von Coulee City aus, am südlichen Ende des Banks Lake, führt der Highway 17 südlich durch Grand County ins südöstliche Washington. **Dry Falls** ist als National Monument geschützt. Sechs Kilometer breit und 120 Meter hoch waren die Wände des Wasserfalls, über die sich der Fluß zum Grund der Schlucht stürzte. Der Fluß veränderte seinen Verlauf und ließ die Schlucht und den Wasserfall trocken zurück. Hoch über der Schlucht, auf der östlichen Seite der Straße, bietet das Besucherzentrum atemberaubende Ausblicke und stellt eine Fülle an Informationen zur Verfügung.

Sun Lakes State Park: Zum **Sun Lakes State Park** gehört eine Reihe kleiner Seen unterhalb von Dry Falls und einer der beliebtesten Nationalparks im Staat Washington. **Park Lake** ist über den Highway 17 zu erreichen. Hier stehen Hütten, Anschlüsse für Wohnwagen und Stellplätze sowie ein Neun-Loch-Golfplatz zur Verfügung; Boote werden verliehen, und sogar Pferde sind zu mieten. Am **Lenore Lake** vorbei führt ein markierter Weg zu den **Lenore Caves,** von denen angenommen wird, daß sie Indianern vor Tausenden von Jahren Zuflucht gewährten. Der **Soap Lake** weiter südlich, ein See mit hohem Mineraliengehalt, ist ebenfalls während der Sommermonate sehr beliebt.

Ein wesentlicher Teil des großen Gebietes südlich des Soap Lake wurde

Apfelgärten in der Nähe von Cashmere.

infolge des Columbia River-Bewässerungsprojekts stark verändert. Links und rechts der Straße wird der gewaltige Unterschied des Vorher und Nachher deutlich: Auf der einen Seite neu angelegte Obstgärten oder Feldfrüchte und auf der anderen Seite Beifuß, Steppenhexe und verwandte Pflanzen. Kleine Teiche und Seen, dadurch entstanden, daß der Grundwasserspiegel aufgrund der Bewässerung anstieg, unberührte Natur und Erholungsgebiete gibt es in der ganzen Gegend. Das Columbiabekken wurde zu einem der bedeutendsten Brutplätze für Wasservögel im Staat Washington. Hier läßt sich ausgezeichnet jagen und angeln. Millionen weiterer Vögel nutzen die Sümpfe, Seen, Strudellöcher und Lachen auf ihrer jährlichen Wanderung entlang der Pazifik-Zuglinie. Während der Frühlings- und Sommermonate können Pirole, Königsvögel, amerikanische Wiesenstärlinge und verschiedene Arten von Falken und Eulen beobachtet werden. Kojoten, Hasen und eine Vielzahl kleinerer Säugetiere leben ständig in diesem Gebiet.

Das **Columbia National Wildlife Refuge** und **Potholes Reservoir,** in der Nähe des Moses Lake und der **Winchester Waterway,** dicht bei George, sind ausgezeichnete Plätze, um das Leben der Vögel und Tiere zu beobachten.

Weizenfelder: Die flachen, landwirtschaftlich stark genutzten Gegenden Zentral- und Ost-Washington werden gelegentlich als langweilig beschrieben, doch das sind sie keinesfalls. Im Gegenteil: Kein Besucher sollte sich das Erlebnis entgehen lassen, das eine Fahrt auf dem Highway Nr. 2 durch die ausgedehnten Weizenanbaugebiete darstellt. Diese Straße durchquert zwischen **Orondo** und **Coulee City** auf einer Länge von knapp 100 Kilometern in schnurgerader Linie ein Plateau, in dem nur Farmhäuser und riesige Getreidespeicher den in die Weite schweifenden Blick einfangen. Professionelle Fotografen haben längst erkannt, welch großartige Motive die verschiedenfarbigen Bauten inmitten der goldenen Ährenfelder unter dem weiten, azurblauen Himmel sind!

Der Grand Coulee Dam, hell erleuchtet für eine Nachttour.

Wenatchee und seine Äpfel: Am Ufer des Columbia River, bei der Kreuzung der Highways 97 und 2 gelegen, ist **Wenatchee** das Tor zu Central Washington und British Columbia. Seine vielen Motels und Restaurants bescheinigen seine Beliebtheit als Tagungsort. Stolz ist der Ort auf seinen Ruf, die Apfelhauptstadt der Welt zu sein. Überall stehen Apfelbäume. Die trockene Luft, lange heiße Tage, kühle Nächte die reichliche Wasserversorung und ausgezeichnete Böden schaffen ideale Wachstumsbedingungen für die saftigen Delicious-Äpfel, die Wenatchee und seine Umgebung weltberühmt gemacht haben.

Während der Erntezeit, die Anfang September einsetzt, werden an den Straßen Verkaufsstände aufgebaut, einige davon bestehen das ganze Jahr über. Die meisten Verkäufer bieten ihre eigenen Früchte feil.

Am Highway 2 bieten sich zu beiden Seiten des Columbia River viele Möglichkeiten, die Früchte der Gegend zu kosten. Man hat die Wahl zwischen Red und Golden Delicious oder ausländischen Arten, wie Greenings, „Winter-Bananen", Gravensteinern und Pippinäpfeln. Am Baum gereifte Kirschen, Aprikosen, Pfirsiche und Nektarinen werden hier schon ab Anfang Juli angeboten.

Die **Ohme Gardens,** sechs Kilometer nördlich von Wenatchee am Highway 97, mit Blick über den Columbia River, 1929 von der Familie Ohme aus Wenatchee angelegt, wurden mit ihren 3,5 Hektar in Bergwiesen und kleine Wäldchen umgewandelt, mit Tannen, Heidekraut, Moos, Alpenblumen und Wassertümpeln.

In der Nähe, etwas westlich am Eingang zum Tumwater Canyon, liegen **Cashmere** und **Leavenworth** (an der U.S. 2). Sie haben beide eine künstliche Identität angenommen.

Cashmere hat sich eine auf alt hergerichtete Hauptstraße mit Postlaternen als Straßenlampen und überdachten Gehwegen geschaffen. Mit Leavenworth, einst wohlhabendes Eisenbahn- und Holzfäller-Zentrum, ging es berg-

Links: Ackerland in der Nähe von Enumclaw. **Rechts:** Tumwarer Canyon und Wenatchee River nicht weit von Leavenworth.

ab, als beide Gewerbezweige aufgegeben wurden. Um Touristen anzuziehen und wieder Wohlstand zu erlangen, präsentiert sich der Ort nun als traditionelles bayerisches Dorf mit ständigem Weihnachtsmarkt.

Kittitas County: Der malerische Highway 970 windet sich bei **Cle Elum,** direkt östlich der Cascades, durch das verträumt wirkende **Teanaway River Valley.** Die **Hidden Valley Guest Ranch,** die älteste für Touristen unterhaltene Ranch von Washington, liegt tief im sonnenüberfluteten Tal. Hier schlafen die Gäste in einfachen Hütten und wandern und reiten entlang von Pfaden, die großartige Ausblicke gewähren. Das Teanaway Valley ist eines der wenigen Gebiete mit heimischen Wildblumen; hierher kommt man, um die spröde Gelbschelle zu sehen oder die zwar häufiger anzutreffende, aber nicht weniger schöne Balsamwurzel oder die Camassielilien und wilde Iris.

Ellensburg ist das geographische Zentrum des Staates und Amtssitz von Kittitas County. Rinder- und Pferdezucht, Mais und Getreideanbau sind die Haupterwerbsquellen in diesem Gebiet. Die Stadt beheimatet das **Central Washington State College,** dessen mit Bäumen eingefaßten Campus der Highway 10 auf dem Weg nach Vantage passiert. Gebäude aus der Zeit der Jahrhundertwende im Innenstadtbereich verleihen Ellensburg einen gewissen Charme. Ein Besuch des **Olmstead Place** mit seinem Blockhaus und Farmgebäuden aus dem 19. Jahrhundert vermitteln dem Besucher einen Eindruck davon, wie die frühen Siedler lebten. Das Ellensburg Rodeo, jedes Jahr am Labor-Day-Wochenende abgehalten, ist seit 1923 Tradition.

Auf dem Weg von Ellensburg nach **Vantage** passiert der Highway 90 große Rinder- und Pferdefarmen im flachen Kittitas Valley und führt dann durch unbewohntes Beifußland. Der **Gingko Petrified Forest State Park,** außerhalb von Vantage, hat schattige Picknickplätze und verschiedene Pfade, die zu den Bergen hinaufführen. Der Park genießt zwar bei weitem nicht den Bekanntheitsgrad des Petrified Forest National Park in Arizona, doch das auftretende Phänomen ist dasselbe: Bäume, die vor Millionen von Jahren hier wuchsen, versanken in Schlamm und vulkanischer Asche und wurden so luftdicht abgeschlossen. Die Hohlräume füllten sich mit Kohlenstoff auf und geben jetzt die ursprüngliche Struktur des Holzes wieder. Das Informationszentrum, vier Kilometer den Highway hinunter, unterrichtet über die geologische Geschichte des Gebiets und zeigt Ausstellungsstücke und Exemplare versteinerter Bäume. Der Gingko kommt heute nicht mehr wild vor; versteinerte Gingkos gibt es sonst nirgendwo auf der Welt. Das Besucher-Zentrum liegt hoch über dem Columbia River mit großartiger Aussicht auf den Fluß und die Basaltfelsen. Dicht dabei ist ein Picknickgelände, von lebenden Gingkobäumen beschattet.

The Yakima Valley: Fährt man von Ellensburg nach **Yakima** ins südliche Central Washington, hat man die Wahl zwischen zwei Routen. Der Highway 82 steigt den Manashtash- und den Umtanum-Kamm hinauf und gewährt kilometerweite Rundblicke auf Beifußebenen, die im Frühling und Frühsommer mit Blumen übersät sind. Oder man nimmt den Highway 821, bekannt als Yakima Canyon Road, am Yakima River entlang. Wildrosenbüsche duften hier am Straßenrand im Juni, und grüne Baumgruppen am Fluß stehen in starkem Kontrast zu den karstigen braunen Bergen. Das Flußufer lädt zum picknikken oder angeln ein. Der Fluß ist bekannt für seinen Forellenreichtum und wird von Flößern bevorzugt befahren.

Das Yakima Valley ist eine der reichsten und produktivsten Agrarregionen der Vereinigten Staaten. 300 Schönwettertage im Jahr, fruchtbare vulkanische Erde, heiße Tage und kühle Nächte während der Wachstumsperiode machen es zu einem Hauptanbaugebiet für eine Vielzahl von Getreidearten. Dank der Unterstützung der Bundesregierung für das Yakima-Projekt Anfang des 20. Jahrhunderts entwickelte sich das Tal, das nun Hauptproduzent des Landes für Äpfel und Hopfen ist. Große Mengen an Kirschen, Birnen, Trauben, Pfirsichen, Minze, Mais und anderen Gemüsesorten werden erzeugt; man hält Milchvieh und betreibt Molkereien. Straßenstände, Obstgärten und Plantagen zum Selbstpflücken bieten im Sommer eine unglaubliche Menge an sonnengereiften Früchten und Gemüsearten zu angemessenen Preisen.

Die Stadt Yakima ist das Geschäftszentrum des Tales und ein beliebter Tagungsort. Das **Yakima Valley Museum** zeigt Ausstellungsobjekte der Yakima-Indianer und der weißen Siedler des Tales, aber am bekanntesten ist es für seine wundervolle Sammlung von Pferdekutschen und -wagen.

Drei Kilometer östlich von Yakima, in der Birchfield Road, ist **Birchfield Manor** eine angenehme Überraschung. Gerichte, von den Eigentümern zubereitet, werden am Wochenende zu einem festgelegten Preis serviert. Die Speisekarte spiegelt die Vorliebe des Eigentümers für klassische Kochkunst.

Das **Yakima Nation Cultural Center** liegt weiter südlich am Highway 22 direkt außerhalb von **Toppenish.** Das Museum bietet Informationsmaterial über das Volk der Yakima, die nach wie vor in diesem Gebiet leben; zudem verfügt es über ein Theater und eine eigene Bibliothek.

Toppenish National Wildlife Refuge, ungefähr fünf Kilometer südlich der Stadt am Highway 97, ist ein interessantes Vogelgebiet. Der amerikanische Paperling, im Staat Washington nicht heimisch, kann hier von Frühling bis Sommer angetroffen werden.

Von Toppenish führt der Highway 220 zum **Fort Simcoe Historical State Park.** Das restaurierte Militärfort liegt im Gebiet der heutigen **Yakima Indian Reservation**. Bei Goldendale verfügt der **Goldendale Observatory State Park** über ein 60 Zentimeter großes, der Öffentlichkeit zugängliches Spiegelteleskop sowie über ein großes Celestron-Teleskop mit einem Spezialfilter, um die Sonne zu betrachten. Von hier aus kann man im Anschluß das **Maryhill Museum of Art,** drei Kilometer westlich des Highway 97 an der Interstate 14 aufsuchen.

Das Dorf Leavenworth hat sich ein bayerisches Aussehen zugelegt.

Ein Reich für sich

Die Geschichte des „Binnenreichs von Washington" geht auf die Worte des Reverend George H. Atkinson aus Oregon City zurück; er reiste im Jahre 1898 durch die damals noch unberührte wilde Landschaft und bezeichnete die Gebiete bei Walla Walla und Palouse als „a great Inland Empire".

Als Lewis und Clark im Jahre 1805 auf den Columbia River und den transkontinentalen Zugang für die Vereinigten Staaten zum Pazifischen Ozean stießen, umgingen sie den südlichen Teil dieser Region.

Später kamen hier die ersten Weißen auf dem Oregon Trail vorbei. Erst die Aussicht auf den profitablen Pelzhandel mit den indianischen Ureinwohnern brachte die Siedler dazu, das Land nördlich des Zusammenflusses von Snake und Columbia River genauer in Augenschein zu nehmen.

Im Laufe des folgenden Jahrhunderts ließen sich hier Händler, Missionare, Goldsucher, Farmer und Siedler nieder. Es fanden auch hier Kämpfe mit den Indianern statt; neue Orte entstanden und blühten auf. Die neuen Städte und Walla Walla wurden bald zu einer ernsthaften Konkurrenz für Seattle, Tacoma und Port Angeles.

Die ersten Siedler konzentrierten sich auf Rinder- und Schafzucht, denn sie merkten bald, daß die Erde der **Palouse Hills** – später als herübergewehter Löß von den Cascades identifiziert – sich nicht für den Ackerbau eignete. Doch daraufhin stellte man fest, daß die Lößschicht nur ein paar Fuß tief reichte und darunter ein außerordentlich fruchtbarer Boden von einer Tiefe von 45 Metern lag, der wiederum auf einer Lavaschicht ruht.

Diese Entdeckung und das Verfahren des Fruchtwechsels machten die Gebiete der Palouse Hills in Südost-Washington und das Land westlich von Spokane zu einem Paradies für den Weizenanbau; die Palouse- und Walla-Walla-Regionen konzentrierten sich auf den Erbsenanbau.

Im gesamten Gebiet finden sich kaum Hinweise, daß hier schon vor Beginn dieses Jahrhunderts Menschen gelebt und gesiedelt haben. Nichts ist mehr übrig aus den Tagen verzweifelter Kämpfe um Land und Besitz und aus den Tagen des Pelzhandels – bis auf einige wenige Gedenkstätten und die eigens für Besucher und Touristen nachgebauten Häuser der ersten Siedler.

Die Menschen hier sind stolz auf die goldenen Weizenfelder in den Palouse Hills oder im Big Bend, auf die schön renovierte Innenstadt von Spokane sowie auf die Wasserkraftwerke, die den Columbia River in Zaum halten. Rühmenswert sind nach Meinung der Ein wohner die Feinschmecker-Restaurants in all den Städten und Städtchen von Sandpoint in Idaho im Norden bis nach Walla Walla im Süden.

Spokane: Kommt man zum ersten Mal nach **Spokane** (knapp 500 000 Einwohner, einschließlich der Vororte), hat man den Eindruck, daß hier der Traum von Amerika Wirklichkeit geworden ist. Mitten in der Stadt liegt der herrliche, 40 Hektar große **Riverfront Park,** zu dem auch die Inseln im Spokane River und prächtige Wasserfälle gehören. Unmittelbar südlich des Parks befindet sich das Geschäftsviertel mit großen Warenhäusern, Boutiquen und Restaurants; es nimmt zehn Häuserblocks ein und ist durch ein Netzwerk von überdachten Fußgängerüberwegen quer über alle Straßen verbunden.

Spokane sieht aus wie auf dem Reißbrett entworfen und dann als „Wohnstadt" gebaut – alles ist sauber, sicher, hübsch, freundlich und durchschnittlich. Nichts ist übriggeblieben von der einstigen Rauhheit und dem harten Konkurrenzkampf jeder gegen jeden.

Jedoch noch 1972 stieß man mitten im Stadtzentrum auf ein Wirrwarr von Bahngleisen, Rangierbahnhöfen und Bahnstationen, und nachts fanden sich durchreisende oder arbeitslose Eisenbahner in finsteren Gassen zusammen.

Eine Stadt im neuen Gewand: Im Jahre 1910 stellten die Mächtigen von Eisenbahn und Bergbau im Binnenreich plötzlich fest, daß hier bei Spokane eine Stadt entstand; sie beauftragten die be-

Vorherige Seiten: Weit schweift der Blick über das Hügelland in den fruchtbaren Palouse Hills. Links: Die Gartenanlagen im Manito Park von Spokane.

rühmten Brüder Olmstead aus New York, einen Entwurf für eine Stadt mit vielen Parks und schön angelegten Straßen anzufertigen.

Zum größten Teil wurden die Pläne umgesetzt (charakteristische Beispiele sind der noch heute existierende **Manito Park** und der **Rockwood Boulevard**), verworfen wurde allerdings der Vorschlag, einen „Schluchten-Park" anzulegen; dies hätte bedeutet, das Eisenbahngelände am Ufer des Spokane zu opfern.

Im Laufe der nächsten 60 Jahre verloren Eisenbahn und Bergbau, die Spokane hatten entstehen lassen, an wirtschaftlicher Bedeutung, und so wurde es schließlich möglich – und es war auch wirtschaftlich nicht uninteressant – das Ufergebiet aufzugeben und hier das neue Spokane für die Weltausstellung 1974 zu präsentieren.

Der 1902 entstandene Uhrturm der einstigen Great Northern Railroad Station hat die Schönheitskur der Stadt unbeschadet überstanden. Den Bahnhof gibt es heute nicht mehr, doch der Uhrturm steht noch als Erinnerung an die turbulenten Zeiten der Eisenbahn und der Wirtschafts-Dynastien.

Bekannt für seine medizinischen und pädagogischen Einrichtungen, für sein reiches und abwechslungsreiches Angebot an Waren und kulturellen Einrichtungen ist das moderne Spokane wie eine „Tankstelle" für das riesige Gebiet zwischen Columbia River und den Rocky Mountains mit den überall verstreuten Bauernhöfen, den Holzfäller- und Bergbaustädtchen.

Gut erhalten sind das 1876 entstandene **William Kirkman House** in Walla Walla und das **James Perkins Haus** in Colfax aus dem Jahre 1880.

In **Browne's Addition** gleich westlich von Spokanes Innenstadt stehen sehr viele alte Herrenhäuser; etliche sind heute Museen oder Feinschmekker-Restaurants. So beherbergt etwa das 1898 erbaute Haus des Minenbarons von Coeur d'Alene, Patrick Clark, in der Second Avenue in Browne's Addition heute ein erlesenes Restaurant. In den letzten zehn Jahren hat sich das

Eine historische Darstellung der Spokane Falls.

Binnenreich zu einem beliebten Ferienziel entwickelt; in allen größeren Städten und Verwaltungsstellen sind heute Informationen und Hinweise zu besonderen Sehenswürdigkeiten und Ausflugsfahrten zu erhalten. So kann man beispielsweise von Spokane aus auf dem Highway 90 in Richtung Osten fahren und einen Blick auf die Weizenfelder und rauhen Felsformationen im **Big Bend Country** werfen. Big Bend erinnert etwas an den Südwesten der Vereinigten Staaten; das Gebiet beginnt 32 Kilometer östlich der Stadt **Moses Lake** und erstreckt sich bis in die Waldgebiete um Spokane. Wendet man sich von Spokane aus auf dem Highway 195 in Richtung Süden nach **Clarkston,** kommt man durch die Palouse Hills und den **Clarkston Hill** zum Snake River. Von der Gabelung des Highway 195 in **Colfax,** führen die Highways 26 und 127 und die 12 in das Hinterland der Palouse Hills mit Weizenfeldern und Viehfarmen.

Quer durch Idaho Panhandle: Auf dem Highway 95 von **Lewiston,** Idaho, nach Norden durchquert man zunächst das Seengebiet des Idaho Panhandle (Panhandle = Pfannenstiel), vorbei am herrlich klaren **Lake Coeur d'Alene** mit einem reizvollen Uferstreifen von 175 Kilometer Länge. Etwas weiter nördlich liegen **Sandpoint,** Idaho, und der **Lake Pend Oreille,** einer der größten Seen in den Vereinigten Staaten und berühmt für Kamloops-Forellen und 13 weitere Arten von Speisefischen. An der Kreuzung der Highways 95 und 90 fährt man in Richtung Osten, um die Spitze des See Coeur d'Alene herum, durch den **Fourth of July Canyon** in den Bergen von Coeur d'Alene und durch die einstigen Bergbaustädte **Wallace** und **Kellogg,** Idaho. Der Highway 2 nordöstlich von Spokane führt durch unberührte Wälder und Seenlandschaft, an Farmen in Nordost-Washington vorbei und trifft in Sandpoint auf den Highway 95. Wendet man sich auf dem Highway Zwei von Spokane aus in Richtung Westen, fährt man durch hügeliges Weizenanbaugebiet und erreicht dann den **Grand Coulee Dam.**

Der heutige Riverfront Park in Spokane.

Vom Highway 395 ein Stückchen in Richtung Süden stößt man westlich von **Kettle Falls** auf die Interstate 28, die an dem vom Grand Coulee Dam gehaltenen **Lake Roosevelt** entlangläuft. Noch etwas weiter an den Indianer Reservaten von Colville und Spokane vorbei, durchquert man dann Ackerbaugebiete und das künstlich bewässerte Land des **Columbia-Becken-Projekts**.

Die Dreier-Stadt: Der Highway 395 führt in Richtung Süden bis hinunter zu den drei Städten **Richland, Kennewick** und **Pasco,** die am Zusammenfluß des Columbia mit dem Snake River zu einer Stadt zusammengewachsen sind.

Im Jahre 1811 erhob David Thompson als erster Siedler Anspruch auf das Gebiet von Pasco, 1880 wurde es Eisenbahn-Stützpunkt, und 1892 wurde Kennewick gegründet. Doch das Gebiet blieb bis in die vierziger Jahre des 20. Jahrhunderts recht ruhig und stand im Schatten von Spokane. 1943 errichtete die Bundesregierung in Richland das **Atomkraftwerk von Hanford** und brachte 60 000 Arbeitskräfte in ein Städtchen von bisher 250 Einwohnern. Die Produktion von Atomenergie und die Forschungsarbeiten in den Werken nahmen immer größere Ausmaße an, und die Zahl der Einwohner stieg in den drei Städten bis auf 80 000 Einwohner an. Seit der Stillegung des Atomkraftwerkes von Hanford im Jahre 1988 hat das Gebiet mit großen wirtschaftlichen Schwierigkeiten zu kämpfen.

Im Binnenreich findet man zahllose unberührte Gebiete und mehr als 200 Seen, 76 davon nur ein oder zwei Stunden von Spokane entfernt. So zum Beispiel der kleine **Fish Lake** und **Liberty Lake,** weiterhin die großen, wunderschönen Seen in Idaho, **Coeur d'Alene, Pend Oreille** und **Priest Lake.**

Im Frühjahr, Sommer und Herbst kann man Boot fahren, angeln, schwimmen oder mit dem Floß fahren. Im Winter hat man z.B. auf dem **Mount Spokane** in West-Idaho oder auch in den Blue Mountains südlich von Walla Walla gute Möglichkeiten zum Skifahren. Bergsteigen und Wandern ist in den Wildnisgebieten das ganze Jahr über möglich. Auf den größeren Seen verkehren Ausflugsschiffe, und wer will, kann eine Besichtigungstour mit dem Wasserflugzeug unternehmen.

Restaurants und Gaststätten: Vor den Neuerungen, die die Weltausstellung 1974 mit sich brachte, bedeutete zum Essen auszugehen immer „amerikanisch essen". Es kamen vorwiegend Rindfleisch und Kartoffeln auf den Tisch. Etwas exotischer waren da schon die chinesisch-amerikanischen Chop-Suey-Gerichte und italienische Spaghetti mit Fleischklößchen. Beliebt waren hingegen ein echter Texas-Grillteller im **Longhorn** (gleich westlich von Spokane am Highway 2, oder eine frische, hausgemachte Forellen-Pastete im **Templin's** (in der Innenstadt von Coeur d'Alene). Spezialitäten der **Oasis** (südlich von Walla Walla an der Grenze von Washington und Oregon) sind Steaks nach Gewicht und Austern aus den Rocky Mountains; in der **Park Inn Tavern** in Spokane und der **Ice-Burg** in Walla Walla bekommt man hervorragende gegrillte Hamburger.

Die oben genannten Restaurants existieren zwar alle heute auch noch, doch sind inzwischen weitere hinzugekommen, so z.B. das **Ivy** (berühmt für seine Kalbsbrust), **Morelands's** (pflegt die klassische französische Küche), **Patsy Clark's** (in dem alten Haus der Clarks), **Henny's** (Meeresfrüchte) und **Umberto's** (griechische und armenische Küche) in Spokane.

In Walla Walla empfehlen sich **Le Gibaux Left Bank** (französische ländliche Küche), **The Golden Horse** (chinesische kaiserliche Küche) und das Restaurant des **Dacre's Hotel.**

Selbst in kleineren Städten wie **Dayton** findet man heute feine Restaurants wie das **Petit Creek** (französisch) und **The Chalet** (feine mexikanische Küche). Richland verfügt über eine französische Gaststätte – **Le Petit** – und Kennewick über ein erstklassiges Grill-Restaurant, das **CD's Texas-Style Barbeque.**

Das Binnenreich unserer Tage mit einem Durchmesser von 240 Kilometern repräsentiert das immer noch wachsende und sich ändernde Amerika der Gegenwart.

Wüstenlandschaft und Sanddünen in der Nähe von Wallula Gap.

DIE SCHLUCHT DES COLUMBIA RIVER

Die Schlucht des Columbia ist ein geologisches Wunder, entstanden durch Feuersbrünste und Fluten in längst vergangenen Zeiten. Sie bildet den Durchbruch des Columbia River durch die Cascades östlich von Portland entlang des nördlichen Randes von Mount Hood. Wenn der Columbia diesen Einschnitt erreicht, hat er in sich schon die Kraft der meisten Nebenflüsse gesammelt und legt für den letzten Abschnitt des 1985 Kilometer langen Laufes von den Quellflüssen in Kanada bis zum Pazifik noch einmal an Breite zu.

Fährt man auf dem 38 Kilometer langen, landschaftlich schönen Highway auf der Oregon-Seite durch die Schlucht, bieten sich unwiderstehliche Szenerien, atemberaubende Wasserfälle und reizvolle Spazierwege. Am östlichen Ende des **Scenic Highway** findet man den **Bonneville Dam;** Lachse und andere Fischarten schwimmen hier flußaufwärts. Hinter Bonneville bei der Schleuse von **Cascade Locks** kann man im Schleusenmuseum einiges über die Rolle der Menschen in der Geschichte des Wasserlaufes erfahren. An der Schleusenanlage kann man sich auch an Bord eines Schaufelraddampfers begeben. Den Abschluß des Ausflugs bildet eine Fahrt auf dem Hood River durch das Land der Äpfel und Birnen in dem sich nach Süden bis zum schneebedeckten Mount Hood ausbreitenden Tal.

Das Wetter in der Schlucht ist in der Regel milde, warme Luft strömt ein aus Ost-Oregon. Im Sommer kann man in den strandnahen State Parks, z.B. Benson State Park bei den Multnomah Falls, ein Bad in der Sonne nehmen oder schwimmen gehen.

Verläßt man Portland in östlicher Richtung, sollte man den Hinweisschildern zum Scenic Highway folgen. Zwar ist die auf Flußhöhe verlaufende moderne Interstate 84 sicherlich schneller und effizienter, doch die Landschaft ist von viel größerem Reiz.

Vorherige Seiten: Beacon Rock mit Blick auf die Columbia River Gorge. **Unten:** Die ersteZugstrecke entlang der Schlucht.

In **Troutdale** folgt die Straße dem Lauf des Sandy River und wendet sich landeinwärts. Im **Lewis und Clark State Park,** am Ufer des Sandy River, kann man im Frühling hervorragend Silberstint fangen, im Sommer bietet sich ein Sonnenbad an, im Winter kann man Steelhead angeln. Ein Spaziergang auf dem Naturpfad lohnt sich.

In der Schlucht: Der Weg steigt an bis nach **Corbett** und noch ein Stück weiter, bis man den ersten atemberaubenden Ausblick beim **Women's Forum Park** genießen kann. Von hier hat man einen herrlichen Blick auf den mächtigen Columbia River, auf die Berge und Vista House in Crown Point. Im Park ist eine Gedenktafel für Sam Hill, einen Straßenarbeiter, zu finden. Hill war einer der Bauarbeiter, die 1913-1915 die Straße erbauten.

Genau 210 Meter über dem Fluß kann man von **Vista House** in Crown Point einen wahrhaft atemberaubenden Blick in die Schlucht werfen. Vista House wurde einst zum Gedenken an die Pioniere von Oregon gebaut, es steht heute für Besichtigungen offen. Das Panorama von Crown Point verdeutlicht die These von Geologen, wonach die Schlucht durch eine Reihe von Verwerfungen, Gletscherflüsse und Vulkanausbrüche gebildet wurde. Die letzten Ereignisse, die der Schlucht vor ungefähr 12 000 Jahren ihre heutige Gestalt gaben, waren mehrere aufeinanderfolgende Flutwellen, insgesamt etwa 40 an der Zahl.

Multnomah Falls.

Eine Nebenstraße des Scenic Highway führt nach **Larch Mountain,** einem beliebten Picknick- und Ausflugsziel der Portländer. Larch Mountain ist 1240 Meter hoch und bietet dem Wanderer schöne Aussichten. Ganz am Ende kann man von **Sherrard Point** aus den Blick auf den Columbia, den Mount Hood und auf Portland genießen.

Im Gebiet der Wasserfälle: Östlich von Crown Point erstreckt sich ein bei Wasserfall-Begeisterten sehr beliebtes Gebiet. **Latourell** ist der erste von elf Wasserfällen auf der 18 km langen Strecke. Auf einem kleinen Pfad gelangt man zu einer schmalen Brücke am Fuße des Wasserfalls. Zum nächsten, **Shepherd's Dell,** 1,6 Kilometer hinter Latourell, gelangt man auf einem Steinweg. Es folgt **Bridal Veil,** den man nur zu Fuß erreichen kann, denn er liegt unterhalb der Straße. Danach kommt eine ganze Reihe von Wasserfällen mit dem indianischen Namen **Wahkeena,** was soviel bedeutet wie „das Schönste".

Die Hauptattraktion in der Columbia Schlucht ist der größte der Wasserfälle, der **Multnomah.** Am günstigsten ist es, den Wagen unten auf dem geräumigen Parkplatz am Fuße des Wasserfalls stehen zu lassen. Auch ein Spaziergang zum oberen Ende des Wasserfalls lohnt sich, ebenso ein Blick von der Brücke auf der anderen Seite. Mit einer Fallhöhe von 190 Meter ist Multnomah der vierthöchste Wasserfall in den Vereinigten Staaten. In einer Ausstellung am Fuß des Wasserfalls werden geologische Beschaffenheit und Pflanzenwelt der Region ansprechend dargestellt. Im wiederhergestellten Gasthaus **Multnomah Falls Lodge** kann man den ganzen Tag über gut speisen.

Wander- und Spazierwege: Auf Ihrem Weg zum Waserfall werden Sie sowohl am Oregon State Park als auch am Nationalen Forstgebiet vorbeikommen. Beide Gebiete sind durch eine Vielzahl kleiner Wege und Pfade miteinander verbunden. Viele Rastplätze laden zum Verweilen ein, auch Campingplätze zum Übernachten stehen an einigen Orten wie in Ainsworth, östlich von Multnomah, zur Verfügung.

Wenn Sie ein genaues Wegeverzeichnis haben möchten, halten Sie am besten an einem der State Parks und kaufen eine Broschüre; regionale Reiseführer erhalten Sie im Andenkengeschäft am Multnomah-Fall.

Im Forstamt erhält man auch ausgezeichnete Landkarten; erkundigen Sie sich nach der Broschüre *Forest Trails of the Columbia Gorge*. Wenn Sie Ihre Beine ein wenig auf dem Pazifischen Höhenweg (Pacific Crest Trail) trainieren wollen: Der zu Oregon gehörende Teil dieses von Kanada bis Mexiko reichenden Weges beginnt westlich von Cascade Locks.

Östlich der Multnomah Falls liegt in einer Landschaft von dichtbewaldeten Felsabhängen oberhalb des Columbia der **Ainsworth State Park;** Camping-Reisende finden hier gute Übernachtungsmöglichkeiten. Wenn Sie lediglich einen Tagesausflug unternehmen, werden Sie hier auch schöne Plätze für ein Picknick finden. Die Campingplätze sind gepflegt und gut ausgestattet.

Begibt man sich auf der Suche nach weiteren Wasserfällen von Multnomah aus weiter nach Osten, gelangt man zum **Oneonta.** Ein Weg zu den **Horsetail Falls** führt direkt hinter die fallenden Wassermassen; zu den **Elowah Falls** kann man auf mehreren Wegen gelangen.

Der Staudamm von Bonneville: Mit dem Bau des Staudammes begann man im Jahre 1933. Sechs Jahre später war das Bauwerk vollendet und wurde nach einem Forscher aus dem 19. Jahrhundert, Captain Benjamin de Bonneville, benannt. Der 440 Meter lange **Bonneville Dam** bildete den Grundstein zur Stromgewinnung im gesamten Pazifischen

Punchbowl Falls.

Nordwesten. Beim Bau des Dammes wurde sehr darauf geachtet, den Fischbestand, und hierbei besonders die Lachse, zu schützen und zu bewahren. Ausgeklügelte Steigleitern wurden konstruiert, so daß die Fische den Damm überwinden konnten. Um die Unterstützung der Öffentlichkeit zu gewinnen, errichtete das U.S. Ingenieur-Corps, das den Staudamm gebaut hatte, auch ein einladendes Besucher-Zentrum. Der Staudamm von Bonneville und die Multnomah-Falls sind die beiden beliebtesten Ausflugsziele für Besucher und Reisende in der Columbia-Schlucht.

Das ganze Jahr über kann man das Leben der Fische bei Bonneville draußen oder drinnen verfolgen. Draußen kann man sehen, wie die Lachse sich Stufe für Stufe nach oben bewegen oder in den Wasserrinnen ausruhen. Schiffe bahnen sich vorsichtig ihren Weg durch die 150 Meter lange Schleuse. Innen, im Besucherzentrum, tummeln sich direkt vor Ihren Augen hinter den Glaswänden große Chinook-Lachse auf ihrer ständigen Wanderung zu den kleinen Quellflüssen, wo sie einst geboren wurden. Dort werden auch sie ihre Eier ablegen und sterben, werden zur Nahrung von Adlern und Bären. Außer den Lachsen können Sie auch Aale und Steelheads beobachten, wie sie gegen die Strömung anschwimmen.

Unbedingt besuchen sollten Sie außerdem die **Staatliche Fischzucht von Oregon** beim Damm von Bonneville.

Auf historischen Pfaden: Östlich von Bonneville liegt der **Eagle Creek,** einer der bekannteren Wege in der Columbia-Schlucht. Hier ist man auf umfangreiche Fossilien-Funde gestoßen. Ein gut angelegter Pfad führt durch tiefgrünen Wald hinauf zu den **Metlako-** und **Punchbowl-Wasserfällen**.

Im **Cascade Locks Marine Park,** einer nationalen historischen Sehenswürdigkeit, kann der Besucher die Rolle des Menschen in der Entwicklung des Columbia River studieren. Früher war das Museum Wohnhaus des Schleusenwärters, heute sind hier Fotos der alten Dampfschiffe, der Eisenbahnen und anderer Transportmittel und -me-

Blick auf den Mount Hood vom See Lost Lake.

thoden ausgestellt. Gleich nebenan steht die erste Dampflokomotive des Nordwestens zur Besichtigung.

Nach neuesten Erkenntnissen von Archäologen haben in diesem Gebiet über 9000 Jahre lang Indianer gelebt, die sich hauptsächlich von den ergiebigen Lachsvorkommen ernährten. Alte Indianerlegenden erzählen, daß einst die Götter westlich der heutigen Schleuse eine steinerne Brücke über den Fluß spannten. Heute steht hier eine von Menschenhand errichtete Brücke, die **Bridge of Gods,** die Oregon und Washington miteinander verbindet. Sie wurde 1926 gebaut und im Jahre 1938 noch einmal höhergezogen, um dem Hochwasser hinter dem Damm von Bonneville standhalten zu können. Wenn Sie weiter in Richtung Westen fahren, werden Sie an vielen Stellen am Fluß Indianer beim Lachsfang antreffen können, ein Privileg, das ihnen zuerkannt worden ist.

Viele nutzten den Columbia als Transportweg: Forscher, Pelzjäger und Händler, schließlich auch Siedler. Sie befuhren im 19. Jahrhundert den Columbia in Richtung Westen und gerieten sehr bald in die gefährlichen Kaskaden-Stromschnellen. Viele verloren hier, kurz vor dem Ziel ihrer langen Reise all ihr Hab und Gut; 1896 konnte man mit dem Bau der Schleusen endlich die Stromschnellen bändigen. Jedes Jahr im September feiert die Gemeinde von **Cascade Locks** die Ereignisse der Vergangenheit mit den Portage Days; dazu gehört auch nach Art der Indianer gebackener Lachs.

Auf dem Fluß: Vom Memorial Day bis zum September ist der Columbia-River-Heckraddampfer an den Cascade Locks unterwegs. Auf diesem romantischen Flußboot kann man täglich einen Ausflug in die Vergangenheit unternehmen. Die Fahrt dauert etwa zwei Stunden und umfaßt einen Vortrag über Natur und Geschichte. Von Mitte Juni bis Ende September werden täglich drei Fahrten durchgeführt. Möchte man an einer der Fahrten inklusive Mahlzeiten oder Imbiß teilnehmen, muß man Plätze reservieren.

Hinter den Cascade Locks liegt die wirtschaftlich bedeutsame Stadt **Hood River.** Südlich von ihr erstreckt sich das Land der Äpfel und Birnen bis zum weißleuchtenden Mount Hood.

Wie in so vielen anderen Kleinstädten in Oregon gedeihen auch in Hood River eine Unmenge von Blumensorten: Petunien, Dahlien, Rosen, Forsythien, große schattenspendende Laubbäume säumen die Straßen, in den Vorstädten und im Umland verfügt jedes Gärtchen über ein paar Gemüsebeete.

Hood River bildet das Tor zum **Mount Hood,** der mit seiner majestätischen Höhe von 3420 Meter die Cascades von Oregon beherrscht. Von Portland aus kann man bei klarem Wetter den schneebedeckten Gipfel erblicken. Fahren Sie in Hood River einmal zu dem Informationszentrum am **Port Marina Park** (Ausfahrt Nr. 64 auf der I-84). Das Zentrum bietet eine interessante Reliefkarte der umliegenden Region an.

Einer der schönsten Ausblicke erschließt sich vom **Panorama Point.** Fahren Sie hierzu 500 Meter auf dem Highway 35 in Richtung Süden, biegen Sie dann auf die Eastside Road ein und

Ein einladender Weg durch den Laubwald.

fahren Sie hier noch vier Kilometer weiter; Sie gelangen dann zu dem Aussichtspunkt, von dem man einen schönen Überblick über das Tal von Hood River und Mount Hood hat.

Obstplantagen: Hood River bildet das Zentrum für Holzfällerei und Birnenanbau im Tal von Hood River. Oregon ist der führende Holzproduzent des Landes, südlich der Stadt **Elkhorn** wird intensiv Holz geschlagen. Auch auf ertragreiche Obstplantagen stößt man überall. Jedes Jahr im April feiert man in Hood River das Blütenfest, von Juni bis September findet überall die Ernte statt. Anjou-Birnen und verschiedene Apfelsorten sind das Hauptprodukt in dieser Gegend, die an Straßenständen zum Kauf angeboten werden. Die Birnen muß man allerdings eine Weile liegen lassen, bis sie reif genug zum Verzehr sind.

Der erste weiße Siedler in diesem östlichen Teil der Columbia-Schlucht war Nathaniel Coe; er steckte 1854 seinen Claim ab und begann sofort, Obstbäume anzupflanzen. Seit der Jahrhundertwende wetteifern Obstanbau und Holzproduktion als die Hauptwirtschaftszweige miteinander. Allerdings hat der Obstanbau auch seine Tücken. In den Jahren 1890 bis 1920 war Hood River für seine Äpfel weltberühmt. Dann, im Jahre 1921, kam ein schrecklich kalter Winter, und Tausende von Bäumen erfroren. Viele Farmer gingen deshalb dazu über, die widerstandsfähigeren Anjou-Birnen anzubauen.

Westlich von Hood River steht das **Columbia Gorge Hotel** auf einem Felsen über dem Fluß. Das 1921 erbaute Hotel empfiehlt sich für Übernachtungen oder auch für ein gepflegtes Essen. Sein Erbauer, der Holz- und Tourismus-Baron Simon Benson, hatte es einst zur Ankurbelung des Tourismus am Columbia errichten lassen. Es verfügt über einen eleganten Speisesaal, angenehm eingerichtete Zimmer und einen eigenen, 63 Meter hohen Wasserfall.

1986 verabschiedete der Kongreß eine Verfügung, mit der die Columbia-Schlucht zu einem Landschaftsschutzgebiet ernannt wurde.

Weidende Kühe in der Nähe des Columbia River.

PORTL

REGON.

Portland, Oregon

Obwohl **Portland** mehr als 350 000 Einwohner hat und die größte Stadt des Staates Oregon ist, wirkt es doch in vieler Hinsicht wie eine etwas groß geratene Kleinstadt. Wie der gesamte Staat Oregon hatte auch Portland lange Zeit den Ruf, attraktiv, solide, vielleicht sogar ein wenig bieder zu sein, auf jeden Fall ein guter Ort, um dort zu leben. Unter den amerikanischen Städten mit hoher Lebensqualität rangiert es immer ganz oben.

In den vergangenen Jahren unterlag Portland deutlichen Änderungen. Die Stadt wurde „entdeckt", und zwar von High-Tech-Firmen und Jung-Managern. Dieses Entdecktwerden brachte allerdings auch erhebliche Probleme mit sich: Die Stadt mußte sich entscheiden, in welche Richtung die Entwicklung gehen sollte, wie viele Änderungen sie ertragen und trotzdem ihren Charakter bewahren kann.

Trotz allen Wachstums ist Portland auch heute noch eine offene, sichere und freundliche Stadt. Besucher und Neuankömmlinge aus anderen Städten wundern sich immer wieder, daß man die Fahrräder der Kinder und den Grill unbeaufsichtigt im Park nebenan stehen lassen kann, ohne daß sie gleich verschwinden.

Portlands Lebens- und Wohnqualität beruht auf einer moralischen Haltung, die sich ihrer Umgebung sehr bewußt ist und sie schätzt: Ein großer Teil der Bevölkerung nimmt die Wiederaufbereitung und -verwertung von Haus- und Industriemüll sehr ernst; viele kommen zu Fuß oder mit dem Fahrrad an ihren Arbeitsplatz; die öffentlichen Verkehrsmittel werden viel genutzt.

Portland hat als erste Stadt der Vereinigten Staaten einen umfassenden Energieplan entwickelt und arbeitet gegenwärtig an einer Verordnung, die den Gebäuden, die mit Solarenergieanlagen ausgerüstet sind, die Nutzung der Sonnenenergie sichern soll. Seit zehn Jahren gibt es das Projekt Willa-

Vorherige Seiten: Portland im Jahre 1887. Unten: Die Silhouette von Portland und der Willamette River.

mette Greenway, das die Ufer des durch Portland fließenden Willamette schützt. Um das Recht eines jeden auf eine schöne Aussicht zu gewährleisten, dürfen Gebäude im Stadtgebiet eine bestimmte Höhe nicht überschreiten. Viele Einwohner verbringen das Wochenende in den Bergen, in den wüstenartigen Gebieten oder an der Küste, alle Gebiete sind innerhalb von drei Stunden Fahrzeit von der Stadt aus zu erreichen.

Lage und Charakter von Portland hängen eng miteinander zusammen: Im Norden reichen die Stadtgrenzen bis an den Columbia River an der Grenze zum Staat Washington; im Osten erreichen sie fruchtbares vulkanisches Gebiet und Schwemmland, auf dem früher viele Gemüsefarmer ihrer Arbeit nachgingen. Im Süden grenzt Portland an das weltberühmte und fruchtbare Willamette-Tal; im Westen schließlich reichen die Stadtgrenzen über den Kamm des Tualatin-Gebirges (den West Hills) bis zum dunkelerdigen Tualatin-Tal, entstanden durch den Willamette.

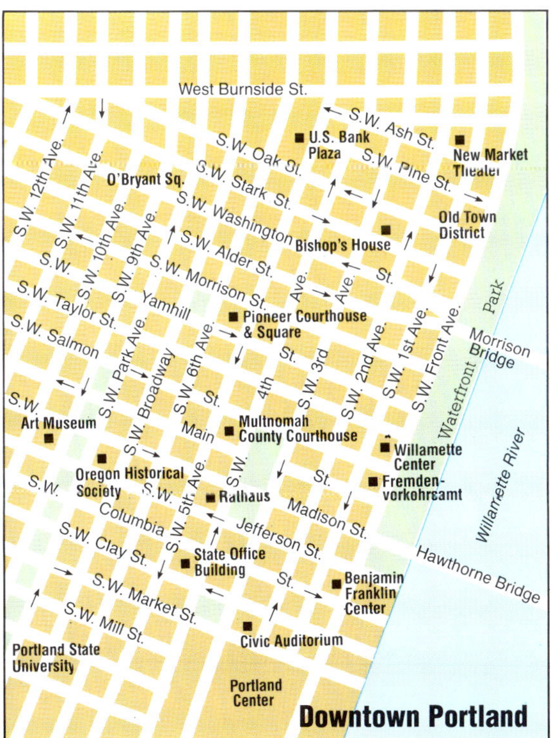

Flüsse und Berge: Zwei Flüsse haben Portland geprägt: der mächtige Columbia im Norden und der Willamette, der die Stadt in einen Ost- und einen Westteil unterteilt. Der Zusammenfluß dieser beiden Ströme schuf in Portland einen natürlichen Hafen. Der Hafen von Portland ist der wichtigste für den Warengroßhandel und die Autoimporte an der Nordwestküste. Vorrangige Produkte sind Weizen, Holz und Mais. Der einst arg verschmutzte Willamette ist heute weitgehend frei von Industrieabfällen. Seit den siebziger Jahren hat der Staat einiges unternommen, um ihn zu entlasten. Zuchtlachse und Steelheads leben im Fluß, viele Portländer kommen zum Angeln, Schwimmen und Bootfahren hierher. Es ist gerade 20 Jahre her, daß die Stadtgrenze entlang der natürlichen Grenzen der Tiefebene des Willamette-Tals verlief, schon lange vorher hatten die damaligen Bewohner den Fluß eingedämmt. Heute dehnen sich die Stadtgebiete schon weit in ehemalige Farmgebiete im Osten, Süden und Westen aus.

Der besondere Reiz Portlands liegt in seiner äußerst abwechslungsreichen Umgebung. Westlich der Stadt steigen die Hügel bis zu einer Höhe von 370 Metern auf, fallen zum Tualatin-Tal ab und erheben sich dann über eine Strecke von etwa 40 Kilometern zu den purpur-blaugrün leuchtenden Anhöhen des Coast-Range-Gebirges. Im Osten ragen Mount Scott und Mount Tabor auf.

Jenseits von ihnen, bei klarem Wetter von der Stadt aus gut erkennbar, erheben sich die Cascades: Rainier, Adams und St. Helens in Washington, Hood und Jefferson in Oregon. St. Helens, der berühmte, heute noch aktive Vulkan, der 80 Kilometer entfernt im Norden der Stadt liegt, ist seit Mai 1980, als er seine Kuppe sprengte, mehrere Male ausgebrochen und hat dabei Portland zweimal mit einer fünf Zentimeter dicken Schicht aus feinkörniger Asche bedeckt.

Portlands Trinkwasser stammt von den Hängen des Mount Hood und zählt zum reinsten und klarsten aller Großstädte in den Vereinigten Staaten. Der gewaltige Mount Hood beherrscht den Horizont von Portland.

Mildes Klima: Auch Portlands gemäßigtes Klima hat einiges zum Charakter der Stadt beigetragen. Vielleicht kann man die Klimaschwankungen im Laufe eines Jahres am besten mit einem gemäßigten Monsun-Klima vergleichen, allerdings ohne Stürme. Im Durchschnitt fallen lediglich 1000 Millimeter Niederschlag im Jahr, ganz im Gegensatz zu seinem so feuchten Ruf. Das entspricht in etwa der Niederschlagsmenge der Stadt New York. Doch in Portland regnet es von November bis Mai in langen Zeitabschnitten – manchmal nieselt es ununterbrochen zwei Wochen lang. Nach dieser „Regenzeit" klart der Himmel auf, und die Stadt liegt bis Oktober im Glanz des Sonnenscheins.

Die Winter sind mild mit Durchschnittstemperaturen von etwa 10° Celsius, nur gelegentlich gibt es Frost, Eis und Schneestürme. Auch wenn einige Einwohner Portlands hartnäckig behaupten, daß der Regen „trocken" sei und Regenschirme oder Schlechtwetterkleidung strikt ablehnen, scheinen sich zumindest die „Neubürger" und Besucher in solchen Regenzeiten doch etwas zurückzuziehen. Die Hauptfigur der allseits beliebten Anti-Gruß-Karte von Oregon, Hugh Wetshoe, tönt: „Die Leute hier in Oregon bekommen im Sommer keinen Sonnenbrand – sie rosten!" und: „Im letzten Sommer sind in Oregon 10 000 Leute vom Fahrrad gefallen – und ertrunken!"

Ein milder Winter hat jedoch auch seine Vorteile. Schnee schaufeln gehört hier zu den wenig bekannten Tätigkeiten, und die Wasserleitungen sind kaum je der Gefahr ausgesetzt einzufrieren. Sogar im Dezember und Januar leuchten Heidekraut und japanische Kirschblüten und beleben das Stadtbild.

Etwa Ende Mai beginnt dann die Sommerzeit. Im Hochsommer klettert das Thermometer bisweilen auf Temperaturen von 25° bis 30° Celsius, manchmal sogar etwas über 30°. In der Nacht kühlt es wieder ab, so daß man

Ein Schlepper zieht Baumstämme den Willamette hinunter.

gut schlafen kann. Manchmal fällt nun drei Monate lang kein Tropfen Regen mehr. Dann, Mitte September, kühlt es wieder ab, die Bäume lassen ihre Blätter noch einmal rot, orange und gelb aufleuchten. Und wieder beginnt die „Regenzeit".

Portland wird Weltstadt: Der Aufschwung kam für Portland mit den siebziger Jahren. Von 1970 bis 1980 stieg die Einwohnerzahl um 20,3 Prozent an und setzte Portland somit auf Platz 32 auf der Liste der Großstädte in den Vereinigten Staaten. Gleichzeitig entstand ein Bewußtsein, das man mit den Worten des ehemaligen Gouverneurs zusammenfassen kann: „Besuchen Sie Oregon, aber bitte fahren Sie auch wieder ab". Er wollte Oregon vor Umweltschäden, ausgelöst durch den Tourismus, bewahren.

Noch vor zehn Jahren war das Leben in Portland recht idyllisch und ein wenig spießig: Die Bewohner in der Stadt liefen im „nordwestlichen Einheitslook" umher – Cord-Rock oder -Hose, Pulli, Sport- oder Wanderschuhe, Windjacken gegen den Regen, Bart oder sparsames Make-up und ein Rucksack machten den Portländer aus. Doch das hat sich gründlich geändert. Die Stadt hat eine schickere Note bekommen.

Die Bürgermeister von Portland haben diese Entwicklung berücksichtigt und gelenkt. Neil Goldschmidt verlieh der Stadt in den Jahren 1972-1979 ein neues Gesicht. Der junge, energische und zukunftsorientierte Politiker entwarf einen umfassenden Plan, nach dem die Grundlinien des heutigen Portland geschaffen wurden, ausgerichtet auf Umweltschutz, Belebung der Innenstadt und industrielles Wachstum.

Sein Nachfolger, Frank Ivancie, konnte anschließend viel von Goldschmidts Plan in die Tat umsetzen. Gleichzeitig nahm er den Trend zu Wahrung von Recht und Gesetz und Wachstumsförderung um jeden Preis, der sich landesweit bemerkbar machte, in seine Politik mit auf.

Seit 1980 wurden Dutzende von Gebäuden renoviert oder neu gebaut. Das

In der Innenstadt von Portland.

Pioneer-Place-Projekt ließ einen Komplex für Büros, Hotels und Läden entstehen. Das neue Künstlerzentrum zieht Talente aus aller Welt an. Mehr als ein Dutzend neuer Theatergruppen sind inzwischen entstanden. 1978 vollendete die Tri-Met, die städtische Verkehrsgesellschaft, den *Transit Mall*, eine eigene Busspur durch die Innenstadt. 1986 nahm die *MAX* (Metropolitan Area Express), die neue Bahnlinie des Unternehmens, ihre Arbeit auf.

Der Zustrom von Einwanderern – viele von ihnen aus Südostasien – belebt das kulturelle Leben der Stadt und hat Portland den Ruf verschafft, gute asiatische Küche zu bieten. Heute ist es ein Kinderspiel, Restaurants aus aller Herren Länder zu finden. Natürlich gibt es daneben auch weiterhin die ausgezeichnete Küche des Nordwestens, mit frischen Meeresfrüchten, Wein, Obst, Nüssen und Gemüse.

1985 übernahm Bud Clark, Ivancies Nachfolger, die Verwaltung des neuen Portland. Er war bereits zuvor in der Kommunalpolitik aktiv und machte sich besonders um die Ansiedlung von kleinen und mittelständischen Betrieben sowie Projekten für soziale Einrichtungen für Senioren und Minderheiten verdient. 1992 trat er sein Amt an die neugewählte Bürgermeisterin Vera Katz ab, deren Aufgabe es nun ist, Portland auf dem Weg zur Großstadt sinnvoll zu unterstützen.

Eines wird bei einem Besuch Portlands sehr rasch klar, und dies ist gleichzeitig auch eine weitere Ursache für die Zerrissenheit der Stadt: Es existieren zwei fast voneinander unabhängige geopolitische Portlands. Wie wir schon festgestellt haben, teilt der Willamette die Stadt in eine östliche und eine westliche Hälfte. Einige Portländer betrachten diese Linie beinahe als unüberwindliche Grenze und verlassen ihren Stadtteil so gut wie nie.

Der Westteil Portlands ist recht hügelig, dicht besiedelt, Zentrum des Geschäfts- und Großstadtlebens, Mittelpunkt aller Verkehrsverbindungen und gleichzeitig die größte Parkanlage von Portland. Die Osthälfte ist vorwiegend

Eine Blaskapelle bei der jährlichen Rose Festival Parade.

flach und besteht hauptsächlich aus Wohn- und einigen Industriegebieten.

Die Innenstadt: Die Innenstadt von Portland ist nicht sehr groß, man kann sie leicht zu Fuß oder mit dem Bus durchqueren. Busfahrten im Kernbereich der Stadt (**Free Fare Zone**) sind kostenlos, zahlreiche Informationsstände mit Informationen per Bildschirm und Telefon helfen, den Weg durch die Straßen zu finden.

Besondere Beachtung verdient auch die Architektur in Portland. Viele Gebäude aus dem späten 19. und frühen 20. Jahrhundert wurden seit den achtziger Jahren renoviert und sind heute fester Bestandteil der Stadtführungen „Portland zu Fuß“. Auch die neueren Bürohäuser kann man nicht gerade als „Wolkenkratzer“ bezeichnen – es sei denn, man legt „Oregonsche“ Maßstäbe an; sie spiegeln 20 Jahre Entwicklung in der Architektur wider – von den Glaskästen von Mies van der Rohe bis zum preisgekrönten neoklassizistischen **Portland Building** nach dem Entwurf von Michael Graves.

Blumenhändlerin in der Innenstadt.

In Planun und Aufmachung der Kaufhäuser und Läden schlägt sich der gleiche Trend nieder: Man will das Alte bewahren und vom Neuen das Beste aufnehmen. Die beiden Komplexe, **Yamhill Market** und **New Market Theater** mit schicken und teuren Läden und Restaurants, waren noch bis zum Jahr 1983 lediglich ältere Gebäude. Auf diesem Gebiet haben die beiden Brüder Bill und Sam Naito die wohl einschneidendsten Neuerungen eingeführt: Anfang der siebziger Jahre begannen sie, verschiedene Gebäude und Gebäudekomplexe zu restaurieren, so die **Altstadt** nördlich des Stadtzentrums, die **Galleria,** sie bauten außerdem den Apartmenthaus-Komplex **McCormick Pier** am Willamette, dessen Bewohner ihr Wasser mit Sonnenenergie heizen können.

Am westlichen Rand des Stadtzentrums liegt ein weiteres für Portland charakteristisches Gebiet: Parkanlagen von über 2150 Hektar schließen sich hier unmittelbar an das Stadtgebiet an. Dazu gehört auch der **Forest Park,** mit 1900 Hektar das größte natürlich belassene Gebiet auf städtischem Territorium in den Vereinigten Staaten. Das **Hoyt Arboretum** ist 87 Hektar groß und bietet Führungen und Vorträge an; hinzu kommt der **Bristlecone Pine Trail,** der auch für Rollstuhlfahrer zugänglich ist.

Das ganze Jahr über können die Besucher die Ruhe und feine Schönheit des **Japanischen Gartens** genießen. Im **Washington Park International Rose Test Garden** kann man mehr als 400 unterschiedliche Rosensorten jeder nur denkbaren Farbe und Duftnote bewundern. Die Rosen blühen von Mai bis Oktober, ihren Höchststand erreichen sie im Juni und Juli, um diese Zeit findet dann auch das **Rosenfest** statt.

Washington Park Zoo beherbergt viele Tierarten aus allen Teilen der Welt. Im Oregon Museum für Wissenschaft und Industrie kann man regelmäßig an Kursprogrammen teilnehmen. Besucher des **Western Forestry Center** können sich über alle Arten von Baum- und Holzsorten informieren, die für das Wirtschaftsleben an der

Nordwestküste des Pazifik bedeutsam sind. Im Sommer ist im geräumigen Freiluft-Amphitheater eine breite Auswahl von Musicals und Theaterstücken geboten. Und wem das noch nicht genügt, dem stehen 80 Kilometer Wege durch Hoyt Arboretum und den Forest Park offen. Hier gibt es viele Rehe und Hirsche, klare Quellen und Bäche, Wildblumen und dichten Wald.

Weitere wichtige Sehenswürdigkeiten von Portland sind das **Arlene Schnitzer Performing Arts Center,** das **Portland Art Museum**, der **Pioneer Square** und **Forecourt Fountain. Powell's Bookstore,** das größte Geschäft für neue und gebrauchte Bücher in den Vereinigten Staaten, ist ebenso einen Besuch wert wie die **Staatliche Universität von Portland.** In der **Blitz-Weinhard-Brauerei** kann man an einem kostenfreien Rundgang teilnehmen und die bekanntesten Biersorten von Portland probieren.

Zu weiteren leiblichen Genüssen in Portland: Für das Frühstück empfehlen sich das **Bijou Cafe, Fuller' Coffee Shop** und das Restaurant des **Mallory Hotel** (Lieblingsrestaurant von James Beard). Ein gutes Mittagessen bekommt man im **Hunan, Abou Karim, Molly Bloom's** und im **Metro** auf dem Broadway. Für das Abendessen: **Jake's, Dan and Louis' Oyster Bar, Alexis, Café des Amis, Maya's Tacqueria** oder**Yen Ching**.

Südwest-Portland: Südlich der Innenstadt liegt Südwest-Portland. In den Siedlungen in unmittelbarer City-Nähe haben Bürgerinitiativen erreicht, daß wenigstens ein paar der Häuser aus viktorianischer Zeit bewahrt werden.

Ein großer Teil von Südwest-Portland liegt auf dem Gebiet der West Hills und ist recht hügelig. Wenn Sie einen schönen Ausflug unternehmen wollen, begeben Sie sich bei klarem Wetter auf den Scenic Drive, der sich durch ganz Portland hindurchschlängelt. Hier im Südwest-Teil führt er über dicht bewaldete Hügel, vorbei an eindrucksvollen Villen, ehrwürdigen alten Landsitzen bis zum Aussichtspunkt von **Council Crest,** der höchsten Erhebung von Portland. Von hier aus hat man einen atemberaubenden Rundblick auf die Cascades, von Mount Rainier bis zum Mount Jefferson, dann weiter in das Willamette-Tal hinein, über den Coast Range, den Columbia River und natürlich auf Portland selbst.

Zu den landschaftlich sehenswerten Gegenden gehören außerdem die **Parkanlagen von Washington, Duniway und Terwilliger** mit einem gut ausgebauten Netz an Wegen für Radfahrer, Jogger und andere Sportbegeisterte; weiterhin der **Wasserturm** im Einkaufszentrum von **John's Landing** und das **Lewis and Clark College.** Empfehlenswerte Restaurants sind das **Original Pancake House** und das **Goose Hollow Inn.**

Im Norden Portlands breitet sich **Nordwest-Portland** aus, der Schmelztiegel von Oregon; dieses Gebiet hat die höchste Bevölkerungsdichte von Oregon, seine Einwohner kommen aus den verschiedensten Kulturen, und es bietet so widersprüchlichen Dingen wie Anlagen der Schwerindustrie, unberührten Naturgebieten und Gemüse-

Grüner Zugang zu einem Reihenhaus in der Irving Street.

farmen Raum. Im Gebiet von der 21. bis zur 25. Northwest-Avenue, nördlich der Burnside Avenue bis zur Pettygrove Street, kann man einen gemütlichen Stadtbummel unternehmen. Faszinierend sind hier auch die farbenprächtigen restaurierten viktorianischen Häuser im San-Francisco-Stil, Buchverlage und Filmstudios.

Wie der südwestliche Teil ist auch der Nordwesten Portlands hügelig. Einen besonders schönen Blick hat man vom Aussichtspunkt **Pittrock Mansion.** Empfehlenswerte Restaurants sind **Elephant's Deli, Papa Haydn** und **Zefiro.**

Am nördlichen Ende des Nordwest-Viertels von Portland, hinter dem Flußuferstreifen mit vielen Industrieanlagen, liegt **Sauvie Island.** Die idyllische und abgelegene Insel ist 32 Kilometer lang und acht Kilometer breit; hier gibt es Straßenstände, die Obst verkaufen, sowie die sogenannten U-pick-farms, auf denen man Erdbeeren, Himbeeren und Kürbisse selbst pflücken und dadurch Geld sparen kann.

Der östliche Teil – East Side: Um zur East Side von Portland zu gelangen, überquert man auf einer der Brücken den Willamette River; zwei Brücken in der Stadt haben richtige Tender, um die Brücke bei Bedarf für den Schiffsverkehr anzuheben. Diese Tender sind von einem Hauch von Romantik umgeben, regelmäßig wird über sie in den lokalen Medien berichtet. Die Brücken haben es auch möglich gemacht, daß man seinen Wagen auf dem weniger überfüllten Ostufer abstellen und gemütlich zu Fuß zu seinem Arbeitsplatz auf der anderen Seite des Flusses gehen kann.

Um ein Gefühl dafür zu bekommen, welche Rolle der Willamette River in Portlands Vergangenheit gespielt hat, sollte man morgens oder abends einmal auf einer der Brücken entlanggehen, sei es die **Burnside**, die **Morrison** oder die **Hawthorne Bridge.** Frühmorgens sieht man schmale Sportboote mit ein oder zwei Ruderern lautlos vorübergleiten; knapp über der Wasseroberfläche segeln Wasservögel dahin, Fische springen hoch empor; die Morgenson-

Das Eingangstor des Japanischen Teegartens im Washington Park.

ne taucht die West Hills in rosarotes Licht und spiegelt sich in den Fenstern der Hochhäuser. Langsam steigt dann die Sonne hinter dem Mount Hood auf und verwandelt ihn dabei allmählich von einem dunkelrot leuchtenden umgekehrten „V" vor aprikosenfarbenem Hintergrund in einen blendend weißen Berg, der plötzlich sehr ernst und majestätisch wirkt.

Seit Beginn des 20. Jahrhunderts bis in die sechziger Jahre hinein war hier am südöstlichen Flußufer der Platz der alten **Produce Row;** sie erreichte ihre Blütezeit in den dreißiger bis in die fünfziger Jahre. Hier boten Kleinhändler – die meisten waren italienische Einwanderer – frisches Gemüse, Obst, Fleisch und Eier an, hauptsächlich aus eigener Produktion. Heute stehen hier über zehn Straßenblöcke hinweg Warenhäuser, die alte Tradition der Produce Row ist längst verschwunden.

Früher wohnten hier im südöstlichen Teil alteingesessene Einwohner, Studenten und einige ethnische Minderheiten. Heute findet man zunehmend die sogenannte „Hip"-Generation, insbesondere am Hawthorne Boulevard. Diese neue Bevölkerungsgruppe hat dafür gesorgt, daß es heute schicke Boutiquen und Läden gibt, nicht zu vergessen die ausgezeichneten Restaurants. Zu den besten in Southeast gehören **Indigene, Genoa, Bread and Ink, Old Wives' Tale** und das **Rimsky Korsakoffee House.**

Ähnlich sieht es auch weiter südlich im Stadtteil **Sellwood** (gleich östlich von der Sellwood-Brücke an der 13. Straße) aus, obwohl Sellwood schon seit längerer Zeit Zentrum für Antiquitäten und gute Restaurants ist.

Besichtigenswert im Südostteil der Stadt sind die Berge **Tabor** und **Scott**, der **Scenic Drive,** das **Reed College** und die **Crystal Springs Rhododendron Gardens. Leach Botanical Park** war früher Privatbesitz, heute gehört er der Stadt. Die Naturgebiete **Oaks Bottom** und **Ross Island** bilden malerische Flecken in Southeast Portland. Auch sollte man **Corno's** einen Besuch abstatten, einem Supermarkt in Famili-

Links: Eine künstlerische Skulptur ziert das Georgia Pacific Building. **Unten**: Reihenhaus in Portland.

enbesitz am östlichen Ende der Morrison Bridge. Man beachte die in leuchtenden Farben aus Holz geschnitzte Fassade mit Obst und Gemüse.

Der Nordosten: Nordost-Portland ist hauptsächlich Wohngebiet mit ein paar verstreuten kleinen Fabriken. Die Gegend um **Irvington** herum bietet besonders im Frühjahr, wenn rosa Hartriegel und andere Sträucher und Bäume blühen, einen farbenprächtigen Anblick. Hier im Nordosten liegen Portlands Internationaler Flughafen, das **Lloyd Center** (das erste überdachte Einkaufszentrum in den Vereinigten Staaten), das **Memorial Coliseum** und der **Holliday Market**. Empfehlenswerte Restaurants sind **Stanich Ten Till One Tavern** (gute Hamburger und Bier), **Pal's Shanty** (gedünstete Muscheln, Sandwiches und Bier), **Casa U Betcha** (mexikanische Küche) **Ron Paul** (typische nordwestliche Gerichte und **Merchant of Venice** (Pastas).

Nord-Portland ist eigentlich ein geographischer Ableger des nordöstlichen Teils, doch gilt es als eigenständiger Stadtteil, denn es besteht aus vielen angegliederten Gemeinden wie **St. Johns** und **Linnton.** Ähnlich wie im Nordosten sind auch hier vorwiegend Wohnhäuser und ein paar Kleinbetriebe gebaut worden, außerdem der Hafen von Portlands **Rivergate**-Komplex und einige größere Hafenanlagen, die **Universität von Portland** und der **Portland Meadows Racetrack,** die Rennbahn. Sehenswert ist auch **Jantzen Beach/Hayden Island,** ein Gebiet mit vielen Hausbooten und kleinen Geschäften auf der Oregon-Seite der Interstate-5-Brücke über den Columbia. Am Ostufer haben viele Yachtclubs ihre Liegeplätze. Wer von diesen Ankerplätzen ausläuft – hier kann man auch Boote mieten – muß sehr geschickt im Manövrieren bei starkem Wind und heftigen Strömungen sein und auch den riesigen Ozeandampfern ausweichen können. Doch das Gefühl, sich auf diesem traditionsreichen Fluß zu bewegen, und der eindrucksvolle Blick auf den Mount Hood machen alle Anstrengungen wieder wett.

Tausende von Läufern nehmen am Cascade Run-Off teil.

Die Küste von Oregon

Die Küste von Oregon ist 643 Kilometer lang und eine der schönsten Naturparks der Welt. Sie ist Eigentum der Bewohner von Oregon; in den Jahren 1913 und 1967 wurde das Küstengebiet per Gesetz der „freien und vollständigen Verfügung" durch die Öffentlichkeit übergeben. Das Aufstellen von Plakatwänden und Reklametafeln unterliegt hier strengen Bestimmungen, so daß ein Anblick wie an der Küste Süd-Kaliforniens kaum möglich ist. Oswald West, Gouverneur von Oregon zu Beginn dieses Jahrhunderts, hat den Menschen von Oregon die Grundlagen für eine umweltbewußte Einstellung vermitteln können, die bis heute lebendig und wirksam ist.

Das rauhe und zerklüftete Küstengebiet bietet dem Besucher ungewöhnliche landschaftliche Vielfalt. Ein einzigartiger Anblick sind die riesigen Sanddünen zwischen Florence und Coos Bay, zusammengefaßt im 12 950 Hektar großen nationalen Erholungsgebiet von Oregon. Meilenweit ziehen sich die gewaltigen Dünen die Küste entlang und erinnern an die Sanddünen von Death Valley in Kalifornien.

Doch das Küstengebiet von Oregon hat auch anderes zu bieten: Wälder und Strände laden zu langen Spaziergängen, zum Baden, Angeln und Zelten ein. Am Highway reihen sich insgesamt 60 staatliche Parks aneinander; in einigen stehen die letzten noch unberührten Exemplare von Koniferen im Staat Oregon.

Hinter dem Küstenstreifen erheben sich die Felswände und Ausläufer des Coast Range; sie verlaufen parallel zum Cascade Range und nehmen nach Süden hin an Höhe zu.

Sonnige Sommer und Winterstürme: Das Küstengebiet von Oregon hat ein maritimes und daher das ganze Jahr über mildes Klima. Die Sommer sind warm und sonnig, oft sorgt ein milder Herbst im Anschluß gleich noch für einen schönen, farbenprächtigen Altweibersommer. Im Winter brechen heftige Stürme über die Küste herein. Wer den Strand am nächsten Tag nach angeschwemmten Schätzen absuchen will, muß früh aufstehen.

Die Küstenstraße U.S. 101 verläuft von Astoria bis nach Brookings, also immer der Küste von Oregon entlang. Mehrere Straßen verbinden die größeren Städte im Tal von Willamette mit der Küste im Westen. Der Highway 30 führt von Portland nach Astoria am nördlichen Küstenende von Oregon. Der Sunset Highway, die U.S. 26, reicht von Portland bis an die Seaside, ein wichtiges Erholungsgebiet.

Die Menschen hier haben traditionell ihren Lebensunterhalt mit Fischfang und Holzfällerei verdient. Heute ist der Tourismus zu einem der wichtigsten Wirtschaftszweige geworden und hat dem Fischfang inzwischen den Rang abgelaufen.

Geschützte Wildnis: Will man das Küstengebiet gründlich kennenlernen, beginnt man am besten mit dem **Fort Stevens State Park** im Norden und bewegt sich von da aus nach Süden.

Vorherige Seiten: Hohe Brandung bei Cape Kiwanda, nahe Pacific City. Unten: Astoria Tower.

Fort Stevens, zur Zeit des Bürgerkriegs eine Festung, schwillt heute im Sommer mit seinen 605 Campingplätzen regelmäßig zu einer mittelgroßen Stadt an. Auf einer Länge von sechs Kilometern bietet der Strand alle Voraussetzungen zum Brandungsfischen, Muschelsuchen und Burgenbauen. Als Besonderheit hat Fort Stevens, das einst die Mündung des Columbia River bewachte, die historische Tatsache zu bieten, daß es als eine der wenigen Befestigungen während des Zweiten Weltkrieges von den Japanern unter Beschuß genommen wurde. In einem Besucherzentrum kann man sich die Geschichte der Entstehung von Fort Stevens z. Zt. des Bürgerkrieges erläutern lassen.

Am Ufer von Fort Stevens liegt – halb im Sand vergraben – das Wrack des britischen Viermastschoners *Peter Iredale*, der 1906 hier auf Grund lief. Dieses Wrack erinnert nachdrücklich daran, wie wichtig Leuchttürme an dieser heimtückischen Küste sind.

Seefahrervergangenheit: Ein Stück landeinwärts von Fort Stevens, am Columbia River, liegt die Stadt **Astoria.** Astoria kann auf eine lange Vergangenheit als Seefahrerort zurückblicken. So ist es nur logisch, daß hier der Sitz des **Columbia River Maritime Museum** mit kartographischen Darstellungen des Columbia River ist.

Bei einem Besuch in diesem Museum kann man viel lernen über die Methoden der Fischer von Astoria beim Wal-, Robben- und Fischfang. Die Ausstellungen informieren außerdem ausführlich über die Verfahren der Indianer beim Lachsfang, sie zeigen die von ihnen benutzten Fischernetze und kleinen Einmann-Boote, mit denen sie auf das offene Meer hinausfuhren. Erforschung und Entwicklung des Columbia River werden dokumentiert, Schaukästen bieten reiches Material über größere Forschungsfahrten auf die offene See; Handel und kriegerische Auseinandersetzungen bestimmten wesentlich die wirtschaftliche Entwicklung. Das größte Ausstellungsstück ist das Feuerschiff *Columbia,* das in den Jahren von 1950 bis 1980 die Schiffe

Brücke über den Columbia River in Astoria.

beim Umfahren der Columbia Sandbank leitete.

Bei einem Bummel durch Astoria wird man auf dem Fluß viele Hobby- und kommerzielle Fischer entdecken. In Fischfabriken wird der Fisch gleich in Dosen verpackt. Mächtige Ozeandampfer mit Ladungen aus Land- und Forstwirtschaft begeben sich auf große Fahrt, die meisten Richtung Asien.

Nach dem Ausbruch des Mount St. Helens im Jahre 1980 wurde die Fahrt auf dem Columbia River hier recht problematisch. Der nordöstlich der Stadt gelegene Vulkan schleuderte Gesteinstrümmer und Schlamm in den Fluß, so daß die Fahrrinnen verstopften und die Schiffahrt zum Erliegen kam, bis man das Flußbett schließlich wieder ausbaggerte. Die **Trans Columbia Bridge** ist 6 km lang und verbindet Astoria mit Megler in Washington.

Wenn man einen schönen Rundblick über das Gebiet haben möchte, sollte man auf den **Coxcomb Hill** in Astoria fahren. Hier steht auch die 37 Meter hohe **Astoria Column**, auf deren Fries über die Erforschung des Columbia und die Gründung von Astoria berichtet wird. Die Säule wurde 1926 zur Erinnerung an die Entdeckung und Erschließung des amerikanischen Nordwestens errichtet. 166 Stufen führen hinauf zu einer Aussichtsplattform.

Auf Ihrer Fahrt über die hügeligen Straßen Astorias werden Ihnen immer wieder gut erhaltene und gepflegte Häuser aus der viktorianischen Zeit auffallen. Generationen wohlhabender Seefahrer-Familien haben sie erbaut und instand gehalten. (Eine Liste mit den schönsten dieser Häuser erhält man bei der örtlichen Handelskammer am Hafen.) Die stattlichsten und historisch bedeutsamsten Häuser befinden sich in der Grand und der Franklin Avenue. Schmuckstück unter ihnen ist das Flavel House, auch bekannt als das „Haus mit dem roten Dach“. Im Flavel House ist heute das **Historische Museum von Clatsop County** untergebracht; es enthält eine Reihe von Ausstellungsstükken, die von den ursprünglichen Bewohnern dieser Region und der Rolle,

Sonnenuntergang in Bandon Beach.

die verschiedene ethnische Gruppen in der Entwicklung gespielt haben, erzählen, wie zum Beispiel die Chinesen. Viele der hier ansässigen skandinavischen Familien feiern im Juni das Scandinavian Festival.

Im Ehrenmal zum Gedenken an die Expedition von Lewis und Clark am Lewis und Clark River, dem **Fort Clatsop National Memorial,** kann man sich ganz in die rauhe, eigenwillige Welt der ersten Entdecker versetzen lassen. Hier verbrachte das Forscherteam die Wintertage von 1805/06, die es als „feucht und unangenehm", mit nur zwölf Tagen Sonne beschrieb. Um das Fort herum hat man eine Nachbildung des Palisadenzauns errichtet. Im Fort wird über den Tagesablauf des Teams berichtet, vom Biberhäuten bis zur Herstellung von Kugeln für die Musketen. Unter den Ausstellungsstücken befindet sich auch ein zehn Meter langer Einbaum, so wie ihn die Gruppe bei ihren Fahrten flußaufwärts benutzt hatte. In einem Filmbericht erwacht die Expedition wieder zum Leben.

Die felsige Küste bei Arch Rock.

Beliebte Ausflugsziele: Ein Stückchen weiter im Süden liegt **Seaside,** ein beliebter Ferien- und Ausflugsort für die Menschen in Portland. Auf der Strandpromenade herrscht lebhaftes Treiben. An diesem Ort gewannen Lewis und Clark Salz aus Seewasser, das sie dringend für ihre lange Heimreise im Jahre 1806 benötigten.

Fährt man noch weiter Richtung Süden, gelangt man nach **Cannon Beach;** der Name rührt von der hier im Jahre 1846 angespülten Kanone von dem U.S. Navy-Schoner *Shark*, der bei seinem Versuch, vom Columbia River ins Meer zu gelangen, gestrandet war.

Cannon Beach bildet den künstlerischen Gegenpol zu Seaside. Bildhauer und Künstler stellen in den Galerien ihre Arbeiten aus, Tausende von Besuchern und Urlaubern nehmen im Sommer am Strand am großen Sandburgen-Wettbewerb teil.

Cannon Beach ist zum kulturellen Zentrum an der Küste von Oregon geworden. Die Staatliche Universität von Portland unterstützt das Haystack Program in the Arts, eine vielseitige Sommeruniversität. Im **Coaster Theater** finden regelmäßig Theateraufführungen statt. Das **Fair Winds** ist ein Fachgeschäft für alte nautische Geräte und Kunstgegenstände. Der **Haystack Rock**, ein massiver Felsblock und gleichzeitig Vogelschutzgebiet vor Cannon Beach, bildet einen Schutzwall gegen die rauhen Wellen und erlaubt so kleineren Booten und Schiffen, direkt von der Küste aus in See zu stechen.

Südlich von Cannon Beach erhebt sich der **Neahkahnie Mountain,** eine gebirgige, dicht bewaldete Landzunge. Ein kleiner, von wilden Blumen gesäumter Pfad führt hinauf zur Spitze. Weiter unten im Süden liegen Manzanita, ein ruhiger, zurückgezogener Ort, und Nehalem, direkt am Fluß.

Wein und Käse: Gleich hinter Nehalem sollte man einen kurzen Abstecher landeinwärts machen und den Wegweisern in Richtung **Mohler** folgen. Hier hat man Gelegenheit, Patrick McCoys **Nehalem Bay Winery,** eine typische Weinkellerei von Oregon, zu besichtigen.

Weitere Gelegenheiten zu Weinproben an der Küste von Oregon bieten sich in **Lincoln City** und **Bandon.** Kehren Sie in Lincoln City in der Probierstube von **Honeywood Winery** ein, der ältesten und größten Weinkellerei von Oregon. Ebenfalls in Lincoln City befindet sich die Probierstube von **Oak Knoll**. Bandon, weiter südlich gelegen, hat die **Bjelland Vineyards** mit hiesigen Weinsorten zu bieten.

Nehalem Bay und Tillamook im Süden sind beliebte Ausflugs- und Picknickziele, so etwa der **Nehalem Bay State Park** oder **Three Capes Loop Road** westlich von Tillamook. Im Städtchen **Garibaldi** kann man sich mit Verpflegung versorgen, Brot gibt es in der **Bay Front Bakery,** Krebse und Garnelen aus Dungeness bei **Phil and Joe's Crab** oder **Smith's Pacific Shrimp.**

Auch in **Tillamook** kann man in zwei sehenswerten Käsereien Proviant für den Picknick-Korb erstehen. Die **Blue Heron Cheese Company** bietet verschiedene Käsesorten und Wein zum Kosten an. Die Leute von Oregon haben die Kunst der Käseherstellung zu einer wahren Meisterschaft entwickelt, man kann dies getrost als Entschädigung für den hartnäckigen Dauerregen ansehen. Der Regen sorgt für immergrüne Weiden in Oregon, 25 Prozent der Farmer betreiben Milchwirtschaft.

Die zweite bedeutende Käserei ist die **Tillamook County Creamery.** Hier entsteht ein sehr bekannter und beliebter Cheddar-Käse. Bei einem Rundgang kann man in einer besonderen Abteilung des Betriebes die Entstehung von Käse verfolgen. Auch der Besuch im „Käse-Museum" und Kostproben gehören selbstverständlich mit zur Besichtigung.

Im **Pioneer Museum** in der Zweiten und der Pacific Avenue in Tillamook wird man genauestens über die Geschichte Tillamooks und seiner Umgebung informiert: Über Natur, die Rolle der Indianer und der ersten Pioniere. Besonders sehenswert sind die Darstellungen der hier wildlebenden Tiere und eine Mineralien-Ausstellung, in der Gesteine aus ganz Oregon zu bewundern

Gelbe Lupinenfelder am Cape Sebastian.

sind.

Küste und hohe Wälder: Fährt man den reizvollen **Three Capes Loop** von Tillamook in Richtung Westen, stößt man bald auf drei gebirgige Landzungen (Cape Meares, Cape Lookout und Cape Kiwanda). Hier reichen die Bäume der Hochwälder bis zur Brandungsküste hinunter. In **Cape Kiwanda** kann man direkt an den Booten frisch gefangenen Lachs kaufen. Der Leuchtturm in **Cape Meares** stammt aus dem Jahre 1890. Unterwegs wird Ihnen eine riesige Sitka-Fichte mit mehreren Baumstämmen auffallen, man nennt sie auch den Krakenbaum. **Cape Lookout** eignet sich das ganze Jahr über zum Zelten und für lange Spaziergänge am Strand.

In fast allen Flüssen, die an Oregons Küste in den Pazifik münden, kann man ausgezeichnete Forellen, Steelheads und Lachse fangen. Außerdem sieht man überall Menschen mit langen Rohren auf der Suche nach frischen Muscheln. In **Yachats** kommt in jedem Sommer der Silberstint an die Küste, um auf dem vulkanischen Boden zu laichen. Die Einheimischen kennen sich natürlich bestens mit den Lebensgewohnheiten der Fische aus und warten schon mit Fangnetzen, um sich die pro Person und Tag erlaubten zehn Kilogramm zu sichern.

Lincoln City im Süden bildet den Anfang eines wohlbekannten Küstenabschnitts, die sogenannten „Twenty Miracle Miles“ mit besonders schönen Landsitzen und Anwesen. Hier findet man nicht mehr die für die Küste Oregons so typischen Einfamilien-Häuschen, sondern Gebäude, in denen auch Kongresse und Tagungen stattfinden. Die bekannteste Anlage ist die preisgekrönte **Salishan Lodge;** der geschmackvolle Bau besteht aus Naturstein sowie rohem Tannen- und Zedernholz und steht in einem 280 Hektar großen Forstgebiet.

In Lincoln City findet man eine Reihe von Kunstgalerien. **Oceans West Gallery** stellt Werke von über 200 Künstlern aus Oregon aus. Ein Kilometer östlich vom Highway 101, an der Immonen Road, steht das **Alder House**

Treibholz, Oregon Sand Dunes National Recreation Area, nahe Florence.

II. mit einer Glasbläserei. Ebenfalls an der Immonen Road stellt die **Mossy Creek Pottery and Gallery** feine handgetöpferte Gegenstände her.

Südlich von Lincoln City liegt das für seine Umgebung bekannte **Cape Foulweather.** Er erhebt sich bis auf eine Höhe von 135 Meter über der Brandungsgischt und bietet damit den höchsten Ausblick über die Küste Oregons überhaupt.

In **Newport** sollte man das zur Staatlichen Universität von Oregon gehörende **Marine Science Center** an der Yaquina Bay aufsuchen, das ein neues Aquarium bekommen hat. Anschaulich wird die Entstehung der Mündungsbecken erklärt. Diese Art von Meeresbecken entsteht nur dort, wo Flüsse und große Ströme in das Meer münden: in der besonderen Zusammensetzung von frischem Fluß- und salzigem Meereswasser gedeihen Wasserpflanzen und -tiere im Überfluß, einschließlich vieler junger Fische. Dem Marine Science Center obliegt die Überwachung und Kontrolle aller für den staatlichen Fischfang schädlichen Einflüsse, der mit 60 bis 70 Millionen Dollar pro Jahr eine entscheidende Rolle für die Wirtschaft des Landes spielt.

Meeresfrüchte im Überfluß: Zentrum des Dungeness-Krebs- und Garnelenfangs ist Newport; auch Lachs- und Austernzucht spielen eine wichtige Rolle. In den hiesigen Restaurants bekommt man natürlich immer frische Meeresfrüchte. Newport Beach ist ein beliebter Ausflugsort für Achatsucher. Das alljährliche Seefahrts-Festival im April/Mai zieht viele Besucher an.

Über einem zerklüfteten, mit Treibholz übersäten Küstenabschnitt steht der 1871 erbaute Leuchtturm von Yaquina Bay; hier wird deutlich, wie stark und gefährlich die Meeresströmungen und Fluten für die Schiffe sein können.

Der **Heceta Leuchtturm und Aussichtspunkt,** 20 Kilometer nördlich von Florence, steht an einem wilden Küstenabschnitt. Eine der Hauptattraktionen sind die **Sea Lion Caves.** Das ganze Jahr über halten sich in den Höhlen hier frei lebende Seelöwen auf. Mit einem Fahrstuhl gelangt man nach unten in eine 500 Meter große Höhle, wo man die Tiere beobachten kann. **Florence** ist bekannt für seine im Mai wunderbar blühenden Rhododendren; in dieser Zeit findet auch das alljährliche Rhododendron-Fest statt. An der Küstenpromenade, der Bay Street, hat man in den letzten Jahren die ältesten Gebäude der Stadt restauriert; in diesem Gebiet betreiben heute kleine Läden und Restaurants ein blühendes Geschäft.

Spektakuläre Dünen: Fährt man von Florence in Richtung Süden, gelangt man urplötzlich in ein Dünen-Gebiet; ein deutlicher Gegensatz zu den bewaldeten Hügeln und zerklüfteten Felsküsten von Oregon, an die man sich schon gewöhnt hatte. Auf einer Strecke von 66 Kilometern reiht sich zwischen Florence und Coos Bay, in der **Dunes National Recreation Area,** eine Düne an die andere. Am besten machen Sie Halt am Verwaltungsbüro des Parks in Florence (855 Highway Avenue) oder am Aussichtspunkt 16 Kilometer nördlich von Reedsport. Der Aussichtspunkt

Der Arago-Leuchtturm bei Charleston.

gliedert sich in drei Ebenen. Ein eineinhalb Kilometer langer Fußpfad führt hinunter ans Meer.

Je weiter man nach Süden kommt, desto höher werden die Dünen, einige erreichen sogar eine Höhe von 150 Metern und sind somit höher als die Sanddünen in der afrikanischen Sahara. Die Geschichte der Entstehung der Dünen ist geologisch außerordentlich interessant. Fast alle Küstengebirge von Oregon bestehen aus Basaltgestein, nur der Abschnitt direkt hinter den Dünen ist Sandstein, der leicht zerfällt und so zur Quelle für die Dünenbildung wird. Die Wissenschaftler meinen heute, daß der größte Teil des Dunengebietes während der letzten 10-15 000 Jahre entstanden ist, und zwar sowohl als Produkt der Erosion als auch der Ausschwemmungen von Flüssen und großen Strömen. Meeresströmungen haben den Sand die Küste entlang verteilt, die Brandung schleuderte ihn den Strand hinauf. Während der Ebbe packt der Wind den trockenen, leichten Sand und türmt ihn weiter landeinwärts zu Dünen auf. Sehenswert ist der **Jesse Honeyman Memorial State Park** hinter den Dünen mit Bächen und Süßwasserseen, der von Forellen und Barschen bevölkert ist.

Ein Spaziergang durch die Einsamkeit der Dünen ist ein unvergeßliches ästhetisches Erlebnis. Beim Besuch der Dünen sollte man mit starkem Wind rechnen. Von April bis September bläst er aus Nordwest, im Winter dreht er auf Südwest. Wanderkarten erhält man bei der Aufsicht in der Hauptverwaltung des Dünengebietes in Florence.

Das Vermächtnis des Holzbarons: Südlich des Dünengebietes gelangt man nach **Shore Acres,** einem der attraktivsten Nationalparks in Oregon und Schmuckstück von **Coos Bay.** Die Anlage mit vielen Blumen und einem orientalischen Garten war ursprünglich für den Holzbaron Louis J. Simpson angelegt worden. Simpson spielte in den ersten Jahrzehnten dieses Jahrhunderts eine wesentliche Rolle, er bewarb sich auch für den Posten des Gouverneurs. Er war der Sohn des legendären Cap-

Der Hafen von Garibaldi, Tillamook Bay.

tain Asa M. Simpson aus New England, Gründer des Holz- und Schiffbauimperiums von Oregon, das noch heute seinen Namen trägt. Von Asa Simpson erzählt man sich, daß er seine Schiffe niemals versichern ließ und für alle Risiken selbst einstand, zum Glück stürzte ihn diese Einstellung nicht in den Ruin. Sein Sohn Louis kam 1899 im Alter von 22 Jahren nach Oregon. Er kaufte 130 Hektar Land in Cape Arago und ließ darauf ein elegantes Haus im New-England-Stil bauen; innen täfelte er es mit Myrtenholz, einem Holz, das heute fast unbezahlbar ist. Das Haus steht auf einer 30 Meter hohen Klippe über der tosenden Brandung, Simpson machte es seiner Frau zum Hochzeitsgeschenk und ließ den 17 x 10 Meter großen Wohnraum mit Blick auf das offene Meer luxuriös ausstatten.

Im Jahre 1915 hatte Simpson auf 80 Hektar des Grundstücks um das Haus einen gepflegten Garten anlegen lassen. Neben den in Oregon heimischen Rhododendren und Azaleen pflanzte er Gewächse aus allen Gegenden der Welt, die seine Schiffe anfuhren. Er war auf dem Höhepunkt seiner Laufbahn angelangt, als er sich 1918 um den Posten des Gouverneurs bewarb, jedoch ohne Erfolg. Leider erwies sich nun auch Simpsons persönliches und berufliches Schicksal als nicht so sicher und erfolgreich wie das seines Vaters. Seine Frau Cassie starb 1920. Ein Jahr später brannte sein Haus nieder. Im Laufe der zwanziger Jahre hatte er eine Serie von geschäftlichen Mißerfolgen zu verbuchen. Er begann, das Haus wiederaufzubauen, doch das Geld ging ihm aus.

Hilfe kam mit dem Unglück eines Kollegen aus dem Holzgeschäft, dessen Schiff praktisch vor der Haustür von Simpson Schiffbruch erlitt und dessen Holz er sich verschaffen konnte. Dann brach im Haus wieder ein Feuer aus. 1934 schließlich schenkte Simpson das 54 Hektar große Parkgelände dem Staate Oregon.

Coos Bay ist der größte natürliche Hafen an der Westküste zwischen dem Puget-Sund und San Francisco. Für die Leute von Oregon ist Coos Bay gleichbedeutend mit Forstwirtschaft. Die Stadt selbst nennt sich den „größten Holzverladehafen der Welt“. (Der Staat Oregon hat die höchste Holzproduktionsrate der Vereinigten Staaten, jedoch sind die achtziger Jahre die schlechteste Zeit für die Holzwirtschaft gewesen.) Von Coos Bay aus stechen große Frachter mit Holz beladen vornehmlich in Richtung Japan in See. Bei einer Besichtigung des **Weyerhauser Sägewerks** kann man zuschauen, wie mit starken Wasserstrahlen die Rinde vom Baumstamm geschält wird. Mit großen Sägen werden die Stämme dann in fertige Balken zerlegt. Neben den Holzfrachtern unterhält Coos Bay eine Fischfangflotte, deren Boote weit hinaus aufs offene Meer fahren.

Ein Naturschutzgebiet: Die Stadt Coos Bay wurde 1854 von J.C. Tolman von der Coos Bay Company gegründet. Erinnerungen an ihre Vergangenheit bewahrt sie in einem Museum und mehreren historischen Gebäuden auf. Einen Führer durch diese Häuser kann man in der Handelskammer, E. Central Avenue Nr. 502, erstehen.

Cape Foulweather, nördlich von Newport.

Wichtigstes Projekt des Umweltschutzes ist in Coos Bay das **South Slough Sanctuary,** ein 1740 Hektar großes Sumpfgebiet mit Salz- und Süßgewässern, 1974 vom Staat Oregon unter Naturschutz gestellt. Das Gebiet ist frei zugänglich.

In Coos Bay trifft man zum ersten Mal vermehrt auf Myrtenwald. Aus dem für diese Gegend so typischen Hartholz werden Teller, Schmuckgegenstände und andere Dekorationen geschnitzt. Im **House of Myrtlewood** kann man zuschauen, wie das Myrtenholz in Scheiben geschnitten wird. Geschickte Kunsthandwerker verarbeiten das Holz dann an Drehbänken zu Schüsseln, Platten oder Kelchen.

Zwar bieten sich überall an der Küste herrliche Ausblicke auf Meer und Flutbecken, doch **Cape Arago,** westlich von Coos Bay und südlich von Shore Acres State Park, ist ein ganz besonderer Ort. Hier gibt es drei Hauptbuchten, von denen **North Cove** mit zahlreichen Wasserbecken und Kanälen die größte ist: Algen und Meerestiere kommen und gehen mit der Flut, und Seeanemonen gedeihen hier im Überfluß. Über einen steilen, jedoch gut ausgebauten Weg gelangt man zu **Middle Cove,** der kleinsten und ungeschütztesten, von einer Unmenge Seeigel bevölkerten Bucht. Ebenfalls über einen steilen Pfad gelangt man schließlich zu **South Cove,** mit jäh abfallenden, zerklüfteten Felsen und massiven Felsplatten. Riesige Algen und Tanggewächse dämpfen die Strömungen von Ebbe und Flut. Unter anderen sind Seesterne und Krebse hier zu finden.

Licht in der Finsternis: Am Leuchtturm von Cape Arago sollte man Station machen. Hinter all den Namen von Oregons Landschaftspunkten steckt eine Geschichte. Als Captain James Cook, der englische Seefahrer, am 12. März 1778 zum ersten Mal das Kap erblickte, nannte er es nach dem Heiligen des Tages. „Cape Gregory" hieß es nun bis zum Jahre 1850. Zu dieser Zeit überlegten sich die Menschen hier, daß sie den deutschen Freiherrn Alexander von Humboldt, berühmter Biologe,

Ecola State Park nahe der Cannon Beach.

Forscher und Staatsmann, ehren wollten, der Flora und Fauna dieses Naturgebietes erforscht und beschrieben hatte. Da jedoch schon die Bucht von Eureka in Kalifornien nach Humboldt benannt worden war, suchten die Leute in der Umgebung ihres Namensgebers weiter und entschieden sich schließlich für den Namen eines Freundes von Humboldt, den französischen Physiker Dominique Francois Jean Arago.

Südlich von Coos Bay beginnt das Land der Beeren. **Bandon** ist die Preiselbeer-Hauptstadt von Oregon mit 364 Hektar bebautem Land. Zur Erntezeit im September findet das große Preiselbeer-Fest statt. Bandon ist auch Sitz einer bekannten Käserei, der **Coquille Valley Dairy Co-op**. In der restaurierten Altstadt von Bandon gibt es in kleinen Läden und Cafés alles, von Töpferwaren bis Preiselbeerbonbons.

Südlich von Bandon liegt **Cape Blanco,** der westlichste Punkt der Küste von Oregon. Das Kap wurde zum erstenmal im Januar 1603 erwähnt, und zwar in den Aufzeichnungen des spanischen Forschers Martin de Aguilar. Der Leuchtturm auf Cape Blanco wurde 1870 aus Ziegelsteinen gebaut. Im Gegensatz zum sonst hellgelben Sand der Küste von Oregon ist der Sand hier schwarz.

Port Orford ist eine freundliche und offene Stadt, sie lebt hauptsächlich vom Fischfang und der Holzfällerei. In der Handelskammer gibt es eine detaillierte Karte des Küstenviertels.

Ausflüge auf Meer und Flüssen: Überall an der Küste kann man die Wanderungen der Grauwale beobachten – in Richtung Süden von Dezember bis Januar und zurück nach Norden von März bis April. Der **Port Orford Wayside State Park** ist einer der günstigsten Aussichtspunkte hier an der Küste.

Von **Gold Beach** aus, an der Mündung des Rogue River, starten schnelle Jetboote zu einer Fahrt den Fluß hinauf; der Rogue River ist einer der ergiebigsten Flüsse, um Steelhead zu fangen, er gehört auch zu den zehn „wilden und landschaftlich schönsten Flüssen" der Vereinigten Staaten. Die Führer, die die Jetbootausflüge begleiten, wissen sehr gut über Natur und Geschichte des Gebietes Bescheid. Die Jetboote gleiten auf dem teilweise nur 15 Zentimeter tiefen Wasser bis zu 50 Kilometer von Gold Beach flußaufwärts nach Agnes (das ist der „Kurze Trip"), oder 165 Kilometer nach Paradise und zu den berüchtigten Stromschnellen von Blossom Bar („Langer Trip").

In **Brookings** an der Grenze zu Kalifornien kann man die Verarbeitung von Lachs, Thunfisch, Krebsen, Garnelen und Felsenfisch beobachten. Brookings ist Oregons wichtigster Zuchtort für Osterglocken und Narzissen. Im **Azalea State Park** östlich des Highway 101 sind wunderschöne Azaleen-Ausstellungen zu besichtigen, zur Blütezeit im Mai findet das große Azaleen-Fest statt. Auch die Treibgut-Ausstellung ist unbedingt sehenswert. Bevorzugte Orte für Treibgutsammler sind **Harris Beach State Park** und **Samuel H. Boardman State Park.** An Straßenständen werden frische und eingemachte Beeren verkauft – eine wahre Kleinindustrie hat sich da gebildet.

Links: Ideales Wetter bei Lincoln City zum Drachensteigenlassen. Rechts: Steinlandschaft bei Bandon Beach.

Willamette River Valley

Viele Leute von außerhalb des Nordwestens dürften sich Oregon als eine Art tiefgrüne Oase vorstellen, offen für neue Ideen und unterschiedliche Lebensstile; frisch wie die Luft des Regenwaldes in dieser reinen Natur. Selbstverständlich hat man nicht in ganz Oregon das Gefühl, direkt an der ehemaligen Siedlungsgrenze zu sein, doch in vielen Teilen des unteren **Willamette Valley** – diese Region wurde als Folge des Oregon Trail (zirka 1840) besiedelt – fühlt man die Spuren eines vergangenen Zeitalters. Nur wenige Minuten von Oregons zweit- und drittgrößter Stadt – Eugene und Salem – entfernt findet man eine Fülle unberührter Landschaft mit idyllischem Charme vor.

Hohe Bäume, wellenförmige, grüne Hügel und überall Wasser, das das Schwemmland des Willamette River umgibt. Im Osten prägen die Cascades, im Westen der Coast Range den südlichen Teil des Tales. Seit der Zeit der ersten Pioniere zieht das südliche Willamette-Tal ständig und auf vielfältige Weise die Menschen an. Heute sind dort, wo sich früher nur die kleinen Ortschaften Salem, Corvallis und Eugene befanden, richtige Städte entstanden.

Besonderes Ansehen erlangte das Gebiet endgültig in den siebziger Jahren, als verschiedene Studien zur Lebensqualität Eugene zu einer der amerikanischen Städte erklärte, in denen es sich am besten leben läßt. Ähnlich war es auch Cottage Grove im Jahre 1970 ergangen, als es in die Gruppe der „All-American"-Cities gewählt wurde, eine Auszeichnung, die Salem 1961 und 1983 zuteil wurde. Städte und Regionen, die so nah an majestätischen Bergregionen und reizvollem Küstengebiet liegen, verfügen jedenfalls über einen ganz besonderen Reiz. Und dann gibt es hier noch die dichten, immergrünen Wälder, die das untere Willamette-Tal zu einem der wichtigsten Holzlieferanten der Welt werden ließen.

Salem – Eindrücke vom Capitol: Das Gebäude des State Capitol in **Salem** eignet sich sehr gut, um einen Überblick über Geschichte und Landschaft zu bekommen und um sich in diesem smaragdgrünen Reich ein wenig zurechtzufinden. Wenn Sie sich dem Gebäude nähern, werden Sie zunächst von den marmornen Porträts von Lewis und Clark und den Wagenzügen der Pioniere auf dem Oregon Trail begrüßt. Im Inneren des Capitols werden auf Tafeln rings um den Rundbau die ursprünglichen Wagen-Routen entlang des Willamette und Columbia gezeigt.

Wer nun die Mühe auf sich nimmt, die 121 Stufen der spiralförmigen Treppe zur Kuppel des Capitol hinaufzusteigen, wird mit einem herrlichen Blick auf Salem und das Tal, auf den Mount Hood und andere Gipfel der Cascades bis zu einer Entfernung von 64 Kilometern belohnt. Den schönsten Blick auf die Landschaft von Willamette vor schneebedecktem Gebirge hat man in der Zeit von Juni bis einschließlich August, jeweils von 8 Uhr bis 17 Uhr (in allen anderen Jahreszeiten muß man darauf gefaßt sein, daß Regen und Nebel die Sicht verwehren).

Aussichten für Ökotopia: Gekrönt wird das Capitol von der vergoldeten Statue eines bärtigen, Axt schwingenden Pioniers. Dieses Symbol paßt zu einem Staat, dessen bahnbrechende Tätigkeit bei der Reise in den Westen sich nicht nur auf den Zug der Wagen beschränkte. Solch umstrittene Maßnahmen wie das liberalisierte Marihuana-Gesetz und die „bottle bill", die Abfallcontainer für das Recycling von Aluminium und Glas vorschreibt, wurden in diesen Hallen beschlossen.

Die Gesetzgeber von Oregon verfügten in den frühen 1970er Jahren die Reinigung des Willamette River. Seit der Gründung einer Methodisten-Mission durch Jason Lee am Willamette 1834 sind die Geschicke des Tals mit dem Fluß verknüpft gewesen. Pioniere und Calapooya-Indianer holten Forellen und Steelheads aus dem Willamette, Dampfboote transportierten die Farmerzeugnisse des Tales nach Portland und von dort weiter zu den Goldfeldern von Kalifornien. Heute gibt es hier am Willamette zwanzig Städte mit mehr als 600 Fabriken.

Die Qualität des Wassers litt jedoch, sie wurde schließlich so schlecht, daß der ehemalige Gouverneur Tom McCall den Fluß als eine „offene Kloake" bezeichnete. Mit staatlichen Anweisungen wurde die Industrie gezwungen, 50 Millionen Dollar in die Wsser-Untersuchung und Reinigung zu investieren. Erstmals seit 40 Jahren konnten als Folge dieser Gesetzgebung wieder Forellen und Steelheads in großer Anzahl beobachtet werden, die hier laichen. Darüber hinaus konnten viele kleine Städte im Willamette Tal mit Geldern für die Flußsäuberung Uferparks und Erholungsgebiete anlegen.

Diese Art zukunfts- und umweltbewußten Denkens hat viele Kommentatoren veranlaßt, die Gesetzgeber des Staates als „Ökotopier" zu titulieren. Dieses Wort, gebildet aus „ökologisch" und „utopisch", wurde 1973 von Ernest Callenbach in einem futuristisch-phantastischen Roman, in dem sich Oregon aufgrund von Erfordernissen des Umweltschutzes aus dem Verband der Vereinigten Staaten löste, geprägt.

Eventuelle Erwartungen, eine „rückwärts gewandte" ökotopische Hauptstadt zu Gesicht zu bekommen, werden von Anfang an in der Innenstadt von Salem enttäuscht, allein schon durch den Anblick der Fassaden der Verwaltungsgebäude und durch die nüchterne Einstellung der Menschen, die hier arbeiten. Das Salem's State Mental Hospital (Staatliche Nervenheilanstalt von Salem) bildete den Hintergrund für die Filmversion des Buches von Oregons Schriftsteller Ken Kesey *Einer flog über das Kuckucksnest*.

Bei einem Spaziergang durch die zahlreichen grünen Oasen der Stadt, tritt hingegen der ganze Charme des wohlbewahrten Nachlasses aus Pionierzeiten zutage. Der von hohen Bäumen überschattete Campus der 1842 gegründeten **Willamette University** und die landschaftlich schön gestalteten Flächen des **Civic Center** mit Statuen und Skulpturen scheinen Welten entfernt

Vorherige Seiten: Eine alte Hütte aus Pionierzeiten im Schnee. Unten: Siedlung am Columbia River.

von den Hallen der Bürokratie gleich nebenan. Gleich südlich der Innenstadt erstreckt sich an der Mission Street der **Bush Pasture Park** mit einem viktorianischen, mit Gas beleuchteten Haus, ausgestattet mit antiken Möbelstücken sowie einem Kunstmuseum, in dem monatlich Ausstellungen von Künstlern aus dem Pazifischen Nordwesten stattfinden.

Ein Stück vom **Bush House** entfernt, die Mission Street hinab, liegt der **Deepwood Estate.** In diesem zwei Hektar großen, geometrisch angelegten Garten mit wilden Blumen läßt sich ganz gut den ernsten Staatsangelegenheiten entrinnen.

Südöstlich des Kapitols stehen das zweit- und drittälteste Gebäude im Nordwesten, das Wohnhaus von Jason Lee und sein Pfarrhaus. Diese Gebäude sind jetzt Teil des Komplexes des **Mission Mill Museum;** die Fabrik ist noch in Betrieb und stellt auf original historischenSpinnrädern Garn her. Dank der Wasserkraft des Willamette haben sich schon früh Wollspinnereien und Getreidemühlen hier angesiedelt. Später trugen eine Eisenhütte und Sägemühlen zum Aufblühen der Stadt bei.

Den Highway 22 hinauf: Vergangenheit und Gegenwart kommen im **Reed Opera House**, dem Dreh- und Angelpunkt des kulturellen und gesellschaftlichen Lebens in Salem während der viktorianischen Zeit, zusammen.

Auch außerhalb des Stadtgebietes von Salem findet man ausgezeichnete Freizeit- und Entspannungsmöglichkeiten. Eine Hauptattraktion ist der **Silver Fall State Park,** 40 Kilometer östlich von Salem über die Highways 22 und 214 zu erreichen. Hier im größten staatlichen Park von Oregon schmücken eine Vielzahl von Wasserfällen zwei dicht bewaldete Canyons. Dieser Park liegt in der Nähe der alten Mühlenstadt **Silverton** und verfügt über ein Schwimmbad, kilometerlange Reit- und Fahrradwege, einen Campingplatz und ein Naturlehrzentrum. Es macht besonders großen Spaß, den 13 Kilometer langen Pfad zu den Wasserfällen im Herbst, wenn das Laub sich färbt, und im Win-

Links: Das State Capitol in Salem wird von der goldenen Statue eines Pioniers gekrönt. Unten: Die efeubewachsene Deady Hall, University of Eugene, Oregon.

ter, wenn die Ostwinde die Kanäle zu Eis erstarren lassen, entlangzugehen. Die Hälfte der 14 Wasserfälle hat eine Höhe von mehr als 30 Metern, die aufwirbelnde Gischt der **South Falls** bildet die Krönung der Wasserfälle mit einer Höhe von 54 Metern. In diesem Park findet man die größte Konzentration von Wasserfällen in den Vereinigten Staaten; einige Pfade führen auch hinter die Fälle.

Der Highway 22 windet sich dann durch die Vorgebirgslandschaft, vorbei an großen Douglasfichten, zahlreichen Wasserreservoirs, Flüssen und Seen, die sich bestens zum Angeln oder Wassersport eignen. Im nahegelegenen National Forest und seinen Erholungsgebieten kann man wandern oder skilaufen.

Der Highway folgt dem North Santiam River und bietet einen schönen Fernblick auf den zweithöchsten Gipfel der Cascades, den **Mount Jefferson** (3200 Meter). Diesen Gipfel kann man sehen, wenn man hinter **Detroit** die Seitenstraße den Breitenbush River hinauf zur **Ollalie Scenic Area** nimmt. Aus diesem Gebiet mit Lavakegeln, Almen und Seen, erblickt man über einem Meer von „Weihnachtsbäumen" die ständig von Schnee bedeckten Hänge der Berge.

Ebenfalls in dieser Gegend liegt **Breitenbush Hot Springs,** ein von einer religiösen Gemeinschaft unterhaltenes und schlicht eingerichtetes Erholungs- und Konferenzzentrum.

Südlich von Salem: Südlich von Salem scheinen sich endlose Erdbeer-, Zuckerrüben- und andere Felder zu erstrekken. Neben Bohnen, Broccoli und Kirschen gedeihen hier regionale Besonderheiten wie Haselnuß, Pfefferminze und die früh reifenden Trauben Pinot Noir und Chardonnay. Die landwirtschaftlichen Produkte dieser fruchtbaren Region werden auf der Oregon State Fair (Landwirtschaftsmesse, Ende August) im **Exposition Center** im nordöstlichen Teil von Salem ausgestellt.

Durch das milde Klima und den leichten, aber ständig niedergehenden Regen gedeihen die Feldfrüchte hervorra-

Eine überdachte Brücke über den McKenzie River.

gend. Die Einheimischen weisen allerdings darauf hin, daß der durchschnittliche jährliche Niederschlag im Willamette Valley von 120 Zentimeter kaum nennenswert den Gesamtwert von New York oder Miami übersteigt. Die Hauptroute, die die Städte des Willamette-Tals miteinander verbindet, die Interstate 5, umgeht die Verkehrsstaus der Innenstädte. Die Old State 99 läuft parallel zum Highway, führt aber durch die näher am Willamette River liegenden Städte.

Häuser, Erbe und Gastfreundschaft: Das eigentliche Leben jedoch spielt sich auf der Main Street ab. Auf der linken Seite der Straße steht das **Moyer House;** es wurde um das Jahr 1870 im damals beliebten italienischen Villenstil gebaut und ist reich verziert mit Palladium-Fenstern, schmuckreichen Simsen, Veranden und einer dreistöckigen Kuppel. Dieses Haus und das Pionier-Museum gleich nebenan rufen die Zeit in Erinnerung, als Brownville Regierungssitz des Bezirks war. Das Moyer House ist im Sommer täglich außer montags geöffnet. Ein Führer steht zur Verfügung, um Fragen zu beantworten, aber die Rokoko-Möbel sprechen schon für sich selbst und lassen das zwanzigste Jahrhundert weit entfernt erscheinen.

Noch lebendiger wird die Vergangenheit beim Pioneer-Picnic, Oregons ältestem Fest (am dritten Wochenende im Juni). In dieser Jahreszeit finden hier viele Festlichkeiten statt, so das Lebanon-Erdbeer-Festival Anfang Juni und der Albany-Holzhacker-Karneval am 4. Juli. Bei diesem Ereignis kämpfen die modernen Paul Bunyans um den Meistertitel im Holzhacken. Und die 2,50 Meter hohen und 450 Kilogramm schweren Erdbeerkuchen sind anscheinend genau richtig für den Appetit der Holzfäller in dieser Gegend.

Das Städtchen **Sweet Home** östlich dieser Festival-Plätze empfindet man so vertraut wie sein Name klingt. Die Umgebung wird nach versteinertem Holz, rotem Jaspis-Achat und Geodes durchkämmt. Es ist die letzte Station mit städtischem Komfort vor den Bergen und Ausgangspunkt der Interstate

Gepflegte Obstgärten mit dem Mt. Hood im Hintergrund.

20, dem South Santiam Highway. Die Strecke führt über den **Santiam Paß** durch den **Willamette National Forest** weiter nach Zentral-Oregon.

Größtenteils folgt der Highway 20 dem südlichen Nebenfluß des Flusses, wie dies die alten Indianerpfade und die Fahrtrouten der Pioniere ein Jahrhundert zuvor schon taten. Am Anfang jedoch führt die Straße an Lebanon und Sweet Home vorbei, passiert zwei Dämme, einen See und den Mittellauf des Santiam River. An den Wochenenden führt der Ansturm auf die Picknick-und Campingplätze regelmäßig zu Verkehrsengpässen, zumindest dort, wo man Bootfahren, angeln und ins Wasser gehen kann.

Im **Cascadia State Park** läßt sich an einem heißen Sommertag gut eine Pause einlegen und ein Schluck Wasser von dem kalten, schwefelhaltigen Wasser, das vom Soda Creek hierhergepumpt wird, trinken. Ein Spaziergang von einem Kilometer führt zu einer Höhle mit indianischen **Felszeichnungen,** die ca. 8000 Jahre alt sind. Nun steigt der Highway langsam an; vorbei an erhabenen Tannen, Lavaformationen und Canyons gelangt man in eine alpine Landschaft. Gelegentlich sind die hohen Gipfel der Cascades von den Lavafeldern des Santiam-Passes aus zu erkennen. In dieser Gegend zwischen Willamette Valley und Zentral-Oregon liegt auch **Hoodoo Bowl,** ein beliebtes Skigebiet. Westlich des Passes fließen die Flüsse McKenzie, Willamette und Santiam zusammen.

Im Herzen des Tals: Vom Zentrum der Cascades aus liegt **Corvallis,** lateinisch für „Herz des Tales", nur wenig mehr als eine Stunde entfernt. Die meisten Einwohner der Stadt haben mit der Universität zu tun, der ältesten staatlichen Universität von Oregon. Die **Oregon State** ist eine Fachhochschule für Landwirtschaft und Ingenieurwesen, was ihr den liebevoll gemeinten Namen „moo U" (Muh-Uni) eingetragen hat. Hier hat sich eine hochspezialisierte High-Tech-Gemeinde herausgebildet, was zum großen Teil auf die Niederlassung von Hewlett Packard zurückzuführen

Ländliche Idylle.

ist. Der Urahn von Silicon-Valley-Computer-Ausrüstungen aus Kalifornien kam aus Interesse an der guten technischen Ausbildung der Uniabsolventen hierher.

Darüber hinaus ist Corvallis nur eine Stunde entfernt von den schönsten Erholungsgebieten Oregons. Neben dem Großstadtleben in Portland und Eugene gibt es Weltklasse-Skigebiete und Outdoor-Gebiete in den Cascades, und eine wunderschöne Straße führt zum Küstengebiet. Auch die Verkehrsanbindung aus dem Herz des Tales heraus ist ausgezeichnet.

In Corvallis sollte man dem **Horner Museum** am Fuße des **Gill Coliseum** einen Besuch abstatten (an der Kreuzung Western Boulevard und 26. Straße an der State 5). Antike Kunstgegenstände, Fossilien und ausgestopfte Exemplare aus Oregons Tierwelt sind zu besichtigen; die historischen Broschüren bieten einen sehr guten Überblick über die Geschichte von Corvallis und Umgebung. Das **Benton County Courthouse** gleich nebenan ist eines der architektonisch faszinierendsten Bauwerke des 19. Jahrhunderts.

Einige Kilometer westlich von Corvallis liegt am Highway 34 **Philomath,** eine kleine Holzfällerstadt kurz vor dem Coast Range. Der vorwiegend aus westlicher Richtung wehende Wind bringt eine schier unendliche Wolkenmasse vom Pazifischen Ozean mit, viele sind deshalb fest überzeugt, daß Philomath die meisten Wolken im ganzen Willamette-Tal hat. Doch ob es regnet oder die Sonne scheint, auf jeden Fall sollte man sich das **Historische Museum von Benton County** ansehen, das in einem georgianischen Ziegelbau seinen Sitz hat.

Nicht weit entfernt von Philomath erhebt sich der höchste Berg des Coast Range, **Mary's Peak,** mit einer Höhe von 1250 Meter. Eine Fahrt zum Gipfel wird mit einem Blick bis zum Pazifischen Ozean im Westen und im Osten auf die Gipfel der Cascades belohnt.

Etwas langsamer in Richtung Süden, dafür aber auf einer landschaftlich viel schöneren Strecke als auf der Interstate

Obstgärten bei Pay's Creek.

5 führt die Alsea-Alpin-Straße. Dieser ausgebaute Holzbohlenpfad verläuft durch die hohen Stämme und den dichten Wald des Coast Range. Eine Meile südlich vom Highway 34 taucht in Alsea eine Straße auf mit dem Hinweisschild „Alsea Falls/South Fork Road/ Monroe". Die Straße folgt fast die ganze Strecke dem Lauf des grünen **Alsea River** und gelangt schließlich zu den **Alsea Falls,** einem kleinen, malerischen Wasserfall, an dem der Besucher, wenn er Glück hat, Lachse und Steelheads, die bemüht sind, abzulaichen, das Wasser peitschen sehen kann. Die Straße mündet südlich von Corvallis in die Interstate 99W in der Nähe des **Finley National Refuge,** einem großen Nist- und Schutzgebiet für Zugwasservögel.

Eugene: Salem mag vielleicht die Hauptstadt und Portland die größte Stadt in Oregon sein, doch in vieler Hinsicht ist **Eugene** das eigentliche Juwel im smaragdgrünen Reich. Eugene liegt in einer gartenähnlichen Umgebung, für die Freizeitgestaltung hat es alles zu bieten, vom Schwimmen im Meer bis zum Skifahren in den Bergen. Das breit gefächerte kulturelle Angebot, u. a. die Konzerthalle, die auf dem neuesten Stand der Technik ist – dies alles macht Eugene zu etwas Besonderem; und zwar so sehr, daß viele der über 100 000 Einwohner harte Konkurrenzkämpfe um einen Arbeitsplatz in Kauf nehmen, nur um in dieser aufstrebenden Universitäts- und Industriestadt zu leben.

Die landschaftliche Schönheit, die historischen Gebäude und das Leben und Treiben an der **Universität von Oregon** beleben den Charme von Eugene immer wieder aufs neue. Auf dem Campusgelände lassen die Fichten- und Tannenbäume ein Gefühl der Zeitlosigkeit entstehen, ebenso die Rotholzbäume vor dem ältesten Gebäude des Instituts, der **Deady Hall,** das aus dem Jahre 1876 stammt.

Das Campusgelände macht einen friedlichen und freundlichen Eindruck, doch die Einflüsse der Universität auf die Gemeinde von Eugene sind weitreichend und nicht zu unterschätzen: Die Hochschule beschäftigt die meisten Arbeitskräfte in der Stadt. Das **Hayward Field** der Universität ist die Geburtsstätte von Eugenes Ruf als „Rennstadt U.S.A.". Von hier aus hat Bill Bowerman in den siebziger Jahren im ganzen Land das Joggen populär gemacht; hier finden auch viele olympische Vorentscheidungen statt.

Der **Prefontaine Pfad** und der Fahrradweg am Willamette River machen die Gegend zu einem wahren Läuferparadies. Das gleiche gilt für Radfahrer und Wassersportler. Tausende sind auf den Fahradwegen rund um die Stadt unterwegs oder ziehen zu den Plätzen, von denen aus man mit dem Floß, Kanu oder Kajak auf dem Willamette oder McKenzie River starten kann.

Wunderbar geeignet für einen Spaziergang ist im Frühling der **Hendricks Park,** wenn der Rhododendron blüht. Er liegt 1,5 Kilometer vom Campus entfernt auf dem Summit Drive; auf dem acht Hektar großen Gebiet wachsen auch Kamelien, Azaleen und andere Pflanzen, die von Ende März bis Anfang Juni in Blüte stehen.

Unten am Fluß, an der Jefferson Street, befindet sich **Owen's Municipal Rose Garden**, hier öffnen in der zweiten und dritten Juniwoche phantastische Rosen ihre Knospen. Im Zentrum des Gartens steht ein eindrucksvoller Kirschbaum, der 1847 gepflanzt wurde, ein Jahr nachdem Eugene Skinner den Planungsentwurf fur die Stadt angefertigt hatte.

Von **Skinner's Butte** bietet sich ein Blick auf die Skyline von Eugene, wobei an schönen Tagen das Küstengebirge zu sehen ist. Etwa zehn Kilometer die Willamette Street hinunter ist **Spencer's Butte Trailhead** ebenfalls nach einem Pionier benannt. Ein großartiger Ausblick auf den Coast Range und die Cascades belohnt alle, die den steilen, aber schönen Aufstieg nicht gescheut haben.

Wer nun ordentlich Appetit bekommen hat, kann ihn in einem der vielen Restaurants stillen, deren Angebot von Naturkost bis zur Grande Cuisine reicht. In Uni-Nähe kann man die ganze Bandbreite ethnischer Küche genießen. Kleine Cafés und Jazz-Kneipen schaffen eine entspannende Atmosphäre; etwas exotischer zeigt sich die **Oregon Electric Sation** (5. Straße), wo man in einem antiken Straßenbahnwagen diniert.

In der High Street hat man im **Fifth Street Public Market**, ehemals eine Getreidemühle und Lagerhaus, eine große Auswahl an Restaurants inmitten von Boutiquen, die Produkte einheimischer Handwerker anbieten.

Festliche Gelegenheiten: Dieselbe Atmosphäre herrrscht auch draußen auf dem **Saturday Market** mit seinem großen Unterhaltungsangebot (von April bis Dezember wöchentlich auf der Oak und Eighth Street). In Eugene und Umgebung finden viele regelmäßige Feste statt. Für diejenigen, die hausgemachte Pasteten und Ausstellungen von preisgekrönten Bullen mögen, gibt es Mitte August die **Lane County Fair.** Das nahegelegene **Veneta** beherbergt Anfang Juli die Old Oregon Country Fair, ein Renaissance-Bacchanal auf einer moosbewachsenen Lichtung; das Fest ist gleichzeitig die Hymne an eine Art Gegenkultur, die sich langsam in der Region ausbreitet.

In **Cottage Grove,** 32 Kilometer weiter südlich, erinnern die Bohemia Mining Days Mitte Juli an die Goldfunde von James Bohemia Johnson Ende des 19. Jahrhunderts. Leider wurde 1987 die Dampfeisenbahn, mit der man hierher einen Ausflug machen konnte, eingestellt. In den nahen Bohemia-Bergen kann man einige wunderschöne Exemplare der überdachten Brücken von Oregon sehen.

Ein Fest in dieser Gegend zieht gleich die Aufmerksamkeit der ganzen Welt auf sich: Ende Juni kommen zum Bach-Festival von Oregon international bekannte Musiker zusammen und lassen im **Hult Center** von Eugene alte Meisterwerke erklingen. Die Konzerthalle ist eine der angesehensten kulturellen Einrichtungen hier im Westen, Berühmtheiten von Ella Fitzgerald bis zu den New Yorkern Philharmonikern treten hier auf.

Von Wasser- und Wintersport: Die Interstate 126 hinunter zur Küste zu fahren, ist das ganze Jahr über ein Vergnügen. Man fährt am besten auf der West 11th an **Fern Ridge Reservoir** nach Veneta und bei **Elmira** auf den Highway 126. Auf dem Weg nach **Florence** trifft man im dichten **Siuslaw National Forest** höchstens auf ein paar abgelegene Farmen und kleine Ortschaften. Das kleine Städtchen **Mapleton** am Rande des Highway ist mit mehr als 2500 Millimeter Niederschlag pro Jahr einer der regenreichsten Orte von Oregon. Im **Alpha Bit Cafe** in Mapleton bekommt man sehr gutes Essen und einheimische kunsthandwerkliche Produkte. Auf der anderen Seite von Eugene liegen die Bergpässe von McKenzie und Willamette; beide erreicht man nur über die Highways 126 und 58.

Am Ausgangspunkt des Highway 126 liegt Eugenes industrielle Schwesterstadt **Springfield.** Der McKenzie River Drive verfügt über überdachte Brükken, ausgezeichnete Angelmöglichkeiten und einen erstklassigen Golfplatz, den **Tokatee.** Die Straße steigt etwas an, Lavafelder und die schneebedeckten **Three Sisters** geraten ins Blickfeld. Seen, Wasserfälle und ausgezeichnete Wanderpfade sowie Campingplätze säumen hier den Weg.

Auf der Abfahrt vom Old McKenzie Highway, der Interstate 242, kann man durch eine schöne Landschaft zu den Cascades gelangen. Vom McKenzie Pass aus sollten Sie einen Blick auf die umliegenden Gipfel werfen, am besten vom **Dee Wright Observatorium,** das auf einem ausgedehnten Lavafeld errichtet wurde.

Von außerhalb **Goshen** aus, zehn Kilometer östlich von Eugene am Highway 5 gelegen, fährt man auf die State 58. Auf dem Weg zum **Willamette Paß** verlocken Erholungsgebiete, Seen und heiße Quellen zu einem Aufenthalt. Auf dem Paß kann man, nur eine Stunde von Eugene entfernt, wunderbar skilaufen. Außerdem sollte man sich hier den 87 Meter hohen **Salt-Creek-Wasserfall,** hoch über dem Highway und der Stadt **Oakridge,** nicht entgehen lassen. Beim Anblick des Quellgebiets des Willamette River kann leicht das Gefühl aufkommen, daß man hier der gestalterischen Hand ganz sein muß, die das smaragdene Reich dort unten im Tal geschaffen hat.

Erlenwald.

ABENTEUER AM ROGUE RIVER

Das wechselnde Licht im südwestlichen Oregon sorgt oft für eine beträchtliche Verwirrung der Sinne. Rollen im Winter feuchtigkeitsbeladene Wetterfronten vom Pazifischen Ozean heran, dann ist Nebel ihr ständiger Begleiter. Er hüllt die Abhänge in eine lichtdurchlässige Decke und schafft eine Landschaft wie in einer mit Absicht unscharf gedrehten Filmszene. Von einem hohen, günstig gelegenen Punkt aus betrachtet, scheinen, gleichgültig zu welcher Jahreszeit, die tief einschneidenden geheimnisvollen Täler zum Horizont hin immer kleiner zu werden und in der Unendlichkeit zu verschwinden.

Es ist kein Wunder, daß in diesem Gebiet die Bigfoot-Legende weiterlebt. Dieser behaarte Riese, auch Sasquatch genannt, wurde in vielen abgelegenen Gegenden des Nordwestens gesichtet.

Prächtige Flußfahrten im tobenden Wasser, Outdoor-Wanderungen durch bewaldete Canyons, ausgezeichnete Möglichkeiten, Lachs und Steelhead zu angeln, oder aber eine Autofahrt durch eine atemberaubende Landschaft zu historischen Stätten; das **Rogue Country** bietet all dies im Überfluß, wenn man es nur wagt, den Interstate Highway zu verlassen und die Möglichkeiten zu erkunden.

Doch auch die leicht zu erreichenden, überraschenden Attraktionen an der Interstate auf dem Weg ins südwestliche Oregon sollte man nicht außer acht lassen. Bei Winston, elf Kilometer südlich von Roseburg, sorgt die **Wildlife Safari** für einen unvergeßlichen Aufenthalt, insbesondere für Kinder. Exotische Tiere aus Afrika, Asien und Südamerika streifen im etwa 200 Hektar großen Park umher.

Auf der Fahrt weiter nach Süden den Highway entlang sollte man einen Aufenthalt einplanen, um in der **Wolf Creek Tavern,** einer alten Postkutschenstation, 32 Kilometer nördlich vom **Grants Pass,** zu Mittag oder zu Abend zu essen. Das Gasthaus wurde vom Bundesstaat Oregon restauriert und bietet eine große Auswahl an sorgfältig zubereiteten Gerichten. Die Krebssuppe schmeckt phantastisch. Zimmer zum Übernachten stehen zur Verfügung.

Verläßt man knapp 18 Kilometer südlich von Wolf Creek bei der Merlin-Ausfahrt die Interstate 5, lernt man den **Rogue River** auf eine angenehme Weise kennen. Die Merlin-Galice Road verläuft parallel zum Fluß und ist in dieser Gegend als **Hellgate Canyon** bekannt. Die befestigte Straße reicht bis **Grave Creek,** wo der wilde Abschnitt des Rogue beginnt. Eine zum größten Teil befestigte Schotterstraße beschreibt von Grave Creek eine Schleife zurück nach Wolf Creek.

Selbst diese kurze Autofahrt macht deutlich, warum der Rogue River eine große Anziehungskraft hat. Seine steilen, durchschnittlich 900 Meter hohen Canyon-Wände bilden den Rahmen einer aufregende Kombination von schäumendem, dahintobendem Flußwasser, abwechslungsreichen Angelplätzen, interessanten historischen Stätten und einem reizvollen Hinterland.

Links: Der Rogue River, ein Magnet für Sportangler, Floßfahrer und Naturenthusiasten. Rechts: Eingang zu einer Kohlenmine.

Der Rogue River entspringt bei den Boundary Springs auf der Nordseite des **Crater Lake National Park.** Während er durch ein breites Tal mit den Städten Medford und Grants Pass fließt, gewinnt er durch die einfließenden Nebenflüsse ständig an Umfang. Bei Hellgate stürzt er hinab in einen steilen Canyon, durchschneidet das Küstengebirge von Oregon und mündet bei Gold Beach – nach über 160 Kilometern Luftlinie von seiner Quelle – in den Pazifischen Ozean. Nachdem er die Straße bei Grave Creek verlassen hat, wird der Fluß zu einem wahren Paradies für alle Wildwasser-Begeisterten. Dazwischen liegen ruhige Abschnitte.

Wasserfälle und Stromrinnen: Bei den **Raine Falls,** etwas stromabwärts von Grave Creek, trifft der Fluß auf erosionsresistentes Felsgestein. Folge ist, daß die ganze Wasserflut vier Meter geradewegs in die Tiefe stürzt. Alle Boote müssen über eine Fischleiter seitlich an den Wasserfällen nach unten gelassen werden. Beim **Mule Creek Canyon** schneidet der Fluß mitten durch das Küstengebirge von Oregon. Dabei schafft er eine enge Wasserrinne mit gegeneinander verschobenen vulkanischen Wänden und Sauglöchern wie dem **Coffeepot.** Stromabwärts liegt ein Felsengarten, die **Blossom Bar;** ihn konnte kein Boot passieren, bis Bootsmann Glen Woolridge mit Dynamit eine Rinne sprengte.

Zane Grey heuerte 1925 einen örtlichen Führer namens Claude Bardon an, der seine Gruppe auf einer Fahrt in Holzbooten den Fluß hinuntergeleiten sollte – eine Fahrt, die die meisten Ortsansässigen als selbstmörderisch ansahen. Bardon brachte die Gruppe sicher durch, von den Booten ging eines verloren, und einige wurden beschädigt.

Trotzdem waren Grey und seine Gruppe wohl kaum die ersten, die den Rogue Canyon betraten. Schon Jahrhunderte zuvor erfreuten sich Indianer hier des ergiebigen Fischfangs und der reichen Jagd. Die weißen Siedler kamen in den 50er Jahren des 19. Jahrhunderts vor allem auf der Suche nach Gold. Die Indianerkriege am Rogue River fanden

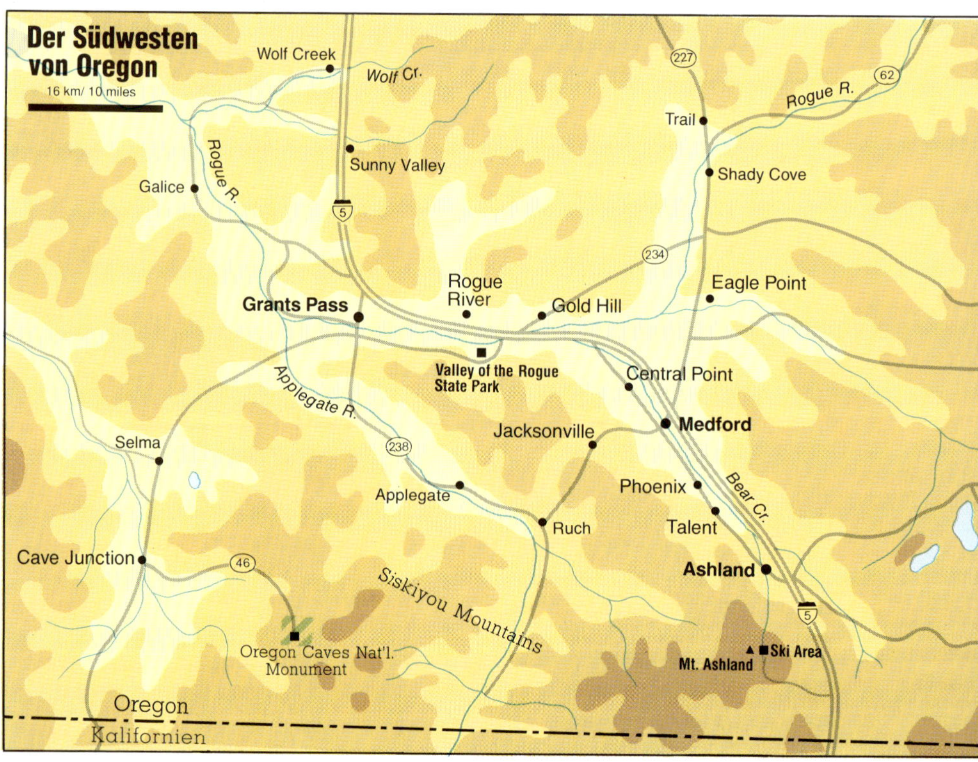

1855/56 statt, und einige der berühmtesten Schlachtfelder sind inzwischen Camping-Stützpunkte für Floßfahrten im tobenden Wasser des Rogue. Ihren Höhepunkt erreichte die Goldsuche um 1885. Zwischen 1850 und 1961 wurde Gold im Wert von etwa 70 Millionen U.S. Dollar im südwestlichen Oregon geschürft.

Heute kommt das meiste „Gold“ in diesem Gebiet aus dem Geschäft mit dem Tourismus. 1968 wurde der Rogue River als „Federal Wild- and Scenic Waterway“ geschützt. Als Ende der siebziger Jahre Wildwasserfahren immer beliebter wurde, verhängten die für den Canyon zuständigen Behörden eine strikte Beschränkung der Anzahl an Gruppen, die in den wilden Teil (Wild Section) des Flusses hineinfahren durften (er beginnt bei Grave Creek). Die Bestimmungen gelten auch heute noch während der Sommermonate.

Da die Genehmigungen für private Floßpartien vor Saisonbeginn verlost werden, muß der Besucher, der den Fluß befahren möchte, sich auf dieses System einrichten. Am besten schließt er sich einer begleiteten Floßfahrt an, deren Anträge getrennt von den privaten Gruppenanträgen behandelt werden. Die Führer haben eine staatliche Lizenz und verfügen über große Erfahrung im Wildwasserfahren; sie versorgen ihre Gruppe mit ausgezeichneten Mahlzeiten und Informationen über die besten Angelmöglichkeiten und über die Rolle von Natur und Mensch in der Geschichte des Flusses. Ein ausführliches Verzeichnis örtlicher Führer und ihrer Serviceleistungen ist beim Grants Pass Visitor and Convention Bureau erhältlich.

Wer den Wunsch verspürt, den Fluß ohne fremde Hilfe in Angriff zu nehmen, kann unbeschränkt auf dem Abschnitt zwischen Grants Pass und Grave Creek flußabwärts zu jeder Jahreszeit fahren. Auf dieser Strecke können auch Motorboot-Fahrten gebucht werden. Im **Galice Store** kann man tageweise Flöße oder Schlauchboot-Kajaks mieten. Letztere – auch „orangefarbene Torpedos“ genannt – sind seit eini-

Eine überdachte Brücke nahe Chitwood.

gen Jahren groß in Mode auf dem Rogue River, sie ermöglichen den Fahrern größere Freiheit und Manövrierfähigkeit. Und sie garantieren, daß der Insasse nach der ersten ernsthaften Stromschnelle bis auf die Haut durchnäßt ist.

Angel- und Wandergelegenheiten: Fast das ganze Jahr wandern große Lachse oder Steelheads (die im Ozean lebende Art der Regenbogen-Forelle) den Rogue hinauf zu ihren Laichplätzen im oberen Flußabschnitt. Im September und Oktober ist Hauptangelsaison. Auch hier empfiehlt sich für den Anfänger, beim ersten Mal an einer begleiteten Angeltour teilzunehmen.

Am besten lernt man den wilden Canyon des Rogue River wohl kennen, wenn man den **Rogue River Trail** entlangwandert. Er ist 64 Kilometer lang und verläuft zwischen Grave Creek und Foster Bar. Der gut ausgebaute Weg weist nur mäßige Steigungen auf, ist im allgemeinen das ganze Jahr über schneefrei und unbeschränkt begehbar. Frühling und Herbst sind die besten Jahreszeiten zum Wandern. Im Sommer herrscht auf den Campingplätzen Gedränge, im Canyon selbst wird es oft so heiß, daß man sich dort nicht mehr wohlfühlt. Stets sollte man Wasser mit sich führen und auf keinen Fall verunreinigtes Wasser aus dem Fluß oder seinen Nebenläufen trinken. Achten Sie auf Klapperschlangen, die in der Sonne am Wegrand liegen.

Ob man sich nun für das Bootfahren oder das Wandern entschieden hat, im Hochsommer ist im Rogue Canyon immer viel Betrieb. Wer die Einsamkeit sucht, sollte also besser nach anderen Möglichkeiten Ausschau halten. Der **Illinois River,** ein Nebenfluß des Rogue, der bei Agness einmündet, ist als Herausforderung für Wildwasserfahrer noch geeigneter als der Rogue; auch seinen Lauf entlang verläuft ein Wanderweg. Will man auf dem Illinois mit dem Floß oder Kajak fahren, sollte man unbedingt schon über Erfahrungen im Wildwasserfahren verfügen; in der zweiten Jahreshälfte ist sein Wasserstand oft zu niedrig, als daß noch sicheres Bootfahren gewährleistet ist.

Dieses Waldgebiet lädt zum Erkunden ein.

Sein Canyon ist noch wilder und ursprünglicher als der des Rogue River und bietet hervorragende Gelegenheiten für Sporttaucher.

Das Wildnisgebiet, **Kalmiopsis Wilderness,** stellt für Wanderer, die abgelegene Pfade suchen, eine gute Alternative dar. Die Wildnis ist Heimat für viele seltene Pflanzen; jäh abfallende Canyons zerschneiden das Gebiet, in dem man den Oberlauf des **Chetko River** findet. Das Wildnisgebiet und den Illinois River kann man über eine Straße von **Selma** aus, 40 Kilometer südlich von Grants Pass am Highway 199, erreichen.

Grants Pass ist Mittelpunkt und Versorgungszentrum für ein breites Spektrum von Freizeitbetätigungen im südwestlichen Oregon. Die restaurierte historische Innenstadt verfügt über einige Läden, die als Abwechslung zu den Abenteuern in der Wildnis hochwillkommen sind. Die **Ice Cream Factory** in der N.E.E Street bringt an einem glühendheißen Sommertag mit verschiedenen selbst hergestellten Eiskremsorten wohltuende Erleichterung. In der Nähe liegt an der sechsten und I-Straße das **Champion Factory Outlet** mit einer riesigen Auswahl an T-Shirts, Jacken und anderer Sportkleidung zu annehmbaren Preisen.

Nächster Stop am Highway 5 nach Grants Pass ist die kleine Gemeinde **Rogue River.** Bekannt für das jährlich Ende Juni stattffindende Rooster-Crow-Fest (Fest des Hahnenschreis), ist Rogue River auch Ausgangspunkt für eine Besichtigungstour der überdachten Brücken in diesem Gebiet. Nach der genauen Route kann man sich beim Grants Pass Visitors & Convention Bureau erkundigen.

Ein wirklich einzigartiger Laden in Grants Pass ist der Zeitungskiosk **Blind George's** in der G-Street in der Nähe der sechsten Straße. Hier bekommt man auswärtige Zeitungen und kann gleichzeitig ein Stück Leben sehen, aus einer Zeit, als der Zeitungskiosk noch das Lebenszentrum jeder Kleinstadt in Amerika war. Blind George's Spezialität ist frisches Popcorn.

Alte Gebäude im Rogue River Valley mit dem Mount McLaughlin im Hintergrund.

Oregon Caves National Monument

Niemand wird das **Oregon Caves National Monument** jemals mit den großen Sehenswürdigkeiten unter den Nationalparks – Yellowstone Park, Grand Canyon oder auch dem gleich nebenan liegenden Crater Lake – gleichsetzen. Im Vergleich dazu sind die Höhlen von Oregon unauffällig, sie liegen jenseits der Touristenpfade und werden nur spärlich besucht.

Doch gerade das macht ihren Reiz aus. Die Oregon Caves bieten Gelegenheit zu einem Abstecher in eine einzigartige Gebirgslandschaft, zu einem Abenteuer für alle, die eine physische Herausforderung suchen, und nicht zuletzt bieten sie Einblick in die mächtigen Kräfte, die die Siskiyou Mountains geformt haben.

Die Oregon Caves liegen in der südwestlichsten Ecke von Oregon, gleich nördlich der Grenze zu Kalifornien. **Cave Junction,** die nächste Stadt mit Unterkünften und anderen Annehmlichkeiten, erreicht man von Grants Pass im Norden nach 80 Kilometern auf dem Highway 199, oder vom Süden von Crescent City, Kalifornien, aus nach 122 Kilometern. Der zweispurig ausgebaute Oregon State Highway 46 führt von Cave Junction zu den Oregon Caves. Auf den letzten 32 Kilometern wird es eng und kurvenreich (im Winter vor der Abfahrt in Cave Junctions nach den Straßenbedingungen erkundigen; von der Mitnahme von Wohnwagenanhängern wird abgeraten).

Der Höhleneingang ist an der Spitze einer ziemlich abgelegenen, bewaldeten Schlucht. Ihre Abgeschiedenheit von den großen Bevölkerungszentren und die Höhe von 1226 Meter sind schuld daran, daß sie erst im Jahre 1874 von einem einheimischen Jäger, Elijah Davidson, entdeckt wurde. Elijah folgte der Spur eines Bären und ließ sich von seinem Hund durch den buschbewachsenen Eingang in die Höhle führen. Nach einiger Zeit waren seine Streichhölzer aufgebraucht, und er orientierte

Links: Basaltformationen. Unten: Gewandter Felsenkletterer.

sich am Plätschern eines Flusses (heute River **Styx** genannt), um durch die Dunkelheit den Höhlenausgang wiederzufinden.

Zur Besichtigung muß man sich einer 75minütigen Besichtigungstour mit einem Führer der Oregon Caves Company anschließen. Warme Kleidung ist unbedingt erforderlich – die Temperatur in der Höhle bleibt ziemlich konstant auf 5⁰ Celsius, unabhängig von der Außentemperatur. Auch ein Blitzgerät für die Kamera sollte man nicht vergessen, denn damit lassen sich bessere Aufnahmen von den verborgenen Winkeln der Höhle machen. Die Tour ist anstrengend und für Menschen mit Herz- und Atembeschwerden sowie für Gehbehinderte nicht empfehlenswert. Kindern unter sechs Jahren ist der Zugang untersagt. An einigen Stellen werden die Gänge sehr eng und niedrig, so daß man schon etwas gelenkig sein muß. Kindern unter vier Jahren ist der Zutritt nicht erlaubt.

Die geologische Entwicklung der Oregon Caves ist ein Schauspiel in drei Akten. Der erste Akt begann vor etwa 200 Millionen Jahren, als das Gebiet noch von Wasser überflutet war. Mehrere Schichten Schlamm, Kalk und Lava wurden zu festem Marmor zusammengepreßt, durch Erdbewegungen gefaltet und nach oben gedrückt. Große Hitze und Druck ließen im Marmor feine Risse entstehen. Im zweiten Akt drang von der Erdoberfläche her schwach kohlensäurehaltiges Wasser ein, sickerte in den Marmor und löste ihn von den Rissen ausgehend langsam auf. Ab diesem Zeitpunkt wurden die Risse im Marmor immer größer und zu wassergefüllten Gängen und Hohlräumen. Im dritten Akt, der noch heute im Gange ist, fließt das Wasser langsam aus den Hohlräumen ab, neues Wasser dringt jedoch immer weiter ein und bedeckt Wände und Böden mit mineralischem Kalkspat. An den Stellen, an denen das Wasser eingedrungen ist, haben sich Stalaktiten und Stalagmiten gebildet. An einigen Stellen sind diese zu Säulen zusammengewachsen. Wo das Wasser in etwas größerer Menge einfließen konnte, entstanden dekorative Gebilde *(flowstone)* in Form zu Eis erstarrter Wasserfälle oder geraffter Vorhänge.

Formen wie in einer Kathedrale: Viele eigenartig geformte Gebilde wird man im Verlauf einer Besichtigung zu Gesicht bekommen. Der **Banana Grove** flowstone etwa erinnert an eine Fruchtstaude. In der **Grand Column** vereinigen sich Stalaktit und Stalagmit zur mächtigsten Säule der Höhle. Hier findet man wunderschöne Tropfstein-Gebilde, auf die jede Kathedrale stolz wäre. Der **Ghost Room** (Geistersaal) ist der größte Raum der Höhle und etwa 76 Meter lang.

Der Ausgang der Oregon Caves Tour liegt 61 Meter höher als der Eingang; die meisten Teilnehmer gehen nach der Tour auf einem steilen, 500 Meter langen Pfad den Berg wieder zum Ausgangspunkt hinunter. Verfolgt man den gleichen Weg in die andere Richtung nach oben, trifft man auf mehrere Naturwanderwege wie den **Cliff Nature Trail** (1,2 km) oder den **Big Tree Trail** (5 km). An klaren Tagen wird der Besucher für seine Anstrengungen mit prächtigen Ausblicken auf die umgebenden Siskiyou Mountains belohnt.

Wer ein wenig länger bei den Oregon Caves bleiben möchte, findet Unterkunft im **Oregon Caves Chateau,** einem rustikalen, sechsstöckigen Bau mit eindrucksvollem Blick auf den Wald ringsum. Das Chateau hat eine Menge zu bieten: einen großen Doppelkamin aus hiesigem Marmor, einen eindrucksvollen Speisesaal, schön hergerichtet mit Tischtüchern aus Leinen, Panorama-Fenster und sogar einen Bach quer durch den Saal! Von Juni bis Anfang September ist geöffnet; es empfiehlt es sich, Zimmer zu reservieren.

Auf dem Rückweg sollte man einen Halt in den **Siskiyou Vineyards** einplanen. Sie sind nur 10 km entfernt von Cape Junction an der Oregon 46; hier wachsen einige feine Weißweine, in der Probierstube der Kellerei kann man sie kosten. Wer geräucherte Wurst mag, sollte unbedingt **Taylor Sausages** besuchen, drei Straßenblöcke entfernt vom Highway 199 in der Watkins Street an der Oregon Caves-Kreuzung. Hier kann man direkt ab Fabrik Wurst kaufen.

SÜDLICHES OREGON

Wer nie in Ashland oder Jacksonville war, glaubt vielleicht von der Kultur im südlichen Oregon, sie erschöpfe sich in Show und Unterhaltungsbands oder in Backwettbewerben in alten Bauernhäusern. Tatsächlich aber zeichnen ein erstrangiges Shakespeare-Festival und eines der hervorstechendsten nationalen historischen Wahrzeichen aus der Pionierzeit Amerikas das Rogue River Valley aus, das von Sägewerken und Obstgärten geprägt ist.

Vorherige Seiten: Goldkiefern. Links: Ein Wagen voller Goldgräber auf der Suche nach dem großen Reichtum. Unten: Fenster am Gerichtsgebäude im historischen Jacksonville.

Shakespeare in Ashland, im südlichen Oregon, unter dem Sternenhimmel ist ein Mittsommernachtstraum für mehr als 100 000 Theaterbesucher, die während der Festival-Hauptsaison hierher strömen. Neben Shakespeare-Stükken bringt das Oregon-Shakespeare-Festival auch moderne Theaterstücke zur Aufführung. Der Zustrom während der Sommermonate vergrößert sich noch durch das Peter Britt Music Festival im benachbarten Jacksonville. Dieses Ereignis bringt zahlreiche internationale Spitzenmusiker zusammen.

Die Besiedlungsstruktur in diesem Teil des Staates ist eine Mischung aus kleinen Orten, wo man von der Holzaufbereitung lebet, und größeren Versorgungszentren für die Nutzholz-Sägewerke, Birnengärten, Molkereien und Viehfarmen, welche das Auskommen der Menschen hier gewährleisten.

Außerhalb von Medford bedauern nun die Menschen, die sich einmal des ländlichen Lebens erfreuten, daß die Vororte der Landstädte in ihren amerikanischen Traum eindringen. Trotz des Wachstums der vergangenen Jahre finden hier im südlichen Oregon meist die Namen der Country-Music-Stars Johnny Cash und Merle Haggard noch mehr Anerkennung beim Durchschnittsbürger als die Schauspieler John Gielgud und Vanessa Redgrave.

Kultur im Hinterland: Ashland und Jacksonville hatten schon in den Grenztagen des letzten Jahrhunderts ihren Ruf als kulturelles Mekka begründet. Jacksonville war 1851 der erste und einzige Ort in dieser Region, bis die Industriestadt Ashland im darauffolgenden Jahr gegründet wurde. Das Chautauqua-Movement, eine religiöse Gruppe, die Kultur ins Hinterland bringen wollte, sandte in diese wachsenden Ballungszentren Redner, die Vortrage hielten, Schauspieler und fahrende Musikanten. In einem Theater der Chautauqua-Gruppe von Ashland hatte 1935 Agnus Bowmer, ein Englisch-Professor des örtlichen College, die Idee, daß das Wochenende des Unabhängigkeitstages mit der Aufführung von *Wie es euch gefällt* begangen werden sollte. Die ersten Bühnenausstattungen wurden mit Bettlaken gestaltet, die hiesige Hausfrauen zum Geschenk gemacht hatten. In den Pausen hielt man Boxkämpfe ab, um Geld für das Theater einzutreiben.

Fünfzig Jahre später fällt es schwer zu glauben, daß ein Shakespeare-Festival, das pro Jahr 300 000 Personen anzieht, solch bescheidene Anfänge hatte. Die Tradition des „Vier Tage bleiben und vier Stücke sehen", verwandelte Ashland in eine Kombination von Touristenort und Kunstkolonie. Zu den sichtbaren Nebenerscheinungen gehören ein McDonald's im Tudorstil, viele permanent anwesende Schauspieler, Künstler und Kunsthandwerker und daneben wohl die höchsten Preise im ganzen Bundesstaat.

Ashland – damals und heute: Die Stadt liegt 35 Kilometer nördlich vom bevölkerungsreichsten Bundesstaat Amerikas, Kalifornien, und ist gleich weit von den Städten San Francisco und Seattle entfernt. Die Zunahme des Tourismus hatte sich schon ein Jahrzehnt vor dem Shakespeare-Festival und der Restaurierung von Jacksonville ein Mann namens Jesse Winburne ausgemalt. Nachdem er durch Werbung in U-Bahnen in New York ein Vermögen verdient hatte, zog er sich nach Ashland zurück.

Er plante einen Badekurort, begründet auf den örtlichen **Lithia Springs** – Mineralwasser, von dem angenommen wurde, daß es dem hochgeschätzten Wasser der Saratoga Springs, New York, ähnlich sei. Um einen vergleichbaren Erholungsort in Ashland zu schaffen, erschloß Winburne einen Wanderweg durch den **Lithia Park**, in dem die Wasserquelle sprudelt. Der **Winburne Way,** ein schöner Pfad, führt am Ashland Creek vorbei durch das 40 Hektar große Landstück bis zum Fuß der Siskiyou Mountains. Winburne ließ auch Wasser der Lithia Springs durch Röhren bis zu den **Plaza Fountains** an der Hauptstraße des Ortszentrums leiten.

Zwei Häuserblocks von der Plaza und dem Eingang zum Park entfernt steht an der Hauptstraße das Lithia Springs Hotel (inzwischen heißt es **Mark Anthony**). Dieses neunstöckige Gebäude war einmal das höchste Bauwerk zwischen San Francisco und Seattle und ist heute sowohl ein nationalhistorisches Wahrzeichen als auch ein erstklassiges Gasthaus.

Shakespeare unter den Sternen: Neben dem Mark Anthony liegt das **Festival Exhibit Center.** Um die Ecke, die South Pioneer Street hinauf, stehen die einzelnen Festival-Theater: das Elizabe-

Eine Kirche in Jacksonville.

than Theatre, das Angus Bowmer und das Black Swan.

Die Ashland Company ist besonders stolz auf das **Elizabethan Theatre,** dessen Konstruktion und Maße durch das berühmte Fortune Theater in England (aus dem 17. Jahrhundert) inspiriert wurden. Das Drei-Stücke-Repertoire, das hier von Juni bis September zur Aufführung kommt, beschränkt sich auf Shakespeare-Inszenierungen und Stükke seiner Zeitgenossen.

Bei diesen Aufführungen widersetzen sich die Regisseure dem Trend, zeitgenössische Dialoge und Kostüme einzusetzen. Den „Ashland-Stil" charakterisiert auch, daß es keine Pausen gibt und Spezialeffekte nur wenig einegsetzt werden. Die Schauspieler kommen im Elisabethanischen Putz auf die Bühne.

Das zweitgrößte Theater ist das **Angus Bowmer.** Es faßt 600 Personen. Die Stücke werden im geschlossenen Gebäude aufgeführt. Es gibt eine computergesteuerte Beleuchtung und durchweg gute Sitzplätze. Die Festivalzeit erstreckt sich dank des Theaters, das Shakespeare-Aufführungen nach dem Sommer im Elizabethan Theatre übernimmt, von Februar bis Ende Oktober.

Das **Black Swan** mit 150 Plätzen bietet die intimste Inszenierung des Festivals. Zeitgenössische Bühnenautoren und experimentelle Inszenierungen sind hier die Regel.

Am Tag der Vorführungen sollte man eine Führung hinter der Bühne mitmachen. Diese wird von den Schauspielern selbst angeboten und bietet faszinierende Einblicke in alle Bereiche. Informationen über diese Führungen sowie über Diskussionsgruppen, Vorträge, Renaissance-Kultur-Ausstellungen und ähnliches erhält man an der Theaterkasse im Hof in der South Pioneer Street. Viele dieser Aktivitäten finden im Lithia Park statt.

Ashland-Gastlichkeit: Neben der Vielfalt von Restaurants und Örtlichkeiten, wo man nach der Vorstellung ein Glas trinken kann, ziehen sich viele Kenner der guten Seiten des Lebens in eine der zwei Dutzend Bed-and-Breakfast-

Das Freilicht-Shakespeare-Theater in Ashland.

Übernachtungsstätten im Gebiet von Ashland zurück. Ein Anschlag direkt hinter dem Mark Anthony führt einzelne Namen und Adressen auf. Eine Pension mit Namen **Chanticleer** gibt hier den Ton an mit Annehmlichkeiten wie einem Glas Sherry am knisternden Feuer, das nach einem kühlen Abend im Elizabethan Theatre herrlich aufwärmt.

Restaurants in der Hauptstraße von Ashland weisen eine Angebotsskala für Feinschmecker auf, vom **Chateaulin** bis zu den altmodischen Eisbar-Mischungen von **Rosie's Sweet Shoppe.**

Mit einem Spektrum von Shakespeare-Parodien, aufgeführt von einer von Festival-Schauspielern gegründeten Zweiggesellschaft, bis hin zu Western-Melodramen, die in verschiedenen Gemeinden in der Umgebung auf die Bühne gebracht werden, scheint der Vorhang niemals zu fallen.

Die Stagecoach Road: Sogar Ashlands nächster Nachbar hat einen Ruf, der von Theaterbesessenheit zeugt, und dies, obgleich **Talent** wenig Ähnlichkeit mit ihrer Schwesterstadt hat. Fünf Kilometer nordöstlich von Ashland, am Highway 99 gelegen, erklärt Talents Nähe zu den umliegenden Birnengärten die hohe Zahl an Landarbeitern hier. Durch die vielen Obstpflücker mexikanischer Abstammung entstanden in diesem Gebiet eine Anzahl guter und preiswerter mexikanischer Restaurants. **La Burrita** erfreut sich besonderer Beliebtheit.

Die Birnengärten und der Durchgangsverkehr am Highway 99 erklären den Harry und David, Jackson und Perkins Komplex, unmittelbar nördlich von Talent im Abschnitt Bear Creek von Medford gelegen. Neben dem Rosenschau-Garten von **Jackson and Perkins'** verkauft ein kommerzielles Treibhaus, die größte Auswahl von Rosen auf der Welt. Die Läden von **Harry and David's Bear Creek** bieten regionale Leckerbissen wie den Rogue-Valley-Cheddarkäse, eine eigene Marke ausgezeichneten Kräutertees, Geschenkpackungen mit Jumbo-Birnen sowie „Ausschuß"-Obst zu stark reduzierten Preisen.

Lithia Park, Ashland.

Jacksonville: Nahe am Bear-Creek-Komplex auf der Interstate 99 ist ein historischer Abstecher möglich, wo die South Stage Road nordwestwärts zur Stadt **Jacksonville** führt. Die teuren Häuser und kunstvollen Gold-Waagschalen in der Bank in der California Street liefern dem Besucher Anhaltspunkte dafür, daß das hier in der Vergangenheit nicht nur irgendein entlegener Außenposten an der Grenze war.

Tatsächlich waren hier die Straßen beinahe wortwörtlich mit Gold gepflastert. Jacksonville entstand über einem Gebiet, wo es zu den ersten Goldfunden kam. Ein Großteil des Ortes wurde zudem während der Großen Depression von Einheimischen tatsächlich umgegraben. Als Golderz im Wert von etwa 25000 Dollar an der Ecke California Street/Third Street herausgeholt wurde, begann man den Abriß einiger Gebäude ernsthaft zu erwägen.

Glücklicherweise obsiegten diejenigen, die die Gebäude schützten. Der architektonische Verfall verlief parallel zum Niedergang des Ortes, der durch den kurzlebigen Goldrausch und die Entscheidung der Eisenbahn im Jahre 1833, Jacksonville zugunsten von Medford zu umgehen, heraufbeschworen wurde. Die Situation verschlechterte sich 1927 noch weiter, als der Kreisregierungssitz nach Medford verlegt wurde. Ungefähr zehn Jahre später und fast zur gleichen Zeit wurde in Williamsburg, Virginia, eine ähnliche Anstrengung unternommen; die Ortsansässigen riefen eine Bewegung zur Restaurierung vieler historischer Gebäude von Jacksonville ins Leben. 1967 wurde Jacksonville zum fünften nationalen historischen Wahrzeichen (National Historic Landmark) erklärt.

Lassen Sie doch Jacksonvilles kurze historische Bedeutung bei Sonnenschein auf sich einwirken und besuchen Sie das **Jacksonville Museum** in der North 5th Street. Im Museum sollte man sich unbedingt die Broschüre mit Wanderrouten von der U.S. Bank oder eine ähnliche Publikation von der Historischen Gesellschaft von Süd-Oregon mitnehmen. Sie sind für einen

Bauernhof im Winter.

Streifzug durch das restaurierte Gebiet von Jacksonville zum Friedhof wenige Kilometer nordwestlich der Stadt sehr nützlich.

Das Jacksonville-Museum ist in einem sehr großen Backsteingebäude unter einer weißen Kuppel untergebracht, das von 1884 bis 1927 als Verwaltungs- und Gerichtsgebäude von Jackson County diente. Beginnen Sie ihre Besichtigung im zweiten Stock des Museums. Hier zeigen Dioramen und Gebrauchsgegenstände eindrucksvoll die Vorgeschichte der Takelma-Indianer auf, in deren Gebiet 1851 eingedrungen wurde, als James Poole und James Cluggage in Rich Gulch Gold entdeckten. Sehen Sie sich dann den anderen Teil der Ausstellung an, der die Anfänge der Goldsucher, der Heimstättner, Spieler und der Grenzjustiz in Erinnerung ruft.

Ein großer Abschnitt im ersten Stock des Museums ist Peter Britt gewidmet, Jacksonvilles Renaissance-Mann des letzten Jahrhunderts. Dieser Schweizer Einwanderer ließ sich hier im Jahre 1852 nieder und zeichnete sich als Maler, Fotograf, Weinhändler und Gärtner aus. Daß die Bewahrung von Jacksonvilles Geschichte möglich war, ist nicht zuletzt den Fotografien von Britt zu verdanken.

Ein Musik-Festival: Oregons ältestes Musik- und Kunst-Festival ist nach Peter Britt benannt und wird im Garten auf seinem Grundstück abgehalten. Obwohl sein Haus und das erste Foto-Studio westlich der Rockies leider durch ein Feuer zerstört wurden, überlebten die Blumen und Bäume, die er dort gepflanzt hatte. Das **Peter Britt Music Festival** zieht Spitzenkünstler des Bluegrass, des Jazz, der klassischen Musik und verschiedener Tanzformen von Juni bis Ende August an. Ein sanft abschüssiger Abhang auf dem Besitztum bildet ein natürliches Amphitheater mit einer überraschend guten Akustik. Ein Freiluft-Pavillon steht am Highway 238 auf einem Felsen mit Blick über den Ort. Die Sommer im südlichen Oregon sind mild und vollständig trocken. Trotzdem sollte man für Vorstellungen an kühlen Abenden eine Jacke dabei haben. Zudem sitzt man hier mit einem Kissen oder einer Decke auf Rasen und Bänken viel angenehmer.

Die verfallenen **Chinese Quarters** in West Main zwischen der First Street und der South Oregon Street und die erste Gold-Schürfeinheit, **Rich Gulch,** an den Straßen Oak und Applegate gelegen, sind ständige Erinnerungen an das Erbe des südlichen Oregon. Bei manchen weckt vielleicht ein Wandgemälde hinter der langen Bar des **Bella Union Saloon** mit einer Straßenszene aus Jacksonvilles goldener Ära eher die Erinnerung an den Klang des Stiefelgetrampels der Goldsucher.

Bei den achtzig historischen Sehenswürdigkeiten in diesem einzigartigen und am besten erhaltenen Ort in Amerika ist es vielleicht der Pioneer Cemetery, wo das Echo der Vergangenheit dieses Landes am überzeugendsten nachklingt. Die alten weißen Grabsteine, die bis ins Jahr 1859 zurückreichen, machen diesen Friedhof zu einem historischen Ort mit den engsten Verbindungen zum Jacksonville der Pioniere.

Links: Fahrt durch den Wald. **Rechts**: Der McKenzie River.

NO
SMOKING

BEND UND ZENTRAL-OREGON

Der mittlere Teil des Staates Oregon (Zentral-Oregon) widersetzt sich einer kurzen und bündigen Beschreibung. Genau in der Mitte, nahe bei Bend und Sisters, findet man sich zwischen Cowboys und Holzfällern, kamerabewaffneten Touristen und Jet-Settern. Man trifft auf die ausgefallensten Formen feuerspeiender Berge. Auf den Weiten der Prärie, 1 1/2 Stunden nördlich von Bend, wird die Eintönigkeit von Geisterstädten durch ein Indianerreservat, das ein Luxushotel auf seinem Stammesgebiet betreibt, unterbrochen. Weiter nach Osten löst Hochgebirgslandschaft die halbtrockene Wüste ab. Neben Viehfarmen, Weizenfeldern und von hart arbeitenden Bauern bearbeiteten Parzellen streifen Hirsche und Antilopen durch das Gebiet.

Auf den 40 Kilometern zwischen **Bend** und **Sisters,** den ersten größeren Orten östlich der Cascades, tauchen ein halbes Dutzend weißer Bergspitzen in rascher Folge auf und erheben sich jäh über der flachen, braunen Prärie im Vordergrund. Der Kontrast ist um so augenfälliger, als der Reisende auf dem Weg nach Osten gerade eben die Seen, das frische Grün und die hohen Bäume auf der westlichen Seite des Gebirges der **Willamette** und **Deschutes National Forest** hinter sich gelassen hat. Nach und nach sind hier gut durchdachte und geplante Urlaubsorte und Freizeitzentren entstanden. Kalte, klare Wintertage und heiße, aber trockene Sommer machen einen Aufenthalt in jeder Jahreszeit zu einem vollkommenen Erlebnis.

Die Biegung im Fluß: Mitte der vierziger Jahre des 19. Jahrhunderts, als der Ort noch den Namen Farewell Bend trug, war hier der Durchbruch eines Pionier-Weges, parallel zum Deschutes River. Von 1850 bis zum Beginn des 20. Jahrhunderts vergab die Zentralregierung in diesem Gebiet Land an Siedler, was ein rasches Wachstum zur Folge hatte. Doch erst der Freizeitboom

Vorherige Seiten: Shaniko, einst ein Handelsort, ist jetzt eine Geisterstadt. Unten: Sägemühle auf dem Höhepunkt der Produktion.

der letzten zwanzig Jahre machte dieses Gebiet zu einem Hauptziel des Tourismus. In diesem Zeitraum wurde Camp Abbott, ein Militärstützpunkt mit 270 Personen, in die Freizeitgemeinde **Sunriver** umgewandelt. Sie liegt 30 Kilometer südlich von Bend, in unmittelbarer Nähe der Skilifte zum **Mount Bachelor** und der Bootsanlegestelle auf dem Deschutes, und verfügt über einen Komplex, der 500 Besucher beherbergen kann. Hier kann man auf verschiedenen Golfplätzen spielen, es gibt Schwimmbecken und Tennisplätze; alles Dinge, die diesen Erholungsort, der auch seinen eigenen Flugplatz hat, aufwerten.

Gleichermaßen beliebt ist das näher zur Stadt hin gelegene **Inn at the Seventh Mountain,** ein Urlaubsort, der in einem eher anspruchslosen Stil gebaut ist. **Black Butte Ranch,** direkt östlich vom McKenzie-Paß, entwickelte sich ebenfalls mit dem Freizeitboom. Die Gegenwart der Ranch und anderer vergleichbarer Einrichtungen ist auch verantwortlich für die Unmenge an Geschenkläden im benachbarten ehemaligen Dorf, dem jetzt in ein Urlaubszentrum verwandelten Sisters. Die Zentralregierung schuf klugerweise in der Nähe dieser Touristen-Orte Wildnisgebiete *(wilderness areas).*

Mount Jefferson Wilderness Area: Die **Mount Jefferson Wilderness Area** ist das bekannteste Schutzgebiet seiner Art in Oregon. Ein Großteil der Anziehungskraft dieses Gebietes ist auf den eindrucksvollen Mount Jefferson zurückzuführen, den zweithöchsten Berg der Cascades (3200 Meter). Der Gipfel des Mount Jefferson erinnert mit seinen symmetrischen Konturen an den Fujiyama in Japan und ist in der umgebenden Wildnis leicht auszumachen. Er ist unschwer von jeder Seite des Gebirges aus über ein Netz miteinander verbundener Straßen zu erreichen, man fährt am besten zur Jefferson Wilderness über den Highway 22. Von dieser Überlandstraße geht zwölf Kilometer östlich von Detroit die **Whitewater Road 1044** ab, die zu dem Wanderweg führt, der am direktesten auf die höhe-

South Sister und Bachelor Butte, zwei Gipfel der Cascades.

ren Erhebungen im Park führt. Den Anfang dieser acht Kilometer langen Route den Whitewater Creek hinauf findet man, wenn man diese 13 Kilometer lange Straße fährt. Auf dem Weg unterlassen es zwar die meisten, Blumen zu pflücken, wobei sie es mit Beeren vielleicht anders handhaben, eines sollte man aber bedenken: Einige Handvoll wilde Erdbeeren und Heidelbeeren können zwar die plötzlich beim Wandern aufgetretenen Hungergefühle mildern, aber Bär, Hirsch und andere ständig im Wald lebende Tiere sind auf diese Nahrungsmittel angewiesen. Bei ungefähr 1524 Meter unterhalb des Kammes unterbricht eine Reihe von Seen die Bergwiesen, die voll von purpurroten und gelben Lupinen und wilden Federnelken sind. Auf diesem als **Jefferson Park** bekannten hochgelegenen Plateau blühen Ende Juli die meisten Waldblumen.

Diejenigen, die in eine wildere Version des Urwaldes entfliehen möchten, sollten das Gebiet der **Mount Washington Wilderness** zwischen dem Santiam Highway und dem McKenzie Highway besuchen. Gezackte Findlinge und eine rauhe Landschaft, die frühere Lavaströme zurückließen, verleihen dem Gebiet einen wilden Charakter. Sogar der Berg selbst ist eine Metapher des Ungestümen. Ein Blick auf den 2378 Meter hohen Mount Washington macht deutlich, welche große Herausforderung er für die Bergsteiger in den Cascades darstellt.

Wanderer erfreuen sich an dem 26 Kilometer langen **Pacific Crest Trail,** der hier durchführt. Dieser Weg erstreckt sich von Kanada bis Mexiko und verbindet alle Wildnisgebiete der Cascades miteinander. Zugangsstellen zum Pacific Crest Trail und seinen Abzweigungen liegen am Campingplatz Big Eagle südlich der Überlandstraße 20 und oberhalb vom McKenzie-Pass am Highway 242. Der Anfangspunkt des Wanderweges beim Paß liegt in der Nähe des **Dee Wright Observatory,** ein günstiger Punkt für einen Blick auf die elf Gipfel der Cascades.

Bergspitzen und Vulkankegel: Die **Three Sister Wilderness,** die ein größeres Gebiet als irgendeine andere Wildnisgegend in den Cascades umfaßt, liegt im Schatten einer riesigen Dreiergruppe von Vulkankegeln. Obgleich ein erhebender Anblick, erfüllt die 3048 Meter hohe Erhebung des Sisters und seine kegelförmige Gestalt viele Wissenschaftler mit Furcht. Sie erinnert an die Eruption des Mount St. Helens, von dem man angenommen hatte, daß er nicht mehr tätig sei.

Obwohl die Vorhersagen eindeutig sind, scheint eine Eruption in der friedlichen Umgebung der Three Sister Wilderness einfach undenkbar. Wenn im August und Anfang September auf den hohen Erhebungen der Schnee geschmolzen ist, entsteht auf den Wiesen ein Wildblumen-Paradies. Der South Sister wird am liebsten erklommen. Zu den etwa 300 Seen hier strömen die Angler scharenweise.

Die Three Sisters Wilderness erreicht man über die Interstate 242 am McKenzie-Paß. Oft ist es aber das beste, wenn man den Zugang zum Schutzgebiet von dem trockeneren Osthang der Cascades

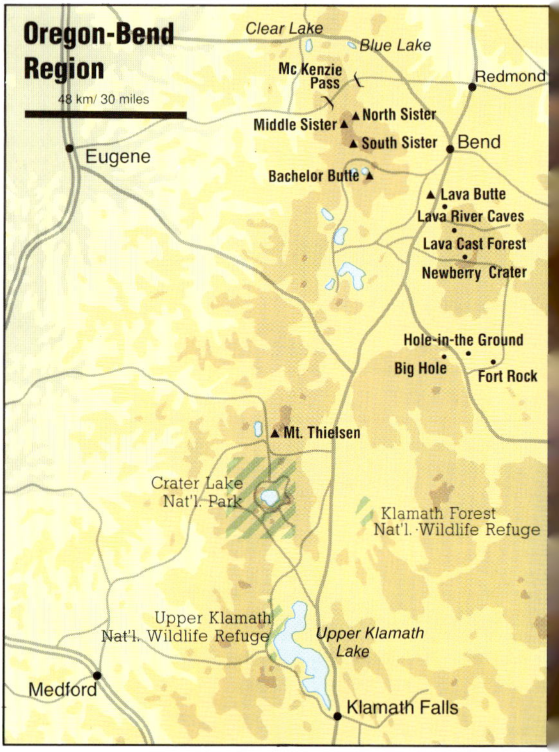

aus wählt. Um jegliche Probleme mit eventuellen Schneemassen auszuschließen, sollte man einen Besuch bei der Bend-Ranger-Station an der Revere Street mit einplanen, auch um sich eine Zulassung für das Naturschutzgebiet ausstellen zu lassen, die zum Wandern und Campen im Hinterland erforderlich ist. Ungefähr 32 Kilometer südwestlich von Bend sind Ausgangspunkte von Wanderwegen nahe des Cascades Lake Highway – und zwar **Sparks, Elk, Lava** und **Cultus Lakes.** Weiter südlich von diesen Ausgangspunkten befindet sich am Cascade Lakes Highway ein Zugang zur **Diamond Peak Wilderness.** In der Pfanne gebratene Regenbogenforellen aus dem **Diamond Lake** haben schon so manchen Erforscher der Cascades an einem frostigen Morgen warm werden lassen.

Sehen und Skifahren: Während Wanderer und Bergsteiger kaum erwarten können, daß der Schnee schmilzt, erfreuen sich Skilangläufer und Abfahrtsläufer sieben Monate lang erstklassiger Bedingungen. Angelpunkt der meisten dieser Aktivitäten von November bis Juni ist der 2760 Meter hohe **Mount Bachelor.** Fährt man mit dem Sessellift, der fast bis zum Gipfel hochreicht, wird einem vielleicht der umfassendste Ausblick auf die Cascades beschert. Skifahrern sei nur gesagt, daß diese Hänge als Trainingsort für das U.S.-Olympia-Team ausgewählt wurden.

Nur 32 Kilometer von Bend aus nordöstlich und von Sun River südöstlich hat Bachelors plötzliches Berühmtwerden die Region in den letzten 20 Jahren mehr als irgendein anderes Erholungsgebiet verändert. Bend, mit ungefähr 18 000 Einwohnern, ist nun die größte Stadt östlich der Cascades.

Trotz alledem werden Besucher aus Europa, die Ski-Chalets im Schweizer Stil im Schatten der Berge erwarten, eine Enttäuschung erleben. Architektonisch und kulturell ist Bend noch immer eine von Holz- und Viehwirtschaft geprägte Pioniersiedlung. In der Innenstadt bietet der **Mirror Pond** Wasservögeln, Ottern, Amerikanischem Nerz und Bibern Lebensraum.

Bend, im Hintergrund schneebedeckte Gipfel.

Der nahegelegene **Pilot Butte** bietet eine Fahrt zu einem Aussichtspunkt auf das Kaskaden-Gebirge im Westen. Das umliegende Weideland und die von Beifuß bedeckten Ebenen um das vor Aktivität summende Bend herum erinnern an Orte des Ölbooms in der Wüste von Texas.

Weiter auf dem Highway 97: Nur vier Kilometer nördlich von Bend, im Westen von Highway 97 liegen **Petersen's Rock Gardens.** Versteinerte Bäume, Achat, Jaspis, Geoden-ähnliche *thunder eggs,* Malachit, Lava und Obsidian hat man hier aus einem Umkreis von 137 Kilometern zusammengetragen und phantasievoll ausgestellt. Ein geologisches Museum zeigt eine bemerkenswerte Sammlung von Kristallen, Edelsteinen und Fossilien. Frei lebende Pfauen, Hühner, alte landwirtschaftliche Geräte und die Aussicht auf schneebedeckte Gipfel vervollständigen den Charme dieses Phantasiereichs eines dänischen Einwanderers.

Bei der Weiterfahrt Richtung Norden wechselt sich der Anblick von immer wieder gleich aussehenden Ortschaften mit den Ausblicken auf die Cascades westlich des Highway ab. **Redmond** gilt als Schwesterstadt von Bend und stellt eine andere Art von Siedlung in diesem Gebiet dar. Siedlungen alten Stils sind heute noch großenteils genau das, was sie zur Zeit ihrer Entstehung schon waren – Versorgungszentren für die Bauern, Forscher und andere Reisende. Doch die eigentlichen Attraktionen dieser Gegend sind der sternenklare Himmel und die unberührte Tierwelt in den weitläufigen Ebenen und Wäldern.

Die Umgebung von **Prineville,** nordöstlich von Redmond an der Interstate 26, eignet sich bestens, um auf Priday's Achat-Ranch nach verschiedenen Gesteinsarten zu suchen oder in den **Crooked River Grasslands** Vögel zu beobachten. Neben Adlern, Ohreulen und dem rotschwänzigen Falken gibt es hier auch eine Herde von über hundert Antilopen.

Im nahegelegenen **Ochoco National Forest** kann man gut wandern und in

Ein altes Schulhaus in Shaniko.

den zahlreichen Flüßchen und Bächen herrlich mit dem Boot fahren und angeln. In der Nähe des Eingangs zum National Forest steht der **Steins Pillar,** ein riesiger Basalt-Block, der wie ein Daumen aus einem ausgezackten Abhang herausragt, eine geologische Sehenswürdigkeit in dieser Gegend.

Smith Rocks und Crooked River: Auch **Smith Rocks,** ein anderes Gebilde aus Stein, 35 Kilometer nördlich von Bend und östlich vom Highway 97 gelegen, kann man schwer verfehlen. Die 152 Meter hohe, schroffe rotfarbene Klippe erhebt sich mitten aus der Prärie in **Terrabone.** Nicht-Wanderer können sich hier am Anblick der Felskletterer erfreuen, die an den Felswänden über dem **Crooked River** baumeln.

Zurück auf dem Highway 97 bietet der Fluß nun wieder einen sehenswerten Anblick in einer anderen Umgebung. 13 Kilometer nördlich von Redmond blickt man vom **Ogden Scenic Wayside** in einen 122 Meter tiefen Canyon. Eine Brücke in 93 Metern Höhe überspannt den durch die Basaltschlucht strömenden Fluß. Im **Billy Chinook See,** westlich des Highway 97 unterhalb von Madras, fließen Crooked River, Deschutes und Metolius River schließlich zusammen. Im Mündungsgebiet des Crooked River liegt **Cove Palisades State Park,** ein Gebiet, das die Einheimischen wegen seiner hochaufragenden Felswände den „Grand Canyon of Oregon" genannt haben. Die hier zutage tretenden Gesteinsschichten veranschaulichen die geologische Geschichte von Oregon. Die Angestellten des Parks sind gern bereit, einiges aus sieben Millionen Jahren Vergangenheit zu erläutern und die Besucher auch zu jahrtausendealten Felszeichnungen der Indianer zu führen.

Geisterstädte, geheiligte Stätten: Nordwestlich von Madras führt die Interstate 26 in das **Indianerreservat** von **Warm Springs.** Als Ausgleich für staatliche Eingriffe in die traditionellen Fischgründe der Indianer gab man ihnen vier Millionen Dollar. Die Indianer legten mit diesem Geld **Kah-Nee-Ta,** ein luxuriöses Erholungsgebiet, an. Mineralhaltige heiße Quellen und beinahe täglicher Sonnenschein machen diese Anlage am Grunde eines Canyons zu einem idealen Erholungsgebiet. Kulturelle Darbietungen des Stammes, Golf, Tennis, Reiten und das einzige Schwimmbecken mit Olympia-Ausmaßen östlich der Cascades tragen erheblich zur Anziehungskraft bei. Die Angestellten des wie ein Pfeil geformten Hotels sind Mitglieder des Stammes von Warm Springs, der auch zur Ausstattung und Einrichtung mit indianischen Decken und Töpferwaren beigetragen und dem kulinarischen Angebot eine besondere traditionelle Note verliehen hat. Zu den Gerichten zählen beispielsweise frischer Lachs, der im Freien auf Holz gegart wird und „Vogel-in-Lehm".

In **Shaniko,** einer Geisterstadt am Highway 97, fühlt man sich in die Zeit der Jahrhundertwende zurückversetzt, als diese Stadt sich selbst zur „Woll-Hauptstadt" der Welt erklärt hatte. Sie wurde 1876 von August Scherneckaw (die Indianer sprachen den Namen Shaniko aus) gegründet und erfreute

Skilanglauf am Mount Bachelor.

sich, nachdem sie 1900 zur Endstation der Eisenbahn wurde, eines wahrhaft goldenen Zeitalters. Seit dieser Zeit erlebte der Ort mit seinen aufdringlichen Hotels, Saloons und Bordellen einen unglaublichen Aufschwung.

Im Laufe der Zeit haben sich Museen entwickelt, die Shanikos einstige Pracht ebenso veranschaulichen wie die Exzesse des Tourismus. Rathaus, Eisenbahnwaggons, das Schulhaus, die Hütten der Siedler und das Shaniko Hotel stehen hier entweder im Original oder wurden „originalgetreu restauriert". Friedhof und Kirche illustrieren den Versuch, eine erdachte, aber vermarktungsfähige Vergangenheit zu schaffen.

Die Berghänge im nördlichen Teil Zentral-Oregons, bedeckt mit Ginster und Salbei, deuten noch auf etwas anderes neben den Geistern von Shaniko und den ewigen Jagdgründen der verbündeten Stämme von Warm Springs hin. Ungefähr 48 Kilometer nordöstlich von Madras, nördlich dem Highway 97, stößt man auf einen Ort, der sowohl als eine der Touristenattraktionen gilt als auch Anlaß für kontroverse Berichte in den internationalen Medien gibt.

Indischer Guru in Antelope: Es begann 1981, als die 45 Einwohner von Antelope plötzlich neue Nachbarn bekamen. Die 259 Quadratkilometer große **Big Muddy Ranch,** 32 Kilometer östlich des Städtchens, wurde von rotgekleideten Anhängern des indischen Guru Bhagwan Shree Rajneesh gekauft. Tausende von Anhängern aus der ganzen Welt strömten in die **Rancho Rajneesh.** Nicht nur die Einheimischen sahen rot, auch Umweltgruppen stellten die Frage, ob der Grundwasserspiegel eine Bevölkerung dieser Größe und einen intensiven Ackerbau verkraften könne. Die Big Muddy Ranch wurde jetzt „Rajneeshpuram" genannt. Die konfliktgeladene Atmosphäre wurde weiter angespannt durch die bewaffneten Mitglieder der Rajneesh Peace Force in der Stadt und die Kontrollpunkte auf der unbefestigten, 29 km langen Straße zur Ranch.

Die Handelskammer bot eine Tour an mit dem Schwerpunkt auf den Umgestaltungen und Neuerungen in der Landwirtschaft, die die Kommune eingeführt hatte. Die Rajneeshies benutzten neueste landwirtschaftliche Techniken und Methoden, den Boden urbar zu machen. Außerdem verfügten sie über einen Behelfsflugplatz mit mehreren DC-3-Flugzeugen, Boutiquen, Restaurants, Diskothek, einer Meditationsschule, Hotel und einem riesigen Auditorium, in dem Bhagwan seine Diskurse hielt. Jeden Nachmittag grüßte der Guru seine Jünger während des „Drive-By" aus einem seiner Rolls Royces. Gearbeitet wurde zwölf Stundenan sieben Tagen in der Woche. Es wurden jährlich 100 000 Besucher verzeichnet.

Heute liegt die Big Muddy Ranch wieder verlassen da. Der Guru wurde – wegen Steuerhinterziehung – von der amerikanischen Regierung festgenommen, ausgewiesen und kehrte nach Indien zurück, wo er 1990 angeblich an den Folgen einer Vergiftung, die ihm – laut eigener Aussage – in amerikanischen Gefängnissen zugefügt worden sein soll, verstarb.

Unten: Camp in der Three Sisters Wilderness. Rechts: Lower Proxy Falls.

Land der Seen und Vulkane

Obgleich das Lava- und Seen-Gebiet fast 40 Prozent der Staatsfläche ausmacht, finden die meisten Leute aus Oregon, es sei eine „ganze Menge Nichts". Dabei gibt es sehr wohl am Gebietsrand des Pazifischen Nordwestens – im Norden von den Ochoco- und Strawberry-Bergen und im Westen von den Cascades begrenzt – einige bekannte Gebiete mit klaren Bergseen und kühlen Wäldern, Wasser und Grün. Der größte Teil der südöstlichen Ecke von Oregon ist jedoch hochgelegenes Wüstenland: 52 000 Quadratkilometer Sand, Gebüsch und Randfelsen. Die durchschnittliche Niederschlagsmenge überschreitet kaum 25 Zentimeter pro Jahr. Nur wenige Reisende im Pazifischen Nordwesten dringen bis in diese Region vor.

Die hochgelegene Wüste ist Oregons „Vergessene Ecke". Der große Auswanderertroß der vierziger Jahre des 19. Jahrhunderts umging die Wüste und folgte der gewohnten Route des Oregon Trail über die Blue Mountains zum Columbia River. Anfang des 20. Jahrhunderts versuchten Siedler, die Wüste urbar zu machen. Doch der Anbau auf dem kargen Boden war erfolglos, und so wanderten sie weiter über die Berge auf der Suche nach fruchtbarerem Land. Orte entstanden über Nacht und verschwanden ebenso schnell wieder.

Zeugen der Vergangenheit: Die ältesten Zeugen der Zivilisation in Oregon wurden weder an der Küste noch im Willamette Valley gefunden, sondern in der Wüste. Gebrauchsgegenstände aus der Nähe von Fort Rock stammen aus der Zeit vor 9000 Jahren. Meeresfossilien, 225 Millionen Jahre alt, können entlang der Flüßchen Beaver und Frindstone gefunden werden. Auch der neuzeitliche Mensch – Indianer, Goldsucher, Farmer und Viehhüter – ließ seine Zeichen zurück.

Oregons Wüstenbezirke enthalten ungefähr 90 Arten von Säugetieren, mehr als 200 Vogelarten, ein Dutzend

Vorherige Seiten: Farbige Berge im Schnee. **Unten:** Felszeichnungen erzählen von früheren Bewohnern.

Kriechtierarten, Hunderte von Insekten und Tausende von Pflanzenarten. So liegt östlich des Christmas Lake Valley, ein etwa 3500 Hektar großer Wald mit Ponderosa-Kiefern. Das Gebiet vereinigt Berge, Seen und Rückzugsgebiete einer unberührten Tier- und Pflanzenwelt in sich.

Ein Besuch im **Oregon High Desert Museum** verschafft eine faszinierende Einführung in Oregons Lava- und Seen-Gebiet. Elf Kilometer südlich von Bend gelegen, am Highway 97, bietet das Museum Naturlehrpfade, Einblicke in Flora und Fauna, ein Lehrzentrum für Forstwirtschaft sowie ein breites Spektrum an geführten Exkursionen.

Oregons Lava- und Seen-Gebiet bietet dem Reisenden unzählige Attraktionen, aber es gibt nur wenige befestigte Straßen, und viele Schotter- und Feldwege sind die meiste Zeit des Jahres – außer für Fahrzeige mit Allradantrieb – unpassierbar. Wenn man sorgfältig die örtlichen Straßenbedingungen vorher abklärt, sind die kleinen Straßen die beste Möglichkeit, um die Gegend zu sehen. Denken Sie daran, Wasser mitzunehmen, und achten Sie auf Ihre Benzinuhr. Mit etwas Planung und Vorsicht kommt man in dieser Gegend weit eher in den Genuß der ursprünglichen Atmosphäre des „Alten Westens“ als irgendwo sonst in Oregon.

Ein versteinertes Blatt.

Lava-Land: Vor mehr als 200 Millionen Jahren bedeckte ein flaches Meer den größten Teil des Landes von Oregon – nun ist dort ein Plateau mit einer durchschnittlichen Höhe von 1200 Metern. Im Laufe der Jahrtausende hob sich der Meeresboden stetig an. Vor sechzig Millionen Jahren fegten mit Feuchtigkeit beladene Winde vom Pazifik heran. Sie nährten einen Tropenwald, in dem Ur-Nashörner und Krokodile ausgedehntes Moorland bevölkerten und vierzehige Zwergpferde Haine mit Palmen, Feigen- und Zimtbäumen durchstreiften.

Das Auftauchen massiver Schildvulkane dort, wo sich heute die Cascades erheben, änderte das Kerngebiet von Oregon für immer. Eruptionen deckten die Wälder mit Lava zu, und vulkanische Asche in einer Hunderte Fuß dikken Schicht vergrub während dieses Prozesses ein fossiles Verzeichnis prähistorischen Lebens. Als sich die Berge anhoben, schufen sie einen Regenschatten. Die Feuchtigkeit vom Pazifik erreichte nicht länger Zentral-Oregon, und die hochgelegene Wüste entstand.

Im **Lava Lands Visitor Center** am Highway 97 wird durch Dioramen die ungestüme Entstehung der Kaskadengipfel veranschaulicht. Der **Lava Butte** ist ein massiver Vulkankegel, der hier die Landschaft beherrscht. Zwei Lehrpfade beginnen am Besucherzentrum. Eine Straße windet sich zur Spitze des Lava Butte. Ein weiterer Lehrpfad um den Krater des Kegels herum und eine große Zahl freundlicher Bakkenhörnchen sind weitere Attraktionen am Aussichtspunkt.

Der Lava Cast Forest: Die **Lava Lands** von Zentral-Oregon umfassen mehr als 11 400 Quadratkilometer. Der **Lava Cast Forest** ist eine der ungewöhnlichsten Attraktionen dieses Gebietes. Vor mehr als 6000 Jahren stand hier ein gesunder Ponderosa-Kiefern-Wald, bis vulkanische Eruptionen vom nahegelegenen Mount Newberry eine Reihe von Lavaflüssen durch das Gebiet trieben. Während dieses Prozesses entstanden Lava-„Abgüsse" von Bäumen, das heißt eine Art Schutzmantel um die Bäume. Als das Holz verbrannte oder schließlich verrottet war, blieben die „Gußformen" der Bäume zurück.

Lavahöhlen und „Röhren" gehören zu den faszinierenden vulkanischen Merkmalen von Lava Lands. Die eindrucksvollste kkann man im **Lava River Cave State Park** am Highway 97 sehen. Diese 1600 Meter lange „Röhre" entstand, als ein Lavastrom zu erkalten begann. Eine harte Kruste bildete sich, während geschmolzenes Material unter der Oberfläche weiter dahinfloß; dieses wurde schließlich abgeleitet und hinterließ die riesige Röhre, 18 Meter hoch und 15 Meter breit. Sie wurde von einem ortsansässigen Rancher, Leander Dillman, entdeckt. Er nutzte die gleichbleibende Temperatur in der Höhle – 4^0 C – als natürlichen Kühlraum für Rindfleisch und Wild.

Natürliche Kühlung in Eishöhlen: Über viele Jahre hinweg war die **Arnold Ice Cave** die hauptsächliche Eisquelle für die Bewohner von Bend. Andere Höhlen gewährten bei unerfreulichem Wetter dem Vieh Schutz, und nicht wenige wurden während der Prohibition als Alkohol-Verstecke benutzt.

Wind Cave ist bekannt für die starken Winde, die durch die Temperaturunterschiede zwischen dem Innern der Höhle und der Luft draußen entstehen. Die Höhle wird als „Atem"höhle bezeichnet, weil sie an kalten Wintertagen „einatmet" und bei heißer Witterung „ausatmet". Gelegentlich können die Winde, die aus der Höhle strömen, aus beträchtlicher Entfernung gehört werden. Die **Lavacicle Cave** ist für die ungewöhnlichen Formationen bekannt, die geschaffen wurden, als die Hitze eines Waldbrandes die Wände einer Lavaröhre zum Schmelzen brachte.

Alle Höhlen liegen im **Deschutes National Forest,** östlich des Highway 97 und nördlich vom Newberry Crater. Die meisten sind im Winter wegen Eisschlaggefahr geschlossen. Einige, wie die **Lavacicle Cave,** sind nur in Begleitung eines Führers zugänglich.

Ebenso wie der Lava Cast Forest entstanden die Lavahöhlen und -röhren dieses Gebietes durch Lavaströme vom benachbarten **Newberry Crater.** In alten Zeiten türmte sich der Mount Newberry 3050 Meter über der ungeheuren Ebene auf. Im Verlauf der Jahrtausende stürzte die Spitze des Vulkankegels ein; ein Krater entstand, den heute zwei schöne Seen zieren. Beide, **Paulina** und **East Lake,** sind berühmt für ihre Forellen. Die erste Forelle wurde 1910 zu Pferd vom nahegelegenen La Pine hergebracht.

Eine befestigte Straße führt vom Highway 97 zum Newberry Crater; während der Sommermonate hat der Reisende Zugang mit dem Auto und im Winter mit Motorschlitten, Schneeschuhen oder Skiern. Kilometerlange Wanderwege winden sich duch den Krater und um seinen Rand.

Am interessantesten ist vielleicht der **Trail of Glass,** der am Rande eines mächtigen Obsidianstromes vorbeiführt (Obsidian wird auch als „vulkanische Glaslava" bezeichnet). Vom **Paulina Peak** auskann man an klaren Tagen Oregon, Washington, Kalifornien und Nevada erkennen. Die Bergspitze, die Seen und weitere geographische und charakteristische Merkmale Zentral-Oregons sind nach einem Paiute-Indianer benannt. Trotz seines Rufes als berüchtigter Plünderer und Viehdieb ist Chief Paulina bis heute wegen seiner Geschicklichkeit als militärischer Taktiker geachtet.

Der Cascade Lakes Highway: Die Kreuzung bei dem Ort La Pine stellt den südlichen Zugang zum **Cascade Lakes Highway** dar, Teil eines 160 Kilometer langen befestigten Rundweges, **Century Drive** genannt. Der Highway führt durch die beliebtesten Erholungsgebiete von Zentral-Oregon.

Davis Lake, am südlichsten Punkt des Highway, ist am nördlichen Ende durch einen riesigen Lavadamm abgesperrt, der für die Entstehung des Sees verantwortlich war. Es existieren keine sichtbaren Abflüsse für sein Wasser, das 6,4 Kilometer durch unterirdische Lavakanäle fließt, bevor es beim **Wickiup Reservoir** wieder zutage tritt. **Lava Lake,** die Quelle des Deschutes River, hat ebenfalls während der meisten Zeit des Jahres keinen sichtbaren Abfluß.

Unberührtes Tier- und Pflanzenleben gibt es hier im Kaskadenseengebiet reichlich. Am bemerkenswertesten ist die Fischadler-Population im **Crane Prairie Reservoir,** das erste Fischadler-Schutz und Kontrollgebiet in den Vereinigten Staaten. Als der Deschutes River bei Crane Prairie in den dreißiger Jahren aufgestaut wurde, hat man den Murrays-Kiefern-Wald nicht abgeholzt, sondern einfach überflutet. Unbeabsichtigt ist so ein Lebensraum ersten Ranges für Fischadler entstanden. Diese ungewöhnliche Szenerie kann man aus nächster Nähe in Kanus oder Motorbooten erkunden, die beim **Crane Prairie Resort** zu leihen sind.

Sowohl die Seen dieser Region als auch die Wasser des **Deschutes River** stellen die besten Angelplätze im ganzen Pazifischen Nordwesten dar. Elf Arten von Kaltwasser-Fischen sind anzutreffen, darunter die Forelle, der Atlantische Lachs und Kokanee. Hier wird gerne auf Wasservögel und Rotwild Jagd gemacht.

Wer im Seengebiet der Cascades länger bleiben möchte, findet Campingplätze entlang des Highway, oft in der Nähe der Ausgangspunkte von Wanderwegen, die zu Naturschutzgebieten im Hochgebirgsland führen. **Elk Lake Lodge** und **Cultus Lake Resort** bieten Übernachtungsmöglichkeiten, Restaurants und Anlegestellen für Kanuten, Windsurfer und Segler.

Ein Großteil des Cascade Lakes Highway ist nur im Sommer zugänglich; die höheren Erhebungen sind nicht vor Mitte Juni erreichbar. Während der Wintermonate dient die Straße Motorschlitten und Skilangläufern als Weg.

Klamath-Land: Der Highway 97 ist die Nord-Süd-Route durch Oregons Inland. Er folgt eng dem Verlauf des Weges, welchen schon die Pioniere benutzten. Einen lohnenswerten Aufenthalt verheißt der **Collier Memorial State Park.**

Obsidian-Lavastrom vom Newberry Crater.

Hier führt ein Freilichtmuseum die Reisenden in die Geschichte der Holzfällerei und der entsprechenden Ausrüstungen, einer der wichtigsten Erwerbszweige von Ost-Oregon, ein.

Die Stadt **Klamath Falls** ist die zweitgrößte Stadt in Oregon östlich der Cascades. Es gibt zahlreiche Parks und drei schöne Museen im Ort. Das **Klamath County Museum** veranschaulicht die lokale Geschichte, Holzfällerei und militärische Konflikte. Das **Baldwin Museum** ist ein restauriertes Hotel aus der Zeit der Jahrhundertwende, das einst die U.S.-Präsidenten Theodore Roosevelt, William Howard Taft und Woodrow Wilson beherbergte.

Weitere bedeutende historische Dokumente werden im **Favell Museum of Western Art and Indian Artifacts** aufbewahrt. Außer den Arbeiten einiger der bekanntesten Künstler des Westens besitzt das Museum die größte Sammlung indianischer Pfeilspitzen im westlichen Teil der USA.

Die **Klamath Basin National Wildlife Refuges** bestehen aus sechs separaten Teilen, zu denen offene Gewässer, Sümpfe, Wiesen, Wälder, Grasland, Felsen und Ackerland gehören. Vor der Ankunft der weißen Siedler dominierte hier im Becken eine ungefähr 74 860 Hektar große Fläche mit seichten Seen und Sumpfgebiet. Weniger als 25 Prozent dieser Feuchtgebiete existieren bis heute. Das Becken zog während der Pioniertage schätzungsweise bis zu sechs Millionen Wasservögel an. Obgleich diese Zahlen drastisch reduziert wurden, treffen hier im Herbst noch bis zu eine Million Enten und Gänse ein. Der beste Ausblick bietet sich in **Lower Klamath** und **Tule Lake Refuges** unmittelbar südlich hinter der kalifornischen Grenze. Das Klamath-Becken ist Überwinterungsort für die größte Konzentration an Weißkopf-Adlern in den 48 Kontinental-Staaten.

An der kalifornischen Grenze: Lava Beds National Monument hat starke Bezüge zum Schauplatz des Modok-Indianerkrieges von 1872/73. Die angestammte Heimat der Modok-Indianer lag in den südlichen Bezirken des Wildlife Refuge (Schutzgebiet). In den sechziger Jahren des 19. Jahrhunderts reagierte die U.S.-Regierung auf den Druck der Siedler und vertrieb den Stamm nach Norden, wo sich die Modok-Indianer Land mit den Klamath-Indianern teilen mußten.

Die beiden Stämme konnten nicht in Harmonie miteinander leben, und so versuchten die Modok-Indianer, in ihr Stammesgebiet am Lost River (in der Nähe der Grenze zwischen Oregon und Kalifornien) zurückzukehren. 1872 entschied die U.S. Armee, daß der Stamm mit Gewalt zum Klamath-Reservat zurückgetrieben werden sollte. Unter der Führung von Modok-Häuptling Kientpoos, auch als „Captain Jack" bekannt, zogen sich die Modok-Indianer zu den Lava Beds südlich des Tule Lake zurück. Dort wehrten sie fast fünf Monate 600 Soldaten ab, obgleich sie selbst nur etwa 60 Krieger hatten.

Captain Jack's Stronghold Historic Trail ist ein echtes Erlebnis, wenn man ihn auf eigene Faust erkundet. Der Trail veranschaulicht den heroischen Kampf der Modok-Indianer. Die Lava-

Moderne Goldgräber mit einer Goldwaschrinne.

schichten des Monuments sind von Höhlen durchzogen.

Blue Bucket Mine: 1825 führte Peter Skene Ogden die erste überlieferte Erforschung des Inneren Oregon durch. 40 Jahre lang kam dann kaum jemand, ausgenommen ein gelegentlicher Wagentroß, der nach einer Abkürzung suchte. Am bekanntesten wurde dabei die Meek-Gruppe – der „Verlorene Wagentroß" von 1843.

Während dieser Fahrt wurden Kinder ausgeschickt, Wasser in einem blauen Eimer zu holen. Dabei wurde gelbes Metall auf dem Boden des Wasserbehälters gefunden. Einige der größeren Stücke wurden unter Wagenrädern flachgedrückt und als Senker beim Angeln benutzt. Als drei Jahre später Gold in Sutter's Creek in Kalifornien entdeckt wurde, begriffen Mitglieder der Meek-Gruppe, was das „gelbe Metall" gewesen war, aber es war unmöglich, die Route dieses Trosses zu rekonstruieren. Die „Blaue-Eimer-Mine" blieb eine der bleibenden Legenden. 1856 gab der Kommandeur des Pazifikdepartments der U.S. Armee einen Erlaß heraus, nach dem es Einwanderern verboten war, sich östlich der Cascades niederzulassen. Anlaß dazu war die Anwesenheit feindlicher Indianer. Aber die Lockungen des Goldes zogen einen nicht abreißenden Strom von Verwegenen in die Wüste. „Goldpfade" entstanden im schroffen Gelände, Orte und Handelsposten folgten. Nach 1862 änderte sich das Leben in der Wüste gewaltig, als das Heimstättengesetz erlassen wurde. Nach diesem Gesetz konnte jeder U.S.-Bürger für 1,25 Dollar pro acre insgesamt 64 Hektar öffentlichen Landes erwerben. Dutzende von Orten entstanden in der hochgelegenen Wüste.

Herz der Wüste: Die meisten der neuen Bewohner wurden durch skrupellose „Landzuweiser" in das Gebiet gelockt. Ihre Überredungskünste erwiesen sich als „unwiderstehlich für Bankangestellte, Schullehrer und andere, die an Märchen glaubten", wie es bei E.R. Jackman, Autor von *The Oregon Desert,* heißt. Die meisten waren schlecht

Goldschürfer während des Goldrausches.

vorbereitet auf das Leben, das sie erwartete.

Nur drei von den einst zahlreichen Orten am Highway 20, zwischen Bend und Burns, überlebten bis heute. Das Leben war hier nicht immer so friedlich. Um die Jahrhundertwende fanden Gebietskämpfe statt – es waren gewaltsame Konflikte zwischen Vieh- und Schafzüchtern. Im Winter 1903/04 waren Wachtruppen wie die Crook County Sheep Shooters Association für das Abschlachten von 10 000 Schafen verantwortlich. Die Gebietskämpfe fanden ein Ende, als die U.S. Regierung ein Zulassungssystem einrichtete, mit dem die Nutzung des Weidelandes kontrolliert wurde.

Das Geschäft des William Brown: Direkt östlich des Ortes **Hampton** liegt William Walter Brown's **Gap Ranch.** Nur einige verlassene Gebäude blieben von dem einst auf 15 380 Hektar angesiedelten Geschäft. Brown war eine schillernde Gestalt mit ungewöhnlichen Geschäftsmethoden. Da er zu beschäftigt war, um selbst ständig in seiner Gemischtwarenhandlung anwesend zu sein, stellte er eine Zigarrenschachtel auf den Ladentisch, damit die Kunden für ihre Einkäufe zahlen konnten. Da die meisten seiner Waren nicht mit Preisangaben versehen waren, wurde so manches ungeheuer gute Geschäft in seiner Abwesenheit getätigt. Angeblich soll Brown mehrere Vermögen erworben und wieder verloren haben. Wenige Meilen weiter östlich liegt **Glass Butte,** ein bekanntes Gebiet zwischen Felsstreben, die auf große Obsidianablagerungen zurückzuführen sind.

Fort Rock: Der State Highway 31 folgt sehr eng der Strecke, die Captain John Fremonts Expedition 1843 nahm und die durchgeführt wurde, weil man auf eine alternative Route von Columbia nach Kalifornien hoffte. Die Überlandstraße wurde keine Hauptverkehrsader, führt aber an zahlreichen für den heutigen Reisenden interessanten Punkten vorbei. Im **Fort Rock State Park** liegt die **Fort Rock Cave.** Hier wurden Gebrauchsgegenstände entdeckt, deren Alter auf 9000 Jahre geschätzt wurde.

Ausgestellte Lokomotive im Veteran's Park, Klamath Falls,

Darunter waren Sandalen, in der Machart der alten Griechen gewebt, wie man sie in ganz Amerika nicht findet. Man weiß nur wenig über die Lebensweise oder das Aussehen der Höhlenbewohner, es ist aber bekannt, daß ihr Aufenthaltsort durch die Wellen riesiger Binnenseen, die einst gegen die Randfelsen der hochgelegenen Wüste schlugen, geschaffen wurde.

Lange Zeit suchten zahlreiche Fossilien-Jäger und Archäologen die ausgetrockneten Betten des **Fossil** und des **Silver Lake** auf. Vor Millionen von Jahren durchstreiften diese Uferregionen Kamele und Elefanten; Bison, Hirsch und Antilope folgten. Die Fülle an Wildgeflügel zog Scharen nomadischer Indianer zu diesem alten Seengebiet. Vulkanische Merkmale lassen sich hier ebenfalls ausgezeichnet erkunden. **Devil's Garden, Four Craters** und **Crack in the Ground** sind bei Fotografen, Wanderern und Felsenkletterern sehr beliebt.

Lost Forest und Summer Lakes: Der **Lost Forest** liegt wenige Meilen östlich des Ortes Christmas Valley. Dieses Gebiet hat lange die Aufmerksamkeit von Forstfachleuten und Ökologen auf sich gezogen. Irgendwie hat es der 3640 Hektar große Ponderosa-Kiefern-Wald geschafft zu überleben, obgleich die jährliche Niederschlagsmenge unter 35 Zentimeter liegt. Vielleicht ist der Grund für das Überleben dieses Waldes eine Schicht aus vulkanischer Asche unter dem Sandboden, die die geringen Mengen Feuchtigkeit abfängt.

Wildgänse im Schutzgebiet.

Die alten Seen der hochgelegenen Wüste sind keineswegs vollkommen ausgetrocknet. **Summer Lake** ist ein Tierschutzgebiet und zieht Tausende von Zugvögeln an, einschließlich einer großen Anzahl von Schneegänsen. **Abert Lake,** weiter südlich, lockt ebenfalls Vögel an. Das Leben der Tiere ist an beiden Seen, insbesondere in den Frühlingsmonaten, zu beobachten. Eine Reihe kleiner *playas* (jahreszeitlich bedingter Seen), **Warner Lakes** genannt, bieten eine weitere Wüstenoase für Zugvögel am Fuß des **Hart Mountain.** Einheimische Wüstenpflanzen und das **Hart Mountain National Antelope Refuge** sind weitere Attraktionen dieser schroffen, 1100 Meter hohen Landstufe. Tiere der größten Antilopenherde Oregons können am besten während der Sommermonate beobachtet werden. Es wurden auch Versuche unternommen, eine Herde von Bergschafen hier wieder heimisch werden zu lassen.

Lakeview, das auf einer 1460 Meter hohen Erhebung liegt, bezeichnet sich als „der höchtgelegene Ort Orgons". Es ist ein kleines Handels- und Kulturzentrum und für die Viehfarmen im Umkreis von vielen Kilometern eine wichtige Anlaufstelle. Für Reisende, die das Herz der Wüste erkunden möchten, ist es eine gute Ausgangsbasis für ihre Unternehmungen.

Das **Schmink Memorial Museum** beherbergt eine Sammlung an Einrichtungsgegenständen und andere Erinnerungsstücke an die Z eit der Pioniere. **„Old Perpetual",** der einzig ständig speiende Geysir des Staates, liegt direkt nördlich des Ortes. Aktivere Erholungsformen sind in der **Warner Moun-**

tain Ski Area oder in der **Gearheart Mountain Wilderness** möglich, die mit dem Auto bequem zu erreichen sind.

In der südöstlichen Ecke: Das wahrscheinlich am wenigsten bekannte Gebiet des Staates ist die Region, die von den Counties Harney und Malheur eingenommen wird und die zum Großartigsten gehört, was Oregon landschaftlich bietet. Sie wird vom **Steens Mountain** beherrscht, ein Schichtgesteinsmassiv, das sich aus dem Wüstenboden erhebt. Von seinem westlichen Fuß aus zum 2960 Meter hohen Gipfel führt eine leicht ansteigende, 37 Kilometer lange Straße. Es ist eines der bekanntesten Schichtgesteinsmassive in Amerika. Wie die steilen Abhänge, die sich über dem Summer-, dem Albert- und dem Warner-See erheben, entstand der Steens Mountain durch einen Bruch in der Lava, die einst die hochgelegene Wüste bedeckte.

Die großen Eisschollen, die vor einer Million Jahren von Kanada herunterreichten, schafften es nicht bis Oregon. Aber die hohen Berge erzeugten ihre eigenen Gletscher. Dies ist nirgendwosonst augenscheinlicher als am Steens Mountain. Schnee von sechs Metern Tiefe speist klare Seen und Flüsse voller Forellen und sorgt im Becken an seiner westlichen Basis für lebenspendendes Wasser.

Malheur Wildlife Refuge: Das **Malheur National Wildlife Refuge** ist eines der größten Schutzgebiete in den 48 Staaten. Adler, Falken, Eulen, Kraniche, Reiher, Silberreiher, Rohrdommeln, Schwäne, Enten und Gänse sowie eine Vielzahl an Singvögeln, insgesamt 250 Arten bevölkern das Gebiet. Auch Säugetieren wird man hier begegnen, darunter Rotwild, Coyote, Bisamratte, Biber und Wiesel. Eine organisierte Autotour durch das **Blitzen Valley** ist vielleicht die beste Gelegenheit für Tieraufnahmen im ganzen Staat. Das **Frenchglen Hotel** an der südlichen Endstelle der Tour (acht Gästezimmer) ist eine staatliche historische Sehenswürdigkeit. Hier war in der Vergangenheit ein Haltepunkt für Postkutschen. Hervorragende Hausmannskost wird in familiärer Atmosphäre serviert. Eine rechtzeitige Zimmerreservierung ist zu empfehlen.

Östlich des Steens Mountain liegt **Alvord Desert.** Heiße Quellen liegen an den Rändern dieser ausgedehnten Sandfläche, die sich bisweilen, bedingt durch die Schneeschmelze am Steens Mountain, in einen seichten See verwandelt. Noch weiter östlich liegt das **Jordon Valley.** Hier war jahrelang das Zentrum einer baskischen Schafhirtengemeinde. Der Ort **Basque** ist wegen seiner interessanten Gebäude und dem **Pelota Frontone** (traditioneller baskischer Ballspielplatz) bekannt.

Die benachbarten **Owyhee Mountains** gelten als eines der schönsten Wandergebiete im Nordwesten. **Lake Owyhee** ist das bekannteste Erholungsgebiet im Süden. Touren durch Gebiete wie **Leslie Gulch** und **Succor Creek** bieten Ausblicke auf herrlich buntes Felsgestein, das mit demjenigen im Bryce Canyon in Utah konkurrieren könnte. **Ontario,** das östliche Tor nach Oregon am Interstate Highway 84, ist die größte Gemeinde in dieser Region.

Unten: Kaktus findet einen unsicheren Halt an einer Basaltwand. Rechts: Wanderer erkunden unter Führung von Rangern das Seeufer.

Die Fossilienfunde von John Day

Der Highway 26 führt östlich von Ontario zum Städtchen **John Day.** Diese Gemeinde hat noch immer etwas von ihrer Grenzatmosphäre an sich, wenn große Viehherden direkt durch die Hauptstraße zu ihren Frühjahrsweiden getrieben werden. Eine Atmosphäre anderer Art vermittelt das **Kam Wah Chung & Co. Museum.** Dieses Gebäude ist so restauriert worden, wie es vermutlich im frühen 19. Jahrhundert ausgesehen hat, als es ökonomisches, soziales und religiöses Zentrum einer gedeihenden chinesischen Gemeinde war, deren Mitglieder von den einst zahlreichen Goldminen in dieser Gegend angelockt worden waren.

Der Brennpunkt des Goldrausches von John Day war **Canyon City,** direkt südlich von John Day am Highway 395. 1980 wohnten hier um die 600 Menschen, aber um das Jahr 1860 hatte Canyon City eine Bevölkerung von mehr als 10 000. Der Abbau von Gold kam nach 1940 beinahe völlig zum Erliegen. Eine Art Renaissance erlebte der Ort in den letzten Jahren, dank des Ansteigens der Goldpreise. Die Geschichte der Stadt präsentiert ausgezeichnet das **Herman and Eliza Oliver Historical Museum.**

Antilopen im Bear Valley: Weiter nach Süden auf dem Highway 395 kommt der Reisende durch das **Bear Valley,** wo in Wintermonaten oft Antilopenherden zu beobachten sind. Östlich liegt die **Strawberry Mountain Wilderness,** mit schroffen Gipfeln und Hochgebirgsseen. Wollen Sie einen Blick auf vergangene Tage werfen, dann fahren Sie zum Bend-Gebiet über die sich windende Staatsstraße zurück, die zwischen Canyon City und Seneca in den Highway 395 mündet.

In **Paulina** hat eine Tanzhalle noch immer ein Schild an der Eingangstür hängen, mit dem die Gäste aufgefordert werden, ihre Gewehre vor dem Betreten zu überprüfen. Verlassene Heimstätten entlang des Weges bezeugen die Rauhheit des Klimas.

Die Painted Hills im John Day Fossil Beds National Monument.

Die Hauptroute zum Bend-Gebiet folgt dem Tal des John Day River. Der Highway 26 führt durch fruchtbares Ackerland vorbei an Gegenden, die unter Oregons Jägern sehr populär sind.

Das **John Day Fossil Beds National Monument** ist ein Park, der herrliche Ausblicke beim Wandern bietet. Man trifft keine Menschenseele, obwohl er ein beliebtes Ausflugsziel an Feiertagen und Wochenenden ist und die nächste Straße nie mehr als 3 km entfernt ist. In diesem Park haben die Ranger noch die Zeit, einem persönliche Aufmerksamkeit zu schenken.

Thomas Condon, Methodistenpastor aus Fort Dallas am Columbia River, machte die Wissenschaft auf die Fossilienmengen im Kreis John Day aufmerksam. 1870 schickte er eine Auswahl seiner Funde an das Smithsonian Institute in Washington, D.C. Einen maßgeblichen Teil davon bildeten die „fehlenden Glieder“ in der bekannten Evolutionskette. Während der nächsten 30 Jahre reisten bedeutende internationale Paläontologen entweder selbst in dieses Gebiet, um ihre Sammlungen zu vervollständigen, oder sie beauftragten andere damit. Zwar nahm die Zahl größerer Exkursionen nach der Jahrhundertwende ab, aber Amateure sammelten unvermindert weiter Fossilien. Der Bundesstaat Oregon begann während der dreißiger Jahre mit dem Ankauf einiger hervorstechender Fundstätten. Schließlich wurde der U.S. Kongreß auf die nationale Bedeutung dieser Fossilien-Stätten aufmerksam und erteilte 1974 den Auftrag, ein „National Monument“ zu schaffen.

John Day Fossil Beds besteht aus drei weit verstreuten Einheiten – Sheep Rock, Painted Hills, Clarno – die zusammen mehr als 5660 Hektar umfassen. Verzeichnisse von Fossilien, die hier ausgegraben wurden, können noch heute in den Museen und Universitäten der ganzen Welt studiert werden. Sie enthüllen die überraschende Vergangenheit der Region, als die hochgelegene Wüste noch der Boden eines Meeres war, gesäumt von tropischen Wäldern, die niemals ein Mensch zu Gesicht bekam.

Die Verantwortung für den Erhalt und die Interpretation der Fossilienfundstätten liegt beim National Park Service. Wahlloses Sammeln von Fossilienbestandteilen ist nicht länger gestattet, wobei für die Wissenschaft und die Forschung aus Gründen der Lehre eine Sonderregelung gilt. Der zweite Verantwortungsbereich des Park Service ist problematischer. Wie können die Fossilien der hochgelegenen Wüste und die Geschichte, die sie enthüllen, dem Besucher anschaulich dargeboten werden? Die Antwort ist eine einzigartige Kombination von Museum, Laboratorium und Schule im Freien, die von einem talentierten Kollegium mit ansteckendem Enthusiasmus für die Materie entwickelt worden ist. Kim Sikoryak, ehemaliger Direktor des Besucherzentrums, hat dazu eine eigene Theorie: „Jeder war doch mit zehn Jahren ein „Dinosaurierfreak", und es ist leicht, die Leute in die wundervolle Welt der vorgeschichtlichen Tiere zurückzulocken, in der sie sich einst so häufig aufgehalten haben."

Am besten beginnen Sie Ihre Reise in „Oregons Zeitmaschine" im **Sheep Rock Visitor Center,** das ganzjährig (November-Februar an Wochenenden geschlossen) geöffnet ist. Ein Raum des Hauses zeigt ausschließlich, wie das Innere des Hauses – ganz und gar mit alten Möbeln und Porträts der Familie Cant an den Wänden – vor 60 Jahren ausgesehen haben mag. Draußen im Obstgarten spiegeln die landwirtschaftlichen Geräte die historische Funktion des Hauses wider. Natürlich soll das Besucherzentrum die Öffentlichkeit in erster Linie über die Fossilien informieren. Während der Sommermonate geben die Mitarbeiter einen Überblick über die Zeitgeschichte und stehen zur Verfügung, um Fragen zu beantworten und Besucher auf Sehenswertes hinzuweisen. Den ausgegrabenen Fossilien der Ausstellung sind anschauliche Schilderungen, sogenannte „Paleobiomes", hinzugefügt. Diese Darstellungen zeigen die Landschaft, wie sie vor Millionen von Jahren ausgesehen haben mag. Ein Laboratorium

Wüstenlandschaft des John Day Fossil Beds National Monument.

zum Präparieren von Fossilien und ein Barackenmuseum verdeutlichen die Geschichte der ersten Paläontologen in John Day und runden den Besuch des Zentrums ab.

Weitere Fossilienrepliken: Der nächste Haltepunkt ist **Blue Basin** und der „**Island in Time Trail**". Ein kurzer Spaziergang führt zu einem Canyon mit 120 Meter hohen Wänden, die aus 25 Millionen Jahre altem Ton der oberen John-Day-Formation bestehen. Fossilien-Repliken sind den Weg entlang in den Lagern angebracht, in denen sie entdeckt worden sind. Darstellungen in der Nähe lassen das Oregon der geologischen Stufe des späten Oligozäns lebendig werden. Die Fossilien des *Oreodont* sind hier am zahlreichsten. Das kleine Herdentier, etwa von der Größe eines Schafes, starb vor Millionen Jahren aus. Andere bedeutende Funde sind die Überreste einer Säbelzahn-Katze und eine kleine dreizehige Form des *Miohippus* genannten Pferdes.

Nachdem Sie das verwinkelte Labyrinth von Aushöhlungen und Auswaschungen ausgekundschaftet haben, können Sie auf dem Übersichts-Pfad weiterwandern.

Zeichen vulkanischer Kräfte: eine Lavaröhre.

Die unterste und damit älteste John-Day-Formation weist Fossilien auf, die über 30 Millionen Jahre alt sind. Am besten sind sie in der **Painted Hills Unit** nahe Mitchell am Highway 26 zu sehen. Hier finden Sie die großartigste Landschaft des Gebietes. Hat man vom Aussichtsweg einen herrlichen Blick auf die leuchtend bunten Berge, so bietet sich bei **Painted Cove** die Möglichkeit, die Formation aus nächster Nähe zu betrachten.

Die Schichten der John-Day-Formation erzählen von einem sich verändernden Land. Die Fossilien der oberen John-Day-Schicht zeigen ein im Vergleich zu heute viel feuchteres Klima an, in dem Eichen, Buchen, Birken und ähnliche Baumarten gediehen. Die untere John-Day-Formation weist auf ein noch feuchteres Klima hin. Diese Veränderungen traten auf, als die Cascades im Westen anstiegen und damit einen Regenschatten schufen, der die Entwicklung des Hochwüstenklimas, das wir heute hier vorfinden, beschleunigt hat.

Die dritte Einheit des Gebietes liegt östlich von Antelope. Hier erheben sich die Säulen und Palisaden der Clarno-Formation über einem kleinen Tal. In diesen Fossilienlagern sind Kelchsaume, Blätter, Samen und Schließfrüchte von Pflanzen, die hier vor über 40 Millionen Jahren wuchsen, erhalten. Ihre Überreste weisen auf ein tropisches Klima hin. Die Clarno-Einheit verfügt über einen Lehrpfad. Hier können Sie Blattfossilien betrachten, an denen Blattrandzähnchen und Blattrippen noch genau zu sehen sind.

Ein Besuch im John Day Fossil Beds National Monument ist eine Reise durch die Zeit. Einige der Fundstätten decken eine ununterbrochene Abfolge von Säugetier-Fossilien über eine Periode von sieben Millionen Jahren ab. Dies ist auf der ganzen Erde einzigartig. Bald ist auch dieser Park wie andere überlaufen. Aber gegenwärtig hat man noch die Chance, ruhig die Zeit zu durchstreifen.

DER NORDOSTEN

Für die meisten Menschen ist der Nordosten Oregons *terra incognita.* Vielleicht haben Sie schon vom Pendelton Round-Up, dem Hell's Canyon oder dem Snake River gehört, aber zum größten Teil wird er als Wüste abgetan, als etwas, durch das man auf dem Weg zwischen Portland und Boise oder Salt Lake City hindurch muß.

Vorherige Seiten: Sonnenaufgang und Mondundtergang in den Wallowa Mountains. Links: Ein einsamer Skilangläufer. Unten: Die vom Snake River gebildete Schlucht des Hells Canyon.

Natürlich ist der Nordosten Oregons mit vier Counties dieses Bundesstaates viel mehr als das: Gebirge, Wüste, kleine und große Flüsse, Naturschutzgebiete, Nationale Forstgebiete, Wildschutzgebiete, das Erholungsgebiet Hells Canyon National Recreation und jede Menge Campingplätze. Hier bieten sich alle Möglichkeiten für Freizeit und Sport an der frischen Luft.

Die Wirtschaft Nordost-Oregons basiert auf Land- und Holzwirtschaft. Das bedeutet, daß sie stark von der Situation des Baugewerbes abhängt.

Auf dem alten Oregon Trail: Nordost-Oregon war Schauplatz einer der aufregendsten Epochen der amerikanischen Geschichte: Mitten hindurch verläuft der alte Oregon-Trail. Hunderte von Wagenzügen durchquerten seit den frühen vierziger Jahren des 19. Jahrhunderts auf ihrer Reise nach Westen dieses Gebiet. Die Interstate 84, die Haupt-Ost-West-Überlandstraße in diesen Breitengraden, läuft parallel zum Trail.

Beginnen Sie im **Farewell Bend State Park** am Snake River, geradewegs nördlich der Grenze von Baker County. Hier verließen die Wagenzüge den Snake River in Richtung Columbia River und fuhren nach Nordwesten über die Blue Mountains, einer der anstrengendsten und härtesten Abschnitte der Reise. Im heutigen Park kann man campen, bootfahren, angeln und baden. An der Seitenstraße zum Städtchen **Huntington** (450 Einwohner), nördlich von Farewell Bend, trifft man auf einige Überreste des Old Oregon Trail, etwa ein kleines Eisenkreuz, das die Stelle markiert, an der Indianer einige Siedler töteten. Huntington wirkt heute zwar recht ruhig, doch Ende des 19. Jahrhunderts war dort die Hölle los; es war Postkutschenstation, Eisenbahnzentrum und – wie all diese Städte – voll von Saloons, Pistolenschützen und chinesischen Opiumhöhlen.

Städte und Geisterstädte: So erging es auch **Baker** (10 500 Einwohner), 72 Kilometer weiter nördlich. Heute ist es ein Vieh- und Holzfällerstädtchen, aber um die Jahrhundertwende war es Versorgungs- und Transportzentrum des Goldrauschs, der die Gegend erfaßt hatte. Im Jahre 1890 war es mit 6800 Einwohnern größer als Spokane oder Boise. Heute ist nicht mehr viel übriggeblieben, außer ein paar schiefen Häusern und liegengebliebenen Maschinen. Eine Schmalspureisenbahn aus alten Tagen durchquert das rauhe Land im Sumpter-Valley.

Baker ist auch das Tor zum Südende des Hell's Canyon, der tiefsten Schlucht in Nordamerika. Zur Schlucht fahren Sie auf dem State Highway 86, der 112 Kilometer durch die Städtchen Richland (175 Einwohner), Halfway (350

Einwohner) und Copperfield zum Snake River am Oxford Dam führt.

Copperfield war wahrscheinlich die wildeste Stadt zur Zeit des Goldrauschs um die Jahrhundertwende. **Oxbow Dam** wurde damals gebaut, und es gab häufig Auseinandersetzungen zwischen den rauhen Kerlen vom Damm und den Eisenbahnarbeitern. Es gab weder Gefängnisse noch Polizei, und der Sheriff von Baker County war nicht in der Lage, die Ordnung aufrechtzuerhalten. Der Gouverneur im entfernten Salem drohte der Stadt mit dem Ausnahmezustand, was ihm das Versprechen einbrachte, auf der Stelle umgebracht zu werden, falls er sich in Copperfield blicken lassen würde. Er ließ es lieber sein.

Dafür schickte er jedoch seine Sekretärin Fern Hobbs, um die Stadtbeamten zum Rücktritt aufzufordern. Sie wurde freundlich empfangen, aber ihre Ankunft verwirrte die Einwohner so sehr, daß sie nicht merkten, daß sie vom Direktor der Strafanstalt, vom Oberst der Wachen und von fünf stämmigen Angehörigen der staatlichen Bürgerwehr begleitet wurde. Als die Stadtbeamten sich weigerten zurückzutreten, zog Frau Hobbs einen Befehl des Gouverneurs hervor, laut dem der Ausnahmezustand verhängt werden sollte – und ihre Eskorte sorgte für seine Umsetzung in die Tat. Einige Monate später brannte die Stadt bis auf die Grundmauern nieder und wurde nie wieder aufgebaut – Brandstiftung vermutlich.

Am südlichen Ende der weiten Schlucht wird der Lauf des Snake River von drei Dämmen gezähmt, mit dem Oxbow Dam in der Mitte. Flußaufwärts liegt der **Brownlee Dam,** über ihn gelangt man nach Idaho. Flußabwärts befindet sich der **Hell's Canyon Dam,** ein Startpunkt für Floßfahrten.

Die Hells Canyon NRA: Das 1975 geschaffene Erholungsgebiet **Hell's Canyon Recreational Area** (NRA)gilt mit seinen 263 000 Hektar als eines der rauhesten Gebiete der Welt. Innerhalb der NRA liegt mit einer Fläche von 76 900 Hektar die **Hell's Canyon Wilderness**; sie steigt auf der Idaho-Seite

Blick auf den Hells Canyon und Snake River von Hat Point.

zum Seven Devils Mountain Range an. Mehrere tausend Fuß weiter unten fließt der **Snake River.** Der Snake River zählt zu den als Wild and Scenic Rivers ausgezeichneten Flüssen; mit unglaublicher Geschwindigkeit tobt er durch die Schlucht und führt dabei die doppelte Wassermenge des Colorado mit sich. Oben vom Rand aus ist die Kraft des Snake River kaum richtig wahrnehmbar, doch der Blick in die Tiefe ist überwältigend.

Wie tief der Canyon ist? Auf ungefähr 64 Kilometer Länge beträgt seine durchschnittliche Tiefe über 1680 Meter und auf 24 Kilometer über 1830 Meter. An einer Stelle auf der Idaho-Seite erreicht die Tiefe mehr als 2380 Meter. Von Felsrand zu Felsrand mißt er im Durchschnitt 16 Kilometer, manchmal auch beträchtlich weniger. Am Grunde des Canyon gibt es viele Stellen, wo die blanken Wände nahezu senkrecht ansteigen und nicht mehr als 60 Meter voneinander entfernt sind.

Auf dem Fluß kann man auch an organisierten Floßfahrten teilnehmen; sie starten meist unterhalb des Hell's-Canyon-Dammes. Fahrten mit Jet-Booten haben ihren Ausgangspunkt weiter flußabwärts, in bei Lewiston, Idaho, oder in Clarkston, Washington. Im Naturschutzgebiet sind motorisierte Fahrzeuge nicht zugelassen, die Besucher müssen zu Fuß gehen oder reiten. Im Erholungsgebiet sind die Straßen zu einigen Orten zwar für Autos erlaubt, doch meist eng und schwierig zu befahren. (Einige sind für Campingfahrzeuge und Wohnwagen nicht empfehlenswert, wetter- und jahreszeitenbedingt werden einige Straßen unpassierbar).

An die Hell's Canyon NRA kann man auch von ihrem nördlichen Ende her gelangen, durch den nordöstlichsten Teil von Oregon, den Kreis Wallowa County. Informationen erhält man in der Hell's Canyon NRA in Enterprise.

Auf dem Interstate Higway 84 gelangen Sie von Baker aus wieder auf den Oregon Trail zurück. Nachdem man Baker verlassen hat, verläuft die Überlandstraße durch das Powder River

Rehbock am winterlichen Fluß.

Valley mit den Elkhorn Mountains, die im Westen 2750 Meter hoch aufragen, im Osten erheben sich die sogar noch etwas höheren Wallowa Mountains.

Etwa 32 Kilometer nördlich von Baker folgt **North Powder** mit seinen 416 Einwohnern; hier geht eine Abzweigung nach **Anthony Lakes** ab. Mit einer Ausgangshöhe von 2164 Meter ist dies das höchstgelegene Skigebiet des Nordwestens. Jährliche Schneefälle von drei Metern machen Anthony Lakes zu einem der besten Skigebiete in dieser Gegend – für Abfahrts- und Langläufer.

Weiter nordwärts führt der Interstate Highway 84 hinüber ins Grande Ronde Valley und in den Union County. **LaGrande** ist eine Sägewerks- und Eisenbahnstadt, Heimat des Eastern Oregon College. Hier verließen die Wagen der Einwanderer auf dem Oregon-Trail die relativ leicht befahrbaren Täler und machten sich über die Blue Mountains auf den Weg zum Columbia River. Dies war einer der härtesten Teile der gesamten West-Wanderung, und man fragt sich heute, wenn man den Weg fährt, wie das die Wagen wohl damals geschafft haben.

Der vielleicht lohnenswerteste Abstecher in diesem Eck des Bundesstaates geht von LaGrande aus. Wenden Sie sich auf dem Highway 82 nach Nordosten durch **Imbler** und **Elgin** weiter nach Wallowa County, einem der abgelegensten und schönsten Teile im Bundesstaat Oregon.

Verborgenes und schönes Wallowa: Von Elgin aus führt der Highway 204 nordwestlich in ein weiteres großes Skigebiet – **Spout Springs** in den Blue Mountains. Der Highway 82 führt nach Nordosten und hinauf über Minam Summit und Minam Grade hinunter ins Wallowa County, in die „Schweiz der USA", zum „Tor zum Hell's Canyon" und „Oregons bestgehütetem Geheimnis", wie es abwechselnd genannt wird. Wallowa County liegt nicht irgendwo unterwegs auf dem Weg nach irgendwohin. Wenn Sie dort ankommen, dann nur deswegen, weil Sie genau dorthin wollten.

Eine tiefe, kahle Schlucht mit einladender Straße.

Wallowa County ist das einzige Gebiet des Bundesstaates, in dem ein 3050 Meter hoch liegendes alpines Gelände – die High Wallowas – weniger als 80 Kilometer Luftlinie von einer subtropischen Zone entfernt liegt: die von der Sonne ausgedörrte Sohle des Hell's Canyon, 400 Meter über dem Meeresspiegel.

Der Interstate Highway 82 folgt dem Lauf des Wallowa River hinauf zur Wallowa-Talsohle, vorbei an den Farmer-Städten **Wallowa** und **Lostine** bis nach **Enterprise** (2015 Einwohner). Der Ort ist Sitz der Kreisregierung. Von hier aus hat man zum ersten Mal freien und unbehinderten Ausblick auf die High Wallowas.

Diese Aussicht hält während der zehn Kilometer langen Fahrt zum Städtchen **Joseph** und bis zum Eingang des Tales mit dem **Wallowa Lake** vor.

Der Wallowa Lake war urspünglich ein Gletscher; er ist 6,4 Kilometer lang und über 1,6 Kilometer breit. **Wallowa Lake State Park** ist einer der größten unter den staatlichen Parks.

Im Zentrum des Gebirgszuges liegt die **Eagle Cap Wilderness Area** mit einer Größe von 121 500 Hektar, die an die Kreise Baker, Union und Wallowa grenzt. Mehr als 50 Seen liegen in diesem Gebiet, die meisten sind auf Wegen des Forest Service zu erreichen und voller Regenbogenforellen, Steelheads und Chinook-Lachse.

Da die Ökologie des Eagle Cap recht labil ist, hat die Forstverwaltung einige Verhaltensregeln erstellt: In weniger als 50 Meter von Seeufern entfernt darf nicht gecampt werden, wildes Campen ist nicht erlaubt, und Pferde müssen an den Vorderbeinen gebunden oder angepflockt werden. Karten und Informationen über die Wilderness Area erhalten Sie im Eagle Cap Ranger District Headquarters in Enterprise.

Die Heimat der Nez Perce: Das Wallowa-Tal war einst die Heimat der Nez-Perce-Indianer mit Chief Joseph als ihrem Häuptling. Die Vertreibung des Stammes in ein Reservat nahe Lapwai, Idaho, bedeutete einen klaren Vertragsbruch und war einer der Gründe für den

Wandern in der Eagle Cap Wilderness.

Nez-Perce-Krieg (1877). Im Verlauf dieses Krieges zogen sich Joseph und andere Häuptlinge der Nez Perce über eine Strecke von 2736 Kilometer mit Frauen, Kindern, Alten, Vieh und Tausenden von Pferden vom in der Nähe liegenden Lapwai zu den Bear Paw Mountains (Bärentatzen-Gebirge) nahe der kanadischen Grenze in Montana zurück. Beinahe den ganzen Weg über kämpften sie. Diese außerordentliche militärische Leistung fand hauptsächlich auf feindlichem Gebiet statt, immer wieder gelang es den verfolgten Indianern, Soldaten, Siedler und andere, ihnen feindlich gesonnene Indianerstämme abzuschütteln, bis sie schließlich 75 Kilometer vor Kanada, wo sie in Sicherheit gewesen wären, in eine Falle gerieten. Das Ende des Krieges in den Bear Paw Mountains veranlaßte den Chief Joseph zu seiner berühmten Kapitulations-Rede: „Hört mich an, meine Häuptlinge! Ich bin müde. Mein Herz ist krank und traurig. Vom jetzigen Stand der Sonne an will ich niemals mehr kämpfen.“

In Wallowa County ist eine Menge los: Die **Chief Joseph Days,** eine Rodeo-Veranstaltung mit Umzug (Ende Juli in Joseph); die Hell's Canyon Mule Days (Anfang September; Enterprise); ein traditioneller Fiddler-Wettbewerb (Mitte Juli in Enterprise); und das dreitägige **Alpenfest** (Mitte bis Ende September am Wallowa-See). Während der Saison kann man jagen (Hirsch, Bär, Vögel), fischen und campen.

In Joseph gibt es das **Museum Nez Perce Crossing** mit Erinnerungsstükken an die Vergangenheit des Westens und der Indianer. In einer ehemaligen Bank befaßt sich das **Wallowa County Museum** mit der Geschichte der Gegend; sie war auch Schauplatz einer für das Wallowa County sehr typischen Geschichte. Im Jahre 1896 raubte ein Gauner aus der Stadt mit ein paar Komplizen die Bank aus, allerdings begannen einige Bürger zu schießen, und als der Rauch sich hob, war ein Mann tot und der andere verwundet. Der Verwundete – einer der hiesigen Burschen – saß seine Zeit in der staatlichen Strafanstalt ab, kehrte zurück und wurde Vizepräsident der Bank, die er zuvor ausgeraubt hatte. Das Beste an der Geschichte aber ist, daß die Lokalzeitung auf der Rückseite des Bankgebäudes gerade beim Drucken war und der Lärm der Druckmaschinen die Schießerei übertönte; die Zeitungsleute waren die letzten, die von dem Bankraub erfuhren.

Aussichten aus der Zahnradbahn: Am Anfang des Wallowa Lake gibt es eine Zahnradbahn mit 4-Personen-Kabinen, die innerhalb von 15 Minuten ihre Fahrgäste 1130 Meter hinauf zur Spitze des 2500 Meter hohen **Mount Howard** bringt. Oben kann man um den Gipfel herum spazieren, mit Blick ins Schutzgebiet Eagle Cap Wilderness, auf den See und über das Tal hinaus zu den Blue Mountains; direkt auf der anderen Seite des Hell's Canyon erhebt sich nach Osten hin das Massiv der Seven Devils Mountains.

Um zum wilden Nordende des Hell's Canyon zu gelangen, fahren Sie 48 Kilometer auf dem Imnaha Highway von Joseph aus ostwärts zu der kleinen Ortschaft **Imnaha.** Von hier aus führt eine befestigte Straße 38 Kilometer nach **Hat Point**. Oder man nimmt die Straße direkt hinunter an den Fluß, nach **Dug Bar**. Von derselben Straße aus ist der **Nee-Me-Poo Recreational Trail** zugänglich, er führt ebenfalls nach Dug Bar. Die Befahrbarkeit dieser Straßen ist saisonbedingt.

Im Sommer wird es hier sehr warm, unterwegs wird man kaum auf Wasser stoßen. Besucher sollten sich deshalb mit einem Wasservorrat eindecken. Vorsicht auch vor Klapperschlangen, Medizin gegen Schlangenbisse sollte man dabei haben.

Der Grande Ronde River: Auf dem Weg zurück zum Oregon Trail und dem Highway 84 wenden Sie sich in LaGrande nordwärts auf die State 3 bei Enterprise und fahren dann 50 Kilometer zum Landgasthaus Rimrock Inn.

Zurück in LaGrande führt der Old Oregon Trail wieder nach Nordwesten, parallel zum Highway 84. Die Überlandstraße verläßt das Grande Ronde Valley und nimmt Kurs auf die Blue Mountains. Über eine ganze Strecke folgt die Straße dem **Grande Ronde River**. Dieser Abschnitt des Flusses eignet sich auch für Anfänger im Floßfahren, doch auf halbem Wege flußabwärts lauert Gefahr: Zwei Schießstände sind hier eingerichtet. (Bootsfahrer sollten an Land gehen und die Schützen informieren, daß sie da sind).

Über die Blauen Berge hinauf führt die Straße an **Meacham** (den Ladd Canyon, südöstlich von LaGrande entlang) vorbei und dann zum **Emigrant Springs State Park**. Gleich hinter dem Park beginnt die Straße einen Teil der **Umatilla Indian Reservation** zu durchqueren und führt dann steil und gewunden hinunter ins flache Land.

Unten angekommen hat der Reisende das Gebiet der hohen Bäume hinter sich gelassen und befindet sich nun wieder auf Farmland – mit Vieh, Weizen, grünen Bohnen, Baumfrüchten und Luzerne. In Umatilla County gibt es zwei National Wildlife Refuges. Das eine, **McKay Creek**, liegt, wenn die Straße von den Bergen herauskommt, zur Linken, während das zweite, **Cold Springs**, nahe des Columbia River zwischen Pendleton und Hermiston zu finden ist. Die Feuchtgebiete, die diese Regionen umgeben, eignen sich hervorragend für die Enten- und Gänsejagd; in den Feldern und Vorgebirge der Blue Moutains kann man Fasane, Wachteln und Rebhühner finden. Doch Vorsicht: Jagen Sie nie ohne Erlaubnis.

Pendleton ist die Heimat des Blue Mountain Community College und der Pendleton-Wollspinnereien (interessant zu besichtigen). Hinter dem **McNary Dam** auf dem Columbia River bieten sich viele Möglichkeiten, um Wassersport zu betreiben. Aber das größte Aufsehen erregt das **Pendleton Round-Up**, das im Jahre 1910 als eine Art Cowboy-Treffen begann und jetzt eines der wichtigsten Rodeos im Westen ist. Als integraler Bestandteil wurde einige Jahre später die Nachtshow **Happy Canyon** ins Leben gerufen; schon sie allein zieht jetzt eine Menge Menschen an. In einer Show mit Theater und viel Gesang wird die Eroberung des Westens dargestellt.

Goldene Weizenfelder bei Pendleton.

Der Olympic National Park

Kein anderes Gebiet Nordamerikas verbirgt eine so eigenwillige, aber keineswegs menschenfeindliche Wildnis und eine solche Vielfalt an ökologischen Formationen wie der **Olympic Nationalpark.** Das Gebiet hat eine Fläche von 3626 Quadratkilometern und umfaßt urwüchsigen subtropischen Regenwald, die letzten unberührten Ozeanküsten der Vereinigten Staaten und ein phantastisches Hochgebirge.

Die drei ökologisch unterschiedlichen Regionen sind alle innerhalb eines Tages mit dem Auto zu erreichen. Der Küstenteil ist vom Hauptteil des Parks geographisch getrennt.

Erst relativ spät, im Jahre 1889, gelang es einem Forscherteam der Zeitschrift *Press* aus Seattle, die Olympic Mountains zu überwinden. Mit ihnen drangen wahrscheinlich die ersten Weißen in das Olympic-Gebirge vor. Schon bei den Indianern auf der Halbinsel von Olympic gab es so viele Legenden um das Gebirge, daß kaum jemand den Mut besaß, zu einer solchen Tour aufzubrechen.

Zunächst war die Holzindustrie des Nordwestens sehr interessiert an den Regenwäldern, und Holzfäller schlugen sich ihren Weg durch den Wald. Doch 1897 begannen naturbewußte Menschen um den Schutz des Forstes zu kämpfen. Im Jahre 1909 wurde das Gebiet zum Olympic National Monument ernannt, 1938 schließlich zum Olympic Nationalpark.

Nur selten wurde die Berechtigung eines Parks so sehr in Frage gestellt wie hier. Die ständigen Auseinandersetzungen zwischen Naturschützern und der Holzindustrie ließen die Fläche des Parks von ursprünglich 248 884 Hektar im Jahre 1915 auf 121 407 Hektar schrumpfen; allmählich nahm er wieder bis auf seine heutige Größe von 373 133 Hektar zu. Um Grenzen, Straßen und Landnutzungsrechte wird leidenschaftlich gefeilscht.

Seit einiger Zeit jedoch schützt der Status von Olympic als Nationalpark das empfindliche Gleichgewicht des Regenwaldes ebenso wie acht Wildblumenarten, die sonst nirgendwo mehr zu finden sind, fünf der größten Bäume der Welt, den größten Bestand an Wapiti-Hirschen auf dem Kontinent und noch vieles andere mehr.

Im Sommer ist das Klima hier mild, im Winter feucht, doch nicht kalt. Gefährliche Reptilien oder Insekten gibt es nicht, und die einzigen Pflanzen, vor denen man sich in acht nehmen sollte, sind Nesseln und die Igelaralie.

Im gesamten Parkgebiet ist das Klima im Vergleich zu den North Cascades mild, im Sommer sogar bis in die höheren Regionen. Die Strömung vom Pazifischen Ozean bringt warme Luft und Regen aus Japan.

Wanderer sollten immer mit Regenkleidung und mit einem Regenschutz fürs Zelt ausgerüstet sein.

Für alle Rucksackreisenden: Es stehen 965 Kilometer an Wegen zur Verfügung. Einige Straßen führen zwar ein Stückchen in den Park hinein, keine durchquert ihn jedoch ganz.

Die Regenwälder: Feuchtigkeitsbeladene Passatwinde aus dem Nordpazifik streichen zunächst 3218 Kilometer Richtung Osten über den Pazifik, bevor sie auf die Olympic Mountains treffen. Die jährliche Niederschlagsmenge in den **Bogachiel, Hoh, Queets** und **Quinault Valleys,** den westlich gelegenen Tälern des Parks, beträgt zwischen 380 und 500 Zentimeter. Hoh, Queets und Quinault sind drei der größten Täler mit Regenwald, in die man mit dem Auto hineinfahren kann. Das Tal von Hoh ist wegen seiner Größe und seines Besucherzentrums das beliebteste. In der **Lake Quinault Lodge** findet man eine gute Unterkunft.

Der Sommer in den Regenwäldern ist meist sonnig. Mächtige Stämme uralter Fichten und Hemlock-Tannen formen ein immergrünes Geflecht; vom Erdboden rankt sich Wein aus dem moosbedeckten weichen Waldboden in die Höhe. Heidelbeeren, Farn, Vanille, Labkraut, Steinbeeren, Stergel und die amerikanische Mantelblume gedeihen in schattigen Eckchen. Moosbewachsene Bäume und Sträucher, ein paar

Vorherige Seiten: Mt. Shuksan, North Cascades National Park. Sol Duc Falls, Olympic National Park. Links: Der Regenwald im Hoh Valley, Olympic National Park.

Leberblümchen, Flechten und Pilze sind charakteristische Bestandteile des Regenwaldes.

Die Olympic Mountains: Einen Nachmittag oder auch eine Woche lang in den Olympic Mountains zu wandern, heißt durch eine der lieblichsten Berglandschaften der Welt zu gehen. Die Olympics sind voll von tief einschneidenden Canyons, wunderschönen blumigen Bergkämmen und eisglitzernden Gipfeln. Der höchste ist der **Mount Olympus.** Er ist 2430 Meter hoch und lockt Gipfelstürmer aus aller Welt an.

Jedes Jahr fallen über 120 Meter Schnee, die den rund 50 aktiven Gletschern in den Olympic Mountains neues Material liefern. Viele Wege durchziehen das Hochland an Dutzenden von Gletscherseen vorbei. Von Ende Juni bis August herrscht in den Bergen frühlingshafte Lebhaftigkeit. Nur ein paar Meter vom Weg entfernt stehen Hirsche bis zum Bauch in einem Meer von Lilien, Murmeltiere springen von Felsen zu Felsen und Insekten summen zwischen den Wildblumen. Mit ein bißchen Glück bekommt man sogar einige der hier verbreiteten Bergziegen zu sehen. Auch Schwarzbären sind kein seltener Anblick.

Die beliebtesten Wanderwege zum Hochlandteil des Parks gehen von **Hoh Valley** oder von **Soleduck Valley** aus. Sie münden in ein Wegenetz, das bei **High Divide,** nahe dem **Seven Lakes Basin** (Sieben-Seen-Becken) zusammenkommt, einem großen, von Gletschern geformten Tal mit kristallklaren kleinen Seen. Im Sommer ist es normalerweise voll mit Rucksack-Touristen und Anglern und sogar wild entschlossenen Tagesausflüglern, die den 23 km langen Rundweg von **Soleduck Hot Springs** aus absolvieren.

Weniger überlaufen sind die Wanderrouten, die in den tiefer gelegenen Gebieten beginnen – im **Elwha Valley** (längstes Flußtal des Parks), im Gebiet von **Dosewallips** an der Nordgabelung der Skokomish und in den Regenwaldtälern von Quinault und Queets.

Der **Hurricane Ridge** liegt auf einer Höhe von 1585 Meter. Von Port Ange-

Besucherzentrum mit Blick auf den Hurricane Ridge, Olympic National Park.

les führen kurvenreiche asphaltierte Straßen dorthin (24 Kilometer). Auf der Bergspitze findet man einen geräumigen Parkplatz und ein Besucherzentrum.

Die Küste: Der Küstenstreifen des Olympic Nationalparks sieht in etwas kleinerem Maßstab so aus wie die gesamte Küste von Kanada bis Mexiko einmal ausgesehen hat. Stellenweise voll Treibholz, an anderen Stellen wie leergefegt; Nebel wallt über baumbestandenen Landzungen dahin, dann und wann tritt ein Bär, Wapiti-Hirsch, Skunk oder eine Wildkatze aus dem Wald und läuft ein Stück am Strand entlang.

Die Flutbecken sind voll von wimmelndem Leben, und man sieht Muscheln, die sich in den Sand graben, junge und alte Forscher sind erfreut und fasziniert von den Uferschnecken, Seeigeln und anderen Lebewesen, die sich hier tummeln.

Der Highway 101 führt 18 Kilometer am Küstenabschnitt entlang, die Strände sind teilweise keine 100 Meter von der Autostraße entfernt. Eine beliebte Übernachtungsmöglichkeit im Park ist die **Kalaloch Lodge** am Highway 101; sie liegt an einem ausgedehnten Sandstrand. Auch im Winter kommt man gern hierher, um einen echten pazifischen Wintersturm zu erleben.

Nördlich von **Ruby Beach** – berühmt und oft fotografiert wegen der bizarr geformten Felsen – bis zur Mündung des **Hoh River,** von dort bis zum Städtchen **La Push** und von La Push bis **Cape Alava** gibt es keine Straßen. Hier ist die Gegend recht einsam. Camper können sich aus verschiedenen Wasserläufen mit Frischwasser versorgen; hier trifft man manchmal Angler auf der Jagd nach Forellen.

Wo Landzungen den Weg von einem Strand zum nächsten versperren, findet man zwar matschige, doch markierte Wege, die über sie hinweg führen, einige kann man nur bei Ebbe benutzen. 48 Kilometer an der wilden Küste entlang rollen die Wellen an den Strand, wie sie es seit Millionen Jahren tun und formen und modelieren diese Ecke des Kontinents geduldig immer weiter.

Chalet im Enchanted Valley.

NORTH CASCADES NATIONAL PARK

Zahlreiche Flüsse und Feuchtgebiete ziehen sich durch scharf geschnittene Täler; wellenförmige, sanft ansteigende Berge, Vulkane, blumenübersäte Wiesen und spitze Felsgipfel – der **North Cascades National Park** ist Teil der Cascades und gleicht einem Puzzle aus vielen, ganz unterschiedlichen Gipfeln, Wäldern und Ödlandschaften. Auf den meisten Karten tauchen die Cascades lediglich als grüner Fleck auf, doch sie sind mehr als üppige, immergrüne Wälder, für die sie die meisten Menschen halten. Mit der Schneeschmelze beginnt für jedes einzelne Gebiet ein individueller Zyklus.

Man kann das Gebiet in North Cascades, Alpine Lakes und South Cascades unterteilen. Beginnen wir in den North Cascades und bewegen uns dann weiter Richtung Süden.

Die North Cascades erstrecken sich von nördlich des Highway 2 bis zur kanadischen Grenze. Der **North Cascades National Park** umfaßt den **Mount Baker National Forest, Wenatchee National Forest,** einen Teil des **Okanogan National Forest** und einen Abschnitt des **Snoqualmie National Forest. Glacier Peak Wilderness** und **Pasayten Wilderness** schließen sich südlich bzw. östlich des Parks an. Der Mount Baker National Park und der Pasayten-Naturpark bilden die nördlichsten Sektionen dieses Gebiets. Der Pasayten-Naturpark besteht nicht nur aus trockenen Tälern, sondern auch aus sich weit über sanfte Hügel erstreckende Wiesen. Auf weiten Strecken ist nur grenzenlose Einöde zu sehen, aber im Frühling erblühen in der sonst so kahlen Landschaft überall wunderschöne Blumen. Der Mount Baker National Park im äußersten Nordwesten der Cascades bildet einen scharfen Kontrast zu den offenen, sanft ansteigenden Bergen in der Nachbarschaft.

Mount Baker, 3285 Meter hoch, gehört zu den gletscherbedeckten Vulkanen der Cascades. Auf dem Weg durch die Wälder entlang des **Heliotrope Ridge** hin zu blumenbedeckten Moränen erblickt man die zu Eis erstarrten Stromschnellen des Coleman Glacier. Die Wanderung nach **Kulsan Cabin,** dem Basiscamp für Gipfelstürmer, ist ein lohnenswerter Tagesausflug. Allerdings sollte sich nur der wirklich erfahrene Bergsteiger über das Camp hinaus wagen.

Wandermöglichkeiten: Schier endlos ist die Zahl an möglichen Wanderungen durch die North Cascades, wobei jede ihre besonderen Reize aufweist. Harvey Manning beschreibt in *The North Cascades National Park* ein Erlebnis während einer seiner Wanderungen mit den Worten: „Enge Serpentinen steigen einen Lava-Steilhang hinauf, die staubigbraunen Felsen, übersät mit winzigen roten Erdbeeren – köstlich süß und saftig... eine schöne Abwechslung inmitten vergangener und gegenwärtiger Trübseligkeit."

Manning hat eine Reihe von Wanderführern über die Cascades und die Olympic Mountains geschrieben. Die Wege durch tiefer gelegene Gebiete sind in den frühen Sommermonaten empfehlenswert, weil zu dieser Zeit oben auf den Bergen noch eine Menge Schnee liegt. Gipfel und hohe Kammpfade sind von Mitte Juli bis August meistens gut erreichbar. Ungeachtet wohin und wann Sie wandern, sollten Sie mit plötzlichen Wetterumschwüngen rechnen.

Die Felsen, Gletscher und Schluchten des North Cascades National Park werden am Ostrand von den kahlen Bergen des Okanogan National Forest begrenzt. Im Zentrum des wie ein Hufeisen geformten Waldes liegen die Touristenstädtchen **Winthrop** und **Twisp.** In den Wintermonaten sind sie ein wahres Mekka für Skilangläufer, im Sommer verwandeln sie sich in ein Ausstellungsgelände für Wohnmobile.

Doch drastische Wetter- und Stimmungsänderungen können lohnenswert sein, so wie es Manning schilderte. „Es gibt solche und solche Nebel. Der gestrige Nebel war dunkel und dicht, ein Welten-Zerstörer. Der heutige Nebel läßt hoffen, daß die Sonne vielleicht noch einmal auftaucht...".

Große Wildnisgebiete: Auf der Südseite des North Cascades National Park erstreckt sich die Glacier Peak Wilderness, das Herz der gesamten Nördlichen Cascades mit dem 3210 Meter hohen Gletscher als Mittelpunkt. Die Gletscher enden in eiskalten blauen Seen, und Wiesen bedecken die kleinen Flekken zwischen den scharfgezackten Felsspitzen.

Glacier Wilderness und Alpine Lake Wilderness sind vielleicht die beeindruckendsten Naturgebiete von Washington. In nördlicher Richtung von Seattle und östlich auf dem Highway 2 heißt Sie der **Mount Index,** wenn Sie den Stevens-Paß hinauffahren, willkommen. Majestätisch ragt er aus den Bergen heraus. Eine kurze Wanderung führt zur Basis, doch den Berg ganz zu besteigen, ist nur mit technischen Hilfsmitteln möglich.

Südlich des Highway beginnt die Alpine Lakes Wilderness. Ein steiler Pfad den **Icicle Creek** hinauf, außerhalb von Leavenworth auf der Ostseite des Passes bringt Sie zum **Snow Lake** am Fuß des **Mount Temple.** Ein anderer Steilanstieg führt über einen Bergsattel, in Sichtweite die zerklüfteten Felsspitzen des **Stuart Range** und die unzähligen **Enchantment Lakes.** Wegen der starken Schneefälle in den Wintermonaten ist die beste Wanderzeit von Juli bis Mitte November.

Gruppen, die über Nacht oder länger in dem der Öffentlichkeit zugänglichen Gelände bleiben wollen, benötigen eine Wander- und Übernachtungserlaubnis für das Hinterland *(backcountry permit).* Man erhält es an den Forest and Parks Service Stations an den Hauptzugangsstraßen zu den Parks.

Obwohl der **Snoqualmie Pass** nicht die gleiche Höhe erreicht wie seine Nachbarn in den North Cascades, hat er doch ebenso herrliche bewaldete Bergkämme und alpine Seen zu bieten. Die Pfade sind an den Wochenenden sehr bevölkert; von Seattle aus ist es nur ein Katzensprung hierher. Nach Süden liegen der Rainier National Park, der wolkenbedeckte Mount St. Helens und der gewaltige Mount Adams.

Liberty Bell Mountain.

Mount Rainier National Park

Die weiße Gegenwart des **Mount Rainier** ist den Seattleites so vertraut, daß sie ihn einfach *The Mountain*, „Den Berg“ nennen. Für die Indianer war er der *Tahoma* – „Der Berg, der Gott war“. Immer wieder finden sich neue, erstaunliche Ansichten des Berges – mit dem Wechsel der Jahreszeiten, wenn Licht und Wolkenbedeckung sich ändern. Liebhabern schöner Ausblicke, Wanderern, Campern, Bergsteigern und Skifahrern – allen hat Mount Rainier viel zu bieten. Die schneebedeckte Spitze, aufgefaltete Gletscher und die Wasserfälle sind gut zu erkennen; sie lokken und bezaubern. Mount Rainier wird hochgepriesen als eine arktische Insel inmitten einer gemäßigten Zone. Der Berg ist nicht nur sehr hoch, er erhebt sich auch sehr abrupt inmitten einer sanfteren Landschaft, was seine majestätische Erscheinung nur noch unterstreicht. Wegen der herrlichen Natur in seiner Umgebung ist am Mount Rainier ein Nationalpark eingerichtet worden.

Man kann den **Mount Rainier National Park** das ganze Jahr über vom nur 110 Kilometer entfernten Seattle erreichen. Während der dreistündigen Fahrt auf schmalen, landschaftlich schönen Straßen wird man immer wieder verweilen wollen. Ein Netz von Straßen umgibt den Park wie auch ein 490 Kilometer langes, gut ausgebautes Wegesystem. Sie machen Mount Rainier für Tageswanderungen weithin zugänglich. (Erkundigen Sie sich vorher, ob die Hochstraßen auch befahrbar sind.)

Feuer und Eis: Mount Rainiers Geschichte ist eine fesselnde geologische Story. Sowohl vulkanisches Feuer als auch Gletschereis haben zu seiner Entstehung beigetragen. Geologen schätzen, daß die vulkanische Aktivität es dem Mount Rainier ermöglichte, vor über 75 000 Jahren eine Höhe von 5300 Metern zu erreichen. Die gegenwärtige Höhe von 4800 Meter macht den Mount Rainier zum höchsten Vulkan der 48 Kontinental-Staaten der USA. Er verfügt über das größte zusammenhängende Gletschersystem der USA.

Am Parkeingang in der Nähe von **Longmire** können Sie das Ergebnis des mächtigen natürlichen Schlammflusses bei **Kautz Creek** im Jahre 1974 besichtigen. Die Landschaft ist stummer Zeuge der Gefahr, die eintreten kann, wenn warmer Regen – oder vulkanische Aktivitäten – ein rapides Schmelzen der Gletscher verursachen. (Der letzte Ausbruch des Mount Rainier ereignete sich vor ungefähr 500 bis 600 Jahren.)

Zuerst ließ sich in den 1880er Jahren die Longmire-Familie in dieser Gegend nieder. Ein Besucherzentrum in Longmire und der kurze Shadows Trail machen Sie mit den Longmires bekannt, die erheblich zur Entwicklung des Gebietes beigetragen haben, indem sie die mutmaßlichen gesundheitsfördernden Eigenschaften der örtlichen Mineralquellen zum Trinken und Baden priesen. Außerhalb des Besucherzentrums finden Sie eine Scheibe einer riesigen Douglas-Tanne, dem wichtigsten Nutzholz Washingtons.

Von Longmire aus tiefer in den Park hinein trifft man auf **Paradise,** ein das ganze Jahr über zugängliches und vielbesuchtes Gebiet, mit audiovisuellen Erklärungen über die Region. Eine Ausstellung zeigt die Ausrüstung von Jim Whittaker bei seiner historischen Besteigung des Mount Everest am 1. Mai 1963; seine Gruppe bereitete sich am Mount Rainier auf den Everest vor.

Vom Paradise-Aussichtspunkt haben Sie einen herrlichen Blick auf die in der Nähe liegenden Verwandten des Mount Rainier in den Cascades, unter anderen auf den Mount St. Helens. Bei Paradise können Sie auch zu einem Aussichtspunkt mit Blick über den **Nisqually Glacier** wandern oder auch mit Skiern oder Schneeschuhen hingelangen.

Von Paradise aus starten auch Gruppen von Bergsteigern zum **Camp Muir** auf 3300 Meter Höhe; von hier nehmen sie dann den Gipfel in Angriff. Von Rangern begleitete Bergbesteigungen während der Sommermonate dauern drei Tage; Anmeldungen nimmt der Parkservice entgegen.

Außer Paradise gibt es noch drei weitere Eingangspunkte zum Park mit Besucherzentren, die über den Berg informieren. Sie sind nur während der kurzen Sommersaison geöffnet. In der südöstlichen Ecke des Parks weist das **Ohanapecosh Visitors' Center** auf den forellenreichen Fluß gleichen Namens hin. Auf der Ostseite des Parks befindet sich das **Sunrise Visitors' Center,** das nur über eine Hochstraße entlang der oberen Vegetationsgrenze zugänglich ist; hier legt man den Schwerpunkt auf die geologische Geschichte. Von hier ist der **Emmons Glacier** zu sehen; die Blumenwiesen im Sommer sind hier wunderschön.

Im Regenschatten des Rainier: Mount Rainier überragt die anderen Berge entlang der Cascades. Mit den niedrigeren Gipfeln auf seinen Schultern zwingt „Der Berg" die einströmende Ozeanluft, auf der Westseite des Berges Feuchtigkeit abzuladen. Der Einfluß des Rainier auf das Klima Washingtons ist deutlich: Der westliche Teil des Staates hat feuchtes Klima, der östliche liegt im Regenschatten und ist relativ trocken.

Im Winter gehen am Mount Rainier heftige Schneefälle nieder. Der höchste jemals verzeichnete Schneefall wurde hier in der Paradise Ranger Station im Jahr 1973 registriert – der Schnee erreichte eine Höhe von 31 Metern. Im Juli und August regnet es am wenigsten, aber selbst dann kann der Mount Rainier recht naß sein. Reisende mit wenig Freude an Niederschlägen nennen den Berg manchmal auch „Rainiest" (rainiest = der regenreichste). Der Kenner der Bergwelt wird hingegen gerade bei unfreundlichem Wetter, selbst in tobenden Stürmen, finden, daß der Mount Rainier sehr reizvoll ist.

Der Mount Rainier National Park lädt zum Wandern ein; die Wege variieren allerdings stark in ihren Anforderungen. Einige gehen sich angenehm, andere stellen wahrhaft anstrengende technische Aufstiege dar. Durch den Park führt der Wanderweg Pacific Crest Trail, der sich von Mexiko nach Kanada durch die herrlichsten Gebiete zieht.

Paradise Inn im Neuschnee.

NATIONALPARK CRATER LAKE

Der erste Anblick des **Crater Lake** bleibt den meisten Besuchern unvergeßlich. Auf einem von Fichten und Hemlock-Tannen gesäumten Weg gelangt man auf eine Höhe von mehr als 2000 Meter und findet sich auf einem Bergkamm, von dem aus man unvermittelt auf ein riesiges blaues Oval in der Tiefe blickt. Die Kraterschüssel hat einen Durchmesser von acht Kilometern und ist 1300 Meter tief – die Wassertiefe liegt bei 650 Metern. Dies ist der tiefste See in den Vereinigten Staaten, er steht unter dem Schutz des Oregon **Crater Lake National Park** (nicht ganzjährig geöffnet).

Von Anfang an, schon als die ersten Weißen im Jahre 1850 begannen, über ihre Erfahrungen und Eindrücke zu berichten, hat das tiefe Blau des Sees die Menschen mit Ehrfurcht erfüllt. Jeder sucht nach Worten, um diese Farbe angemessen zu beschreiben: kobaltblau, azur-, aquamarin-, indigo-, türkis-, saphir-, oder einfach tiefblau.

Das Wasser des Kratersees ist so außergewöhnlich klar, daß die durch die Wasseroberfläche dringende Sonne noch in 130 Meter Tiefe im See Moos wachsen läßt. Der See hat keinen Zu- oder Abfluß, einige wenige Partikel schweben vereinzelt im Wasser, es gibt kaum organisches Leben. Die Klarheit des Wassers verleiht dem Kratersee seine außerordentliche blaue Farbe.

Ein guter Ausgangspunkt für eine Besichtigung des Sees ist **Sinnott Memorial Overlook** in der Nähe von Rim Village am südlichen Ufer des Sees. Mit Hilfe eines Park Rangers kann man mehr über seine erstaunliche geologische Geschichte und die Entstehungsbedingungen erfahren.

Die Entstehung des Crater Lake: Nach neuesten Erkenntnissen der Geologen hat sich in einem Zeitraum von fast einer halben Million Jahren Schicht für Schicht vulkanischen Materials übereinandergelegt und so eine Bergkuppel, den **Mount Mazama,** an der Stelle des heutigen Crater Lake aufgebaut. Schließlich, vor fast 7000 Jahren, brachen die ungeheuren, in der Erde aufgestauten Kräfte zur Oberfläche durch, und ein mächtiger Vulkanausbruch verfinsterte den Himmel mit Aschewolken und Steinen bis nach Wyoming.

Ähnliche Ausbrüche fanden auch bei den Schwester-Vulkanen des Mazama in den Cascades, beim Lassen Peak in Kalifornien (1921) und beim Mount St. Helens in Washington (1980) statt. Der Vulkan schleuderte 180 Kubik-Kilometer Asche und Felsen hinaus und spie Lava über das ganze Land. Die Asche flog in nordöstlicher Richtung bis nach Saskatchewan, rauchende Lava- und Schlammströme rasten mit einer unglaublichen Geschwindigkeit bis zu 60 Kilometer weit durch die Canyons der Umgebung.

Nach dieser ersten Eruption Mazamas stürzten die Wände des Vulkans nach innen ein und bildeten eine Schüssel oder *caldera*. In den folgenden Jahrhunderten sammelten sich in der Caldera Regen- und Schmelzwasser und bildeten schließlich den Crater Lake.

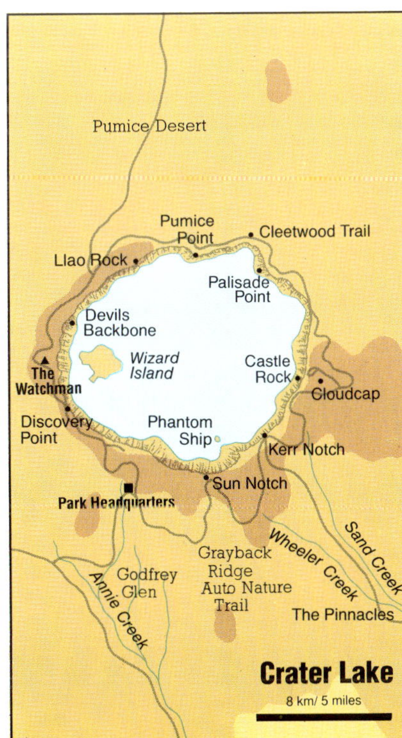

Vorherige Seiten: Crater Lake und Wizard Island. **Links**: The Pinnacles, Crater Lake National Park.

Die hier lebenden Indianer waren Zeugen des Ausbruchs; viele fanden dabei den Tod. 1938 entdeckte ein Team von Archäologen von der Universität von Oregon einen ausgetrockneten See rund 110 Kilometer nordöstlich des Crater Lake, beim heutigen **Fort Rock.** An dieser Stelle fanden sie u. a. 75 Paar verkohlter Sandalen, die zur Zeit der Eruption verbrannt waren.

Über Tausende von Jahren hinweg blieb der Ausbruch des Mazama in der mündlichen Überlieferung der Indianer lebendig. Im 19. Jahrhundert betrachteten Stammesangehörige der hier lebenden Klamath und Modok den Crater Lake als ein Tabu, niemals gingen sie in seine Nähe. Ihre Mythen geben ausführliche Erklärungen für die Explosion. Eine Variation kann man sich zu Gemüte führen, wenn man auf dem Kraterrand entlangfährt und an dem Aussichtspunkt **Skell Head** Halt macht. In der Mythologie der Klamath-Indianer heißt es, daß einst ein Kampf ausbrach zwischen Skell, dem Gott der Oberwelt, der auf Mount Shasta lebte, und Llao, dem bösen Gott der Unterwelt. Llao war in die Oberwelt vorgedrungen und hatte sich in ein Mädchen verliebt. Er lud es ein, mit ihm in der Unterwelt zu leben, doch das Mädchen wies ihn zurück. Llao wurde sehr zornig und begann, die Menschen der Oberwelt anzugreifen. Deren Beschützer, Skell, schlug die Spitze von Llaos Berg ab und rettete so die Welt für immer vor diesem Dämon. Bei der Enthauptung des Berges handelte es sich um den Ausbruch des Berges Mazama.

Die Studien der geologischen Kräfte, die den Kratersee schufen, gehen auch heute noch weiter. Wissenschaftler der geologischen Behörden der Vereinigten Staaten kommen jedes Jahr im Sommer an den See und führen weitere Meß- und Teststudien durch. Gegenwärtig werden kartographische Untersuchungen des Seebodens durchgeführt. Die Zusammensetzung und Qualität des Wassers werden ständig überwacht.

Kratersee wird Nationalpark: Als die Weißen begannen, den Westen zu erforschen, blieb der eindrucksvolle Kra-

Eine Schautafel zeigt die einzigartige Formation von Wizard Island.

tersee lediglich deshalb so lange von Entdeckung verschont, weil es im Gebiet um den See herum nur wenig Pelztiere und Ackerland gab. Erst als sich ein Goldsucher verirrte und zufällig auf den See stieß, wurde seine Existenz bekannt.

John Wesley Hillman warf nachweislich als erster Weißer im Jahre 1853 einen Blick auf ihn. Er nannte ihn ziemlich wahrheitsgetreu Deep Blue Lake. Später verliehen ihm Soldaten von Fort Klamath den ein wenig prächtigeren Namen Lake Majesty. Der Name Crater Lake tauchte erstmals 1869 in einem Zeitungsartikel von Jim Sutton in Jacksonville, Oregon, auf. 1874 gelang dem Pionier-Photographen Peter Britt das erste Bild von diesem See.

William G. Steel war als kleiner Junge mit seiner Familie von Kansas nach Oregon gekommen und von der Schönheit des Sees so verzaubert, daß er 49 Jahre lang darum kämpfte, aus dem Gebiet einen Nationalpark zu machen. Am 22. Mai 1902 war es ihm dann schließlich gelungen.

Steels große Leistung, während seiner Tätigkeit als Aufseher und später Oberaufseher des Parks, war der Bau des **Rim Drive** im Jahre 1918. Damit war es den ersten Autofahrern möglich, den See zu umrunden.

Um den See herum: Den besten Überblick über den See erhält man, wenn man eine Fahrt auf dem Rim Drive unternimmt. **Wizard Island,** die größte der faszinierenden Inseln, ist ein kleiner Vulkan aus Lavagestein und Schlakke in der westlichen Ecke des Sees. Den besten Blick auf Wizard Island hat man von **The Watchman** aus.

Das **Phantom Ship,** eine kleine Insel in der Nähe von Rim Village, erhielt seinen phantasiereichen Namen von frühen Forschern. Wenn man die Insel in einem bestimmten dunstigen Licht erblickt, sieht das Phantom Ship tatsächlich aus, als ob es direkt aus Samuel Coleridges Gedicht „The Rime of the Ancient Marinier" auf den Betrachter zusegeln würde.

Geht man den **Godfrey Glen Nature Trail** nahe Rim Village entlang, wird

Der See vom Mount Scott aus gesehen.

der vulkanische Charakter dieser Region sehr deutlich. Der Weg verläuft ungefähr 1500 Meter am Rande eines steilwandigen Canyons entlang. Wind und Wasser haben hier in jüngeren Zeiten spitze Skulpturen aus Stein geformt, welche sich ebenso in **The Pinnacles** weiter südöstlich vom See finden.

Der **Castle Crest Wildflower Trail,** ein sechs Kilometer langer Rundweg durch Wälder und Wiesen, eignet sich sehr gut, um Flora und Fauna des Gebietes um den Crater Lake kennenzulernen. Die Vielzahl der Blumen und Bäume wie zum Beispiel Shasta-Rottannen, Hemlock-Tannen und Lodgepole-Kiefern werden auf Tafeln erklärt.

Auf dem **Annie Creek Trail** wird über den Stellenwert des Wassers und seine Rolle im Leben von Pflanzen und Tieren informiert. Zu den Bewohnern des Parks gehören Wasseramseln, Rotwild, Braunbären, Füchse, Luchse, Kaninchen, Pikas (eine kleine Kaninchenart), Murmeltiere und eine kleine Herde von 90 Wapiti-Hirschen.

Die **Crater Lake Lodge** bei Rim Village wird einer gründlichen Renovierung unterzogen. Die Wiedereröffnung war noch für 1995 geplant. Mazama Village mit 40 Zimmern ist von Mai bis Oktober geöffnet.

Ein beliebter Campingplatz ist der **Mazama Campground** nahe dem Eingang zu Annie Creek. Er ist jedes Jahr rasch ausgebucht, nur wer zuerst kommt, erhält einen Platz. Im Umkreis von 65 Kilometern im Nationalforst um Annie Creek herum stehen noch einmal insgesamt 900 Campingplätze zur Verfügung.

Die Verwaltung des Parks bietet ein sehr umfangreiches und informatives Programm mit Gesprächen, Lagerfeuer-Romantik und von Rangern begleitete Wanderungen an. Sehr beliebt ist eine Nachtwanderung denn das Gebiet liegt so hoch, daß keine Stadtbeleuchtung das Sternenlicht abschwächt. Deshalb leuchten die Sterne hier in klaren Nächten besonders intensiv.

Alljährlich findet im August ein Marathonlauf statt, der Rim Run.

Eine besondere Art, den See zu betrachten, ist eine Fahrt mit dem Boot, das am nördlichen Ende des Sees bei **Cleetwood Cove** ablegt. Fahrkarten erhält man in der Crater Lake Lodge. Von Anfang Juli bis Labor Day verkehrt das Boot täglich.

Eine der Stationen der Bootsfahrt ist Wizard Island; man kann hier jeder Zeit von Bord gehen und sich bei der nächsten Tour wieder mitnehmen lassen. Die Besteigung des kleinen Vulkans lohnt sich. Begeisterte Angler kommen oft auf diese Insel, um eine der bis zu einem Meter langen Forellen zu fangen. Ansonsten erfreuen sich die Fische jedoch relativer Sicherheit. Oben auf dem Berg ist die einzige Tankstelle dieser Region. In Rim Village findet man das Besucherzentrum, einen kleinen Laden mit Lebensmitteln und Campingartikeln, ein Andenkengeschäft und eine Cafeteria.

Vom ästhetischen Vergnügen beim ersten Anblick des Sees bis zu einem tieferen Verständnis der Tier- und Pflanzenwelt sowie der geologischen Kräfte, die den Kratersee geschaffen haben – Crater Lake ist ein Erlebnis.

Unten: Das Phantom-Schiff. Rechts: Das tiefe Blau des Crater Lake.

TIPS FÜR GUTE FOTOS

Wie die meisten Reisenden werden auch Sie wahrscheinlich Erinnerungsfotos mögen. Washington und Oregon bieten unzählige Möglichkeiten, um Landschaften, wilde Tiere, Naturerscheinungen oder festliche Ereignisse im Bild festzuhalten. Seien Sie auf ein Gebiet voller Kontraste vorbereitet, gebrauchen Sie Ihre Vorstellungskraft und beherzigen Sie die folgenden Fototips, wenn Sie im Pazifischen Nordwesten Aufnahmen machen wollen.

Landschaften: Entscheiden Sie, ob Sie eine Weitwinkel- oder eine Telekamera benutzen – oder aber beides zusammen. Wählen Sie Ihr Motiv und komponieren Sie die Aufnahme. (Vermeiden Sie stets, Horizonte und Gegenstände im Zentrum zu haben). *Bestes Licht*: Bei Sonnenaufgang, kurz nach Sonnenaufgang, und bei Sonnenuntergang. Seitenlicht eignet sich sehr gut, um die Spannung zu maximieren. Schauen Sie nicht durch ihre Kameralinse in die Sonne, es könnte zu Augenschäden führen.

Schnee: Automatische Belichtungsmesser neigen dazu, Schnee und Eis unterzubelichten. Wählen Sie zur Kompensation eine um ein oder zwei Positionen größere Blende. Falls sich als ungewollter Effekt ein Lichtflackern der optischen Linsen einstellt, vergewissern Sie sich, daß kein Sonnenlicht in die Linsen eindringt.

Wildtiere: Halten Sie die Kamera immer schußbereit. Bleiben Sie in sicherer, unaufdringlicher Entfernung; ein fixiertes Teleobjektiv ist ideal. In ihrem Wagen können Sie die Objektive gut über dem Türrahmen (bei offenem Fenster) unterbringen. *Bestes Licht*: in der Morgen- und Abenddämmerung, wenn die Tiere auf Nahrungssuche sind. *Belichtung:* Lassen Sie sich Zeit – nehmen Sie eine höhere Verschlußgeschwindigkeit (1/250) und eine größere Belichtung (F-8), damit sie sich auf das Objekt konzentrieren können.

Wildblumen: Eine genaue Einstellung ist entscheidend beim Fotografieren von Blumen – die Tiefenschärfe nimmt ab, je näher Sie herangehen. Benutzen Sie eine Makrolinse für extreme Nähen. Ein Stativ ist nicht erforderlich, wenn die Luft ruhig und das Licht adäquat ist. *Bestes Licht:* früher Morgen, später Nachmittag. Denken Sie daran, daß Sie auch einen Schatten werfen!

Architektur: Sich nach hinten zu neigen wird zu Verzerrungen führen: Wenn Sie Monumente oder Gebäude fotografieren, versuchen Sie, Ihre Kamera parallel zum Boden zu halten. Machen Sie, wenn möglich, Ihre Aufnahme von einem höher gelegenen Ort als die Grundlinie des Gebäudes aus. *Bestes Licht:* Nachmittag und Morgen. Betonen Sie die Fassade, indem Sie, wenn möglich, eine Seite im Schatten halten.

Die Wetterbedingungen: Für Portraitaufnahmen ist ein bedeckter Himmel ideal, wenn Sie keinen Blitz zur Verfügung haben. Vieles, was sich im Sonnenlicht nicht gut fotografieren läßt, wird unter einem bewölkten Himmel zu einem exzellenten Fotomotiv.

Regen: Man kann Regentropfen bei Tageslicht vor dunklem Hintergrund einfangen, oder man bannt die auf nassen Straßen sich spiegelnden Leuchtreklamen bei Nacht auf den Film. Nehmen Sie bei Regenwetter entweder einen Schirm mit, um Ihre Ausrüstung zu schützen, oder tragen Sie Ihre Kamera in einer Plastiktüte mit einem offenen Loch um den Filter, aus dem Sie das Objektiv herausschauen lassen.

Stürme: Bei Ausbruch oder Ende eines Sturms taucht oft der schwer auf Film zu bannende Regenbogen auf. Mit etwas Geduld werden Ihnen spektakuläre Bilder gelingen.

Belichtungszeit bei größtmöglicher Blende (F-2.8). Städte lassen sich am besten nach Sonnenuntergang fotografieren. Verwenden Sie bei Aufnahmen von Landschaften im vollen Mondlicht ein Stativ und probieren Sie es mit Belichtungszeiten von 30 Sekunden, einer Minute, zwei Minuten und vier Minuten.

Luftaufnahmen: Sollten Sie Gelegenheit zu einem Rundflug haben: nutzen Sie sie. Wenn Sie durch die Scheibe fotografieren wollen, stellen Sie vor Abflug sicher, daß sie sauber ist und fotografieren Sie von der sonnenabgewandten Seite aus. Benutzen Sie eine hohe Verschlußgeschwindigkeit (1/250 oder 1/500) und stellen Sie auf „unendlich". Nicht so empfindliche Filme (ASA 64 oder 100) erzielen bessere Ergebnisse. Fangen Sie mit

Nebel: Nehmen Sie diese Gelegenheit unbedingt wahr. In einigen Landschaften ist Nebel ein essentieller Bestandteil des örtlichen Charakters. Küsten- und Bootszenen nehmen im Nebel neue Dimensionen an. Und seien Sie auch bereit, in den Wald zu gehen, um durch den Nebel dringende Sonnenstrahlen einzufangen.

Technisches/Nachtaufnahmen: Für Fotos von nächtlichen Ereignissen, Festen oder mit Scheinwerfern angestrahlten Gebäuden schaltet man am besten von 1/2 Sekunde zu einer 1/124 Sekunde

Links: Beim Fotografieren von Rhododendron im Point Defiance Park, Tacoma. Oben: Ein Wanderer fängt die Stimmung am Crater Lake ein.

ihrem Körper Erschütterungen ab und halten Sie die Kamera waagerecht.

Flüsse und Wasserfälle: Lange Belichtungszeiten (1/8 Sekunde oder länger) lassen einen verwischten, bewegten Eindruck von schnell fließendem Wasser entstehen.

Unterwasseraufnahmen: Im ruhigen Wasser von Seen, Flutbecken und Strudeln fotografieren Sie in drei Meter Tiefe oder näher. Versuchen Sie, die Linse in eine Tauchermaske zu plazieren und drücken Sie diese vorsichtig 3 cm unter Wasser. *Bestes Licht:* Mittags. Beim Fotografieren unter Wasser geht Licht verloren; gleichen Sie dies alle drei Meter mit einer Einheit Tiefenschärfe aus, oder verlassen Sie sich auf die Automatik. ■

„Kühne Lichtpfeile rasen über das Scharlachrot und Purpurrot des unregelmäßigen Untergrundes... verschlungener Riementang umschließt die miteinander verflochtenen Flächen von Blasen- und Purpurtang... Glanzlichter roter und orangefarbener Lebensformen... Knirschendes Felsgestein... ächzendes Holz..."

Dies ist eine Seite aus dem Notizbuch eines Wattwanderes im Nordwesten. Andere Eintragungen in diesem wettergegerbten Buch beschreiben den Sandstrand im Puget-Sund, Ausblicke auf das windgepeitschte Meer und Drachensteigen in den Wanderdünen Oregons.

Wer sich gerne draußen aufhält, entflieht in die grenzenlose unberührte Pracht der Strände, Reservate, Buchten und Mündungen am Rande von Puget-Sund, San Juan Islands und den offenen Küsten von Oregon und Washington. Hier findet man eine unvergleichliche Fülle an Vögeln, Säugetieren, Fischen und Weichtieren vor.

Lebensräume an den Meeresküsten: Die Küsten hier sind noch recht jung. Als die Gletscher zurückwichen und neue Landflächen sichtbar wurden, drang Meerwasser ein und formte das vulkanische Felsgestein. Felsige Küsten, sanfte Strände mit Steinen, Sand und Schlick sind auf dieser von Gletschern geformten Erdoberfläche entstanden. Jeder Küstentypus bringt seine eigene Gemeinschaft an unberührtem Tier- und Pflanzenleben hervor – Pflanzen und Tiere gedeihen hier, angepaßt an die eigene ökologische Nische.

Felsige Lebensräume sind für die nördliche Küste der Olympic Peninsula Washingtons und die Juan de Fuca Strait selbstverständlich. Diese überwältigende Küstenlandschaft aus zerfurchten Granitblöcken und ausgewaschenen Sandsteinsockeln war Schauplatz eines abwechslungsreichen Geschehens. Beständig krachen Wellen gegen die Klippen. Häufig säumen immergrüne Wälder mit Fichten, Zedern, Tannen und Kiefern die Strände. Die Bäume klammern sich an zerklüftete Felswände, während etwas weiter unten die Opfer des nie endenden Kampfes liegen – ausgeblichenes Treibholz häuft sich an der Wasserkante.

Die inneren Küsten des südlichen Puget-Sunds sind Zeugen friedvolleren Widerstandes. Sie sind aus Ablagerungen von Flüssen und Strömen entstanden.

Unter solch nährstoffreichen Bedingungen lassen sich ganz hervorragend *Quilcene-Austern* und in neuerer Zeit auch eine kleinere verwandte Art, die Olympic-Auster, züchten. Das ganze Jahr hindurch registrieren Vogelbeobachter eine ganze Liste an Tölpeln, Gelbschenkelwasserläufern und Enten. Das südliche Washington und Zentral-Oregon sind reich an Wanderdünen und blühendem Dünengras.

Die Mini-Lebensräume, ein Mosaik aus glattgeschliffenen Steinen, die Zwischenräume mit Sand und Schlick gefüllt, wimmeln von Krebsen, Seeanemonen und Muscheln. Dies ist das Reich der Weichtiere, wie der *geoduck-clam*, eine Delikatesse und zudem eine der größten sich eingrabenden Muscheln.

Küstengegenden erkunden: Bei Ebbe können Besucher des Nordwestens Küstenwege entlang schlendern, die es mit englischen Feldwegen aufnehmen könnten. Der 4-10^0 Celsius warme japanische Kuroschio-Strom trägt dazu bei, daß das Meer hier seltsame und schöne Lebensformen ausbildet.

Auf felsigen Küsten erblickt man pastellrosa und violette Farben, die die Oberfläche von Felsen, die teilweise unter Wasser stehen, überziehen. Dies ist das Werk der *coralline algae*, kleiner krustiger Meerespflanzen, reich an Kalziumkarbonat. Zu der unirdischen Atmosphäre des Gezeitengebiets tragen auch die schwingenden gelben, orangefarbenen, blaßblauen oder roten Farbtupfer anderer Lebensformen bei. Dies sind Schwämme, Moostierchen, Aszidien und Seescheiden – primitive Tiere, die Pflanzen gleichen, auf harten Oberflächen Kolonien bilden und dem Wasser Nährstoffe zuführen. Außerdem findet man lange dünne Blättchen von *Rotalgen*, lederartige Matten von *grünem Blasentang*, *Beerentang* und wogende *Seepalmen*. Manche bezeichnen sie als „Meeresunkraut"; Sammler von *dulce, Meereslattich, Porphyra* und *Seetang* (beliebte Delikatessen bei vielen asiatischen Völkern) stufen sie als „Seegemüse" ein.

Fröhlich grasend finden sich mitten in diesem Seesalat kleine schwarze Turbanschnecken und *Sitka-Meerschnecken.* Sie teilen dieses Festmahl mit den *Napfschnekken*, eine kleine flache verwandte Art, die fest an Felsoberflächen haften und den Wechsel der Gezeiten abwarten. Die *Käferschnekke* ist eine weitere verwandte Form; ihr äußeres Gehäuse ist in acht innere Scheiben unterteilt – Sammler bezeichnen dies als Schmetterlingsgehäuse – es ist als Leiste auf der Rückseite sichtbar. Die meisten Käferschnecken sind klein, fünf bis acht Zentimeter. Die rötlich-braune Gummi-Stiefel-Käferschnecke, ein 20 Zentimeter großes, plumpes „Mega-Weichtier", läßt sich schwer im Tier-, Pflanzen- oder Mineralreich einordnen. Indianer der Nordwestküste zogen es vor, auf irgendwelche Versuche der Klassifikation zu verzichten, und entschieden sich, den „Gummi-Stiefel" zum Bestandteil ihrer Schmorgerichte zu machen.

Seeanemonen, Sterne und Skabiosen: Seeanemonen werden die Blumen des Meeres genannt. Als auffallend bunte Verwandte der Quallen und der Korallen benutzen sie harpunenähnliche Fäden an ihren strahlenförmig angeordneten Tentakeln, um vorübertreibende Beute zu fangen. Bei Wattwanderern bevorzugt ist die grüne Anemone. Ihre lumineszierende Gestalt rührt von den *Zoochlorellen* her, einer verschwindend kleinen Alge, die sich im Gewebe der Anemone entwickelt. Aber die wirklichen Blumen in diesem Meeresgarten sind die rotköpfigen, die roten und die grünen Anemonen. Sie sind die größten Tiefseeblüten und zudem leuchtendbunt. Man bekommt sie nur bei extrem niedrigem Wasserstand, während der Ebbe, zu Gesicht.

Weitere Farbtupfer der Natur sind die purpurroten oder ockerfarbenen Seesterne; fünfstrahlige, stachelhäutige Schalentierjäger. Andere Sterne steuern gleichermaßen kraftvolle Tönungen bei – der leuchtendrote Blutstern, der dunkle Rosenstern und der blau gemaserte Sonnenstern. Ein Koloß unter den Seesternen des Pazifik ist der *zwanzig-strahlige Seestern* (bis 24 Arme) mit

Vorherige Seiten: Seelöwen und Kormorane bei den Sea Lion Caves von Oregon. Oben: Ein Orca nimmt im Puget-Sund ein kleines Boot in Augenschein.

einer Länge bis zu einem Meter. Die Dornen in diesem Rosengarten bilden die roten und grünen *Seeigel*, kratzbürstige, mit den Seesternen verwandte Skabiosen. In einer Vielzahl von Lebensräumen entwickeln sie sich, angefangen bei brandungsgepeitschten Küsten bis hin zu ruhigen, mit Riementang überzogenen Buchten. Riesige rote Seeigel bevorzugen tiefe Wasserlagen.

Inmitten dieses Gewirrs bewegen sich langsam die Krebse. In ihrer Größe variieren sie vom winzigen scheuen *Muschelwächter* bis hin zum zwei Pfund schweren *Dungenesskrebs*, etwas für Feinschmecker. Wassertümpel am Ozean, die bei Eintritt der Ebbe zurückbleiben, sind voll von kleinen *Einsiedlerkrebsen*. Sie finden Schutz in leeren Schneckenschalen. Wird bei weiterem Wachstum das „mobile Haus" zu klein, ziehen sie in eine größere Schale um. Hebt man an der felsigen Küste einen Stein an, dann kommen mehrere Dutzend davoneilender purpurroter oder grüner *Strandkrabben* zum Vorschein. Sie warten, vor der Sonne und den Schnäbeln räuberischer Seevögel geschützt, auf den Gezeitenwechsel. *Decorator-Krebse* verbinden Schwämme, Tang und Steinbröckchen mit ihrem Körper, um sich so wirksam mit der Küstenflora zu vermischen und zu tarnen.

„Wie ein Fisch ohne Wasser"... – eine Vielzahl an Wasserlebewesen hat tatsächlich Routine darin, im Trockendock bei Ebbe zu liegen und auszuharren. *Wassertümpel-Seeskorpione* flitzen in ihr natürliches Aquarium; der *Nördliche Saugnapffisch* (Familie der Gobiesocidae) haftet hartnäckig an den Unterseiten von Felsgestein und die *Penpoint Butterfische* besetzen die untersten, nassen Schlupfwinkel in Spalten und Rissen. Den *Pazifischen Stachel-Lumpfisch* muß man gesehen haben, um es zu glauben. Er ähnelt einem warzigen, olivgrünen Tennisball mit Augen und ist ein Tiefsee-Fisch, der die Gezeitenzonen im Winter aufsucht, um zu laichen.

Futterplatz für Küstenvögel: Wenn die Flut weicht, kommen die Küstenvögel, um unter den herumliegenden lebenden und toten Krustentieren einen Mittagsimbiß zu suchen. Die Stille wird unterbrochen vom lauten Geschrei der *See-* und *Lachmöven*. In der Schlammzone gebrauchen *Alpenstrandläufer, Regenbrachvögel, Gelbschenkelwasserläufer* und *Regenpfeifer* ihre schlanken Beine und langen Schnäbel und suchen im Sand nach Muscheln, Krebsen und Würmern. Etwas weiter vor der Küste sieht man Wasservögel wie Tölpel, Tauchente und Büffelkopfente auf Nahrungssuche. Ein großer *Polartaucher* mit silbrigem Rücken unterbricht sein Fischen, um einen langen jodelähnlichen Schrei auszustoßen. Viele Wasservögel kommen im Herbst hierher, einschließlich der *Kanevasenten, Pfeifenten* und *Harlekinsenten*. Das ganze Jahr hindurch sind die *Schwarzen Austernfischer* Begünstigte an den abgelegenen Außenküsten. Sie benutzen ihre wie Stemmeisen geformten Schnäbel, um Napfschnecken aus Felsgestein zu holen oder um Muschelschalen zu bearbeiten. *Papageitaucher* stürzen durch das Wasser und fangen Hering und Brandungsstint.

Wenige Wanderer werden je die eindrucksvolle Eleganz eines *großen Blaureihers* vergessen, wie er geräuschlos durch das Gras stolziert. Ebenso unvergeßlich bleibt der erste *Weißkopfadler*.

Eine Küstenwanderung planen: Anfänger unter den Strandspaziergängern sollten sich unbedingt eine Gezeitentabelle oder ein Gezeitendiagramm in einem der Schiffs- oder Anglerläden kaufen. Sie geben ausführlich die Tageszeiten und das Ausmaß der beiden täglich auftretenden Ebben und Fluten an. Der Wasserstand kann um drei Meter variieren. Sucht man sich die niedrigsten Gezeitenstände heraus, dann können Wattwanderer Meereslebensräume und Lebenserscheinungen im Küstenbereich sehen, die nur wenige Male im Jahr ans Tageslicht kommen. Schätzt man die Zeit des Gezeitenstandes falsch ein, kann es passieren, daß die Flut unbemerkt den Küstenpfad abgeschnitten hat und man große Schwierigkeiten hat, wieder ans Ufer zurück zu kommen.

Ideal für Strandspaziergänge sind die Sommermonate. Das Wetter an der Küste ist dann meist freundlich, und das Meer erreicht um die Mittagszeit seinen niedrigsten Stand. Im Winter nutzen Strandstöberer Pausen zwischen den heftigen Windstößen am Strand. Ausgerüstet mit Taschenlampen nutzen sie die Ebbe zur Nachtzeit für eine Mitternachtswanderung. Natürlich kann das Wetter an der Küste jederzeit plötzlich umschlagen.

Man sollte am besten den Wetterdienst anrufen, bevor man sich auf den Weg macht.

Das Buch des Biologen Dr. Eugene Kozloff von der University of Washington mit dem Titel *Seashore Life of the Northern Pacific Coast* und Gloria Snivelys Publikation *Exploring the Seashore in British Columbia, Washington and Oregon* sind preiswerte Nachschlagewerke über die Flora und Fauna dieser Region. Auch ein Besuch des Seattle-, Tacoma- oder Newport-Aquariums kann sehr lehrreich sein.

Bei einem Strandspaziergang sollte man sich für alle Wetter-Eventualitäten einkleiden. Am besten eignet sich die vielfältig verwendbare Goretex-Bekleidung. Die meisten Wanderer tragen gerne viele Schichten übereinander – eine Kapuzenjacke, eine dikke wollene Strickjacke und ein T-Shirt. Wasserfestes Schuhzeug mit guter Haftung ist unbedingt notwendig, ebenso Gartenhandschuhe, um Kratzer an spitzen Steinen zu vermeiden, die mit Rankenflußkrebsen bedeckt sind. An der offenen Küste wird man selbst bei größter Vorsicht leicht etwas naß. Und so sind ein Paar Extrasocken oder Kleidung zum Wechseln keine schlechte Idee.

Ein empfindliches Ökosystem: Trotz ihres robusten Aussehens hängt das Gleichgewicht der Meeresküste wie jedes andere natürliche System von vielen Umwelteinflüssen ab. Als Eindringlinge in dieses labile Ökosystem müssen wir besonders große Rücksicht nehmen. Die Besucher sollten die Vorschriften des staatlichen Fish and Game Department befolgen und Naturschutzgebiete, in denen Tire und Pflanzen absolut geschützt sind, auch als solche respektieren und sie nicht betreten. Küstentiere überleben selten, sind sie einmal aus ihren Lebensräumen entfernt worden.

Meeressäuger: Am obersten Ende der Nahrungskette stehen die Meeressäuger: Seeotter, Wale, Delphine, Tümmler und die Robben und Seelöwen. Alle diese Tiere sind den Entwicklungsstufen nach die jüngsten der Küstenbewohner, aber sie zeigen im Wasser wahre Meisterschaft. Anders als der Mensch, der lästige Ausrüstung und Sauerstoffmasken anziehen muß, um die Tiefe zu erforschen, tummeln sich diese Säugetiere mit beneidenswerter Mühelosigkeit im smaragdgrünen Meer.

Es sind unvergeßliche Höhepunkte eines Strandspaziergangs oder einer Bootsfahrt, wenn man die glänzendschwarze Rückenflosse eines dahinschießenden Orcas erspäht oder kurz einen einzelnen Seelöwen, der aus den Wellen herausschaut. Einst wurden viele dieser Tiere aus ökonomischen Interessen oder für den Pelzhandel grausam dahinge-

Purpurne Seesterne in der Gezeitenzone im Patos Island State Park, San Juan Islands.

schlachtet, nun unterstehen sie dem strengen bundesstaatlichen Schutz. Manche, etwa der Washington-Seeotter, sind auch heute noch akut bedroht. Aber andere nordwestliche Arten zeigen schon ein überwältigendes Comeback. Mensch und Tier wurde eine zweite Chance gegeben: den Meeressäugern – ihre Anzahl zu erhöhen und sich in ihrem Lebensraum ungestört zu entwickeln – und den Menschen – daraus zu lernen und in Zukunft die Geschenke der Natur richtig zu würdigen.

Robben und Seelöwen: Der *Gemeine Seehund* ist der häufigste Meeressäuger. Er ist das ganze Jahr über am Puget-Sund und an der Küste Washingtons und Oregons zu beobachten. Die graugefleckten oder bläulichscheckigen erwachsenen Tiere können über zwei Meter lang werden und halten sich vorwiegend in Nähe ihrer Fischgründe und Brutstätten auf. Während der Sommermonate kann man Muttertiere mit ihren Jungen beobachten. Wie viele andere Meeressäugerarten hüten sich die Seehunde vor menschlichem Kontakt. Man kann sie aus weiter Ferne mit dem Fernglas betrachten.

Eine genaue Überprüfung zweier Seelöwenarten des Nordwestens offenbart das hauptsächliche Erkennungsmerkmal: die Ohren. Der *Kalifornische* und der *Stellers Seelöwe* besitzen beide kleine äußere Ohren, die Gemeinen Seehunde jedoch nicht. Weitere Unterscheidungsmerkmale werden unter Wasser erkennbar. Die Seelöwen benutzen ihre breiten flachen Vorderflossen, um sich durch das Wasser vorwärtszutreiben und das häufig mit auffälligen Kunststücken. Die Gemeinen Seehunde, die ebenfalls im Wasser zu Hause sind, ziehen es vor, gemächlich mit ihren Hinterflossen zu rudern. Die Kalifornischen Seelöwen unterhalten Küstenbesucher auf fast dieselbe Art und Weise wie ihre gezähmten Verwandten das Zirkuspublikum fesseln. Sie bellen, watscheln umher und machen mit großem Ungestüm Kapriolen. Gelbbraune männliche Tiere können bis zu sechs Zentner wiegen. Die weiblichen Tiere sind kleiner und werden selten über zwei Zentner schwer. Stellers Seelöwen wandern von Kalifornien und British Columbia, wo die Tiere geboren werden, an die Nordwestküste, um diese Region dann mit den Kalifornischen Seelöwen zu teilen. Sie können schon ganz einfach an ihrer Größe erkannt werden. Die Männchen werden bis zu drei Meter lang und zwanzig Zentner schwer.

Aufenthaltsort von Delphinen: Wer die Washington State-Fähre benutzt oder mit dem Boot zu den San Juan Islands fährt, erspäht oft etwas, was so aussieht wie Autoreifen, die auf der Wasseroberfläche tanzen. Dann aber durchbricht eine kleine dreickige Rükkenflosse das Wasser. Das runde Ding, das sich davonmacht, ist in Wirklichkeit der runde Rücken eines *Gemeinen Tümmlers*, des kleinsten Wales im Ozean. Diese scheuen, grauen Tiere sind gewöhnlich in den Untiefen der Meerengen und der schmalen Buchten zu finden. Sie leben nicht gesellig wie die Großen Tümmler.

Der schnellste von allen ist der *Dalls-Delphin*, er erreicht bis zu 30 Knoten.

Ein weiterer energischer Draufgänger ist der *Pazifische weißseitige Delphin*. Er hat sich an der gesamten Küste in großen Gruppen von 50 bis 100 Tieren gut durchgesetzt. Dabei geben diesem Delphin die grauen, blauen und weißen Musterungen ein elegantes, an einen Smoking erinnerndes Aussehen. Diese Delphine sieht man häufig, manchmal auch als Eskorte für die größeren, sich rasch bewegenden *Mink- und Grindwale*. Ihr überzeugendes akrobatisches Können – sie erstaunen mit sechs Meter hohen Sprüngen und Luftsaltos – macht sie zu den Stars beim Wasserballett.

Die größten und eindrucksvollsten Mitglieder der Delphinfamilie sind die Orcas. Diese schön gezeichneten, glänzend schwarzen und weißen, räuberischen Wesen wurden einst von Fischern harpuniert und getötet. Der Argwohn, der dem zugrunde lag, war nicht gerechtfertigt, denn die neun Meter langen Killerwale sind zwar im Existenzkampf unübertroffene Jäger auf Lachs, Kabeljau, Haifisch, Robben und sogar auf andere Delphine; es gibt aber keinen Beweis dafür, daß sie Menschen angreifen. Sie werden nun zum Modell für Plüschtiere, sind auf T-Shirts, Bechern und Humpen abgebildet und Stars von Tierfilmen. Ihre Stimmen, eine Mischung aus Schnalzen, Pfeifen und Heulen, sind auf Schallplatten zu hören. Und der Anblick einer zwei Meter langen, aufgerichteten Rückenflosse, die die Gewässer der San Juan Islands durchschneidet, ruft unweigerlich Beifall hervor.

Killerwale reisen in Familienverbänden; drei solcher Gruppen leben das ganze Jahr hindurch am Puget-Sund. Einzelne Orcas wurden durch leichte Unterschiede an den Flossen und in der Körpermusterung identifiziert; in Friday Harbor auf der San Juan Island wurde ein Wal-Museum eingerichtet. Hier erfährt der interessierte Besucher von Forschungsergebnissen und Beobachtungsbefunden über die Wale. Im Spätsommer und Frühherbst leitet die Umweltschutzorganisation Greenpeace Northwest regelmäßig Bootstouren, die eine wirkliche Würdigung dieser gewaltigen Wale in der Georgia und Juan de Fuca Strait ermöglichen.

Die längste Wanderung: Eines der größten Naturschauspiele zeigt sich wenige Kilometer vor der Küste Washingtons und Oregons. Im Frühling und Ende Herbst können Wanderer an den Küstenlandspitzen Zeugen der längsten Wanderung, die Säugetiere überhaupt unternehmen, werden. Es handelt sich um die 19 300 Kilometer lange Reise des *Pazifischen Grauwales*. Dabei sehen die Zuschauer aber mehr als nur eine Reise von nördlichen Futterplätzen zu südlichen Aufzuchtgebieten. Sie sehen vielmehr auch die bemerkenswerte Rückkehr einer Art, die vor der Jahrhundertwende auf wenige hundert Tiere reduziert war.

Die Zahl der gegenwärtigen Populationen liegt bei 15 000 Tieren. Die Begeisterung über dieses Comeback teilen Hunderte von Walbeobachtern, die sich auf Charterschiffen, oft sind es umgewandelte Lachsfangschiffe, der Wanderung anschließen.

Der Kopf des Grauwals ist voll mit Rankenfußkrebsen und kurzem borstigen Haar. Auf seinem 13 bis 16 Meter langen Rücken fehlt die Flosse; dies unterscheidet ihn von anderen Walen des Pazifik. Walbeobachter sehen immer wieder Schwänze und Flossen und manchmal auch ein Muttertier, das ihr Junges geleitet. Charterschiffe laufen aus von den Fischereizentren von Westport, Washington oder Newport, Oregon. Gewöhnlich werden vor den Fahrten Diavorträge angeboten.

***Epiactis prolifera*, die in Washington heimische blumenähnliche See-Anemone.**

Orte für eine Strandwanderung: Der Meeresforscher Edward F. Ricketts, der visionäre „Doc“ aus Steinbecks *Straße der Ölsardinen*, bemerkte einmal: „Es ist ratsam, von einem Wassertümpel, der bei Eintritt der Ebbe zurückbleibt, zu den Sternen aufzuschauen und dann wieder zu dem Tümpel zurückzublicken.“ Besucher des Nordwestens müssen nicht weit schauen, um diese Einheit des Kosmos zu erfahren. Die Einheimischen im Nordwesten scheinen eine Art Verzeichnis ihrer bevorzugten Spaziergänge anzulegen, und manche sind auch gewillt, ihre Entdeckungen zu teilen. Ein solcher bevorzugter Spaziergang kann einfach die Küste hinunter vom eigenen Grundstück in der Ufergegend führen, oder es ist ein Gang um die Biegung herum, dorthin, wo die Fähre bestiegen wird. Andere machen saisonbedingte Pilgerfahrten den Interstate Highway 101 hinunter, um ihr auserwähltes, abgelegenes Ufer zu erreichen. Es gibt viele Möglichkeiten, auf Entdekkungsreise zu gehen.

Im Staat Washington liegen die meisten der besonders schönen Plätze in Nationalparks oder in Gebieten, die im Besitz des Verwaltungsbezirks sind, mit leichtem Zugang zum Strand, Standplätzen, deutlich gekennzeichneten Wegen und sogar Ranger-Programmen. Ein Weg beginnt am Rialto Beach, 9,5 Kilometer nördlich des Quileute-Reservats in La Push an der Olympic-Küste. An der Küste bei Rialto trifft man auf das Meer mit Felsen, Landspitzen und schroffen Inseln, die sich 35 Kilometer nördlich bis Cape Alava erstrecken. Die Reise nach Norden beginnt bei der bizarren Pforte des Hole-In-The-Rock, die nur bei Ebbe passierbar ist. Ist man einmal hindurch, wird man mit einer Welt von Tümpeln, die bei Ebbe entstehen, gesäumt mit Anemonen, mit von Miesmuscheln bedeckten Steinklumpen und Treibholz belohnt.

Doch auch Tongue Point in der Salt Creek Recreation Area (State Highway 112 westlich von Port Angeles) bietet viel von der ausgeprägten Großartigkeit der offenen Küste. Dieses aufregende Vorgebirge in der Meerenge von Juan de Fuca, dem Verbindungskanal zwischen dem Puget-Sund und dem Pazifischen Ozean, beherbergt Tiere, die für beide Gewässer typisch sind. Hier vermischen sich in den Tümpeln, die bei Ebbe zurückbleiben, rote, purpurrote und grüne Seeigel. Große an den Strand gespülte Stränge von Riementang bewegen sich wellenförmig in den starken Strömungen und lassen, obwohl die Stadt Port Angeles nur 21 Kilometer weiter östlich liegt, ein Gefühl von Ferne und Abgeschiedenheit aufkommen. Fährt man den Highway 101 weiter nach Sequim, stößt man auf das Dungeness National Wildlife Refuge (Naturschutzgebiet) und die längste natürliche sandige Landzunge in den Vereinigten Staaten. Die Landzunge mißt acht Kilometer und wird jedes Jahr länger. Diese Bucht ist eine der bevorzugten Zufluchtstätten für Seevögel im Staat Washington.

Am besten läßt sich am Puget-Sund südlich wandern, dort wo die Flüsse Deschute, Puyallup, Chehalis und Skokomish die fruchtbare Erde aus den Washington Cascades und Olympic Forests herantransportieren und überaus fruchtbare Deltas und Meeresbuchten voller Leben schaffen. Eine solch hochinteressante Stelle in der Gezeitenzone ist das Nisqually National Wildlife Refuge (Naturschutzgebiet) auf halbem Weg zwischen Tacoma und Olympia am Interstate Highway 5. Diese Region vereinigt so unterschiedliche Lebensräume wie Wattenmeer, Marschland, Grasland und Wald, die den vielfältigen Pflanzen und Tieren Unterschlupf und Nahrung bieten. Gemeine Garnelen, Junglachse, Falken und Enten teilen sich die Ufer des Nisqually River und den McAllister Creek. Dieses Naturschutzgebiet ist auch Brutplatz für Hunderte von graublauen Reihern, die im Laubwald ringsum nisten. Wenn sie bei Sonnenuntergang davonfliegen, erfüllt ein kräftiges Rauschen die Abendruhe.

Die Bewohner von Oregon behaupten, sie verfügten über die schönste Küste im Nordwesten. Vielleicht haben sie damit sogar Recht. Die Küste Oregons ist schachbrettartig aus Sandstränden, felsigen Landspitzen und Zwischenzonen zusammengesetzt, und das alles nur Minuten vom Highway 101 entfernt. Manchmal verbinden sich auch innerhalb weniger Kilometer die einzelnen Elemente miteinander, wie etwa an der Coos Bay, wo der Cape Araga State Park, das Charleston Lighthouse (Leuchtturm) und die Oregon Dunes National Recreation Area alle im Bereich einer nur 16 Kilometer langen Fahrstrecke liegen.

Eine Straßenkarte von Oregon liest sich wie ein Adreßbuch: Cannon Beach, Cape Foulweather (Schlechtwetterkap), Cape Perpetua, Oceanside, Sea Lions Caves (Seelöwenhöhlen) und Sunset Bay – an all diesen malerischen Plätzen können Sie mit Ihrer Strandwanderung beginnen. Die endlos heranrollenden Wogen zeugen von der urgewaltigen Kraft des Meeres. Buchten werden ausgehöhlt und Felsen zerfurcht – genießen Sie dieses Naturschauspiel!

Grazile Seesterne, beobachtet am Strand in der Nähe von bei Port Townsend.

DER GROSSE KNALL DES MT. ST. HELENS

„Im Vergleich zu dem, wie es hier aussieht, ist die Mondlandschaft ein Golfplatz."
Präsident Jimmy Carter

Die Landschaft um den Mount St. Helens hat sich in den letzten Jahren verändert. Obgleich man vorgewarnt ist und gelesen hat, daß die verheerende Eruption vom 18. Mai 1980 den Berg und die Landschaft ringsum umgestaltet hatte, ist man durch Worte und Bilder doch nicht auf das Ausmaß an Vernichtung vorbereitet, das Explosion und nachfolgende Schlammströme, die sich zu Tal wälzten, bewirkt haben. Fährt man Kilometer um Kilometer durch entwurzelte Wälder, Landstriche mit verbranntem Holz, mit Basaltasche bedeckt, dann wirken die für übertrieben gehaltenen Beschreibungen des Berges sogar zu blaß.

Die Auswirkungen des Ausbruchs auf die Landschaft ringsum zu beschreiben, ist eine Probe der persönlichen Bescheidenheit. Was kann nach allem nun noch über die gewaltigste geologische Eruption des Jahrhunderts gesagt werden, die Energien freisetzte, die 300mal stärker waren, als die der Atombombe auf Hiroshima.

Die Explosion am 18. Mai katapultierte die Spitze des St. Helens in die Luft. Seine Höhe reduzierte sich dadurch von 2950 Meter auf 2550 Meter. Zudem wurde der Berg um 5950 Quadratkilometer Waldbestand ärmer. Nach der Explosion wurden 771 Millionen Kubikmeter Holz umgestürzter Bäume auf einer Fläche von 230 Quadratkilometern geborgen: genug Holz, um 77 100 Einfamilienhäuser zu bauen. Weitere 360 Quadratkilometer verwüsteter Waldfläche wurden als Lehrgebiet erhalten.

Infolge der Druckwelle kamen 70 Personen unter Asche und Schlamm um, außerdem schätzungsweise 500 Schwarzschwanzhirschen, 1500 Wapiti-Hirschen, 200 Schwarzbären, 15 Bergziegen und eine unbekannte Zahl an Pumas, Rotluchsen, kleinen Nagetieren, Vögeln, Fischen und Insekten. Nach Aussagen von Biologen wurde die an sich spärliche Eulenpopulation in dieser Region völlig ausgelöscht.

Ein besonders bei Malern und Fotografen des letzten Jahrhunderts beliebter Ausblick auf den Berg war die Nordostseite mit dem friedlichen Spirit Lake im Vordergrund. Was vom Spirit Lake übrig blieb, erinnert stark an Dantes *Inferno*. Die Waldesruhe und die Landschaft im Umkreis von sechs Kilometern um den Berg wirken bei weitem beunruhigender als dies irgendein Filmemacher mit Spezialeffekten aus seiner Trickkiste hätte erreichen können.

Rund 850 aktive Vulkane bilden einen „Feuerring" in den rund um den Pazifik gelegenen Gebirgszügen; manche sind zu grandiosen Feuerwerken imstande. Die größte Eruption in der jüngeren Geschichte fand 1883 auf der Pazifikinsel Krakatau statt. Asche und Niederschlag aus der Explosion verfärbten die Sonnenuntergänge weltweit zwei Jahre lang, und eine riesige Springflut tötete 36 000 Menschen auf den benachbarten Inseln Java und Sumatra.

Vorherige Seiten: Das Schlamm- und Holzmeer legt stummes Zeugnis von der zerstörerischen Kraft des Mount St. Helens ab. Links: Schnee und Eis bedecken den Mount Jefferson, ebenfalls ein Vulkan der Cascades. Rechts: Ein Baum nach dem Ausbruch des St. Helens 1980.

Die letzte mit St. Helens vergleichbare Explosion in den Cascades fand vor ungefähr 7000 Jahren statt, als der Mazama, ein 3020 Meter hoher Vulkan im südlichen Oregon, ausbrach und über die heutigen nordwestlichen Vereinigten Staaten seine Asche verstreute. Die Spitze des Berges stürzte ein; dabei entstand der heute weltberühmte Crater Lake (Kratersee) mit einem Durchmesser von acht Kilometern und einer Tiefe von 650 Metern.

Diese Aktivitäten, einschließlich der Explosion des St. Helens, haben Geologen zu der Vermutung veranlaßt, die Cascades können nun in eine Periode gesteigerter vulkanischer Aktivität eintreten.

Eruption am 18. Mai 1980 vor einem Wiedererwachen des Mount St. Helens.

Kein Beobachter kann mit Sicherheit vorhersagen, welcher Vulkan als nächster ausbrechen wird, aber Mount Hood und Mount Shasta stehen ganz oben auf ihrer Liste. Andere Forscher sind vorsichtiger und sagen, genausogut könnt einer der hundert kleineren Vulkane in Frage kommen, die entlang der Cascades liegen.

Alle Vulkangipfel türmen sich über grüne Wälder auf, die ihre Größe und Schönheit noch unterstreichen. Die größten vulkanischen Gipfel – Mount Rainier zum Beispiel – sind bis auf den Berg selbst ausgedehnte, bewaldete Abhänge, die zu Alpenwiesen

Die Hauptgefahr sogar bei bescheideneren vulkanischen Aktivitäten in den Cascades geht von der Schneeschmelze und den Schlammströmen aus. So sind einige Ortschaften direkt an den alten Schlammflußwegen des 4800 Meter hohen Mount Rainier errichtet worden.

In Zusammenarbeit mit dem Geological Survey, der Bundesbehörde, die sich der Überwachung geologischer Vorgänge widmet, haben Wissenschaftler die Vulkane der Cascades innerhalb ihres Projekts zur Beobachtung vulkanischer Gefahren (Volcanic Hazards Project) seit 1967 überwacht, und ihre Seismographen warnten schon vor der

ansteigen und schließlich von vereisten arktisch-alpinen Bergspitzen gekrönt sind. Die großen Gipfel schaffen gar ihr eigenes Gipfel-Klima – Mount Rainier gibt für Seattle einen prächtigen Hintergrund ab, wie der Mount Hood für Portland.

Viele Begsteiger haben es sich zum Ziel gesetzt, nach und nach sämtliche vulkanischen Gipfel der Cascades zu ersteigen, was aber nur wenigen zu gelingen scheint. Die Schnee- und Eisfelder dieser Berggipfel sind ein ideales Trainingsgebiet für die meisten amerikanischen Expeditionsteilnehmer, die in den letzten Jahren Gipfel im Himalaya bestiegen haben.

Erforschung des St. Helens: Von der Interstate 5 – es ist die Route, die die meisten Besucher auf dem Weg zum Mount St. Helens nehmen – ist es nur eine kurze Fahrt zum neuen Besucherzentrum über die Ausfahrt 49, von dort acht Kilometer östlich auf dem Highway 504. Dieses Gebiet wird heute Mount St. Helens National Volcanic Monument genannt.

Da der Vulkan nur wenige Minuten Luftlinie von den größeren Städten im Nordwesten entfernt liegt, wurde über ihn fast so viel in den Medien berichtet wie über die erste Mondlandung. Funk-, Fernseh- und Pressejournalisten aus den nahegelegenen Ortschaften waren ständig hoch oben über dem geologischen Ereignis und beschrieben aus kleinen Flugzeugen und Hubschraubern die zerstörischen Schlamm- und Lavaströme wie in einem Spielfilm.

Es war wie eine Übertragung von der Erschaffung der Welt, düstere Wolken schossen 18 Kilometer hoch in die Luft, bevor St. Helens mit der Kraft von 400 Millionen Tonnen TNT explodierte und vulkanische Asche über die Vereinigten Staaten hinweg und um die ganze Welt schleuderte. Unmittelbar nach der Explosion regneten auf Yakima, eine Stadt mit 50 000 Einwohnern, 800 000 Tonnen Asche herab. Automotoren blieben stehen, Computer fielen aus, alles war voller Asche.

Die interessantesten Stellen, um den Berg und die Landschaft, die er beherrscht, zu sehen, sind an der North Fork des Toutle River; an der Forest Service Road 26 nach Windy Ridge, das in der Luftdruck-Bahn des Vulkans lag; und bei Ape Cave in der Nähe von Cougar. Neben dem eigentlichen Besucherzentrum werden weitere Informationszentren in Iron Creek, in der Nähe von Randle, Yale, Cougar und Pine Creek unterhalten. Rund um den Berg kennzeichnete der Forest Service mehrere Dutzend Aussichtspunkte, die alle auch hervorragend zum Fotografieren geeignet sind. In der Nähe und rund um den St. Helens kann man auf mehreren ausgezeichneten Campingplätzen übernachten.

Bis zur Eruption, deren Zeuge wir wurden und die den Berg um 400 Meter kleiner machte, war der Mount St. Helens der schönste aller Berge in den Cascades. Von vielen günstigen Punkten aus kann man beim Herumfahren in dieser Region den nicht zu weit entfernt liegenden Mount Adams und den gigantischen Mount Rainier im Norden und Mount Hood im Süden sehen.

Links: Der königliche Mount St. Helens und der Spirit Lake vor der großen Explosion. Oben: Zerstörte Landschaft nach dem Ausbruch.

1982
CHATEAU BENOIT
OREGON
SAUVIGNON BLANC

Der Pazifische Nordwesten ist bekannt für seinen Pioniergeist, und dieser Geist herrscht auch im Weinanbau. Die Weinhersteller des Nordwestens haben es geschafft, sich innerhalb von nicht einmal zwei Jahrzehnten einen Platz unter den Weltbesten zu erobern.

1975 gab es in der Region noch nicht einmal zehn Weinkellereien; heute sind es mehr als 140. Der Pazifische Nordwesten ist nun der Nation zweitgrößter Produzent von *vitis-vinifera*-Trauben – eine Auswahl erstklassiger europäischer Weinsorten –, darunter Cabernet Sauvignon, Pinot Noir, Chardonnay und Riesling.

Die Weinkellereien im Nordwesten sind meist Familienbetriebe; man findet sie in den verschiedensten Landschaften: in Ackerland, üppigen Tannenwäldern und wüstenartigen Regionen. Quer hindurch zieht sich der große Gebirgszug der Cascades. Die Weinanbaugebiete sind ebenso unterschiedlich wie die Weinsorten, die sie hervorbringen. Die Trauben in Washington reifen ausschließlich auf der Ostseite der Cascades in einer trockenen Umgebung, mit langen warmen, sonnenreichen Tagen und kühlen Nächten. Die Trauben von Oregon dagegen wachsen auf der Westseite der Berge heran, im vom Meeresklima beeinflußten Willamette Valley. Doch trotz aller Unterschiedlichkeit der Weinanbaugebiete ist der Nordwesten außer Kalifornien die einzige Region im Land, in der erstklassige Rebsorten ideale Wachstumsbedingungen vorfinden.

Weinherstellung in Washington: Der Staat Washington steht mit 4000 Hektar erstklassigen Weinbergen an erster Stelle in der Trauben- und Weinerzeugung des Nordwestens. Experten halten bis zu 60 000 Hektar für den Weinbau geeignet. Das bekannte Weinbaugebiet Napa/Sonoma in Kalifornien bedeckt nur ein Drittel dieser Fläche.

Offiziell wurde Washingtons Potential zur Erzeugung hochklassiger Weine 1966 entdeckt, als der namhafte Weinkritiker Andre Tchelistcheff einen hiesigen Gewürztraminer, gekeltert aus Yakima-Valley-Trauben, kostete und ihn als den „besten in den U.S.A. hergestellten Gewürztraminer" bezeichnete. 1974 ging ein 72er Chateau Ste. Michelle Johannisberg Riesling bei einer von der *Los Angeles Times* organisierten Blindprobe als Sieger hervor.

Zwei fruchtbare Täler im östlichen Washington, das Yakima- und das Columbiabecken, liegen direkt nördlich des 46. Breitengrades, genau wie die Regionen Bordeaux und Burgund in Frankreich. Der sandfarbene Lehmboden auf felsigem, vulkanischem Untergrund speichert gut Feuchtigkeit und Wärme. Die Cascades sorgen für ein trockenes Halbwüstenklima. Alle diese Faktoren zusammen bilden nahezu vollkommene Wachstumsbedingungen die für klassischen europäischen Rebsorten. Die langen warmen Tage und kühlen Nächte bringen ausgewogene Trauben mit hohem Zukkergehalt, aber auch einem hohen Maß an natürlicher Säure hervor.

Obgleich der Großteil der Weine in Washington östlich der Cascades angebaut wird, liegen die meisten Weinkellereien in der Nähe der großen Städte des Westens – das heißt, die Trauben müssen im Durchschnitt 300 Kilometer vom Anbaugebiet zur Kellerei transportiert werden.

Oregons Weinindustrie: Oregons Weinberge sind vorwiegend auf der kühlen, feuchten

Westseite der Cascades angesiedelt. Weinkellereien in Familienbesitz mit zwei bis acht Hektar großen Anbauflächen sind hier recht häufig. Nach Weinkellereien sollte man in Oregon in ländlichen und halbländlichen Gebieten Ausschau halten – östlich und westlich des Korridors der Interstate 5 von Portland nach Grants Pass.

Die Anfänge des Weinanbaus in Oregon gehen auf die frühen sechziger Jahre zurück, als Richard Sommer mit dem Anbau der ersten prämierten Weinreben in Oregon begann und Hillcrest Vineyard in der Nähe von Eugene gründete. 1965 kündigte David Lett an – er hatte Weinbau studiert und an der University of California graduiert – er wolle die außergewöhnliche, aber schwer anzubauende Pinot-Noir-Rebe im Willamette Valley in Oregon ansiedeln. In Letts Fußstapfen trat gleich ein ganzer Schwarm von 40 Weinbauern, die bahnbrechende Arbeit auf diesem Gebiet leisteten.

Oregons wichtigste Anbaugebiete sind im westlichen Teil des Staates konzentriert, auf Abhängen mit Blick auf die Täler der Flüsse Willamette, Rogue und Umpqua. Ähnlich wie in Washington, wo man westlich der Berge mit Sorten experimentiert, die auch in kühlerer Witterung gedeihen, versucht man, ein neues Weinanbaugebiet entlang dem Columbia River im östlichen Zentral-Oregon zu erschließen.

Oregons preisgekrönte Sorten: Zur ersten Wahl gehören Pinot Noir, Chardonnay, der Weiße Riesling, Gewürztraminer, der Weiße Pinot Noir und eine Anzahl von Obst- und Beerenweinen. Nach traditionellen französischen Verfahren der Champagnerherstellung erzeugte moussierende Weine sind eine wichtige neue Ergänzung. Oregon hat die strengste verbraucherorientierte Wein-Etikettierungsbestimmung im Land (Truth of Labelling Law). In Oregon hergestellte Weine müssen mindestens 90 Prozent der Traubensorte enthalten, die auf der Flasche genannt ist; laut Bundesbestimmungen müssen es nur 75 Prozent sein.

Vor kurzem hat sich auch Idaho mit einer Handvoll kleinerer und einigen größeren Weinkellereien den größeren Produzenten von Washington und Oregon angeschlossen. Tatsächlich ist Ste. Chappelle Vineyards in Caldwell, 56 Kilometer westlich von Boise gelegen, die größte Weinkellerei in der ganzen Region. Die Kellerei hat sich

<u>Vorherige Seiten</u>: Eine Auswahl an Früchten, Erzeugnissen und Weinen des fruchtbaren Pazifischen Nordwestens. <u>Links</u>: Bill Preston, der Inhaber von Preston Cellars, begutachtet die Riesling-Ernte. <u>Oben</u>: Die Weinlese ist eine harte Arbeit für geschickte Hände.

nach der Pariser Ste. Chappelle benannt; ihre Besonderheit sind die sieben Meter hohen Kathedralenfenster in der Probierstube mit Ausblick auf die Weinberge.

Tour durch die Weinkellereien: Die Besucherzeiten der Weinkellereien in Washington und Oregon sind unterschiedlich – manche öffnen nur nach Voranmeldung, andere sind für Besucher überhaupt nicht zugänglich. Drei ausgezeichnete Bücher, in örtlichen Buchhandlungen erhältlich, bieten umfassende Informationen über Touren mit Angaben, wo es sich lohnt, länger zu bleiben, und wo man gut essen kann: *Northwest Wine* von Ted Meridith, *Touring the Wine Country of Washington* und *Touring the Wine Country of Oregon,* beide von Ronald und Glenda Holden.

Sieben Weinkellereien oder Probierstuben liegen in Seattle oder in der Nähe. *Château Ste. Michelle*, die größte Weinkellerei im Pazifischen Nordwesten, hat ihren Hauptsitz in Woodinville, direkt östlich von Seattle; hier werden mehr als anderthalb Millionen Gallonen (= 5,7 Millionen Liter) pro Jahr produziert. Gebaut und angelegt im Stil eines französischen Landgust, ist die Weinkellerei eine der Hauptattraktionen des Staates mit jährlich 150 000 Besuchern. Château Ste. Michelle hat expandiert und die *Grandview Winery* im Yakima Valley und *River Ridge* in Paterson an der Columbia River Gorge eröffnet.

Weinkellereien in und um Seattle: *Columbia Winery,* ehemals Associated Vintners, eine der ältesten Weinkellereien des Staates, liegt direkt östlich von Seattle in Woodinville. Zur selben Firma gehört auch die *Paul Thomas Winery* in Bellevue. 70 Prozent der Produktion seiner Weinkellerei entfallen auf den bekannten Crimson Rhubarb (Roter Rhabarberwein).

French Creek Cellars, ein neues Unternehmen, liegt direkt nördlich von Bellevue in Woodinville und ist täglich geöffnet. Die Weinkellerei verfügt über ein schattiges Grundstück an einem Bach und einen Rastplatz für eine Ruhepause. Am südlichen Ende von Seattle liegt die *E.B. Foote Winery,* der kleine Familienbetrieb des Gene Foote. Foote produziert sechs Weinsorten – alle ungefiltert, denn er ist davon überzeugt, daß die Weine so überzeugender und vielschichtiger sind. Weinproben sind samstags oder nach Voranmeldung möglich. *Salmon Bay Winery*, ebenfalls am südlichen Ende, ist neu in der Seattle-Weintour.

Der Winzer Bruce Crabtree war früher Kellermeister in Seattles Restaurant Rosel-

Die Probierstuben warten mit köstlichen Überraschungen auf.

lini's Four-10. Besuch nur nach Voranmeldung. *Covey Run* stellt Wein in Zillah, im östlichen Washington, her; es hat seine Probierstube in Kirkland, welche täglich ab Mittag geöffnet ist.

Weinkellereien am Puget-Sund: Direkt am malerischen State Highway 410 in El-Hi-Hill liegt die *Manfred Vierthaler Winery;* Vierthaler ist gebürtiger Deutscher. In einem riesengroßen Landhaus in bayerischem Stil hat er seine Weinkellerei, die Probierstube, einen Andenkenladen, ein Königlich-Bayerisches Restaurant und die Wohnräume für seine Familie untergebracht. Vierthaler praktiziert den ökologischen Anbau und verzichtet auf Herbizide

Snoqualmie Winery liegt keine Meile von den prächtigen Snoqualmie Falls entfernt, einer Attraktion, die jährlich anderthalb Millionen Touristen anzieht. *Quilceda Creek Vintners,* gerade fünf Kilometer von der malerischen ländlichen Snohomish-Gemeinde von Quilceda entfernt, ist nur nach Voranmeldung zugänglich. Die Begabung zum Weinbau des Eigentümers Alex Golitzen wurde von dessen Onkel, dem weltberühmten Winzer Andre Tchelistcheff, gefördert.

Bainbridge Island Winery an einer der Hauptfährstrecken zur Olympic Peninsula hat mittwochs und sonntags für Weinproben geöffnet. Im Urlaubsort Sequim hat man kurioserweise die *Neuharth Winery* mit Probierstube in einem umgebauten 60 Jahre alten Kuhstall untergebracht. Sie ist von Mittwoch bis Sonntag geöffnet.

Den Columbia River entlang: *Salishan Vineyards* hat seinen Namen vom Stamm der Salish Indianer. Es liegt in der Stadt La Center am Lewis River nahe der Grenze zu Oregon. Der 1978er Pinot Noir von Salishan gilt weithin als der beste in der gesamten Region. Salishan Vineyards hat an Wochenenden und nach Voranmeldung geöffnet. Ein ehemaliger Kirschzüchter, Chuck Henderson, ist heute Weinbauer; er hat auf seinem 120 Hektar großen Anbaugebiet bei Bingen vor 20 Jahren versuchsweise angefangen, Wein anzupflanzen. Seine Bemühungen haben ihn zum Eigentümer des heutigen *Mont Elise Vineyard* gemacht. Das Unternehmen hat täglich geöffnet.

Die größte Weinkellerei in Familienbesitz im Nordwesten, mit einer Jahresproduktion von 100 000 Gallonen (= 378 000 Liter), sind die *Preston Wine Cellars.* Sie liegen sieben Kilometer nördlich von Pasco und stellen 16 verschiedene Weine her. Die *F.W. Langguth Winery* ist mit 90 Hektar die zweitgrößte Kellerei von Oregon. Sie hat ihren Hauptsitz in Deutschland und wurde hauptsächlich als Produktionsstätte eingerichtet. Sie ist täglich geöffnet.

Weinkellereien im östlichen Washington: *Arbor Crest Winery* ist eine von Spokanes neuesten Weinkellereien und Projekt von David und Harold Mielke, Farmer in 3. Generation. Die Brüder haben ihre Weinkellerei an den Ufern des Spokane River eröffnet, Weinproben sind täglich möglich.

Genau zehn Kilometer von Spokanes Innenstadt entfernt ist die *Latah Creek Winery* mit einer Probierstube, Picknickanlage, Souvenirladen und einem Kunsthandwerkstudio. Spokanes älteste Weinkellerei ist die in einem Holzhaus zwischen riesigen Nadelbäumen untergebrachte *Worden's Washington Winery.*

Die für ihre süßen Zwiebeln bekannte südwestliche Ecke Washingtons, in der Nähe von Walla Walla, hat jetzt auch als weinproduzierende Region Anerkennung gewonnen. Gegenwärtig sind hier drei Weinkellereien in Betrieb. Die passenderweise auch so genannte *L'Ecole No.41* ist in einem Schulhaus aus dem Anfang des 20. Jahrhunderts untergebracht. Die Besitzer, Baker und Jean Ferguson, leben im 3. Stockwerk und haben das mittlere zu einem eleganten Probierraum hergerichtet, der nach Voranmeldung geoffnet wird. In der Nähe liegt *Woodward Canyon,* ebenfalls nach Voranmeldung zugänglich.

Einmal im Jahr, gewöhnlich um den Labour Day herum, halten Gary und Nancy Figgins in *Leonetti Cellars* öffentliche Weinproben ab. Die Figgins Winery, die an das Wohnhaus in Walla Walla angrenzt, produzierte einen prämierten 78er und 79er Cabernet Sauvignon.

Weinkellereien im Yakima-Tal: Das Yakima-Tal gilt als Weinbauzentrum des Bundesstaates. Dort befinden sich die meisten Weinkellereien. Das fruchtbare Tal produziert neben Obst und Hopfen hauptsächlich Trauben. Yakimas 18 Weinkellereien verteilen sich entlang dem Highway 82 zwischen Feldern und Obstgärten.

Covey Run Wines gilt als Schaufenster des Yakima Valley und verfügt über erstklassige Probier- und Besuchereinrichtungen.

Hogue Cellars dehnt sich rasch immer weiter aus und wird wahrscheinlich bald eine der größten Weinkellereien der Region werden; täglich geöffnet.

Die *Yakima River Winery,* am Rande der Horse Heaven Hills, ist das Heim von John und Louise Rauner, zwei zugezogenen New Yorkern. Die Rauners haben die Yakima Valley Growers Association (Erzeugervereinigung des Yakima-Tals) gegründet. *Kiona Vineyards*, am östlichen Ende des Yakima River Valley nahe Benton City, hat von Mai bis September geöffnet. Eine Liste der Weinkellereien können Sie über das Washington Wine Institute, Seattle, erhalten.

Eine Tour durch Oregons Weinkellereien: In einer Stunde Fahrzeit von Portland aus erreicht man Weinkellereien, die über das fruchtbare Tualatin Valley verstreut sind. Die mit Preisen ausgezeichnete *Oak Knoll Winery*, südwestlich von Beverton, wurde 1970 von der Familie Ron Vuylsteke gegründet. Oak Knoll keltert seine Qualitätsweine aus Obst, Beeren und verschiedenen Trauben; mittwochs und freitags geöffnet. *Ponzi Vineyards* liegt nur 24 Kilometer südwestlich von Portland. Ponzi produziert ausgezeichnete trockene Weine und verfügt über eine geräumige Probierstube aus Holz und Stein; nur am Wochenende geöffnet.

Die kleine Weinkellerei *Shafer Vineyard Cellars* im schönen Gales Creek Valley wird als eine der attraktivsten Weinkellereien von Oregon gepriesen. Picknick-Liebhaber können einige der mit Preisen ausgezeichneten Weißweine unterhalb eines kleinen Eichenwäldchens, das an die Weinkellerei grenzt, genießen; geöffnet ist an Wochenenden.

Bill und Virginia Fuller können mit einem prächtigen Blick auf den Tualatin Lake und mit erstklassigen, auf dem Gut abgefüllten Weinen in ihrer Weinkellerei *Tualatin Vineyards* aufwarten; geöffnet ist täglich.

Yamhill County: Nahezu die Hälfte aller Weintrauben Oregons werden in dieser fruchtbaren Region angebaut. Yamhill County verfügt über mehr als ein Dutzend von Oregons Weinkellereien, außerdem über Obst- und Nußgärten, Farmen und kleine ländliche Städte.

Die *Adelsheim Winery* steht im Ruf, einige der besten Weine von Oregon zu produzieren, sie öffnet nur zweimal im Jahr für geladene Gäste, im Frühling und zum Erntedankfest (Thanksgiving). Im Norden am Interstate Highway 47 und südlich des Highways 99 liegen einige kleinere Weingüter. *Elk Cove Vineyards,* benannt nach dem prächtigen Wapiti-Hirsch, verfügt über eine neue Weinkellerei, hat einen Probierraum und ist täglich geöffnet. *Château Benoit* lädt täglich zum Kosten ein. *Arterberry Winery* ist bekannt für seinen prickelnden Apfelwein, während die nahegelegenen *Amity Vineyards* auf Pinot Noir spezialisiert sind. Beide sind am Wochenende für Weinproben geöffnet.

Als einer der ältesten Weinberge von Oregon mit ausgezeichneten Trauben wurde *Eyrie Vineyards* 1966 vom Pionier-Weinbauern David Lett und seiner Frau Diana

gegründet. Der Weinberg liegt in den Red Hills von Dundee; die für die prämierten Sorten Pinot Noir und Chardonnay wohlbekannte Weinkellerei befindet sich im nahegelegenen McMinnville.

Knudsen Erath Winery liegt mit seinen 105 Hektar direkt außerhalb von Dundee und ist einer der drei Hauptproduzenten im Bundesstaat.

Eine andere der „drei großen" Weinkellereien, *Sokol Blosser,* liegt nur eine kurze Fahrt von Knudsen Erath entfernt am südlichen Ende von Dundee. Sokol Blosser wurde mit regionalen und internationalen Preisen für seine Weine ausgezeichnet.

Weine aus dem Willamette Valley: Oregons Hauptstadt Salem beheimatet einige der jüngsten Winzerbetriebe des Bundesstaates. Im Herzen von Salems Innenstadt bietet die älteste produzierende Weinkellerei Oregons – *Honeywood Winery* – ein umfassendes Angebot an Obstweinen. Die *Orchard Heights Winery* in der Nähe ist das ganze Jahr (ausgenommen Januar und Februar) Dienstag bis Sonntag geöffnet. *Silver Falls Winery*, an der Ostseite des Willamette Tals nahe Silver Falls State Park, legt das Hauptgewicht auf Rotweine und ist von Juni bis September täglich geöffnet.

Oregons zweitgrößte Stadt Eugene bildet einen guten Ausgangspunkt für Weintouren: *Alpine Vineyards,* die sich an die eindrucksvollen Vorberge des Küstengebirges südwestlich schmiegen, sind während des Sommers täglich geöffnet. *Forgeron Vineyard,* das sich der Produktion erstklassiger Weine widmet, verfügt über einen Weingarten mit Tischen und einem Ausschank.

Das I-Tüpfelchen von *Hinman Vineyards Winery* ist die europäische Architektur. Sie liegt im Vorgebirge von Oregons Küstenbergen, ungefähr 25 Kilometer von Eugene entfernt. Weinproben sind täglich möglich.

Den Umpqua entlang: In der Nähe der Wildlife Safari in Roseburg gelegen, bietet die *Bjelland Winery* prämierte Weine wie Cabernet Sauvignon und Sauvignon Blanc, Wild Blackberry, Boysenberry und Raspberry. Philippe Girardet gründete 1971 im malerischen Umpqua-Tal die *Girardet Wine Cellars*, die Erinnerungen an die Schweiz wachrufen; er experimentiert jetzt mit französischen Weinzüchtungen, die neu auf Oregons Weinkarte sind. Die Weinkellerei ist täglich von Mai bis September geöffnet, das übrige Jahr nur an Samstagen.

Die *Henry Estate Winery,* die am landschaftlich schönen Umpqua River nahe Roseberg liegt, stellt verschiedene trockene Weine aus Gewürztraminer-, Chardonnay- und Pinot-Noir-Trauben her. 1961 gründete der „Vater" von Oregons Tafelwein-Industrie, Richard Sommer, *Hillcrest Vineyard* und baute als erster Winzer Vinifera-Trauben an. Die Weinkellerei ist spezialisiert auf Weißen Riesling.

Die Mount Hood Loop ist für Besucher Oregons besonders interessant. Einige Weinkellereien liegen östlich von Portland am oder in der Nähe der Mount Hood Loop; sie haben sich auf Obst- und Beerenweine spezialisiert.

Henry Endres ist nach Voranmeldung geöffnet, während man *Hood River* Vineyards und *Mount Hood Winery* im Sommer täglich besuchen kann. Täglich geöffnet ist auch die für ihre Obst- und Beerenweine bekannte *Wasson Brothers Winery,* so auch der *St. Josef's* Weinkeller in Canby.

Andere Weinkellereien Oregons: Neben dem berühmten Shakespeare-Festival in Ashland beheimatet Süd-Oregon auch noch den *Valley View Vineyard* in der Nähe des historischen Jacksonville und den *Siskiyou Vineyard* mit Picknickmöglichkeiten und einem Forellensee. Entlang der Küste Oregons liegt die *Nehalem Bay Wine Company* und die *Shallow Winery,* die für ihre Obstweine bekannt ist, und im Osten öffnet die *La Casa De Vin* nach Voranmeldung.

Sie erhalten ein Exemplar von *Discover Oregon Wineries,* wenn Sie einen mit Ihrer Adresse versehenen und frankierten Umschlag schicken an: Oregon Winegrowers Association, 1200 NW Front St, Portland, OR 97209, Tel.: 503/228-8336.

Links: Die Weinkellerei Château Ste. Michelle Winery, Washington. Oben: Ein stolzer Winzer zeigt seine Produkte. Nächste Seite: Moosige Ahornbäume in den Cascades.

APA GUIDES

Reisetips

Bozell

FÜR LEUTE, DIE DEN WERT DER ZEIT ZU SCHÄTZEN WISSEN.

Bevor Sie sich für eine Patek Philippe *Abb. 1* entscheiden, sollten Sie ein paar grundsätzliche Dinge wissen. Anhand von Stichworten wie Präzision, Wert und Zuverlässigkeit erklären wir Ihnen, warum die Uhr, welche wir für Sie anfertigen, vollkommen anders ist als alle anderen Uhren.

"Pünktlichkeit ist die Höflichkeit der Könige", pflegte Louis XVIII. zu sagen.

Wir glauben in aller Bescheidenheit, daß wir beim Thema Pünktlichkeit auch den Ansprüchen der Könige gewachsen sind. So haben wir unter anderem ein mechanisches Laufwerk hergestellt, das in vollkommener Übereinstimmung mit dem gregorianischen Kalender die Schaltjahre der nächsten fünf Jahrhunderte berücksichtigt: Es fügt den Jahren 2000 und 2400 jeweils einen Tag hinzu, überspringt aber die Jahre 2100, 2200 und 2300 *Abb. 2.* Allerdings sollte so eine Uhr von Zeit zu Zeit neu justiert werden: Denken Sie bitte alle 3333 Jahre und 122 Tage daran, die Uhr um einen Tag vorzustellen, damit sie wieder mit der Himmels-Uhr übereinstimmt. Solche Dimensionen erreichen wir natürlich nur, weil wir bei der Herstellung jeder Uhr, also auch Ihrer, zu den absoluten physikalischen, wenn nicht metaphysischen Grenzen der Präzision und des Machbaren vorstoßen.

Fragen Sie bitte nicht "wieviel?"

Versetzen Sie sich einmal in die Welt der Sammler, die bei Auktionen Höchstpreise bieten, um eine Patek Philippe zu erwerben. Vielleicht schätzen sie die Einzigartigkeit der Feinmechanik und des Laufwerks, vielleicht die Schönheit einer Patek Philippe oder weil es eine Rarität ist. Wir glauben jedoch, daß hinter jedem Mehrgebot von US$ 500'000.– auch die Überzeugung steht, daß eine Patek Philippe, selbst wenn sie 50 Jahre oder älter ist, auch für zukünftige Generationen noch mit äußerster Präzision arbeiten wird. Falls wir nun in Ihnen den Wunsch nach einer Patek Philippe geweckt haben, versichern wir Ihnen folgendes: Die Uhr, die wir für Sie herstellen, wird besagten Sammlerstücken technisch noch überlegen sein. Schließlich ist es bei uns Tradition, daß wir laufend nach noch perfekteren mechanischen Lösungen für höchste Zuverlässigkeit und perfekte Zeitkontrolle suchen. Darum wird Ihre Patek Philippe über Neuerungen verfügen *Abb. 3,* von denen die Meisteruhrmacher, welche diese großartigen Armbanduhren vor 50 Jahren schufen, nicht einmal zu träumen wagten *Abb. 4.* Gleichzeitig sind wir natürlich bestrebt, Ihre Finanzkraft nicht über Gebühr zu strapazieren.

Besitz als Erlebnis.

Stellen Sie sich vor, heute wäre der Tag, an dem Ihnen Ihre Patek Philippe überreicht wird. Das Gehäuse birgt die Huldigung des Uhrmachers an das Geheimnis "Zeit". Er hat jedes Rädchen mit einer Kehlung versehen und es zu einem strahlenden Ring poliert. Die Platten und Brücken aus Gold und kostbaren Legierungen sind fein gerippt. Kleinste Oberflächen wurden facettiert und auf das Mikron genau geschliffen. Ganz zum Schluß, nach monate- oder jahrelanger Arbeit, prägt der Uhrmacher ein kleines Zeichen in die Hauptbrücke Ihrer Patek Philippe: das Genfer Siegel – die höchste Auszeichnung großer Uhrmacherkunst, verliehen von der Regierung des Kantons Genf *Abb. 5.*

Äußerlichkeiten, die innere Werte verheißen. *Abb. 6.*

Wenn Sie Ihre Uhr bestellen, legen Sie zweifellos Wert darauf, daß deren Äußeres die Vollendung und die Eleganz des Uhrwerks im Innern widerspiegelt. Darum ist es gut für Sie zu wissen, daß wir Ihre Patek Philippe exakt nach Ihren Wünschen künstlerisch gestalten können. Unsere Graveure sind beispielsweise in der Lage, ein subtiles Spiel von Licht und Schatten auf die goldene Rückseite unserer einzigartigen Taschenuhren zu zaubern *Abb. 7.* Wenn Sie uns Ihr Lieblingsbild bringen, fertigen unsere Emailleure davon eine Miniatur mit den feinsten Details an *Abb. 8.* Unsere Gehäusemacher sind stolz auf die perfekt guillochierte Lunette ihrer Armbanduhr und unsere Kettenschmiede auf ihr kostbares Geschmeide *Abb. 9* und *10.* Wir möchten Sie noch auf die Meisterschaft unserer Goldschmiede aufmerksam machen und auf die Erfahrung unserer Edelsteinspezialisten, wenn es darum geht, die schönsten Steine auszuwählen und einzupassen *Abb. 11* und *12.*

Es gibt Dinge, die bereiten schon Freude, bevor man sie besitzt.

Sicher verstehen und schätzen Sie es, daß Uhren, wie wir sie herstellen, immer nur in begrenzter Stückzahl gefertigt werden können. (Die vier Calibre 89-Uhren, an denen wir zur Zeit arbeiten, benötigen neun Jahre bis zur Fertigstellung.) Darum wollen wir Ihnen nicht versprechen, daß wir Ihren Wunsch sofort erfüllen können. Die Zeit, während der Sie auf Ihre Patek Philippe *Abb. 13* warten, ist jedoch die schönste Gelegenheit, sich in Gedanken über die philosophischen Dimensionen der Zeit zu ergehen.

Falls Sie weitere Informationen zu einer bestimmten Patek Philippe Uhr oder zur Uhrmacherkunst im allgemeinen wünschen, würden wir uns freuen, Ihnen weiterzuhelfen. Schicken Sie uns Ihre Visitenk

Abb. 1: Eine klassische Patek Philippe in ihrer dezenten Schönheit.

Abb. 2: Eine der 33 Komplikationen der Calibre 89 ist ein Satellitenrad, das alle 400 Jahre eine Umdrehung macht.

Abb. 3: Bis heute die fortschrittlichste mechanisch regulierte Vorrichtung: Patek Philippe Gyromax demonstriert die Äquivalenz von Einfachheit und Präzision.

Abb. 4: Armbanduhren von Patek Philippe, links um 1930, rechts von 1990. Echte Uhrmacherkunst hat Tradition und Zukunft.

Abb. 5: Das Genfer Siegel wird nur Uhren verliehen, welche dem hohen Standard der Uhrmacherkunst entsprechen, wie sie in der Genfer Gesetzgebung verankert ist.

Abb. 6: Ihre Freude am Besitz einer kostbaren Patek Philippe ist das höchste Ziel all jener, die an ihrer Entstehung mitarbeiten.

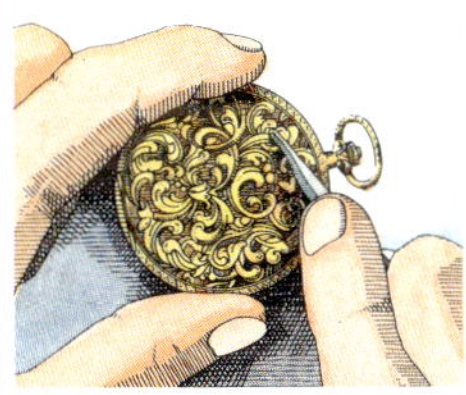

Abb. 7: Eine zeitlose Arabeske ziert eine zeitlose Patek Philippe.

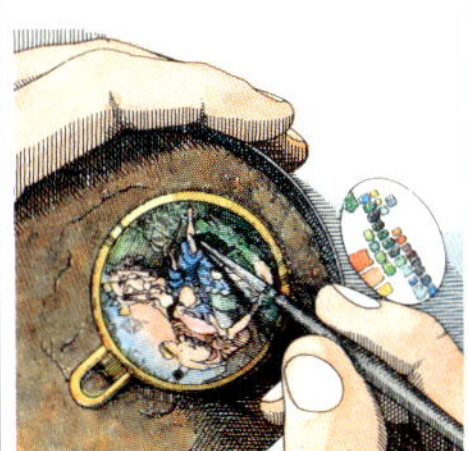

Abb. 8: Vier Monate lang arbeitet ein Künstler täglich sechs Stunden, bis eine Email-Miniatur auf dem Gehäuse einer Taschenuhr vollendet ist.

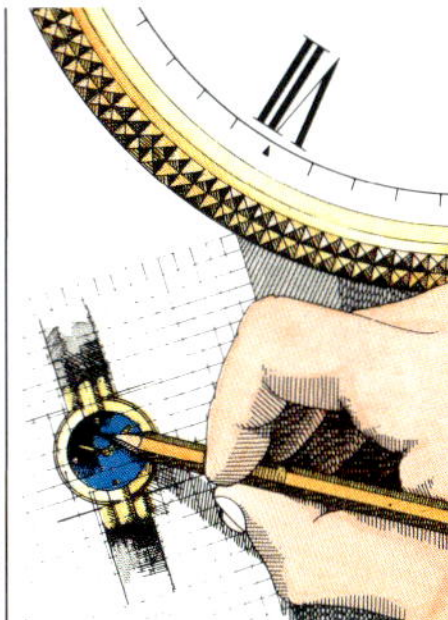

Abb. 9: Harmonie im Design als Symbiose von Schlichtheit und Perfektion an einer Calatrava Damenarmbanduhr.

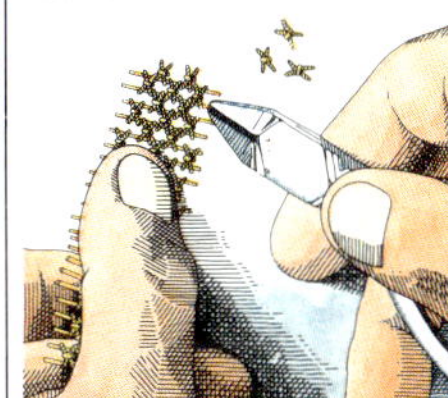

Abb. 10: Der Kettenschmied formt mit Kraft und Feingefühl das Band für eine Patek Philippe.

Abb. 11: Goldene Ringe: ein Symbol für vollendete Einheit.

Abb. 12: Daran erkennen Sie den wahren Meister des Edelsteines: Er bringt die ganze Schönheit seiner wertvollen Steine vollendet zur Geltung.

PATEK PHILIPPE
GENEVE

Abb. 13: Das diskrete Zeichen jener Leute, die den Wert der Zeit zu schätzen wissen.

mit dem Vermerk «Bücherkatalog», damit wir Ihnen ein Verzeichnis unserer Publikationen zustellen können. Patek Philippe, 41 rue du Rhône, 1204 Genf, Schweiz, Tel. +41 22/310 03 66.

...HOLIDAY ESSENTIALS

Thomas Cook
Travellers Cheques
MasterCard®

Travel money from the travel experts

THOMAS COOK MASTERCARD TRAVELLERS CHEQUES ARE
WIDELY AVAILABLE THROUGHOUT THE WORLD.

Landeskunde

Reiseplanung

Wissenswertes

Unterwegs

Unterkunft

Essen & Trinken

Unternehmungen

Literaturhinweise

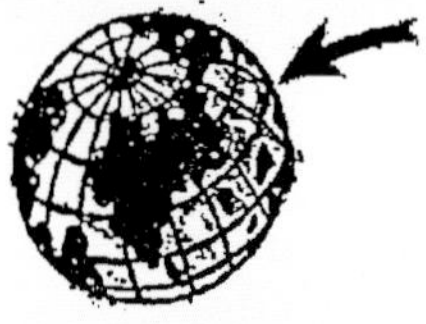

Landeskunde

Wirtschaft

Der Pazifische Nordwesten leitet seine wirtschaftliche Stärke aus einer Vielzahl von Quellen ab. Stark entwickelte Industriezweige sind Raumfahrt und Flugzeugbau, Schiffahrt, Handelsfischerei, Landwirtschaft, Tourismus und vor allem die Holzwirtschaft; ein Drittel aller Weichhölzer der USA stammen aus dem Nordwesten. Der Tourismus hat innerhalb der letzten Jahre eine immer bedeutendere Stellung erlangt.

Bevölkerung / Sprache

Besuchern des Pazifischen Nordwestens wird die Mischung verschiedener Kulturen und Rassen ins Auge fallen. Washington und Oregon haben einen großen Anteil an skandinavisch-stämmigerer, aber auch an asiatischer Bevölkerung. Die Nachkommen der Einwanderer – insbesondere der europäischen – haben die Sprache ihrer Väter meist schnell abgelegt und sprechen nur noch Englisch. Auch die Angehörigen der indianischen Volksstämme sprechen nur noch selten die Sprache ihrer Vorfahren.

Auf dem Flughafen von Seattle gibt es die „Operation Welcome", im Rahmen derer Gäste in 21 verschiedenen Sprachen begrüßt werden. Auch Broschüren, die von den Tourismusorganisationen herausgegeben werden, erscheinen in Französisch, Spanisch, Deutsch und auch anderen Fremdsprachen – das sollte aber niemanden zu der Annahme verleiten, im ganzen Nordwesten problemlos ohne Englischkenntnisse auskommen zu können. Immerhin aber ist das Personal der großen Hotels oft mehrsprachig. In Seattle findet man einen mehrsprachigen Dienst der Ihnen bei Reise- und Reservierungsfragen behilflich ist – und immer wieder trifft man auf Einwanderer der ersten Generation, die sich freuen, wieder einmal deutsch sprechen zu können.

Klima

Das Kaskaden-Gebirge, das den Pazifischen Nordwesten in Nord-Süd-Richtung durchzieht, teilt diesen in zwei deutlich unterschiedene Klimatzonen. Feuchtigkeitsbeladene, vom Pazifischen Ozean landeinwärts ziehende Wolken regnen an der Westseite der Bergkette ab; jenseits der Barriere, also auf ihrer Ostseite, ist das Klima wesentlich trockener.

Durch die Ausgleichende Wirkung der Meerestemperatur ist der westliche Teil vor extremen Temperaturen geschützt und erfreut sich eines ganzjährig relativ milden Klimas. Während der Wintermonate liegt die Durchschnittstemperatur bei 7° C, nur selten sinkt sie unter 4°. In Seattle und Portland fallen 80 % der jährlichen Niederschläge zwischen Oktober und April. Im Sommer sind die Tage angenehm warm mit sehr geringen Niederschlägen. Die Höchsttemperaturen liegen bei 21° C.

Östlich der Berge, wo ein ausgesprochenes Landklima herrscht, liegt die Durchschnittstemperatur im Sommer höher, im Winter hingegen niedriger als im Westen, selten steigt das Thermometer über 32°, ebenso selten fällt es unter- 6° C.

Während die Niederschläge in den höheren Lagen als Schnee niedergehen, kommt es auf der Westseite kaum je zu Minustemperaturen.

Zeitzonen

Der Pazifische Nordwesten gehört zur Pazifischen Zeitzone, die zwei Stunden hinter Chicago und drei Stunden hinter New York City zurückliegt. Am ersten Sonntag im April wird die Uhr eine Stunde vorgestellt (Sommerzeit = *daylight saving time*), am letzten Sonntag im Oktober wird sie wieder auf Normalzeit zurückgestellt. Wenn es außerhalb der Sommerzeitregelung in Seattle Mittag ist, dann ist es:

10 Uhr auf Hawaii
14 Uhr in Chicago
15 Uhr in New York und Montreal
21 Uhr in Berlin

Reiseplanung

Anreise

Mit dem Flugzeug

Die große Mehrheit der Besucher aus Übersee gelangt mit dem Flugzeug nach Amerika. Direktflüge gibt es regelmäßig nach Chicago, Boston, New York City und San Francisco in den USA, sowie nach Vancouver in Kanada. Von allen diesen Flughäfen bestehen Möglichkeiten zu Weiterflug bzw. Weiterfahrt nach Seattle/Washington und Portland/Oregon.

Überseeflüge bieten u.a. folgende Gesellschaften an: *Alitalia* (Italien/Europa), *British Airways, Air France, KLM, Lufthansa, Swiss Air, Delta Airlines* und *American.*

Eine weitere, etwas billigere Möglichkeit, in die USA zu gelangen, bieten die Charterfluggesellschaften, z.B. die LTU, die regelmäßig New York anfliegt. Diese Flüge haben allerdings in der Regel den Nachteil, daß Hin- und Rückreise im Voraus gebucht werden müssen und daß bei Änderung der Reisetermine erhebliche Gebühren anfallen können.

Auch die Linienfluggesellschaften bieten gelegentlich günstige Sondertarife (Holiday-, IT- und Jugendtarife). Die Reisebüros sowie die Fluggesellschaften geben Auskunft.

Folgende Fluggesellschaften mit Niederlassungen in Deutschland bieten im Rahmen des „Visit USA"-Programmes Rundreisen innerhalb der Staaten mit bis zu 40 % Tarifermäßigung an:

American Airlines, Wiesenhüttenpl. 26, 60329 Frankfurt/M., Tel. 069/ 27 11 13 - 0; Reservierungen: 0180/ 3 24 23 24, Fax 069/23 04 61.

Delta Airlines, Lyoner Str. 36, 60528 Frankfurt/M., Tel. 069/6 64 12 34; Reservierungen: 069/6 64 12 12, Fax 069/6 64 12 11.

Northwest Airlines, Lyoner Str. 26, 60528 Frankfurt/M., Tel. 069/6 64 10 00; Reservierungen: 069/6 66 66 11, Fax 069/6 66 38 84.

American Express Reiseschecks

*Verlorenes Bargeld sehen Sie nie wieder, American Express Reiseschecks binnen 24 Stunden.**

Damit die schönsten Wochen des Jahres in jedem Fall schön bleiben, werden American Express Reiseschecks im Gegensatz zu Bargeld bei Diebstahl oder Verlust an Ort und Stelle ersetzt.

**In der Regel binnen nur 24 Stunden – weltweit und kostenlos. Notfalls per Kurier.*

AMERICAN EXPRESS **Travelers Cheques** ®

Das sicherste Geld der Welt.

Denken Sie rechtzeitig vor Ihrem Urlaub daran.
American Express Reiseschecks erhalten Sie in Deutschland bei

Banken, Sparkassen, Postbank und ausgewählten Postämtern, Volks- und Raiffeisenbanken und den American Express Reisebüros.

Neu: American Express Reiseschecks *für Zwei*

Ein Urlaub, ein Paar, ein Reisescheck für Zwei.

Mit den neuen American Express Reiseschecks für Zwei können Sie jetzt auch im gemeinsamen Urlaub finanziell völlig unabhängig bleiben, denn eine Unterschrift reicht aus, um den Reisescheck für Zwei einzulösen – entweder Ihre oder die Ihres Partners.

AMERICAN EXPRESS **Travelers Cheques**

Das sicherste Geld der Welt.

American Express Reiseschecks erhalten Sie in Deutschland bei ausgewählten

Banken, Sparkassen, Postbank, Volks- und Raiffeisenbanken und den American Express Reisebüros.

Trans World Airlines, Hamburger Allee 2-10, 60486 Frankfurt/M., Tel. 069/ 77 06 01, Fax 069/77 41 23
USAir, Schwarzwaldstr. 102, 60528 Frankfurt/M., Tel. 069/6 77 16 31; Reservierungen: 069/6 70 80 41, Fax 069/6 70 80 40
United Airlines, Geleitstr. 25, 60599 Frankfurt/M., Tel. 069/60 50 20, Fax 069/60 50 23 33

Bei den „Visit-USA"-Tickets ist zu beachten, daß sie bereits vor Reiseantritt außerhalb der USA gekauft werden müssen. In den USA selbst ist keine Erweiterung mehr möglich.

Mit dem Schiff

Von Kanada aus kann man bequem per Schiff in den Nordwesten der USA einreisen. Regelmäßige Fährverbindungen unterhalten folgende Gesellschaften:

Black Ball Transport, verkehrt zwischen Victoria/Bristish Columbia und Port Angeles/Washington. Die Fähren können nicht im Voraus gebucht werden, es wird statt dessen nach dem „first come – first-serve"-Prinzip bedient, d. h., daß es wichtig ist, sich genau zu erkundigen, wie groß der zu erwartende Andrang ist und wann man in der Warteschlange stehen muß, um noch mitzukommen. Tel. 206/622-2222 (Büro in Bellevue) und 206/457-4491 (Büro in Port Angeles).
B.C. Ferries, unterhält Verbindungen zu verschiedenen kanadischen Küstenstädten. Tel. 604-669-1211 und 604-6386-3431.
Clipper Navigation unterhält reine Passagierfähren zwischen Seattle und Victoria; dreimal täglich vom Pier 69. Zweistündige Überfahrt mit Imbiß- und Einkaufsmöglichkeit an Bord. Reservierung erforderlich. Tel. 206-448-5000.
Victoria Express betreibt ganzjährig die nur für Passagiere benutzbare Fährlinie Port Angeles/Wash. - Victoria/B.C., Tel. 206-452-8088, Fax 206-457-8435.
Victoria Line, unterhält die von Mai-Sept. täglich operierende Fährverbindung Seattle - Victoria. Tel. 1-800-668-1167 und 604-480-5555, Fax 604-480-5222.
Washington State Ferries bedient das gesamte Gebiet um den Puget-Sound und verbindet Seattle mit der Olympic Peninsula. Eine andere Verbindung führt von Anacortes, 145 Kilometer nordwestlich von Seattle, durch die San Juan Islands nach Victoria/B.C., Tel. 206-464-6400 oder 1-800-843-3779.

Über Land

In die USA kann man von Kanada aus problemlos mit dem eigenen oder dem gemieteten PKW, per Bus sowie per Bahn einreisen. Die großen Busfirmen *(Greyhound*, *Gray Line* u.a.) verkehren zwischen den USA und Kanada, auch die Eisenbahngesellschaft *Amtrak* unterhält Verbindungen.

Die wichtigste Überlandstraße, die den US-Bundesstaat Washington mit British Columbia verbindet, ist die Interstate 5, die auf der kanadischen Seite als Staatsstraße Nr. 99 nach Vancouver weiterführt. Das Überschreiten der Grenze ist unproblematisch. Es gelten die üblichen Ein- bzw. Ausreisebestimmungen.

Visa

Für die Einreise in die USA wird ein Reisepaß mit einem Gültigkeitsdatum benötigt, das mindestens bis zum Rückreisedatum reicht. Ein Visum wird von deutschen, österreichischen und schweizer Staatsbürgern nicht verlangt – jedenfalls nicht bei einem Aufenthalt bis zu 90 Tagen. Wer allerdings länger bleiben möchte, muß bei einem amerikanischen Konsulat ein Visum beantragen; in diesem Fall kann ein Gesundheitsnachweis (z.B. ein Aids-Test jüngeren Datums) verlangt werden. Außerdem muß ein Nachweis über ausreichende Geldmittel erbracht werden, damit gewährleistet ist, daß keine Arbeitsaufnahme angestrebt wird. Auskünfte erteilt auch:

U.S. Immigration and Naturalisation Service, 425 I St., Washington, D.C. 20 536, Tel. 202-514 2000

Zoll

Jeder Einreisende muß sich den amerikanischen Zollformalitäten unterziehen. Folgende Bestimmungen sind zu beachten:

- Ausländische Touristen dürfen bis zu $ 10 000 ohne Deklaration ein- oder ausführen. Höhere Summen müssen angegeben werden.
- Erwachsene dürfen 100 Zigarren als Geschenk und 50 Zigarren oder 200 Zigaretten für den eigenen Gebrauch einführen, Minderjährige 100 Zigarren als Geschenk. Kubanische Tabakprodukte sind in den USA verboten.
- Für Erwachsene über 21 Jahren ist die Einfuhr von einem Liter alkoholischer Getränke für den persönlichen Gebrauch erlaubt.
- Geschenke im Wert bis zu $ 100 sind zoll- und steuerfrei. Falls dieser Wert überschritten wird, so gilt der Betrag oberhalb der $-100-Grenze als steuer- und zollpflichtig. Dabei ist zu beachten, daß zu diesen Geschenken gehörende alkoholische Getränke bei der Einreise verzollt werden müssen und nicht in jeden Staat eingeführt werden dürfen. Ferner dürfen noch 100 Zigaretten (zusätzlich zu den oben genannten Freimengen) gehören; allerdings können diese Vergünstigungen nur zweimal im Jahr in Anspruch genommen werden.
- Unter Einfuhrverbot stehen Geflügel- und Fleischprodukte, likörgefüllte Pralinen, Samen und pflanzliche Erzeugnisse (auch Obst), Waffen aller Art, Drogen und Rauschmittel, auch Medikamente, die Rauschgifte enthalten (falls Sie derartige Medikamente mit sich führen müssen, lassen Sie sich von Ihrem Arzt eine Bescheinigung ausstellen).
- Hunde können nur mit Impfpaß eingeführt werden, doch darf die letzte Tollwut-Impfung nicht länger als 30 Tage zurückliegen. Ohne Impfpaß wird der Hund bei der Einreise geimpft und 30 Tage lang in Quarantäne gehalten. Katzen benötigen keine Tollwutimpfung.

Generell ist es ratsam, sich bei aufkommenden Fragen über die amerikanischen Zollbestimmungen an das nächste Konsulat zu wenden, bzw. an **U.S. Customs**, 1301 Constitution Ave., NW, Washington D.C., Tel. 202- 927-6724

Währung/Geldumtausch

Es ist zweckmäßig, sich bereits vor der Abreise Dollar-Reiseschecks in verschiedenen Höhen zu besorgen; sie werden überall angenommen, Wechselgeld wird in bar herausgegeben. Der Besitz einer Kreditkarte erleichtert das

Reisen ungemein; bei der Anmietung eines Autos oder der Reservierung eines Hotelzimmers wird meist die Kreditkartennummer als Sicherheit verlangt.

D-Mark, Österreichische Schillinge oder Schweizer Franken können in den USA bei Banken in Dollar umgetauscht werden. Auch gute Hotels tauschen Fremdwährung ein, allerdings normalerweise zu einem ungünstigeren Kurs. In den Hotels kleinerer Städte oder auf dem Land wird ein Umtausch in den seltensten Fällen möglich sein.

Der US-Dollar unterlag in den letzten Jahren starken Schwankungen. Seine Entwicklung war für den europäischen Reisenden eher günstig, d.h. er hat gegenüber der Deutschen Mark, dem Österreichischen Schilling und dem Schweizer Franken an Wert verloren.

Ein US-Dollar ($) hat 100 Cent (¢). Es gibt fünf verschiedene Münzen: 1 ¢ – gelegentlich auch *Penny* genannt; 5 ¢ (*Nickel)* genannt; 10 ¢ (*Dime)* genannt; 25 ¢, also ein Vierteldollar, bzw. *Quarter*, ferner die Halb-Dollar-Münze – sie ist allerdings selten geworden.

Es gibt Dollar-Noten in sieben verschiedenen Wertigkeiten (1, 2, 5, 10, 20, 50 und 100 $). Vorsicht: Alle haben die gleiche Größe und Farbe!

Preise sind meist in der Dezimalform ausgeschrieben, d.h., wenn ein Gegenstand 19 Dollar und 99 Cent kostet, wird er mit $ 19.99 ausgezeichnet sein (und mündlich mit *„nineteen ninety-nine„* angegeben werden). In den meisten US-Bundesstaaten wird auf den angegebenen Preis noch eine Steuer aufgeschlagen; sie kann bis zu 9 % betragen.

Kleidung

Generelle Angaben über Kleidung lassen sich weder in Hinblick auf das Klima machen – dazu herrschen in den verschiedenen Regionen des Nordwestens zu große Unterschiede – noch hinsichtlich der Etikette. Im Großen und Ganzen sind die Kleidervorschriften sehr locker. Lediglich für Besuche von Konzerten, Dinnershows oder ähnlich gehobenen Veranstaltungen, ferner für Abende in guten Restaurants, sind Jacketts und Krawatten für Herren, entsprechend elegante Kleidung für Damen angebracht.

Kurze Hosen sind nur in Schnellrestaurants und in Badeorten angemessen. In manchen Lokalen wird durch Schilder mit Aufschriften wie *No shirt, no shoes, no service*, darauf hingewiesen, daß, wer bedient werden möchte, mindestens ein Hemd und Schuhe tragen muß. Zum Frühstück und Mittagessen kann die Kleidung legerer ausfallen als am Abend. Wenn Sie sich der Kleidervorschriften nicht sicher sind, erkundigen Sie sich an der Hotelrezeption oder beim Restaurantmanager.

Zu bedenken ist, daß manche Restaurants, Kaufhäuser und Kinos durch Klimaanlagen so stark gekühlt sind, daß man sich ohne Jacke oder ähnliches leicht eine Erkältung holt.

Besonders elegante Abendkleidung kann man sich bei sog. „Dress Rentals“ ausleihen. Deren Adressen sind im Branchenverzeichnis zu finden.

Was die Witterung betrifft, so ist es im Nordwesten angebracht, einen leichten Regenmantel, einen Schirm und einen warmen Pullover mitzuführen. Oft empfiehlt sich das sog. Zwiebelprinzip, d.h., man trägt mehrere Schichten an Kleidung übereinander und legt diese dann, wenn der Tag wärmer wird, nach und nach ab.

In Notfällen

Sicherheit & Kriminalität

Im allgemeinen sind die USA so sicher wie jedes andere Reiseland. Man sollte sich von Berichten über Angriffe auf deutsche Touristen nicht zu der Ansicht verleiten lassen, ausländische Besucher seien eine besonders gefährdete Personengruppe. Insbesondere der Nordwesten hat eine relativ niedrige Kriminalitätsrate. Doch wie überall auf der Welt lauern auch hier in städtischen Ballungszentren größere Gefahren als in ländlichen Gemeinden. Einige allgemeine Richtlinien sollten stets beachtet werden:

Halten Sie sich nach Einbruch der Dunkelheit nicht allein in verlassenen Stadtgebieten auf.

Verschließen Sie Ihre Autotüren, wenn Sie nachts fahren. Seien Sie vorsichtig, wenn Sie Fremden in unbekannten Situationen helfen wollen; es könnte sich um eine Falle handeln.

Lassen Sie niemals Wertsachen (z. B. Gepäck, Elektrogeräte) sichtbar in Ihrem Auto zurück, schließen Sie Ihren Wagen ab und verstauen Sie die Wertsachen im Kofferraum. Keine Versicherung leistet Ersatz, wenn ein Diebstahl auf Ihre Nachlässigkeit zurückzuführen ist.

Lassen Sie keine Taschen oder Koffer unbeaufsichtigt in Hotels, Restaurants, o.ä. stehen. Wenn sie Ihnen lästig sind, geben Sie sie an der Rezeption oder beim Geschäftsführer des Restaurants ab.

Lassen Sie niemals größere Geldbeträge oder Schmuck im Hotelzimmer liegen, sondern hinterlegen Sie solche Dinge im Hotelsafe, der in der Regel kostenlos zur Verfügung steht.

Reiseschecks sind sicherer als Bargeld Sie können bei Verlust oder Diebstahl ersetzt werden, wenn Sie die Schecknummern angeben können. Verwahren sie diese deshalb stets getrennt von den Schecks auf.

Stellen sie in der Öffentlichkeit keine größeren Geldbeträge oder wertvollen Schmuck zur Schau.

Frauen sollten sich, um der Gefahr sexueller Übergriffe zu entgehen, nach Einbruch der Dunkelheit möglichst nicht alleine in abgelegenen Gebieten von Städten aufhalten. Mancherorts mag ein Taxi mehr Sicherheit bieten als die öffentlichen Verkehrsmittel.

Medizinische Versorgung

Die medizinische Versorgung ist in den USA normalerweise sehr gut, aber auch sehr teuer. Ein Krankenhausbett kann mehrere hundert Dollar pro Nacht kosten. Hinzu kommen u.U. noch Gebühren für Labortests, Röntgenuntersuchungen oder Medikamente.

Seattle und Portland verfügen über hervorragende Krankenhäuser; Hausbesuche von Ärzten sind mittlerweile hingegen unüblich geworden. Falls Sie einen Arzt z.B. in ein Hotel kommen lassen, müssen Sie damit rechnen, daß er eine relativ hohe Rechnung ausstellen wird.

Bei Erkrankung oder Unfall haben, rufen Sie die Nummer 911 (Notrufnummer) an oder erkundigen Sie sich beim Operator der Telefongesellschaft nach der Nummer des nächstgelegenen Krankenhauses. Dort können Sie die Notaufnahme (rund um die Uhr geöffnet) in Anspruch nehmen. Mit Wartezeiten muß dort normalerweise gerechnet werden.

Falls Sie an einer Medikamentenallergie oder einer chronischen Krankheit leiden, bzw. unter Medikamentierung stehen, sollten Sie ein Schildchen mit

Informationen darüber bei sich tragen. Wenn Sie ständig Medikamente brauchen, bringen Sie sich ein Rezept Ihres Arztes und für alle Fälle einen Vorrat an Medikamenten mit. Beachten Sie, daß manche Arzneimittel, die bei uns rezeptfrei verkauft werden, in den Staaten verschreibungspflichtig sind.

Krankenversicherung

Grundsätzlich empfiehlt sich der Abschluß einer Reisekrankenversicherung. Außer in Privatkliniken oder County Hospitals müssen Sie vor Beginn der Behandlung ihre Zahlungsfähigkeit nachweisen. Am einfachsten geht dies mit einer Versicherungspolice. Achten Sie darauf, welche Leistungen von Ihrer Versicherung abgedeckt sind und tragen Sie Ihre Police immer bei sich. In Deutschland, Österreich und der Schweiz bieten viele Gesellschaften Versicherungen an, die die Kostenübernahme für Krankenhausaufenthalte, etc. beinhalten.

Unfall- und Krankenhauskosten übernimmt auch die *American International Underwriters-Versicherung*. In Ihrem Reisebüro erhalten Sie Informationen darüber.

Bei Pauschalreisen ist häufig ein Versicherungsschutz inbegriffen. Noch auf Flughäfen, Busbahnhöfen etc. können entsprechende Versicherungen abgeschlossen werden.

Apotheke finden Sie im Branchenfernsprechbuch (*Yellow Pages*) unter *Pharmacies*.

Notrufnummern

Polizei, Feuer oder Notarzt: Tel. 911 (USA-weit).

Krankenhäuser

In Washington (Vorwahl 206)

Children's Hospital and Medical Center, 4800 Sand Point Way, NE, Seattle, Tel. 526-2000
Harborview Medical Center, 325 Ninth Avenue (Ecke Jefferson Street), Seattle, Tel. 223-3000
Northwest Hospital, 1550 N. 115th St., Seattle, Tel. 364-0500
Providence Medical Center, 500 17th Avenue, Seattle, Tel. 320-2000
University of Washington Medical Center, 1959 N.E. Pacific Street, Seattle, Tel. 548-3300
Overlake Hospital Medical Center, 1035 116th N.E., Bellevue, Tel. 688-5000
Evergreen Hospital Medical Center, 12040 N.E. 128th, Kirkland, Tel. 899-1000
King County Medical Society, (empfiehlt Ärzte), Seattle, Tel. 621-9393
Seattle-King County Dental Society, (empfiehlt Zahnärzte), Seattle, Tel. 443-7607
24-Stunden-Dolmetscherdienst für Krankenhauspatienten, Tel. 461-6907

In Oregon (Vorwahl 503)

Good Samaritan, 1015 N.W. 22nd Ave., Portland, Tel. 229-7711
Emanuel Hospital, 2801 N. Gantebein, Portland, Tel. 280-3200.
St. Vincent Hospital, 9205 S.W. Barnes Rd., Portland, Tel. 297-4411
Providence Hospital, 4805 N.E. Glisan, Portland, Tel. 230-6111.
Multnomah County Dental Service, (Zahnärztlicher Dienst), Portland, Tel. 223-4731, INFO Tel. 248-3816.
Multnomah County Medical Reference Service (Ärztlicher Vermittlungsdienst), Portland, Tel. 222-0156.
Ärztlicher Notdienst, Portland, Tel. 223-6161.

Diplomatische Vertretungen

In der folgenden Übersicht finden Sie die Adressen der US-Botschaften und Konsulate in Deutschland, Österreich und der Schweiz, ferner die Adressen von Botschaften und Konsulaten der Bundesrepublik Deutschland, der Schweiz und Österreichs in Seattle.

Bundesrepublik Deutschland

Botschaft der Vereinigten Staaten von Amerika mit Konsularabteilung Bad Godesberg,Deichmanns Aue 29,53170 Bonn,Tel. 0228/3391, Fax 0228/2663.
Büro Berlin Mitte der Botschaft der Vereinigten Staaten von Amerika, Neustädtische Kirchstr. 4 - 5, 10117 Berlin, Tel. 030/2385174,Fax 030/23862 90.
Amerikanisches Generalkonsulat, Clay Allee 170, 14195 Berlin, Tel. 030/8197454, Fax 030/8314926.
Amerikanisches Generalkonsulat, 60323 Frankfurt/M., Siesmayerstr. 21, Tel. 069/7535-0, Fax 069/7535-2260.
Amerikanisches Generalkonsulat, Alsterufer 27-28, 20354 Hamburg 36, Tel. 040/41 17 10,Fax 040/44 30 04.
Amerikanisches Generalkonsulat, Wilhelm-Seyfferth-Str.4, 07010 Leipzig, Tel. 0341/211-7866, Fax 0341/211 785
Amerikanisches Generalkonsulat, Königinstr. 5, 80539 München, Tel. 089/288 80, Fax 089/280 51 63.
Amerikanisches Generalkonsulat, 70182 Stuttgart, Urbanstr. 7, Tel. 0711/2 10 08 11, Fax 0711/236 43 50.

Schweiz

Amerikanisches Generalkonsulat, 3005 Bern, Jubiläumsstr. 93, Tel. 031/3577011, Fax 031/3577344.
Amerikanisches Generalkonsulat, 8008 Zürich, Zollikerstr. 141, Tel. 01/4 22 25 66, Fax 01/3 83 98 14

Österreich

Amerikanisches Generalkonsulat, 1091 Wien IX, Boltzmanngasse 16, Tel. 01/3 13 39, Fax 01/310 06 82

Botschaften und Konsulate

Bundesrepublik Deutschland

Seattle, W.A. 98101, Generalkonsulat, 600 University St. 1, Union Tower Suite 2500, Tel. 206-682-4312.

ÖSTERREICH

Seattle, W.A. 98105, Konsulat, 4131 11th Ave. N.E. Penthouse 1, Tel. 206-633-3606, Fax 206-632-7786

Schweiz

Seattle, W.A. 98108, Konsulat, P.O. Box 81003, Tel. 206-762-1223.

Wissenswertes

Maße und Gewichte

In den USA hat sich das metrische System nach wie vor nicht durchgesetzt. Als Längenmaße gelten *inch, foot* und *mile,* Gewicht wird in *pounds* und *ounces* angegeben, Hohlmaße meist in *pints* und *gallons*. Hier einige Umrechnungshilfen:

1 inch = 25mm (12 inches = 1 foot)
1 foot = 0,3 m (3 feet = 1 yard)
1 yard = 0,9m (1760 yards = 1 mile)
1 mile = 1,6 km
1 ounce = 28 g (16 ounces)
1 pound = 0,45 kg
1 pint = 0,45 l (2 pints = 1 quart)
1 quart = 0,9 l (4 quarts = 1 gallon)

Temperatur

Temperaturen werden nur in seltenen Fällen in °Celsius (Centigrade), sondern meist in °Fahrenheit angegeben. Die Umrechnung erfolgt nach der Formel:

$F = \frac{18C^{\circ}}{10}$ $\quad C = \frac{10\,(F-32)}{18}$

80° Fahrenzeit sind also: 10 (80 – 32)

$F = \frac{480}{18} = 26{,}6\ ^{\circ}C$

Kleidergrößen

Frauen:

Kleider US	Kleider metr.	Blusen US	Blusen metr.	Schuhe US	Schuhe metr.
8	36	32	40	5	35
10	38	34	42	5 1/2	35
12	40	36	44	6	36
14	42	38	46	6 1/2	37
16	44	40	48	7	38
		42	50	7 1/2	38
				8	39
				8 1/2	39

In Kaufhäusern gibt es für Frauen unter 1,60 m eine Abteilung mit sogenannten *petite*-Größen - und nicht selten eine eigene für Übergrößen.

Männer:

Anzüge US	Anzüge metr.	Hemden US	Hemden metr.	Schuhe US	Schuhe metr.
34	44	14	36	7	39
36	46	14 1/2	37	7 1/2	40
38	48	15	38	8	41
40	50	15 1/2	39	8 1/2	42
42	52	16	40	9	43
44	54	16 1/2	41	9 1/2	43
		17	42	10	44
				10 1/2	44

Feiertage

Viele Feiertage fallen nicht mehr mit dem genauen Datum des Gedenktages zusammen, sondern wurden auf den nächstfolgenden Montag verlegt, um ein verlängertes Wochenende für Geschäfte und Angestellte zu erreichen. Davon ausgeschlossen sind Weihnachten, **Thanksgiving Day** (Erntedank), **Election Day** und **Independence Day** (Unabhängigkeitstag, 4. Juli). Während der unten aufgelisteten Feiertage haben Postämter, Banken, öffentliche Ämter und viele Geschäfte und Restaurants geschlossen. Außer an den großen Feiertagen, wie Weihnachten und Thanksgiving, bleiben die Warenhäuser im allgemeinen geöffnet.

1. Januar	**New Year's Day**
15. Januar	**Geburtstag von Martin Luther King jr.**
3. Montag im Februar	**Geburtstag von Abraham Lincoln/George Washington**
Letzter Montag im Mai	**Memorial Day** (Heldengedenktag)
4. Juli	**Independence Day** (Unabhängigkeitstag)
1. Montag im September	**Labor Day**
2. Montag im Oktober	**Columbus Day**
11. November	**Veteran's Day**
4. Donnerstag im November	**Thanksgiving Day** (Erntedankfest)
25. Dezember	**Christmas Day**

Drei weitere Feiertage werden nur in bestimmten Staaten begangen:

Lincoln's Birthday feiert man in 23 Staaten am 12. Februar und in Delaware und Oregon am 3. Februar.

Geschäftszeiten

Normalerweise beginnen die Geschäftszeiten um 9.00 oder 10.00 Uhr morgens und enden um 17.00 oder 18.00 Uhr. Mittagspausen sind, außer bei sehr kleinen Betrieben, für den Verbraucher nicht von Bedeutung. Zahlreiche Einkaufszentren und große Kaufhäuser sind 7 Tage in der Woche rund um die Uhr geöffnet.

Die Schalterstunden der Banken sind im allgemeinen von 9.00 bis 15.00 Uhr. An einem Tag der Woche (meist Freitag) ist bis 18 Uhr geöffnet.

Elektrizität

Die Normalspannung beträgt 110 Volt (60 Hertz). Da europäische Stecker nicht in die in den USA üblichen Steckdosen passen, sollten Sie sich vor der Reise Zwischenstecker besorgen. In den USA sind sie in der Regel nur dort erhältich, wo man an eine touristische Nachfrage gewöhnt ist.

Alkohol-Gesetze

Die Alkoholgesetzgebung ist von Bundesstaat zu Bundesstaat verschieden. Washington und Oregon gehören zu den eher liberalen Staaten. Bier, Wein und Spirituosen können in Supermärkten gekauft werden, außerdem gibt es staatlich lizensierte *Liquor Stores*. Das Mindestalter für den Kauf und Genuß von Alkohol liegt bei 21 Jahren. Gelegentlich wird die Vorlage eines Ausweises verlangt. Zwischen 2.30 Uhr nachts und 7.00 Uhr morgens ist Ausschank und Konsum von Alkohol verboten.

Alkohol am Steuer wird in sämtlichen Staaten streng geahndet. Vor Gefängnisstrafen bleiben auch Touristen nicht verschont.

Besondere Vorsicht sollten Besucher von Indianerreservaten gelten lassen. Vor öffentlichem Genuß von Bier, Wein oder Schnaps wird dringend gewarnt.

Trinkgelder

In manchen Restaurants wird dem Endpreis ein *service charge* von 15 Prozent hinzugerechnet, d.h. das Trinkgeld ist in der Summe enthalten. Meist ist dies nicht der Fall – man läßt dann etwa 10 Prozent des Rechnungsbetrages für die Bedienung auf dem Tisch liegen oder bezahlt das Trinkgeld zusammen mit der Rechnung.

Auch außerhalb von Restaurants, in denen das Nichtbezahlen des Trinkgeldes an Zechprellerei grenzt, ist es wichtig, sich für gebotene Leistungen erkenntlich zu zeigen. Das Trinkgeld sollte in jedem Fall dem Service angemessen ist. Denken Sie daran, daß Trinkgelder in den meisten Dienstleistungsberufen als Teil des Einkommens betrachtet werden und zu versteuern sind.

Im Allgemeinen beläuft sich das Trinkgeld auf 10 bis 15 Prozent der Rechnung. Dies gilt für Barmixer, Friseusen, Kellner und Taxifahrer. Gepäckträger erhalten normalerweise etwa 1 $ pro Koffer. Rezeptionisten haben, außer für besondere Dienste, wie Parken Ihres Wagens, keinen Anspruch auf Trinkgeld. Zimmermädchen erwarten zumindest dann ein Trinkgeld, wenn im Zimmer ein Schildchen steht, auf dem es z.B. heißt: *„Your room-maid's name is Judy. Have a pleasant stay"*. In solchen Fällen, sowie im Fall eines längeren Aufenthaltes, empfiehlt es sich, pro Nacht 1 $ liegen zu lassen.

Kommunikation

Post

Die *United States Post Offices* sind Montag – Freitag von 8 bis 18 Uhr und samstags von 8 – 12 Uhr geöffnet. Briefmarken können auch aus Automaten gekauft werden, wo man allerdings etwas mehr bezahlt. In touristisch besuchten Orten gibt es Souvenirgeschäfte, die auch *postal services* anbieten, d.h., man kann dort Marken kaufen, Päckchen abschicken u.ä. kann. In vielen Hotels können Gäste Karten und Briefe an der Rezeption abgeben, der Einwurf zuverlässig erledigt.

Postlagernde Sendungen

Wenn Sie während Ihres USA Aufenthaltes Post empfangen möchten, aber Ihre Urlaubsadresse vor der Reise noch nicht wissen, können Sie sich Briefe postlagernd zuschicken lassen.

Ein Beispiel: Mr. Heinz Meier
Poste Restante
oder: General delivery
General Post Office
Portland/Oregon/USA

Sie können Ihre Post dann auf dem genannten Hauptpostamt abholen.

Telegramm, Telefax, Telefon

Telegramme können bei Filialen der *Western Union* (an Adressaten innerhalb der USA) oder Firmen wie z. B. der *International Telephone & Telegraph Corporation* (nach außerhalb der USA) aufgegeben werden - desgleichen an der Rezeption eines jeden Hotels, dessen Gast man ist. Von den allermeisten Rezeptionen aus kann man auch Faxe verschicken.

Orts- und Ferngespräche

Es gibt in den USA eine ganze Reihe von privaten Telefongesellschaften (AT&T, MCI, Bell u.a.). Ihnen gehören die öffentlichen Münz- und Kartentelefone, ihre Apparate stehen aber auch in so gut wie allen Hotel- oder Motelzimmern, wo auf den Preis pro Einheit ca. 50 Prozent aufgeschlagen werden.

Ortsgespräche (*local calls*) kosten in öffentlichen Fernsprechern 25 Cent. Bei Ferngesprächen *(long distance calls)* und Auslandsgesprächen *(International calls)*, die von Münztelefonen aus geführt werden, kann man sich vom *operator* sagen lassen, wieviel Kleingeld man einwerfen muß. In der Regel ist eine direkte Durchwahl möglich – vorausgesetzt man kennt die Ortsvorwahl *(area code)*, bzw. die Ländervorwahl *(country code)*. Die Vorwahl für Deutschland ist 01149, für Österreich 01143 und für die Schweiz 01141. Wo eine Durchwahl nicht möglich ist, wird das Gespräch vom *operator* vermittelt; man gibt ihm die gewünschte Nummer und er, bzw. sie, ruft – gelegentlich nach einiger Wartezeit – zurück. Um den Operator zu erreichen, wählt man die 0.

Telefonkreditkarten

Die öffentlichen Fernsprecher können auch mit einer Telefonkreditkarte benutzt werden. Man erwirbt diese Karte bei einer Telefongesellschaft wie z.B. AT&T . Nach dem Wählen der Nummer, die man anrufen möchte, wählt man die Nummer der eigenen Telefonkreditkarte; die für das Gespräch anfallenden Gebühren werden dann automatisch abgebucht. Informationen über und Anträge auf solche Karten gibt **AT&T,** Postfach 100152, 60001 Frankfurt/M., Tel. 069/15306 - 300 oder in den USA: **AT&T**, Tel. 1800 - 222 - 0300.

Gebührenfreie Nummern, R-Gespräche

Viele Firmen – Autovermietungen, Flugesellschaften, Hotelketten oder eben auch die Telefongesellschaften selbst haben Telefonnummern, die mit 1 - 800 beginnen. Diese Nummern *(toll free numbers)* können gebührenfrei angerufen werden. Auch R-Gespräche *(collect calls)* nach Deutschland können unter einer *toll free number* angemeldet werden: 1-800-292-0049. Das R-Gespräch selbst allerdings kommt denjenigen, der dafür bezahlt, relativ teuer. Verbilligte Telefontarife (innerhalb der USA) gelten nach 17.00 Uhr sowie an Sonn- und Feiertagen.

Telefonauskunft

Will man eine Telefonnummer innerhalb des Bundesstaates erfragen, in dem man sich befindet, so wählt man 1- 555-1212, braucht man eine Nummer in einem Gebiet, das eine andere Vorwahl hat, wählt man 1-*area code*-555-1212.

Notruf (Polizei, Feuerwehr, Ambulanz)

In allen Bundesstaaten, bzw. allen Vorwahlbereichen gilt die Nummer 911 als Notrufnummer. Braucht man Polizei oder Feuerwehr eines anderen Staates, so wählt man dessen Vorwahlnummer + 911. Beispiel: Um von Utah aus den Notruf von Arizona zu erreichen, wählt man 206-911.

Medien

Zeitungen

In jeder größeren Stadt der USA wird eine eigene Tageszeitung herausgegeben. Einige lokale Zeitungen, wie die *New York Times* oder die *Washington Post*, finden nationale wie internationale Verbreitung. Von diesen beiden überregionalen Blättern abgesehen, unterrichten die meisten US-Zeitungen in der Regel nur über nationale, bzw. sogar nur über regionale Ereignisse. Eine Ausnahme hiervon ist *USA Today*, die immerhin Kurzinformationen zu einschlägigen Weltereignissen enthält. Die wichtigsten Tageszeitungen im Nordwesten sind die Morgenzeitung*Seattle Post-Intelligencer*, die Abendzeitung *Seattle Times* am Nachmittag und der *Oregonian.* Die beiden erstgenannten bringen am Sonntag eine gemeinsame umfangreicheAusgabe heraus. Die Feuilletonteile ihrer Freitagsausgaben beinhalten ausführliche Veranstaltungshinweise für das Wochenende. Über Veranstaltungen in und um Portland gibt neben dem *Oregonian* die wöchentlich erscheinende, kostenlose *Willamette Week* Auskunft. *The Seattle Weekly,* ein Boulevard-Nachrichtenblatt, veröffentlicht ständig Kommentare zu Veranstaltungen der Woche, u. a. aus den Bereichen Kunst, Theater, Musik und Film.

Auch ausländische Zeitungen wie die *North American Post,* eine japanische Tageszeitung, die *Seattle Chinese Post* und *Asia Today* werden in Seattle verlegt.

In der **Seattle Public Library** an der Fourth Avenue, zwischen Spring und Madison Street, liegen ausländische sowie lokale Zeitungen und Zeitschriften auf, die man kostenlos lesen kann.

Fernsehen

In den USA gibt es neben den großen nationalen Fernsehsendern wie ABC, CBS, CNN und NBC Hunderte von lokalen Sendern und zusätzliche Programme aus dem ständig wachsenden Kabelnetz. Viele Sender strahlen rund um die Uhr aus. Die Fernsehanstalten in den Vereinigten Staaten sind finanziell meist von Werbeeinnahmen abhängig, deshalb wird das Programm alle paar Minuten von Werbespots unterbrochen. Ausnahme ist HBO, ein Kanal, für den der Verbraucher eine Gebühr bezahlt, der aber in manchen Hotels als Serviceleistung angeboten wird, die im Zimmerpreis enthalten ist. Verschiedene Fernsehanstalten, z.B. CNN (Cable News Network), sind darauf spezialisiert, rund um die Uhr Nachrichten auszustrahlen, sie haben aber nicht immer einen hohen Informationsgehalt.

Radio

In den Vereinigten Staaten gibt es über 7000 Radiosender, die ebenfalls in der Regel durch Werbeeinnahmen finanziert werden. Meist werden Musiksendungen, Sportnachrichten und Talk-Shows geboten, die jede Stunde für Nachrichten und Wetterbericht unterbrochen werden. Manche Sender haben sich auf Nachrichten spezialisiert, die während des Tages auf dem neuesten Stand gehalten und mit Kommentaren über aktuelle Themen ergänzt werden. Die öffentlichen Sender sind ebenso wie ihr Gegenstück beim Fernsehen, freier in der Programmauswahl, aber auch weniger populär.

Touristeninformation

Anschriften der staatlichen Tourismusagenturen:

Washington State Tourism, P.O. Box 42500, Olympia, W.A. 98504,Tel. 206-586-2088, Fax 206-753-4470.

Oregon Tourism Division, 775 Summer St., N.E. Salem, OR 97310, Tel. 503-797-4990, 1-800-547-7842, Fax 503-581-5115.

AUSKÜNFTE ÜBER HOTELS, ETC.:

Oregon Lodging Association, 12724 S.E. Stark St., Portland, OR 97233. Straßenzustandsbericht Oregon, Tel. 503-976-7277.

Nützliche Telefonnummern

WASHINGTON (VORWAHL: 206)

Straßenzustandsbericht: Tel. 455-7900.
Wettervorhersage: Tel. 526-6087.

OREGON (VORWAHL: 503)

Straßenzustandsbericht: Tel. 889-3999.
Wettervorhersage: Tel. 779-5990.

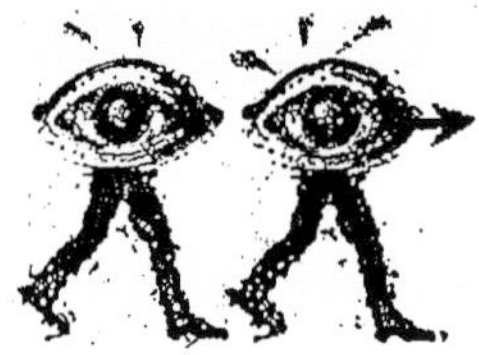

Unterwegs

Öffentlicher Verkehr

Flugzeug

Die wichtigsten Luftfahrtgesellschaften verbinden die größeren Städte der USA mit dem Nordwesten, v.a. mit dem Seattle-Tacoma International Airport im Staat Washington und Portland International Airport in Oregon, z.B.:

Air Canada, Tel. 1-800-776-3000
Alaska Airlines, Tel. 1-800-426-0333, Fax 206-433-3366
America West, Tel. 1-800 -247-5692, Fax 602-693-5546
American, Tel. 1-800 -433-7300
Continental, Tel. 1-800 -525-0280, Fax 713-523-4085
Delta, Tel. 1-800 -221-1212, Fax 404-715-1400
Hawaiian, Tel. 1-800-367-5320, Fax 808-835-3690
Horizon Air, Tel. 1-800-547-9308
Northwest, Tel. 1-800 -225-2525, Fax 612-726-3942
Sky West, Tel. 1-800-453-9417, Fax 801-628-8779
Southwest, Tel. 1-800-531-5601, Fax 214-904-5015
United Airlines, Tel. 1-800 -241-6522, Fax 708-952-7680
USAir, Tel. 1-800- 428-4322, Fax 910-661-8091

Bei jeder Fluggesellschaft werden Sie über Verbindungen zwischen amerikanischen Städten beraten. Darüber hinaus existieren Hunderte regionaler Fluggesellschaften, die kleinere Orte, bzw. entlegenere Gebiete anfliegen. Diese Gesellschaften setzen oft Maschinen von nur geringer Passagierkapazität ein, die oft zu beinahe jedem Ziel gechartert werden können. Sie landen auf kleinen Flughäfen, bei Berghotels, vor allem werden mit ihnen Rundflüge durchgeführt.

U.a. bieten derartige Leistungen an:

IN WASHINGTON:

Chrysler Air, Tel. 206-329-9638, Fax 206-329-9617
Galvin Flying Service Inc., Tel. 1-800-341-4102 oder 206-763-9706
Island Air Tours & Charters, Tel. 1-800-473-7823, Fax 206-341-1505
Kenmore Air, Tel. 1-800-543-9595 oder 206-486-1257, Fax 206-485-4774

IN OREGON:

Aero Air, Tel. 503-640-3711, Fax 503-6401093
Aurora Aviation, Tel. 503-678-1217, Fax 503-678-1219
Conquest Helicopters, Tel. 503-661-1452, Fax 503-661-0266
Eagle Cap Aviation, Tel. 503-963-0809, Fax 503-962-7254

Reisebus

Das meistbenutzte Verkehrsmittel in den USA ist nach wie vor der Autobus. Pro Jahr reisen über 250 Millionen Menschen mit ihm. Das größte und bekannteste Busunternehmen sind die *Greyhound Lines. Greyhound* bietet ausländischen Touristen eine Netzkarte an, den sog. *Ameripass*, mit dem innerhalb einer bestimmten Gültigkeitsdauer (eine Woche, fünfzehn oder dreißig Tage) beliebig viele Meilen zurückgelegt werden können. Dieser Paß muß vor Reiseantritt außerhalb der USA gekauft werden. Auskünfte in Ihrem Reisebüro oder bei: **Motorcoach-Greyhound**, Deutsches Reisebüro DER TRAFFIC, Emil-von-Behring Str. 6, 60439 Frankfurt/M., Tel. 069/95 88 00, Fax 069/96 88 10 10 bzw. in den USA: **Greyhound Lines,** 901 Main St., Dallas, Texas 75202, Tel. 1-800-231-2222. Folgende Reisebusgesellschaften bieten Fahrten/Ausflüge im Nordwesten an:

American Stage Lines, Tel. 206-482-5067, Fax 206-482-2265
Cascade Trailways, Tel. 206-383-3465, Fax 206-272-1102
Gray Line of Seattle, Tel. 206-624-5813, Fax 206-626-5209
Greyhound Travel Service, Tel. 206-628-5526
Puget Sound Coach Lines, Tel. 206-246-3603, Fax 206-242-9183
Far West, Inc., Tel. 503-640-3223, Fax 503-359-9663
Mid Columbia Bus, Tel. 503-384-2292, Fax 503-384-2291

Bahn

Durch den immer weiter wachsenden PKW- und Flugverkehr hat die Bedeutung der Eisenbahn stark abgenommen. Das Streckennetz ist relativ grobmaschig.

Der allergrößte Teil der – in den USA privaten – Eisenbahnlinien ist in der *Amtrak* organisiert. Die *Amtrak* (*America's National Railroad Passenger Corporation*) unterhält Verbindungen zwischen mehr als 500 Städten. Sie wird in Europa von folgenden Reisebüros vertreten: abr und DER, Deutschland; Kuoni, Schweiz: Austria Reiseservice, Österreich. Über diese Reisebüros können verbilligte Netzkarten gekauft werden (U.S.A. Rail Passes). Diese Pässe (*Nationwide* und *Regional USA Rail Pass, Northeast-Pass, Southern-Pass, Central-Pass* und *Western-Paß*), müssen vor Reiseantritt außerhalb der USA erworben werden!

Informationsmaterial erhalten Sie bei den AMTRAK-Vertretungen:

abr, Landshuter Allee 38, 80637 München oder: Postfach 19 01 01, 80631 München, Tel. 089/1 20 40, Fax 089/ 1 20 44 30

DER, Emil-von-Behring Str. 6, 60439 Frankfurt/M., Tel. 069/95 88 00, Fax 069/96 88 10-10

Austria Reiseservice, Hessgasse 7, 1010 Wien, Tel. 01/317-44 10, Fax 01/317-35 98, (Vorwahl Österreich 0043)

Kuoni , Neue Hard 7, 8037 Zürich, Tel. 01/2 77 44 44, Fax 01/2 71 52 82 (Vorwahl Schweiz 0041)

Auskunft über Zuschläge, Sondertarife oder Fahrpläne in den USA erteilt: **Amtrek**, 60 Massachusetts Av. N.W., Washington D.C., Tel. 1-800-872-7245

Mit dem Schiff

Die im Kapitel „Einreise" erwähnten US-amerikanischen Schiffahrtslinien verkehren auch im Gebiet des Puget-Sound, der Olympic Peninsula und der San Juan Inseln. Den größten Teil der Verbindungen in diesem Bereich stellen her die

Washington State Ferries, Pier 52, 801 Alaskan Way, Seattle, W.A. 98104, Tel. 206-464-7867 oder 1-800-843-3779, Fax 206-464-7001.

Ferner **Victoria Clipper**, 2701 Alaskan Way, Pier 69, Seattle, W.A. 98117, Tel. 206-443-2560, Fax 206-443-2583.

Regionale Verkehrsmittel

Sowohl Seattle als auch Portland verfügen über ein für US-Maßstäbe hervorragendes öffentliches Transportsystem. Die meisten Buslinien verkehren an Werktagen, Wochenenden und Feiertagen, halten an allen wichtigen Hotels, Einkaufszentren, etc.. Beim Einsteigen in die Bus ist das Fahrgeld abgezählt bereitzuhalten; in besonders ausgezeichneten Innenstadt-Gebieten ist die Busbenutzung kostenlos.

Private Verkehrsmittel

Auto

Das Auto ist für Reisen durch die Weiten Amerikas das mit Abstand bequemste und daher meistbenutzte Verkehrsmittel. Busse und Züge gewähren sehr viel weniger Beweglichkeit; große Sehenswürdigkeiten wie Nationalparks sind über das öffentliche Verkehrsnetz nur schwer zu erreichen. Das Straßennetz ist hervorragend ausgebaut und die Straßen sind in gutem Zustand.

Mietwagen

Wer weder sein eigenes Auto aus Europa mit in die USA mitbringen noch dort eines kaufen will, kann sich in jeder Stadt problemlos einen Mietwagen nehmen. Die Preise dafür liegen niedriger als in Europa, weitere Vergünstigungen lassen sich gelegentlich dadurch erzielen, daß man den Ausleihvertrag bereits vor der Abreise, etwa beim Buchen des Fluges, abschließt. Das Reisebüro hilft hier weiter.

Autoverleihfirmen gibt es in großer Zahl. Wer sich erst in Amerika entschließt, einen Wagen zu mieten, kann das z.B. an einem der Schalter tun, die die meisten Anbieter u.a. in den Ankunftshallen der Flughäfen unterhalten. Wer beabsichtigt, weite Entfernungen zurückzulegen, sollte ein Angebot annehmen, das eine unbegrenzte Kilometerpauschale (*unlimited mileage*) beinhaltet; andernfalls muß zur Grundgebühr noch ein Kilometerpreis von 10 bis 25 Cent hinzugerechnet werden.

Es können sich auch mehrere Personen als Fahrer eintragen lassen. Ein Internationaler Führerschein ist nicht nötig, kann aber das Ausleihverfahren vereinfachen. Fast immer wird eine Kreditkarte als Sicherheit verlangt.

Versicherungen sind in den Automietpreisen gewöhnlich nicht enthalten. Sie abzuschließen ist ratsam, kostet aber Geld – pro Tag zwischen zehn bis zwanzig Dollar.

Ausreisen aus den USA (z.B. nach Kanada), bzw. aus Kanada in die USA, sind der Verleihfirma vorher bekanntzugeben.

Hier die Namen und Telefonnummern von einigen der wichtigsten Leihwagenfirmen:

A Rent A Car, Tel. 1-800-327-7302
Abbey Rent A Car, Tel. 1-800 - 631-8909
Alamo, Tel. 1-800-327-9633, Fax 305-527-6589
All State,Tel.1-800-634-6186, Fax 702-736-4555
Auto Europe, Tel. 1-800-223-5555, Fax 207-236-4724
Avis, Tel. 1-800-331-1212, Fax 516-222-4381
Budget, Tel.1-800-527-0700, Fax 708-955-7799
Dollar, Tel. 1-800-800-4000
Euro Rent A Car, Tel. 1-800-521-2235
Hertz, Tel. 1-800-654-3131, Fax 201-307-2644
National, Tel. 1-800-227-7368
Payless, Tel.1-800-729-5377, Fax 813-323-3529
Rocky Mountain,Tel. 1-800-525-2880, Fax 303-925-6196
Thrifty, Tel. 1-800 -367-2277

Automobilclubs

Es bringt einige Vorteile, der *American Automobile Association* beizutreten: Neben Pannenhilfe bietet dieser Automobilclub seinen Mitgliedern – wie auch der ADAC, ÖAMTC und TCS – verschiedene Dienstleistungen. Von der AAA („*Triple A*") können Reiseführer und Landkarten bezogen werden, über sie können Versicherungen abgeschlossen werden, usw.

American Automobile Association, 8111 Gatehouse Rd., Falls Church, Virginia 22 047, Tel. 800-336-4357

Wohnmobile

Eine immer beliebter werdende Art zu reisen ist diejenige, sich ein Wohnmobil zu mieten. Diese Fahrzeuge haben einige Nachteile: Sie anzumieten, ist nicht ganz billig, ihr Benzinverbrauch liegt weit über demjenigen von PKWs, sie sind etwas schwerfällig und manche Straßen dürfen mit ihnen gar nicht befahren werden. Andererseits verschaffen sie ihren Benutzern ein großes Maß an Unabhängigkeit; den höheren Ausgaben steht gegenüber, daß Hotelkosten eingespart werden.

Zwar gibt es in den gesamten USA, insbesondere in der Nähe der Hauptsehenswürdigkeiten, Trailerparks, aber die Stellplätze sind mindestens ebenso gefragt wie Hotelzimmer. Das heißt, daß man entweder vorher reservieren oder aber früh am Tage dort ankommen muß. Die sogenannten *RV-Parks* (Ein *RV* ist ein *Recreational Vehicle*, ein Fahrzeug für die Erholung) sind meist mit Wasser- und Stromanschlüssen ausgestattet, was dann durch den Hinweis *full hookups* bekanntgegeben wird.

AUSKÜNFTE ERTEILEN:

Camping World, Beach Bend Rd., P.O. Box C.W., Bowling Green, KY 42101, Tel. 800-626-6891

AAA, Dept. of Recreational Vehicles and Tent Sites, 8111 Gatehouse Rd., Falls Church, Virginia 22047, Tel. 800-336-4357

American Adventure Inc., 2121 S. Bundy Dr., Los Angeles C.A. 90064, Tel. 310-207-1990, Fax 310-207-0721

KOA, Kampgrounds of America Inc., 550 N 31st St. 4 th Fl., Tel. 406-248-7444, Fax 406-248-7414

Motorräder

Reisen mit dem Motorrad ist billiger als mit dem Auto und für Easy-Rider-Fans ein ganz besonderes Erlebnis. Motorradverleihs sind bei weitem nicht so häufig wie Autoverleihfirmen, aber in den größeren Städten – vor allem in Kalifornien – nimmt ihre Zahl beständig zu. Beim Planen einer Motorradtour durch den Nordwesten ist zu bedenken, daß Regen zu jeder Jahreszeit möglich sind.

In einige Bundesstaaten ist das Tragen von Helmen Pflicht, in anderen nicht oder aber nur der Sozius muß einen Sturzhelm tragen. Auskünfte erteilen die örtlichen Motorradclubs.

Straßen & Verkehr

Das Straßennetz in den USA ist gut ausgebaut und deutlich beschildert. Wichtig zu wissen ist, daß sich die Beschilderung insofern von der in Europa üblichen unterscheidet, als nicht in erster Linie Ortschaften, sondern Straßennummern und Himmelsrichtungen angegeben werden.

Verkehrsregeln

Wie in Europa gibt es auf Autobahnen keine Verkehrsampeln oder Kreuzungen; Anhalten, Wenden oder Zurückstoßen ist verboten. Das Schild „No U Turn“ bedeutet, daß an manchen Stellen zwar das Abbiegen nach links oder rechts, nicht aber in Gegenrichtung erlaubt ist. Die allgemeine Höchstgeschwindigkeit auf Autobahnen beträgt 65 mph (104 km/h).

Die Einhaltung der Höchstgeschwindigkeitwird streng überwacht. An haltenden Schulbussen darf, solange Kinder ein- und aussteigen, nicht vorbeigefahren werden, zudem herrschen in der Nähe von Schulen oder Spielplätzen besondere Geschwindigkeitsbeschränkungen. Für die Stoßzeiten *(Rush Hours)* in den Großstädten gibt es oft besondere Fahrbahnregelungen, die unbedingt beachtet werden müssen.

An den Ampeln darf man in der Regel auch bei rotem Licht nach rechts abbiegen, allerdings muß man den Wagen vorher kurz anhalten.

Zusätzlich zu Park-, bzw. Halteverbotsschildern verweist oft die Farbe des Bordsteins darauf, ob und wann geparkt werden darf. Roter Bordstein bedeutet absolutes Halteverbot; gelber Bordstein zeigt eingeschränktes Halteverbot an; weißer Bordstein bedeutet eingeschränktes Parkverbot, d. h. Halten ist nur zum Ein- und Aussteigenlassen erlaubt.

Verkehrszeichen

VERBOTE

Verbotsschilder (z. B. „No U-turn") sind weiß mit roter Umrandung, tragen in der Mitte ein Symbol, das mit einem roten Balken quer über das ganze Schild durchgestrichen sind.

FAHRBAHNLINIEN

Eine durchgezogene Linie in der Mitte der Fahrbahn deutet ein Überholverbot an, eine unterbrochene Linie hebt dieses Verbot wieder auf; man darf vorsichtig überholen.

STOPSCHILDER

... haben dieselbe Form und Farbe wie bei uns.

WARNSCHILDER

... sind rechteckig und gelb. Schwarze Symbole versinnbildlichen die Gefahrenquelle.

RICHTUNGSWEISENDE SCHILDER

... sind meistens grün mit weißem Rand und weißer Richtungsanzeige.

BAUSTELLEN

Schilder, die eine Baustelle an der Straße ankündigen, sind normalerweise orange. Achten Sie auch auf fluoreszierende Leuchtkegel, die Baustellen, liegengebliebene Fahrzeuge oder Unfälle markieren.

Mit dem Fahrrad

Das Radfahren ist in den letzten Jahren in den USA zum Volkssport geworden. Es gibt in allen größeren Orten Fahrradgeschäfte und -verleihe. Wer sich vornimmt, Teile Amerikas per Fahrrad kennenzulernen, sollte jedoch auf keinen Fall die weiten Strecken außer Betracht lassen, die hier zurückzulegen sind.

Seattle wird gelegentlich als diejenige Stadt in den USA, bezeichnet, in der man am besten radfahren kann. Von Mai bis September wird hier sogar jeden dritten Sonntag und jeden ersten Samstag im Monat ein 9 km langer Abschnitt des Lake Washington Boulevard für den Verkehr gesperrt, so daß Radfahrer und Spaziergänger ungestört sind. Ansonsten wird sich das Fahrad als Verkehrsmittel eher in der freien Landschaft, bzw. in den Nationalparks anbieten.

Auskünfte über Radsportmöglichkeiten erteilt u.a.

Bikecentennial Route. Adventure Cycling, P.O. Box 8308, 150 E. Pine St., Missoula, M.T. 59807, Tel. 406-721-1776

und, in Seattle, der **Cascade Bicycle Club**, Tel. 206-522-BIKE.

Folgende Firmen verleihen Räder und organisieren Fahrradtouren:

IN WASHINGTON:

Alki Bicycle Co., Tel. 206-938-3322

Bicycle Adventures, Tel. 206-786-0989, Fax 206/786-9661

Gregg's Greenlake Cycle Inc., Tel. 206-523-1822

Pedal'n' Paddle, Tel. 206-457-1240

Sammamish Valley Cycle, Tel. 206-881-8442

The Bicycle Center, Tel. 206/523-8300.

In Oregon:

Excursions Extraordinary, Tel. 503-484-0493, Fax 503/343-7507
Hostelling Intl. Oregon, Tel. 503-223-1873, Fax 503-223-1873
Oregon Guides & Packers, Tel. 503-683-9552, Fax 503-683-9552

Hitch-hiking

Das Per-Anhalter-Fahren ist aus der Mode gekommen. Die steigende Kriminalitätsrate hat Autofahrer ebenso vorsichtig werden lassen wie jene, die von ihnen mitgenommen werden möchten. Auf den Highways ist das Trampen auch deshalb schwierig, weil die Auffahrten zu Fuß schlecht zugänglich sind und das Anhalten für Autos oft kaum möglich ist. In manchen Gegenden ist das Hitch-Hiking sogar verboten, und die Polizei führt regelmäßig Kontrollen durch. Grundsätzlich verboten ist das Trampen auf Interstate Highways.

Falls Sie sich dennoch entscheiden, per Anhalter zu fahren, stellen Sie sich, falls dem kein Verbot entgegensteht, an Autobahnauffahrten oder Rastplätze. Eine Alternative zum Trampen sind Mitfahrgelegenheiten, die an den Schwarzen Brettern („Ride Boards") in Colleges und Universitäten vermittelt werden.

Wandern

Die USA sind ein ideales Land zu Wandern. Zwischen anstrengenden, wochenlang dauernden Touren, die man im unwegsamen Berggelände der Rokky Mountains hinter sich bringen kann, und dem gemütlichen Spaziergang auf dem Naturlehrpfad eines Nationalpark-Visitor Centers liegt ein ungeheuer breites Spektrum an Möglichkeiten.

Organisierte Wander- und Klettertouren bieten u.a. an:

In Washington:

Adventure Outdoors, Tel. 206-842-3189, Fax 206-842-3189
Cascade Mountain Backpackers, Tel. 509-427-8548
Outland Aventures, Tel. 206-932-7012, Fax 206/932-7102
Mount St. Helens Adventure Tours; Tel. 206-274-6542, Fax 206-274-6335

In Oregon:

Ancient Forest Adventures, Tel. 503-248-0492, Fax 503-248-9251
Audubon Society of Portland, Tel. 503-292-6855, Fax 503-292-1021
EcoTours of Oregon, Tel. 503-245-1428, Fax 503-245-1428
Northwest Alpine Safety Center, Tel. 503-293-7766, Fax 503-762-0349y

Reservate

Die Zahl der in Reservaten lebenden Indianer ist in den letzten Jahrzehnten stark angewachsen. Das liegt einerseits daran, daß die Ureinwohner eine überdurchschnittlich hohe Geburtenrate haben, andererseits daran, daß sich heute mehr *Native Americans* zu ihrer Volkszugehörigkeit bekennen als noch in der ersten Hälfte dieses Jahrhunderts. Die Indianer haben ein Selbstbewußtsein entwickelt, das es damals nicht gab.

In vielen Reservaten ist der Tourismus zu einer wichtigen Einnahmequelle geworden. Daneben engagieren sich die Nachkommen der Ureinwohner in wirtschaftlichen und industriellen Unternehmungen verschiedenster Art.

Wachsendes Selbstbewußtsein und gewisse kommerzielle Erfolge können jedoch nicht darüber hinwegtäuschen, daß in den meisten Indianerreservaten jene Probleme gehäuft auftreten, die ansonsten aus Ländern der sogenannten Dritten Welt bekannt sind. Die medizinische und schulische Versorgung ist schlecht, das Pro-Kopf-Einkommen niedrig, die Kriminalitätsrate hoch, Alkohol- und Drogenprobleme sind allgegenwärtig.

Von der US-Ökonomie abhängig und von US-Konzernen immer wieder übervorteilt, sind die Reservate die wirtschaftlich schwächsten Gebiete Nordamerikas. Ihr Reichtum an Bodenschätzen kommt den Bewohnern nur zu einem geringen Teil zugute. Umweltbelastende Anlagen sind nicht selten auf das Indianerland verlagert worden. Resignation und Identitätsverlust haben soziale Folgen, zum Beispiel das erwähnte Alkoholproblem. Das hat dazu geführt, daß in einigen Reservaten ein totales Alkoholverbot eingeführt wurde, dem selbstverständlich auch Touristen unterliegen. Darüberhinaus gelten bestimmte Verhaltensregeln, auf die in manchen Reservaten ausdrücklich hingewiesen wird, die aber durchaus allgemeine Gültigkeit haben sollten. Die wichtigsten davon lauten:

- Die Privatsphäre der Einwohner ist zu respektieren. Wohnhäuser dürfen nur auf ausdrückliche Einladung hin betreten werden.
- Das Fotografieren von Personen ist nur mit deren Einverständnis erlaubt; auch Behausungen, Tiere und sonstiges persönliches Eigentum dürfen nur mit Einwilligung des Besitzers fotografiert werden.
- Das Wandern und Klettern abseits der dafür vorgesehenen Gebiete ist verboten.
- Das Sammeln von Pflanzen, Steinen oder Artefakten ist nicht erlaubt; wildlebende Tiere dürfen nicht gefüttert oder sonstwie in ihrem natürlichen Verhalten gestört werden.

Für Auskünfte stehen zur Verfügung:
Quileute Tribal Enterprises; P.O. Box 218, La Push, W.A. 98350, Tel. 206-374-5409
Makah Tribal Council, P.O. Box 115, Neah Bay, W.A. 98357, Tel. 206-645-2201

Unterkunft

Die Preise für Hotels und Pensionen hängen von einer ganzen Reihe von Bedingungen ab. Im Großen und Ganzen sind Hotels in städtischen Ballungszentren teurer als in ländlichen Gebieten, die Unterschiede zwischen den verschiedenen Hotelkategorien sind erheblich – und nicht zuletzt entscheidet der Kurs des US-Dollars, wie preisgünstig ein Zimmer für den europäischen Reisenden ist. Achten Sie auf die vielen Sonderangebote (Wochenendtarife, Ermäßigungen für Familien, etc.), mit denen die einzelnen Hotels und Hotelketten werben.

Wenn Sie vorhaben, sich während der Hochsaison in einer größeren Stadt oder einem Erholungsgebiet aufzuhalten, sollten Sie unbedingt rechtzeitig im Voraus buchen. In der Regel halten Hotels vorbestellte Zimmer bis 18.00 Uhr frei. Falls Sie sich verspäten, ist es ratsam im Hotel anzurufen und dies mitzuteilen. Häufig wird bei telefonischer Reservierung eine Kreditkarte verlangt. Der Hotelier kann den fällig werdenden Betrag auch dann abbuchen lassen, wenn Sie das Zimmer nicht in Anspruch nehmen.

Zimmer in Häusern internationaler Hotel-, bzw. Motel-Ketten können in Deutschland bei folgenden Büros im Voraus gebucht werden:

Hilton International Co., Kaiserstr. 47, 60329 Frankfurt/M., Tel. 069/273 01 120; Reservierungen 0130/81 81 46, Fax 069/2 73 01 - 133.

Holiday Inn Worldwide, Adolfstr. 16, 66185 Wiesbaden, Tel. 0611/16 05 40 u. 16 05 41; Reservierungen 0130/ 81 51 31, Fax 0611/16 05 49.

Marriot Hotels, Resortes & Suites, Hamburger Allee 2 - 10, 60486 Frankfurt/M., Tel. 069/707 55 54; Reservierungen 0130/85 44 22, Fax 069/ 77 95 60.

Ramada Hotels, c/o Stinnes Touristic Representations GmbH, Graf-Folke-Bernadotte-Str. 23, 63263 Neu Isenburg, Tel. 06102/25002; Reservierungen 0130/86 55 86, Fax 06102/25 46 96.

Sheraton Hotels, Flughafen, Terminal 1, Hugo-Eckener-Ring 15, 60549 Frankfurt/M., Tel. 069/69 77 21 40; Reservierungen 0130/85 35 35, Fax 069/ 69 77 22 30.

BestWestern, Mergenthaler Allee 2-4, 65 760 Eschborn, Tel. 06196/4724-0; Reservierungen 01300/44 55, Fax 06196/47 24 12.

Howard Johnson's, c/o Stinnes Touristic Representations GmbH, Graf-Folke-Bernadotte-Str. 23, 63263 Neu Isenburg, Tel. 06102/25002; Reservierungen 0130/865586, Fax 06102/ 25 46 96.

Hotels/Motels

Hotels bzw. Motels der folgenden Ketten gibt es in jeder größeren Ortschaft. Übernachtet man z.B. in einem Best Western Hotel, so kann man von dort kostenfrei ein Hotel der selben Kette für die nächste Nacht buchen.

Hotels der gehobenen Klasse

Best Western, Tel. 800-528-1234, Fax 602-957-5695

Hilton Hotels, Tel. 800-445-8667, Fax 310-205-4599

Holiday Inns, Tel. 800-465-4329, Fax 404-604-2316

Howard Johnson's, Tel. 800-654-2000, Fax (201) 428-6057

Hyatt, Tel. 800-233-1234 Fax (402) 593-9838

Marriot Hotels, Tel. 800-228-9290, Fax (301) 380-8957

Ramada Hotels, Tel. 800-648-7666, Fax (310) 479-3086

Sheraton Hotels, Tel. 800-325-3535, Fax (617) 367-5676

Budget Hotels/Motels

Budget Host Inns, Tel. 800-283-4678

Days Inns of America, Tel. 800-325-2525, Fax (201) 428-6057

Friendship Inns International, Tel. 800-453-4511

Motel 6, Tel. 800-437-7486, Fax (214) 991-2979

Red Roof Inns, Tel. 800-843-7663, Fax (614) 771-7838

Suisse Chalet International, Tel. 800-258-1980, Fax (603) 654-2664

Super 8 Motels, Tel. 800-800-8000, Fax (605) 225-5060

Bed-and-Breakfast-Pensionen

Landgasthäuser und Pensionen erfreuen sich immer größerer Beliebtheit. Sie sind meist in angenehmer Umgebung gelegen und bieten dem Reisenden, dessen Geschmack die unpersönlichen Hotels und Motels nicht entsprechen, eine erfreuliche Alternative. Keines der Häuser gleicht dem anderen und in den meisten von ihnen sind nicht einmal zwei Zimmer völlig gleich eingerichtet. Viele der Pensionen sind Privathäuser mit persönlicher Atmosphäre, für deren Eigentümer der Gästebetrieb einen Nebenerwerb darstellt.

In vielen Pensionen teilt man sich das Badezimmer mit anderen Gästen die Ausstattung der Zimmer mit Fernsehgerät und Telefon ist nicht obligat. Bei den *Bed and Breakfast*-Pensionen ist, das Frühstück im Preis (zwischen $ 25 und $ 90 liegt) inbegriffen.

Bei Touristen-Büros und Handelskammern gibt esVerzeichnisse der Bed-and-Breakfast-Pensionen. Diese Gasthäuser sind besonders an Wochenenden und an Feiertagen gut besucht sind. Buchen Sie rechtzeitig im Voraus.

Von Deutschland aus kann man *Bed-and-Breakfast* im Voraus buchen bei: **AAR**, Anglo-American-Reisebüro, Vidumstr. 2, 49492 Westerkappeln, Tel. 05404/9608-0, Fax 05404/9608-11

Verzeichnisse von Bed & Breakfast Pensionen verschickt auch die **B & B Agency Travellers**, P.O. Box 492, Mercer Islands, W.A. 98040, Tel. 206-548-6224.

Im Folgenden eine Auswahl von Hotels verschiedener Kategorien, sowie Bed & Breakfast-Pensionen.

Unsere Zeichen bedeuten:

★	= unter 50,– $
★★	= 50,– bis 75,– $
★★★	= 75,– bis 100,– $
★★★★	= über 100,– $

WASHINGTON

(Vorwahl: 206) Seattle

Bellevue

Best Western Bellevue Inn, 11211 Main St., Tel. 455-5240, Fax 455-1604. ★★

Embassy Suites Hotel, 3225 158th Ave. SE., Tel. 644-2500, Fax 2091. ★★★

Red Lion Hotel Bellevue, 300 112th Ave. S.E., Tel. 455-1300, Fax 450-4119. ★★★

Bellingham

The Resort at Sudden Valley, 2145 Lake Whatcom Blvd., Tel. 734-6430, Fax 734-6430. ★★★

Motel 6, 3701 Byron Ave., Tel. 671-4494. ★

Pony Soldier Motor Inn, 215 Samish Way, Tel. 734-8830. ★

Everett

Cypress Inn - Everett, 12619 4th Ave. W, Tel. 347-9099 / 1-800-548-3621, Fax 348-3048. ★

Holiday Inn Hotel & Conference Center Everett, 101 128th St. S.E., Tel. 745-2555/1-800-221-9839, Fax 337-0707. ★★

Ramada InnEverett/Boeing, 9602 19th Ave. S.E., Tel. u. Fax: 337-9090. ★

Olympia-Halbinsel

Kalaloch Lodge, Hwy. 101, Forks, Tel. 962-2271. ★

Seattle

Alexis Hotel, 1007 1st Ave., Tel. 624-4844, Fax 621-9009. ★★★★

Best Western Airport Executel, 20717 Pacific Hwy S. Tel. 878-3300, Fax 824-9000. ★★

Four Seasons Olympic Hotel, 411 University St., Tel. 621-1700, Fax 623-2271. ★★★★

Georgetown Inn, 6100 Corson Ave. S., Tel. 762-2233, Fax 763-6708. ★★

Holiday Inn Seattle Sea-Tac, 17338 International Boulevard, Tel. 248-1000, Fax 242-7089. ★★

Inn at the Market, 86 Pine Str., Tel. 443-3600, Fax 448-3601. ★★★★

Mayflower Park Hotel, 405 Olive Way, Tel. 623-8700/1-800-426-5100, Fax 382-6997. ★★★★

Pacific Plaza Hotel, 400 Spring St. Tel. 623-3900; 1-800-426-1165, Fax 623-2059. ★★

The Roosevelt Hotel, 1531 7th Ave., Tel. 621-1200/1-800-426-0670, Fax 233-0335. ★★★

Seattle Airport Hilton, 17620 Pacific Hwy.S., Tel. 244-4800/1-800-HILTONS, Fax 248-4495. ★★★

Seattle Inn, 225 Aurora Ave. N., Tel. 728-7666/1-800-255-7932, Fax 728-7666. ★★

Seattle Sheraton Hotel and Towers, 6th Ave. und Pike St., Tel. 621-9000. ★★★★

Thriftlodge, 17108 Pacific Hwy S., Tel. 244-1230, Fax 241-0893. ★

University Inn, 4140 Roosevelt Way N.E., Tel. 632-5055/1-800-733-3855, Fax 547-4937. ★★

The Warwick Hotel, 401 Lenora St., Tel. 443-4300/1-800-426-9280, Fax 448-1662. ★★★

The Westin Hotel, 1900 5th Ave., Tel. 728-1000, Fax 728-2259. ★★★★

SPOKANE

Bed & Breakfast Informationen für Spokane, Tel. 624-1393.

Holiday Inn Downtown, 110 E. 4th Ave., Tel. 838-6101. ★★

Red Lion Inn, 1100 Sullivan Rd. N., Tel. 924-9000. ★★★

Sheraton-Spokane Hotel,N. 322 N. Spokane Falls Court, Tel. 455-9600. ★★

In Oregon (Vorwahl 503)

ASHLAND

Ashland Motel, 1145 Siskiyou Blvd., Tel. 482-2561. ★

Country Willows Bed & Breakfast Inn, 1313 Clay St., Tel. 448-1590; 1-800. WILLOWS ★★★★

BEND

Econo Lodge, 154 NE Franklin Ave. Tel. 382-1821. ★

Holiday Motel, 880 S.E. 3rd. St., Tel. 382-4620; 1-800-252-0121. ★

Rock Springs Guest Ranch, 64201 Tyler Rd., Tel. 382-1957/1-800-225-DUDE. ★★★★

The Pines Lodge, 61405 S. Hwy 97, Tel. 389-5910/1-800-500-5910. ★★

CRATER LAKE

Mazama Village Motor Inn, Mazama Village, Tel. 594-2511. ★★

EUGENE

Best Western GreenTree Inn, 1759 Franklin Blvd., Tel. 485-2727/1-800-528-1234. ★★

Campus Inn, 390 E. Broadway, Tel. 343-3376/1-800-888-6313. ★

Eugene Hilton Hotel, 66 E. 6th Ave., Tel. 342-2000/1-800-937-6660. ★★★

Phoenix Inn, 850 Franklin Blvd., Tel. 344-0001/1-800-344-0131. ★★

The Timbers Motel, 1015 Pearl St., Tel. 343-3345/1-800-643-4167. ★

HOOD RIVER

Brown's Bed & Breakfast, 3000 Red Rd., Tel. 386-1545. ★★

Columbia Gorge Hotel, 4000 W. Cliff Dr., Hood River, Tel. 386-5566/1-800-345-1931. ★★★★

LINCOLN CITY

Anchor Motel & Lodge, 4417 S.W. Hwy. 101, Tel. 996-3810/1-800-582-8611. ★★

PORTLAND

Aladdin Motor Inn, 8905 S.W. 30nd. Ave., Tel. 246-8241/1-800-292-4466. ★★

Ben Stark Hotel & Int'l Hostel, 1022 S.W. Stark St., Tel. 274-1223. ★★

Best Value Inns, 3310 S.E. 82nd Ave., Tel. 777-4786/1-800-358-5066. ★

Cabana Motel, 1707 N.E. 82nd. Ave. Tel. 252-0224. ★

Comfort Suites Portland Airport, 12010 N.E. Airport Way, Tel. 261-9000/ 1-800-228-5159. ★★

Cortyard Marriott/Portland Airport, 11550 N.E. Airport Way, Tel. 252-3200/1-800-321-2211. ★★

Downtown Value Inn, 415 S.W. Montgomery St., Tel. 226-4751. ★★

Portland Airport Days Inn, 3828 N.E. 82nd Ave., Tel. 256-2550/1-800-325-2525. ★★

Portland International A.Y.H. Hostel, 3031 S.E. Hawthorne Blvd. Tel. 236-3380. ★

Portland Marriott Hotel, 1401 S.W. Front Ave., Tel. 226-7600/1-800-228-9290. ★★★★

Red Lion Hotel Downtown, 310 S.W. Lincoln St., Tel. 221-0450/1-800-547-8010. ★★★

Sheraton Portland Airport Hotel, 8235 N.E. Airport Way, Tel. 281-2500/ 1-800-325-3535. ★★★★

The Heathman Hotel, 1101 S.W. Broadway, Tel. 241-4100/1-800-551-0011. ★★★★

An der Küste

GOLD BEACH

Azalea Lodge, 775 S. Hwy 101, Tel. 247-6635/1-800-381-6635. ★★

Best Western Inn of the Beachcomber, 1250 S. Hwy. 101, Tel. 247-6691. ★★★

Ireland's Rustic Lodges, 1120 S. Ellensburgh Ave., Tel. 247-7781. ★★

The Inn at Gold Beach, 2435 S. Hwy. 101, Tel. 247-6606/1-800-503-0833. ★★

NEWPORT

Hotel Newport, 3019 N. Hwy., Tel. 265-9411/1-800-547-3310. ★★★★

Inn at Otter Crest, 301 Otter Crest Dr. Otter Rock, Tel. 765-2111/1-800-452-2101. ★★★★

Oar House Bed & Breakfast, 520 S.W. 2nd St., Tel. 265-9571. ★★★★

Surf'n Sand Motel, 8143 N. Hwy. 101, Tel. 265-2215. ★★

CANNON BEACH

Blue Gull Inn Motel, 487 S. Hemlock St., Tel. 436-2714/1-800-507-2741. ★★★

Hallmark Resort Cannon Beach, 1400 S. Hemlock St., Tel. 436-1566/1-8800-345-5676. ★★★★

Tern Inn Bed $ Breakfast, 3663 S. Hemlock St., Tel. 436-1528/1-800-600-1528. ★★★

Wheeler Fishing Lodge, 580 Marine - Wheller, Tel. 368-5858. ★★★

GLENEDEN BEACH

Salishan Lodge, Hwy 101, Tel. 764-2371/1-800-452-2300. ★★★★

Jugendherbergen

In den USA gibt es etwa 130 Jugendherbergen. Informationen über sie erteilt der Deutsche Jugendherbergsverband oder die **American Youth Hostels, Inc.**, 733 15th St. N.W. Suite 840, Washington, D.C. 20005, Tel. 202-783-6161.

Camping

Die Campingplätze im Nordwesten sind von ganz unterschiedlicher Qualität. Abgelegene Plätze verzichten oft auf jeden Komfort, solche in Feriengebieten dinh gelegentlich perfekt ausgebaut, verfügen über Wasser- und Elektrizitäts-Anschluß, Restaurants und Spielplätze und bieten Unterhaltungsprogramme für Kinder und Erwachsene an. In den meisten Nationalparks und Waldgebieten, sowie an Stränden gibt es Campingmöglichkeiten. Auch diese Anlagen sind mit Parkplätzen, Aufenthaltsräumen und Picknick-Areas ausgestattet. Die meisten Campingplätze sind von Juni bis September stark besucht. Hier empfiehlt es sich, vorzubestellen. Reservierungen nehmen entgegen:

U.S. Forest Service, (Campground Reservations), Tel. 1-800-280-2267

National Park Service, Tel. 202-343-4747.

Der *National Park Camping Guide* kann angefordert werden beim

Superintendent of Documents, U.S. Government Printing Office, Washington D.C. 20402,

die Publikation *National Parks Visitor Facilities and Services* verschickt die

National Park Hospitality Association 1331 Pennsylvania Av. N.W., Suite 724, Washington D.C. 20004-1703, Tel. 202-662-7097 oder

Garner B. Hanson, Conference of National Park Concessioners, Mammoth Cave, K.Y. 42259

Die größte private Vereinigung von Campingplatzbesitzern ist die KOA (*Kamping of America*) mit etwa 600 Plätzen. Für eine geringe Gebühr kann eine Liste ihrer Einrichtungen angefordert werden: **KOA** Kampgrounds of America Inc., 550 N 31st St. 4 th Fl., Tel. 406-248-7444, Fax 406-248-7414.

Essen & Trinken

Die Küche

Amerika hat, was die Küche betrifft, keinen sehr guten Ruf. Indes ist gerade in Städten die Zahl der Restaurants unbegrenzt. Überall findet man italienische, chinesische, indische, mexikanische und andere ethnische Restaurants, die jenen, die sich nicht mit Hamburgern, Fried Chicken und French Fries zufrieden geben, preiswerte und schmackhafte Gerichte bieten.

Eine eigenständige Küche hat der Nordwesten nicht. Gelegentlich sind skandinavische Einflüsse zu erkennen. Zugute hält man sich einiges auf die reichhaltigen „Holzfäller"-Frühstücke. Sie bestehen aus Eiern, Speck oder Pfannkuchen und ähnlich kalorienreichen Zutaten und halten bei normalen Essern meist bis in den Nachmittag.

Die amerikanischen Supermärkte sind riesig und bieten oft auch warme Imbisse zum Mitnehmen.

Neben den Fast-Food-Ketten gibt es natürlich auch wirklich gute amerikanische Restaurants. Will man eines von ihnen besuchen, so ist es ratsam, vorher in Erfahrung zu bringen, ob eine Reservierung nötig ist. Häufig ist dies der Fall. Mitunter bekommt man jedoch die Auskunft, daß die Abfertigung nach dem *first come – first serve*-Prinzip erfolge, d. h., daß zuerst bedient wird, wer zuerst kommt. Das kann mit Wartezeiten verbunden sein. Ob aber *first come – first serve* oder Reservierung – immer wird man am Eingang zum Speisesaal eine Tafel sehen, auf der es heißt: *Wait to be seated*. Vor dieser Tafel wartet man, bis einem ein Tisch zugewiesen wird. Das erfordert gelegentlich etwas Geduld, insbesondere dann, wenn man auf eine Reihe leerer Tische blickt.

Restaurants

WASHINGTON

(Vorwahl: 206) Seattle

Belltown Pub, Inc. 2322 1st Ave., Tel. 728-4311. Lokale Biere und Weine.

Big Duke's on Lake Union, 1111 Fairview Ave. N., Tel. 292-9402. Musik, Countrydancing.

The Brooklyn Seefood, Steak & Oyster House, 1212 2nd. Ave., Tel. 224-7000.

Cutters, 2001 Western Ave., Tel. 448-4884. Nichtraucherrestaurant.

The Fishermans Restaurant & Bar, 1301 Alaskan Way Bay Pavilion, Tel. 623-3500. Fischrestaurant.

Hiram's At-the-Locks, 5300 34th N.W., Tel.784-1733. Buffet-Brunch.

Il Bistro, 93 A Pike St., Tel. 682-3049. Italienische Küche.

Ivar's Salmaon House, 401 N.E., Northlake Way, Tel. 587-6500. Räucherlachs.

Kamon on Lake Union, 1177 Fairview Ave. N, Tel. 622-4665. Asiatische Küche des Pazifischen Nordwestens.

Kaspar's, 19 W Harrison, Tel. 441-4805. Hervorragende Küche, gute Aussicht.

Leschi Lakecafe, 102 Lakeside Ave., Tel. 328-2233. Am Lake Washington mit Aussicht auf den Mt. Rainier.

Maximilien in the Market, 93 Pike St. Suite 316, Tel. 623-4167. Fanzösische Küche, großartige Aussicht.

New Mikado Restaurant, 514 S. Jackson St., 622-5206. Sushi Bar.

Ponti Sea Food Grill, 3014 3rd. Ave N., Tel. 284-3000. Fischrestaurant am Lake Washington.

Ray's Boathouse, 6049 Seaview Ave. N.W., Tel. 789-6309. Fischrestaurant.

Salty's on Alki, 1936 Harbour Ave. S.W., Tel. 937-1085. Am Meer mit guter Aussicht auf Seattle.

Schwartz Brothers Restaurant & Delikatessen, 1333 5th Ave., Tel. 622-1188.

Trattoria Mitchelli, 84 Yesler Way, Tel. 623-3883. Am Pioneer Square.

T.S. McHugh's Public House, 21 Mercer St., Tel. 282-1910. Irisches Pub.

BELLEVUE

The New Jake O'Shaughnessey's, 401 Bellevue Square, Tel. 455-5559. Fisch.

Uwajimaya, 15555 NE 24th St., 747-9012. Fisch und Meeresfrüchte.

Marco Polo Restaurant & Catering, 2115 Bel-Red Rd., 641-1174.

ISSAQUAH

The Roost, 120 N.W. Gilman Blvd., Issaquah, Tel. 392-5550. Mit guter Auswahl an Faßbieren.

TACOMA

Copperfields Restaurant & Lounge, 8726 S Hosmer St., 531-1500.

Harbour Lights, 2761 Ruston Way, Tel. 752-8600. Seafood etc. am Hafen.

OREGON

(Vorwahl: 503) Portland

Alexis Restaurant, 215 W. Burnside St., Tel. 224-8577. Griechisch.

Bread and Ink, 3610 S.E. Hawthorne Blvd., Tel. 239-4756. Nordwest-Küche mit mediteranen u. jüdischen Einflüssen.

Couch Street Fish House, 105 N.W. 3rd Ave, Tel. 223-6173. Fischrestaurant.

Dan and Louis' Oyster Bar, 208 S.W. Ankeny St., Tel. 227-5906. Alteingesessenes Fischrestaurant.
Digger O'Dells, 532 S.E. Grant Ave., Tel. 238-6996. Fisch im Cajun/Creole-Stil.
Dublin Pub & Restaurant, 13765 S.W. Cameo Ct., Tel. 636-6117. Irisch-amerikanisch.
Humphrey Yogart Café, 737 S.W. Salmon, Tel. 228-7413. Niedrige Preise.
Jake's Famous Crawfish Restaurant, 401 S.W. 12th Ave., Tel. 226-1419.
John's Fisch & Meat Market, 115 N.W. 22nd, Tel. 223-2119. Nordwest-Küsten-Küche
Macheesmo Mouse, 1020 S.W. Tailor, Suite 585, Tel. 274-0001. Mexikanisch.
Melting Pot, 4439 S.W. Beaverton Hillsdale Hwy., Tel. 452-1096. Fondue.
Old Wive's Tales, 1300 E Burnside, Tel. 238-0470. Vegetarisch.
Rhinelander German Restaurant, 5035 NE Sandy Blvd., Tel. 288-5503. Rheinländisch/Bayrisch/Amerikanisch.
Rose's Restaurant, 315 N.W. 23rd Ave., Tel. 224-6077. Koshere Küche.

BORING

Ashley's Swiss Village, 31265 Hwy. 26, Tel. 663-7878. Amerikanische Küche.

BEAVERTON

Be Bop USA, 11753 S.W. Beaverton Hillsdale Hwy., Tel. 644-4433. Amerikanische Küche.
McCormick's Fishhouse and Bar, 9945 S.W. 11753 SW Beaverton Hillsdale Hwy., Tel. 643-1322. Fischrestaurant.
The Olive Garden Italian Restaurant, 11650 S.W. Canyon Rd., Tel. 644-0607.

LINCOLN CITY

Chateau Benoit Wine & Food Center, 1524 E. Devil's Lake Rd., Tel. 996-3981. Delikatessen, Weinprobe.

TROUTDALE

Multnomah Falls Lodge, P.O. Box 307, Tel. 695-2376. Nordwestpazifische Küche.

Weinkellereien und Brauereien

WASHINGTON

Chateau St. Michelle, One Stimson Lane, Woodinville, Tel. 488-1133, Fax 488-4657. Geführte Touren nach Anmeldung.
Columbia Winery, 14030 NE 145th St., Woodinville, Tel. 488-2776, Fax 488-3460. Weinproben in einem viktorianischen Gebäude.
Hart Brewery, 91 S. Royal Brougham Way, Seattle, Tel. 682-8322, Fax 682-8420.
Rainier Brewing Company, 3100 Airport Way S. Seattle, Tel. 622-2600, Fax 386-8591. Älteste Brauerei in Washington.
Redhook Ale Brewery, 3400 Phinney Ave. N., Seattle, Tel. 545-8000, Fax 548-1305. Führungen mit Proben; Restaurant.
Snoqualmy Winery, 1000 Winery Rd., Snoqualmie, Tel. 888-4000, Fax 888-9847.

OREGON

Oregon Winegrowers Association, 1200 N.W. Front St., Portland, Tel. 228-8336. Zusammenschluß der Weinbauern, der eine Broschüre über die Weingüter Oregons verschickt.
Blitz-Weinhard Brewing Co., 1133 W Burnside, Portland, Tel. 222-4351, Fax 299-4689. Stellt das berühmte Henry-Weinhard-Bier her; Führungen.
Adams Vineyard Winery, 1922 N.W. Pettygrove St., Portland, Tel. 294-0606.
Adelsheim Vineyard, 22150 N.E. Quarter Mile Line, Newberg, Tel. 538-3652
Chateau Benoit Winery, N.E. Mineral Springs Rd. Carlton, Tel. 864-2991.
Shallon Winery, 1598 Duane St., Astoria, Tel. 325-5978.
Witness Tree Vineyard, 7111 Spring Valley Rd. N.W. Salem

Unternehmungen

Nationalparks

Ein wesentlicher Teil jeder Reise in den Pazifischen Nordwesten ist das Erleben der gigantischen Landschaften, der Küsten, Prärien, Wälder, Gebirge und Seen. Viele der schönsten Gebiete sind als Parks ausgewiesen und stehen unter Naturschutz.

Das Nationalparksystem umfaßt nicht nur die *National Parks*, sondern auch *National Monuments* (im Nordwesten: **Oregon Caves** und **Mount St. Helens)**, *National Historical Parks, National Historic Sites, National Battlefields, State Parks, State Historical Parks* etc. Es sind insgesamt über 350 Gebiete, bzw. Objekte, die zum *National Park System* gehören – darunter übrigens auch das Weiße Haus und die Freiheitsstatue. Die *parklands* werden vom *National ParkService* verwaltet und diese unterstehen dem Innenministerium.

Derzeit gibt es fünfzig Nationalparks; sie alle mußten vom Kongreß per Gesetz zu solchen ernannt werden. Jedem Park steht ein Superintendent vor, ihm unterstehen die Park Rangers, die die Besucher betreuen und die Parks kontrollieren.

In den meisten Parks werden Eintrittspreise erhoben, derzeit 5.– $ pro Privatfahrzeug. Mit der einmaligen Gebühr von 25.–$ kann man den *Golden Eagle Pass* erwerben, mit dem man ein Jahr lang ohne weitere Gebühren Zugang zu sämtlichen Nationalparks (nicht *State Parks* !) der USA hat. In den Eintrittspreisen beinhaltet sind der Zutritt zum Visitor Center und Karten sowie Zeitungen, die von der Parkverwaltung herausgegeben und meist am Parkeingang verteilt werden. Sie enthalten wichtige Informationen und Hinweise für die Parkbesucher.

In vielen Parks gibt es Lodges, Trailerparks und Campingplätze, in manchen nur das eine oder das andere davon; manche sind ganzjährig geöffnet, andere im Winter geschlossen. Viele der Parks bieten Vorträge von Rangern und weitere Informationsprogramme an, ferner ein breites Spektrum an Freizeitmöglichkeiten.

Genaue Auskunft über die Aktivitäten und Einrichtungen in den einzelnen Parks gibt die unter „Campingplätze“ erwähnte Veröffentlichung *National Parks Visitor Facilities & Service.*

Weitere Informationen über die Veröffentlichungen des *National Park Service* können bezogen werden vom **NPS Office of Information,** P.O. Box 37 127, Washington D.C. 20013-7127, Tel. 202-208-4747.

Das Regionalbüro der Nationalparkverwaltung für den Nordwesten ist unter folgender Adressen erreichbar:

Pacific Northwest Region NPS, 83 S King St, Suite 212, Seattle, WA, 98104

National Forests

Die *National Forests* werden vom *U.S. Forest Service* verwaltet, der dem Landwirtschaftsministerium untersteht. Es sind Mehrzweckgebiete, die wirtschaftlich genutzt werden. Es wird Holz geschlagen, Bergbau getrieben und Vieh gezüchtet, es werden Campingplätze, Skilifte und andere touristische Einrichtungen unterhalten. Der Zutritt ist kostenlos. Auskunft erteilt:
National Forest Outdoor Recreation Information, Washington: Tel. 206-442-0170; Oregon: Tel. 503-594-2211

State Parks

Die *State Parks* werden, wie schon ihr Name sagt, nicht vom Bund, sondern von den einzelnen Staaten eingerichtet und unterhalten. In ihnen gelten im wesentlichen die selben Regeln wie in den Nationalparks, im Großen und Ganzen aber werden sie stärker genutzt als diese.
Auskünfte bei: **Washington State Parks & Recreation Commission**, Tel. 206-753-2027
Oregon State Parks Recreational Service, Tel. 503-238-7491 und 1-800-452-5687, Fax 503-239-8652

Nationalparkidee und -regeln

Sinn und Zweck der Nationalparks ist es zum einen, die Natur – also Lebensräume von Tieren und Pflanzen, Gewässersysteme, Gletscher, geologische Formationen, etc. – in ihrer Ursprünglichkeit zu bewahren. Zum anderen sollen die Parks als Erholungsgebiete dienen, in denen die Besucher all diese natürlichen Phänomene und Zusammenhänge kennen- und verstehenlernen können.

Als 1872 neuntausend Quadratkilometer Land unter Naturschutz gestellt wurden und so der Yellowstone-Park entstand, war die Nationalparkidee vollkommen neu – und durchaus nicht unumstritten. Heute ist sie anerkannt – und stark verwässert. Daß die Parks sowohl Naturschutz- wie auch als Erholungsgebiete dienen, stellt einen kaum zu überbrückenden Konflikt dar.

Die fünfzig Nationalparks werden jährlich von rund sechzig Millionen Menschen besucht. Das heißt, daß die Parks touristisch intensiv genutzt sind. Sie werden von Autobussen und PKWs befahren, es gibt Fahrrad- und Reitwege; manche kann man vom Jeep, vom Hubschrauber oder sogar vom Snowmobil aus kennenlernen; in vielen bieten Lodges und Campingplätze Übernachtungsmöglichkeiten; Restaurants und Snackbars halten alles bereit, was die amerikanische Küche hervorgebracht hat.

„Wir lieben unsere Parks zu Tode“, hört man gelegentlich einen Ranger stöhnen. Immer wieder werden Pläne diskutiert, die Besucherzahlen zu beschränken, aber bislang haben sie wenig Chancen, in die Tat umgesetzt zu werden. Sie sind nicht mit dem Verständnis vom „freien Land Amerika“ in Einklang zu bringen, dessen Bürger auch in seiner Bewegungsfreiheit keinen Einschränkungen unterliegen will.

Aber die Übernutzung ist nicht das einzige Problem: Industrieanlagen sind so nahe an die Parks herangerückt, daß sie deren Wasserhaushalt beeinflussen und die Luftqualität beeinträchtigen. Wälder, die zwar außerhalb der Parkgrenzen lagen, aber zum Lebensraum der Tiere innerhalb gehörten, wurden gerodet. Die Finanzmittel, die dem *National Park Service* zum Unterhalt des Wegesystems, zur Besoldung der Rangers usw. zur Verfügung stehen, sind weniger üppig als früher.

Mit anderen Worten: Den Parks drohen vielerlei Gefahren, der einstige Naturschutzgedanke scheint gegenüber kommerziellen Interessen ins Hintertreffen zu geraten.

All dies aber sollte für niemanden eine Entschuldigung dafür sein, gegen die Regeln zu verstoßen, die in den Nationalparks gelten. Wer die angelegten Wege verläßt, zertritt Pflanzen, die geschützt werden sollen. Wer wildlebende Tiere füttert, trägt dazu bei, daß sie ihre natürlichen Verhaltensweisen – z.B. das Anlegen von Futtervorräten für den Winter – aufgeben. Wer glaubt, seine Spuren in Form von Müll hinterlassen oder seinen Namen auf Canyonwänden verewigen zu müssen, übertritt gesetzliche Vorschriften und läßt jeden Respekt vor der Natur vermissen!

DIE NATIONALPARKS IM NORDWESTEN

Der Pazifische Nordwesten hat vier Nationalparks. Hier die Anschriften der Parkverwaltungen:

Crater Lake National Park, P.O. Box 7, Crater Lake, OR 97604, Tel. 503-594-2111
Mt. Rainier National Park, Tahoma Woods, Star Route Ashford, WA 98304, Tel. 206-569-2211
North Cascades National Park, 800 State Street, Sedro Woolev, W.A. 98284 Tel. 206-855-1331
Olympic National Park, 600 East Park Ave., Port Angeles, W.A. 98362, Tel. 206-452-4501 und 206-452-0330.

Kulturelles

Museen und Galerien

WASHINGTON (VORWAHL: 206) SEATTLE

Arboretum, großer Park mit umfangreicher Sammlung verschiedener Pflanzenarten und japanischem Garden mit traditionellem Teehaus (geöffnet von März bis November), Tel. 543-8800.
Burke Museum, University of Washington, Ausstellungen über Geologie, Naturgeschichte, Archäologie und Anthropologie der Region. Geöffnet: Tägl. von 10 bis 17 Uhr, Do. bis 20 Uhr. Eintr. frei, Tel. 543-5590.
Center for Wooden Boats, 1010 Valley Street. Schiffahrtsmuseum mit einer Flotte von 75 klassischen Holzbooten, dem Dampfer Walowa aus den Tugboat-Annie-Filmen, etc. Tel. 382-2628.
Chittenden Locks, (Chittenden-Schleusen) 1239 Mount St. Helens Way NE, Castle Rock. Unterwasser-Raum zur Beobachtung von Lachsen. 7 bis 21 Uhr. Eintr. frei, Tel. 783-7001.
Coast Guard Museum Northwest, Pier 36, am Alaskan Way S., Nautik, Schiffsmodelle, etc. Geöffnet: Mo., Mi. u. Fr. 10-16 Uhr, Sa. u. So. 15-17 Uhr, Tel. 286-9608.
Davidson Galleries, 313 Occidental Ave. S., Tel. 624-7684.
Fisherman's Terminal, Salmon Bay. Geschäftige Hafenzone mit Hunderten von Fischerbooten u. Fischrestaurants. 1735 West Thurman Street.
Flugmuseum (Museum of Flight), 9404 E. Marginal Way S., Ausstellung zur Geschichte der Fliegerei im ersten Boeing-Gebäude. Geöffnet tägl. von 10-17 Uhr, Do. und Fr. bis 21 Uhr. Tel. 764-5720.
Foster/White Gallery, 311 1/2 Occidental Ave. S., Tel. 622-2833.
Francine Seders Gallery, 6701 Greenwood Ave. N., Tel. 782-0355.
Frye Art Museum, 704Terry Ave., (Ecke Cherry Street), Bilder aus dem 19. und

frühen 20. Jh., Geöffnet: Mo.-Fr. 10-17 Uhr, So. 12-17 Uhr. Tel. 622-9250

Henry Art Gallery, University of Washington, Historische und zeitgenössische Werke amerikanischer Künstler. Lesungen, Veranstaltungen, etc. Geöffnet: Di.- So. 10-17 Uhr, Do. bis 19 Uhr. Mo. geschlossen. Tel. 543-2281.

Klondike Gold Rush National Historical Park, 117 S Main Street (Pioneer Square). U.a. Vorführungen von Goldwäscherei. Tägl. 9-17 Uhr. Eintritt frei. Tel. 442-7220.

Linda Farris Gallery, 320 2nd Ave. S., Tel. 623-1110.

Mia Gallery, 314 Occidental Ave. S., Tel. 467-8283.

International District, asiatisches Viertel in Seattles Innenstadt. Führungen nach Anmeldung: Tel. 236-0657.

Museum der Geschichte und Industrie (Museum of History and Industry), 2700 24th Ave. E., Ausstellung über die Geschichte Seattles und des Pazifischen Nordwestens. Tägl. von 10 bis 17 Uhr geöffnet. Tel. 324-1126.

Nordic Heritage Museum, 3014 NW 67th Street. Ausstellungen zur Geschichte der skandinavischen Besiedelung des Nordwestens, mit Textilien, Handwerk, Trachten, Möbeln. Geöffnet: Di.- Sa. 10-16 Uhr. Tel. 789-5707.

Omnidome Film Experience, Ausbruch des Mt. St. Helens in beeindruckender Filmtechnik, Pier 59, Tel. 622-1869

Pacific Science Center, Seattle Center, 200 2nd Ave. N., Naturwissenschaftliches Museum mit imax-Theater, Planetarium, etc. Mo. – Fr. 10 bis 18 Uhr, Do. bis 19 Uhr. Tel. 443-3625.

Seattle Aquarium, 1483 Alaskan Way. Seesäuger, Küstentiere und Fische; Botanischer Garten. 10 bis 19 Uhr, Tel. 386-4320.

Seattle Art Museum, 100 University St., Asiatischer Kunst, Tel. 625-8900.

Seattle Center, Gelände der Weltausstellung 1962 mit Opernhaus, Symphonie, Ballett, Bagley Wright Theater, Seattle Repertoire-Theatre und Intiman Theatre. Ferner Amusement-Park; Children's Museum; Pacific Science Center; Geschäften und Restaurants; Verkaufsausstellungen und Konzerte, Kunsthandwerkzentrum u.a.

Seattle Glass Blowing Studio, 2227 5th Ave., Tel. 448-2181

Silver Image Gallery, 318 Occidental Ave. S., Tel. 623-8116.

Space Needle. 203 6th Ave. N. Das Wahrzeichen Seattles mit Ausichtsplattform und Drehrestaurant in 157 m Höhe. Mo. bis Do. 9 - 24 Uhr. Fahrstuhlgebühr, Gäste des Restaurants frei. Tel. 443-9800.

United Indians of All Tribes Foundation, Discovery Park, Kunst der Indianer des Pazifischen Nordwestens. Mi. bis Sa. Tel. 285-4425.

Wing Luke Asian Museum, 407 7th Ave. S. Ausstellung über Geschichte, Kunsthandwerk etc. der asiatischen Einwanderer. Geöffnet: Di. – Fr. 11-16.30 Uhr, Sa. u. So. 12-16 Uhr, jeden 1. Do. im Monat von 11-20 Uhr. Feiert. geschl. Tel. 623-5124.

Woodland Park Zoo, 5500 Phinney Ave N., mit Savannenlandschaft, Nachthaus, Sumpf- und Marschland. Das ganze Jahr geöffnet von 11.30 Uhr bis Sonnenuntergang. Tel. 684-4800.

Ausserhalb Seattles

Bellevue Art Museum, 301 Bellevue Square, Bellevue, Tel. 454-3322.

Boeing Company, Everett Plant, Hwy. 526, Everett, Führungen, Videopräsentation. Anmeldung Tel. 342-4804

Mount St. Helens Cine Dome Theatre, 1239 Mt. St. Helens Way N.E. Castle Rock, Film über den Ausbruch des Mt. St. Helens. Tel. 274-9844.

Northwest Trek Wildlife Park, 11610 Trek Drive E., Eatonville. Freilandzoo, Geöffnet von Februar bis Oktober tägl. von 9.30 Uhr - 18 Uhr. Tel. 832-6117.

Pudget Sound Railway Historical Assn., 109 King St., Snoqualmie, Tel.888-0373.

Oregon (Vorwahl: 503) Portland

American Advertising Museum, Geschichte der Produktwerbung, 9 N.W. 2nd Ave., Tel. 226-0000.

Contemporary Crafts, 3934 S.W. Corbett St., Tel. 223-2654.

Gango Gallery, 201 SW 1st, Tel. 222-3850.

International Rose Test Garden, mit über 10 000 Rosenstöcken (Blütezeit Juni bis Sept.); 400 SW Kingston Blvd., Tel. 823-3636.

Japanese Garden, 611 SW. Kingston Blvd., Tel. 223-9233

Hoffman Gallery, 8425 S.W. Barnes Rd., Tel. 297-5544.

Metro Washington Park Zoo, 4001 SW Canyon Rd., Tel. 226-1561

O'Connell Gallery, 25 S.W. Salmon, Tel. 220-0330.

Oregon Art Institute, 1219 S.W. Park Ave., Museum, College und Film-Center. Tel. 226-281.

Oregon Historical Center, 1230 S.W. Park Ave., Sammlung von Kunst- und Handwerksgegenständen der Pioniere des Westens und der Indianer. Geöffnet Mo. bis Sa. von 10 bis 16.45 Uhr. Eintr. frei. Tel. 222-1741.

Oregon Maritime Center & Museum, Geschichte der Seefahrt im Pazifischen Nordwesten. 113 S.W. Front Ave., Tel. 224-7724.

Oregon Museum of Science and Industry; 4015 S.W. Canyon Rd., Wissenschafts- und Lernzentrum; Planetarium von Sept. bis Juni geöffnet. Tägl. 9 bis 19 Uhr, Fr. bis 20 Uhr. Tel. 222-2828.

Photographic Image Gallery, 208 S.W. 1st Ave., Tel. 224-3543.

Pittock Mansion, herrschaftliches Anwesen a. d. Jahr 1914. 3229 N.W. Pittock Dr., Tel. 823-3624

Quintana Galleries, 139 N.W. 2nd Ave., Tel. 223-1729.

Washington Park, eine der ältesten Parkanlagen Portlands mit dem International Rose Test Garden und japanischem Garten, Tel. 223-4070.

Washington Park Zoo, 4001 S.W. Canyon Rd., von 9.30 Uhr bis zur Dämmerung geöffnet.

Wings West Gallery, 95 S.W. Taylor, Tel. 242-1315.

World Forestry Center, 4033 S.W. Canyon Rd., Ausstellungen u. Diavorträge über Forstwirtschaft u. Holzverarbeitung. Tägl. 9 - 17 Uhr. Tel. 228-1367

Ausserhalb Portlands

Columbia River Maritime Museum, 1792 Marine Dr. Astoria, Tel. 325-2323

High Desert Museum, 59800 S. Hwy 97, Tel. 382-4754. Große Ausstellung zum Leben von Pflanzen, Tieren und Menschen der Umgebung.

Maryhill Museum of Art, 35 Maryhill Museum Dr., Goldendale, Tel. 509-773-3733.

Old Aurora Colony Museum, 15008 2nd St. Aurora, Tel. 678-5754.

Oliphant Orchard, 23995 SW Pacific Hwy, Sherwood, Tel. 625-7705.

Oregon Coast Aquarium, 2820 SE Ferry Slip Rd., Tel. 867-3474.

Prehistoric Gardens, 36848 Hwy 101 S., Port Orford, Tel. 332-4463. Lebensgroße Sauriernachbildungen.

Sea Lion Caves, Inc., 91560 Hwy 101, Florence, Tel. 547-3111.

Wildlife Safari, Winston,Tel. 679-6761. Freilandzoo.

Pearson Air Museum, 1105 E 5th St. Vancouver/Wash., Tel. 694-7026.

Theater, Oper etc.

Seattle (Vorwahl: 206)

A Contemporary Theater, 100 W. Roy St., Tel. 285-3220.
Mystery Café Dinner Theatre, 4105 E. Edison, Suite 310, Tel. 324-8895.
Pacific Northwest Ballet, 301 Mercer St., 441-9411.
Seattle Opera, 321 Mercer St., Tel. 389-7600 oder 389-7676.
Seattle Repertory Theatre, 155 Mercer St., Tel. 443-2210.
Seattle Symphony Orchestra, Seattle Ctr. House, 305 Harrison St., Tel. 443-4740.

Portland (Vorwahl: 503)

Chamber Music Northwest, 522 SW 5th Ave. Tel. 223-3202
Oregon Shakespeare Festival, 1111 SW Broadway, Tel. 274-6588.
Oregon Symphony, 719 SW Alder, Tel. 228-1353.
Portland Center for the Performing Arts, 1111 SW Broadway, Tel. 248-4496.
Portland Opera, 1516 S.W. Alder, Tel. 241-1802.
Portland Repertory Theater, 25 S.W. Salmon, Tel. 224-4491.

Besichtigungstouren

Die folgenden Firmen veranstalten ein- oder mehrtägige Besichtigungstouren mit Boot oder Wandertouren; Führer, Verkehrsmittel, Übernachtungen, etc. können mitgebucht werden.

Washington (Vorwahl 206)

Alki Tours Inc., 2604 California Ave. SW, Seattle, Tel. 1-800-895-2554, Fax 283-5675. Alle möglichen Touren,
Argosy, Pier 55, Tel. 623-1445. Hafenrundfahrten in Seattle
Chinatown Discovery Tour, P.O. Box 3406, Tel. 236-0657, Fax. 583-0460. Führungen durch Seattles Chinatown.
Gray Line of Seattle, 720 S. Forest St., Seattle, Tel. 1-800-544-0739, Fax 626-5209. Alle möglichen Touren.
Island Mariner Cruises, 5 Harbour Esplanade, Bellingham, Tel. 734-8866. Bootsfahrten durch die San Juan Inseln, mit Walbeobachtungen, etc.
Pacific Cruises Northwest, Inc., 3555 Harris, Suite 401, Bellingham, Tel. 1-800-443-4552, Fax 738-7685. Kreuzfahrten durch die San Juan Inseln.
Scagitt Tours., Seattle City Lights, Diablo, 1015 3rd. Ave., Seattle, Tel. 684-3030, Fax 233-2509. 4 ½ stündige Tour durch die Wasserkraftanlage im Nord-Kaskaden-Gebirge.
Tillicum Village &Tours, Inc. Kombination von Hafenrundfahrt und Ausflug nach Blake Island mit indianischen Tänzen und Lachsessen. Tel. 443-1244, Fax 443-4723
Underground Tours, Bill Speidel, 610 1st Ave., Seattle, Tel. 682-4646, Fax 682-4511. Rundgänge durch das historische Seattle.

Oregon (Vorwahl 503)

A Taste of Oregon Tours, 7406 S.E. 28th St., Portland, Besichtigungsrundfahrten, Tel. 775-3260.
Evergreen Stage Line, Inc. 4320 N. Suttle Rd., Portland, Tourplanung, Besichtigungsrundfahrten, etc. Tel. 1-800-422-7042, Fax 285-5202.
Northwest Tours, P.O. Box 8637, Portland, Tagesausflüge in Portland, in das Weingebiet, zur Küste, zum Mt. St. Helens, etc. Tel. 1-800-245-0658. Fax 226-6303.
Oregon Vineyard Tours, 10300 S.E. Waverly Ct., Milwaukie, OR, Rundfahrten mit Essen zu preisgekrönten Weinkellereien. Tel.786-0732.
Van Go Tours, 8150 S.W. Barnes Rd., Städtetouren, etc. Tel. 292-2085.

Feste – Veranstaltungen

Besucher, die nach lokalen Festen und Veranstaltungen suchen, werden das ganze Jahr hindurch, v.a. aber in der Zeit von Mai bis September fündig. Hier eine Auswahl aus der großen Zahl der Festivals:

Washington (Vorwahl 206)

Seattle International Boat Show, Tel. 634-0911. Januar.
Northwest Flower & Garden Show, Washington State Convention & Trade Center, Seattle, Tel. 224-1700. Februar.
Skagit Valley Tlip Festival, in Anacortes, Burlington, LaConner und Mt. Vernon, Tel. 42-TULIP. April.
Northwest Folklife Festival, Seattle Center, Tel. 684-7300. Mai.
Pioneer Square Fire Festival, Seattle, Tel. 622-6235. Juni.
Feiern zum 4. Juli, Seattle, Tel. 461-5840.
Sea Fair Festival, Seattle, Tel. 728-0123. August.
Bumbershoot Music & Arts Festival, Seattle, Tel. 682-4386. September.
Northwest Harvest Festival, Washington, Convention & Trade Center, Tel. 447-5000. November.

Oregon (Vorwahl 503)

Hood River Blossom Festival, zur Obstbaumblüte im April. Tel. 1-800-366-3530.
The Portland Cinco de Mayo Festival, 4-7 Mai; mit viel mexikanischer Musik. Tel. 292, 5752.
Lincoln City Spring Kite Festival, Anfang Mai; mit hunderten bunter Drachen. Tel. 1-800-255-3385.
Portland Rose Festival, Juni/Juli, Tel. 227-2681.
Cannon Beach Sandcastle Contest, Anfang Juni, Tel. 436-2623.
Oregon Bach Festival, klassische Musik, Juni/Juli. Tel. 346-5666.
Waterfront Blues Festival, Portland, am Wochenende nach dem 4. Juli. Tel. 282-0555.
Oregon Coast Music Festival, Coos Bay, Jazz und klassische Musik, Juli. Tel. 267-0938.
Oregon State Fair, Salem, mit Pferderennen und Rodeo, Aug./Sept. Tel. 378-3247.
Artquake, Portland, Musik, Theater, Tanz, etc., Anf. September. Tel. 227-2787.
Medford Jazz Jubilee, Anfang Oktober. Tel. 770-6972.

Die staatlichen Tourismus-Büros in Washington und Oregon veröffentlichen eine vollständige Liste der jährlichen Feste und Veranstaltungen.

In Washington:

Tourism Development Division, Tel. 206-461-5800, Fax 206-461-5855.

In Oregon:

Oregon Tourism Division, 775 Summer St., N.E., Salem OR 97310, Tel. 1-800-547-7842 und 503-986-0000, Fax 503-986-0001.

Einkaufen

Washington

Seattle

Alderwood Mall, Lynnwood (nahe der Kreuzung I - 5 und I - 405).
The Bon Marché, 1601 4th Ave., Tel. 344-2121.
The Blue Whale Gift Gallery, Pier 70, Tel. 441-1062.

Nordstrom, 1501 Fifth Avenue, Tel. 628-2111.
Northgate, 555 N.E. Northgate Way, Tel. 362-4777.
Pike Place Market, First Avenue und Pike Street, Tel. 682-7453.
Rainier Square, 1301 Fifth Avenue, Tel. 628-5050.
Seattle Indian Arts & Crafts Center, 113 Cherry, Tel. 621-0655.
South Center Mall; Junction I 5 - I 405, Tel. 246-7400.
Uwajimava, 519 6th Ave. S., Tel. 624-6248.
Westlake Center and Plaza, Pine Street zwischen 4th u. 5th Ave.

AUSSERHALB SEATTLES

Bellevue Square, N.E. 8th St./ Bellevue Way, Bellevue, Tel. 454-8096.
Country Village, 23730 Bothell-Everett Highway, Bothell, Tel. 483-2250.
Gilman Village, Gilman Boulevard, Issaquah, Tel. 462-0594.

OREGON / PORTLAND

Clackamas Town Center, 1093 Clackamas Town Center, Tel. 653-6913.
The Galleria, 921 S.W. Morrison, Tel. 228-2748.
Jantzen Beach Center, 1405 Jantzen Beach Center, Tel. 286-9103.
Lloyd Center, 2201 Lloyd Center, Tel. 282-2511.
Made in Oregon Shops, u.a. am Flughafen, im Lloyd Center, in The Galleria, in der Altstadt, im Clackams Town Center.
Old Sellwood Antique Row, Sellwood Bridge und S.E. 13th, 233-7334.
Pioneer Place, 700 SW 5th Ave. Tel. 228-5800.
Washington Square & Square Too, Am Hwy. 217 zw. I - 5 und Hwy. 26, sw v. Portland, Tel. 639-8860.

Nachtleben

Sowohl in Seattle als auch Portland gibt es Möglichkeiten, sich nächtens zu vergnügen. Einen ausgesprochen weltstädtischen Charakter hat das Nachtleben allerdings in beiden Städten nicht.

Bars, Diskos und ähnliche Etablissements eröffnen, ändern ihre Namen und schließen oft in schneller Folge, dem Geschmack der kurzlebigen Mode folgend. Bars, die lange geöffnet haben, gibt es in den größeren Hotels, ansonsten empfehlen wir, das entsprechende Angebot durch das Studium von Anzeigen und Veranstaltungshinweisen in Tageszeitungen sowie im Branchenfernsprechbuch (Yellow Pages) in Erfahrung zu bringen.

SPORT

Die Möglichkeiten, im Nordwesten Sport zu treiben, oder passiv am Sportgeschehen teilzunehmen, sind mannigfaltig. Alle Tourismusbüros führen Broschüren, etc. über Sommer- und Wintersportgebiete, über organisierte Fahrrad-, Marathon-, Segel- und sonstige Wettbewerbe. Die hier angegebenen Adressen sind nur eine Auswahl:

Boote/Segelschiffe

University of Waterfront Activities Center, Tel. 206-543-9433. Kanus.
Sailboat Charters and Rentals Unlimitied, 2046 Westlake N., Tel. 206-283-4664. Segelboote.
Professional River Outfitters of Washington, Tel. 206-902-1234.
Oregon Coast Charter Boat Assn., Tel. 503-265-8888.
Oregon State Marine Board, Tel. 503-378-8587.

Golf

Golf Seattle: Tel. 206-338-2148 oder 361-2319.
Oregon Golf Course Listing: Tel. 503-689-8464.

Skifahren

Oregon Ski Industries Assn., Tel. 622-4822.

Windsurfing

Jones Beach, Tel. 503-397-0685

Sport zum Zuschauen

American Football

Seattle Seahawks, Tel.206/827-9777.
Husky Stadium (bei der University of Washington), Tel. 206-543-2200.

Baseball

Seattle Mariners Baseball, Tel. 206-622-HITS.

Basketball

Seattle SuperSonics, Tel. 206-283-DUNK

Literaturhinweise

Empfehlungen

Baxter, *USA Nationalparks, Bd. 8,* 1994.

Bittmann, Wolfgang und Fugger, Brigitte, *USA - Reiseführer Natur,* BLV VerlagsgmbH, 1992.

Brown, Dee, *Begrabt mein Herz an der Biegung des Flusses.* Eine Geschichte der Indianer Amerikas, 1970.

Callenbach. Ernest, *Ökotopia,* Rotbuch 1990 (utopischer Roman).

Catlin, George, *Die Indianer Nordamerikas,* Kiepenheuer und Witsch, o.J.

Chief Seattle, *Message to the Modern World,* Westermayer 1991 (Rede des Häuptlings Seattle.

Die Vinlandsagas, Niemeyer 1973. Die Entdeckung Amerikas durch die Wikinger.

Forbes, Suzie, *Pacific Northwest: A Photograghical Journey,* Crescent o.J., Bildband.

Holden, Ron und Glenda, *Touring the Wine Country of Oregon.*

dies. *Touring the Wine Country of Washington.*

Peterson, Natasha, *Magisch Reisen: Nordamerika,* Goldmann, 1991. Indianer, heilige u. mythische Orte.

Visuelle Beiträge

Fotografiert von* Ed Cooper *und

George Baetjer 230/231, 233, 236, 239, 241, 244
Chris Bennion 294/295, 296, 297, 298
Bruce Bernstein Collection, Courtesy of the Princeton University Library 30, 31, 32L&R, 33, 34, 35, 38, 39, 40, 41, 42, 43, 45, 48, 49, 74, 112/113, 119, 152, 158, 164/165, 193, 203, 212, 218, 222, 237
Elizabeth DeFato 61
Gail Denham 60, 227
Chuck Flaherty 281
Lee Foster 174L, 178, 188, 275, 300
Barbara F. Gundle 58, 169, 170, 171, 172, 174R, 175
David Jensen 208R, 217, 232, 240, 245, 248, 249, 251, 252
Gregory J. Lawler 168
Marilyn McFarlane 301
Pat O'Hara 51, 92L, 253, 276, 277
Charles Seaborn 285
Tony Stone Worldwide 59, 70/71, 256/257

Karten Berndtson & Berndtson

Design Konzept V. Barl

Register

L

M

N

O

P

Q

R

S

T

U, V

W

Y, Z

Für weltweit 150 Städte und Regionen können Sie Ihr *APA WORLDVIEW TRAVEL UPDATE* anfordern:

Europa

- Amsterdam
- Athen
- Barcelona
- Berlin
- Brüssel
- Budapest
- Cote d´Azur
- Dublin
- Edinburgh
- Florenz
- Frankfurt/M.
- Genf
- Glasgow
- Istanbul
- Kopenhagen
- Lausanne
- Lissabon
- London
- Madrid
- Mailand
- Moskau
- München
- Oslo
- Paris
- Prag
- Provence
- Rom
- Salzburg
- Sevilla
- St. Petersburg
- Stockholm
- Venedig
- Wien
- Zürich

Amerika

USA

- Alaska
- Albuquerque
- Atlanta
- Atlantic City
- Baltimore
- Boston
- Charleston, SC
- Chicago
- Cincinnati
- Cleveland
- Dallas/Ft. Worth
- Denver
- Detroit
- Hawaii (Insel)
- Honolulu
- Houston
- Indianapolis
- Kansas City
- Kauai
- Las Vegas
- Los Angeles
- Maui
- Memphis
- Miami
- Milwaukee
- Minneapolis/St. Paul
- Nashville
- New Orleans
- New York City
- Orlando
- Palm Springs
- Philadelphia
- Phoenix
- Pittsburgh
- Portland
- Reno & Lake Tahoe
- St. Louis
- Salt Lake City
- San Antonio
- San Diego
- San Francisco
- Santa Fe
- Seattle
- Tampa
- Washington, DC

Kanada

- Montreál
- Ottawa
- Québec City
- Toronto
- Vancouver

Bahamas

- Abaco
- Eleuthera/Harbour Island
- Exuma
- Freeport
- Nassau & Paradise Island

Bermuda

- Bermuda Countryside
- Hamilton

Dominikanische Republik

- Santo Domingo

Jamaika

- Kingston
- Montego Bay
- Negril
- Ocho Rios

Turks & Caicos Islands

- Grand Turk & Providenciales

Cayman Islands

- Cayman Islands

Puerto Rico

- Ponce
- San Juan

Virgin Islands

- St. Croix
- St. John
- St. Thomas
- Tortola & Virgin Gorda

Kleine Antillen

- Anguilla
- Antigua & Barbuda
- Aruba
- Barbados
- Bonaire
- Curacao
- Dominica
- Grenada
- Guadeloupe
- Martinique
- St. Barthelemy
- St. Kitts & Nevis
- St. Lucia
- St. Maarten & St. Martin
- St. Vincent
- Trinidad & Tobago

Mexiko

- Acapulco
- Cancun & Isla Mujeres
- Cozumel
- Guadalajara
- Ixtapa & Zihuatanejo
- Los Cabos
- Mazatlan
- Mexico City
- Monterrey
- Oaxaca
- Puerto Vallarta

Argentinien

- Buenos Aires

Brasilien

- Rio de Janeiro
- São Paulo

Venezuela

- Caracas

Costa Rico

- San José

Asien

- Bali & Lombok
- Bangkok
- Guangzhou
- Hongkong & Macau
- Jerusalem
- Kyoto
- Manila
- Nagoya
- Osaka
- Peking (Beijing)
- Seoul
- Shanghai
- Singapur
- Taipei
- Tokyo
- Yokohama

Australien & Neuseeland

- Auckland
- Melbourne
- South Island
- Sydney

Bitte schicken Sie diese Bestellung an:

APA Publications, Neusser Straße 3, 80807 München oder faxen Sie unter der Faxnummer 089/36096-482

Die ideale Ergänzung zum APA Guide: Bestellen Sie jetzt Ihr persönliches APA Worldview Travel Update!

Jeder Reiseführer hat einen Redaktionsschluß. Doch die Welt bleibt nicht stehen: Öffnungszeiten von Museen ändern sich, neue interessante Wanderausstellungen öffnen und schließen ihre Tore, neue Restaurants erobern den Gourmethimmel, ein Welttenor gibt ein kurzes Gastspiel in Ihrem Urlaubsziel...

Der *APA WORLDVIEW TRAVEL UPDATE Service* bietet Ihnen die Möglichkeit, brandneue Informationen und die heißesten Tips bis unmittelbar vor Antritt Ihrer Urlaubs- oder Geschäftsreise zu erhalten. Dieser in Deutschland einzigartige Service ist möglich durch eine Kooperation zwischen *APA Publications* und *Worldview*, USA: Brandaktuelle Informationen von Korrespondenten aus aller Welt werden laufend in einer Datenbank gesammelt und individuell für APA-Leser neu zusammengestellt.

Und so funktioniert's:

Sie sagen uns, wo Ihre Interessen liegen und wann Sie reisen, wir schicken Ihnen innerhalb von einer Woche Ihre persönlichen, individuellen Reiseinformationen zu den Themen Restaurants, Abendunterhaltung, Nachtleben, Kultur, Shopping, Sport und vielen mehr. Zum Preis von US$ 8,95 für die erste Stadt und US$ 5,95 für jede weitere Stadt (zuzügl. Versandgebühr) erhalten Sie Ihr persönliches *APA WORLDVIEW TRAVEL UPDATE* in englischer Sprache.

Dieses Angebot ist limitiert und gilt bis zum 31.03.1996.

Interessengebiete

Aus folgenden Interessengebieten können Sie wählen, um sich Ihr persönliches *APA WORLDVIEW TRAVEL UPDATE* erstellen zu lassen:

(1) **Business Services** (Serviceleistungen für den Geschäftsmann)

Restaurants

(2) **für den alltäglichen Hunger** (Frühstück, Brunch, Cafés, Teehäuser etc.)
(3) **einheimische Küche**
(4) **europäische Küche**
(5) **asiatische Küche**
(6) **amerikanische und mexikanische Küche**

(7) **Nachtleben** (Bars, Kneipen, Diskotheken etc.)
(8) **Unterhaltung** (Musik- und Sprechtheater, Kartenverkaufsstellen)
(9) **Musik** (Konzerte von Klassik bis Jazz, Blues und Rock)
(10) **Spaß für Kinder**
(11) **Ausflüge** (organisierte Stadtrundfahrten, Ausflugsfahrten lokaler Reiseveranstalter)
(12) **Ausstellungen, Festivals, Shows**
(13) **Shopping**
(14) **Fitneß** (Fitneß-Studios, Fahrradverleih, Saunas etc.)
(15) **Aktivsport**
(16) **Zuschauersport** (Baseball, Basketball, Eishockey, Football, Fußball, Pferderennen usw.)
(17) **Höhepunkte im Festkalender während Ihres Aufenthalts**
(18) **Sightseeing**
(19) **Museen**
(20) **Verkehrsmittel** (Taxis, Mietwagen, Flughafen, öffentlicher Nahverkehr)
(21) **allgemeine Informationen** (Überblick, Feiertage, Währung, Touristeninformation)

Bestellung *(bitte in Blockschrift oder maschinenschriftlich ausfüllen)*

Name: ______________________________

Straße: ______________________ Postleitzahl: ____________

Wohnort: ______________________ Staat: ____________

Tel.: ______________________ Fax: ____________

Dieser Bestellschein wurde entnommen dem APA-Titel: ____________

Ich bestelle das *APA WORLDVIEW TRAVEL UPDATE* für folgende Stadt/Städte (bitte auch angeben, in welchem Zeitraum Sie die Stadt/Städte besuchen; eine Liste mit allen z.Z. lieferbaren Reisezielen befindet sich umseitig)**:**

		Monat / Tag		Monat / Tag
(Beispiel) LONDON	von:	6 / 18	bis:	6 / 27
1.	von:	/	bis:	/
2.	von:	/	bis:	/
3.	von:	/	bis:	/

(max. 3 Städte, Besuchszeitraum max. 30 Tage; bitte frühestens 3 Monate vor Reiseantritt bestellen!)

Mein persönliches *APA WORLDVIEW TRAVEL UPDATE* soll Informationen zu meinen folgenden Interessengebieten enthalten (bitte max. 8 Interessengebiete ankreuzen; die Erklärung der Ziffern finden Sie auf der linken Seite)**:**

① ② ③ ④ ⑤ ⑥ ⑦ ⑧ ⑨ ⑩ ⑪
⑫ ⑬ ⑭ ⑮ ⑯ ⑰ ⑱ ⑲ ⑳ ㉑

Versendung des *APA WORLDVIEW TRAVEL UPDATE* soll erfolgen (bitte ankreuzen)**:**
☐ per Post (US$ 5,00 Versandkosten)
☐ per Fax (US$ 10,00 Versandkosten) unter der Fax-Nr.: ____________

Berechnung der Kosten (bitte ausfüllen)**:**

	Preis	Rechnung
1. Stadt	US$ 8,95	US$ 8,95
2. Stadt (falls gewünscht)	US$ 5,95	+ US$
3. Stadt (falls gewünscht)	US$ 5,95	+ US$
plus Versandkosten (s.o.)	US$	+ US$
	Summe	US$

Ich bezahle mit folgender Kreditkarte: ☐ American Express ☐ Eurocard ☐ Visa

Kreditkartennummer: ____________ Kreditkarte gültig bis: ____________

Inhaber der Kreditkarte: ____________

Unterschrift des Kreditkarteninhabers: ____________

Bitte schicken Sie diese Bestellung an:
APA Publications, Neusser Straße 3, 80807 München oder faxen Sie unter der Faxnummer 089/36096-482

EXKLUSIV FÜR ALLE APA-LESER:

APA GUIDES

WORLDVIEW

TRAVEL UPDATE